U0139934

刘智杰　注释

四子合注

刘文国题

长江出版传媒
崇文书局

题字：刘文国

武当山道教协会会长

武当山道教学院院长

德福

上士修德 積德成福

癸卯秋 葛宗玄

題辞：葛宗玄
武当山道教协会副会长
武当山道教学院副院长

上德随缘 逍遥四海

随缘

癸卯秋邹高慧

题辞：解高慧

武当山道教协会副会长

紫霄宫管理委员会主任

忘我

静忘我通天下

癸卯年

题辞：刘智杰

武当山道教协会有无道人

武当山道教学院老庄学生

绪　言

辛未（1991年）仲夏，襄州有刘姓尚洁者，游历武当山。见大顶耸立，群峰拱卫，红墙绿瓦，云雾缥缈，宛若仙境。顷刻之间，顿生感悟，即入玄门，稽首祖师，皈依清微宫白衣道人。上礼下达吴师曰：你终于来了，我单传有继矣！三年辛苦考验，六年反复磨炼，默识张祖旨意，其师乃安往也。

智杰道友，循师训教，入世出世，风霜雨雪，多年历练，以外培内；时常有领悟，小明得层次。又十年研究，上下同求索，或渐至通透，因取号曰：有无道人。有无者，其惟道学之无有乎！遂辞诸般事务，专门注疏四子，静心探究玄理。其人夜思昼书，呕心沥血，千日乃就。功成之日，皆大欢喜！

此四子者，道家之老子、文子、列子、庄子也。道祖老子大言道德，而后三子遵循不悖，且各有多方阐释、发挥。其文相互关联，真意密不可分。宏论有大道，天地之道，神仙之道，帝王之道。世俗人道又分名利得失、富贵贫贱、生死往来等等百千情态。总之，天下万物，无所不道。

老子曰：道可道，非常道。

道人解曰：大道无限，永恒存在；始于无始，终于无终；大至无限，小到无极；自然演化，循环往复。大道之中，常道可道；常道未知，未来可知；可道已知，不能尽知；常道无限，近于大道；可道有限，天地宇宙；道化宇宙，主宰万物；万物变化，此消彼长，有无平衡，皆在道中。

老子曰：道生一，一生二，二生三，三生万物；万物负阴而抱阳，冲气以为和。天下万物生于有，有生于无。

道人解曰：一者混沌状态；二者无极，阴、阳，离散状态；三者太极，阴、阳、和，平衡状态。混沌无极，阴阳两仪，天地有形；太极冲和，阴阳平衡，万物乃生；阴阳演化，日月轮转，万物异形。无、有乃大道存在、演化之两种状态；时空转化，相对而存。道化有无，有生万物；有无相生，循环往复。

老子曰：治大国，若烹小鲜。大国以下小国，则取小国；小国以下大国，则聚大国。或下以取，或下以聚。大国不过欲兼畜人，小国不过欲入事人。

道人解曰：治大国，因时势，顺自然，不折腾。大国谦卑，小国归附；小国入事，大国兼畜；得其所欲，两者各宜。兼畜人为宗主国，入事人为附属国。大国贪利，小国遭殃；小国癫狂，自取灭亡。

老子曰：以正治国，以奇用兵，以无事取天下。用兵有言：吾不敢为主而为客，不敢进寸而退尺。祸莫大于轻敌，轻敌几丧吾宝。故，抗兵相加，则哀胜也。

道人解曰：君王清正无欲，因任时势而治理天下。不得已而用兵，动则出奇制胜。将帅统军，不伐他国；陈兵于境，积极防御；训练有素，将不轻战；正义之师，天下无敌。

老子曰：太上，下知有之；其次，亲而誉之；其次，畏之；其次，侮之。疏曰：治之道，五层次：太上君，无为治；王公明，民亲誉；中任法，上下畏；嗜欲滋，辱临身；序之末，极而反。

文子言，人有三怨：爵高者，人妒之；官大者，主恶之；禄厚者，人怨之。夫爵益高者，意益下；官益大者，心益小；禄益厚者，施益博。守分循理，失之不忧，得之不喜。成者非所为，得者非所求；入者有受而无取，出者有授而无与。疏曰：为官宦者，能以三德解三怨，必然无殃，且流芳后世。守天运，循时势；得失取与，随缘就分。

列子文，杨朱曰：万物所异者，生也；所同者，死也。生则有贤愚、贵贱，是所异也；死则有臭腐、消灭，是所同也。虽然，贤愚、贵贱，非所能也；臭腐、消灭，亦非所能也。故，生非所生，死非所死；贤非所贤，愚非所愚；贵非所贵，贱非所贱。然而，万物齐生齐死，齐贤齐愚，齐贵齐贱。

庄子文，子来言：夫大块载我以形，劳我以生，佚我以老，息我以死。故，善吾生者，乃所以善吾死也。死生，命也；其有夜旦之常，天也。人之有所不得与，皆物之情也。疏曰：大道造就我身躯，劳以生，逸以老，息以死。生死，犹旦夜交替变化，自然而然。生则有时，死亦有处；大道平衡，不亏万物。

老子曰：上德不德，是以有德；下德不失德，是以无德。

道人论德曰：道生天地是至德，天生地养万物乃大德，人自有生即有德。至德、大德自然，上德无为，中德广博，下德守法，无德穷凶极欲。至德自然，自然而然，然之所然；然之所不然，不然之所然。上德无为，顺道而为，无所不为，为之当为。中德广博，社会准则，行为规范；言传身教，正己化人。下德守法，有上有下；守之为德，失之刑加。人之为人，因德在身；人而无德，岂是人耶？无知胆大，唯欲是图，兽性猖狂；人性尽失，无不敢为，自取灭亡！

老子曰：吾言甚易知，甚易行；天下莫能知，莫能行。言有宗，事有君。夫唯无知，是以不我知。知我者希，则我者贵。上士闻道，勤而行之；中士闻道，若存若亡；下士闻道，大笑之，不笑，不足以为道。

孔子曰：朝闻道，夕死可矣！夫子勤行好学，游历天下，博识大智，亲传弟子七十二人，普通徒众逾三千。尝师从老子，因执着于仁义之道而未得真道，仰视老子犹龙。至圣先师，尚且如此轻生重道，何况天下不及丘之才远者！人生在世，苟得于道，几无不可；而失道德者，几无能行，何以处乎世！

知道不易，行道更难，古今如是。当此之时，有无道人修行三十年，又历经三载，精心点校，注疏四子。用心其间，参考多家；注就实意，疏从高上；独特认知，谨慎附加；比对取舍，精炼而成。观阅其文，通达无阻；注虽简而明，疏从少而精。其功夫大小多少，通读全书，而后即知。

有无尝言：事完成，退休养；寻宝地，建玄房；吃饭睡觉息绵长，风云相伴游仙乡。遵循祖师之高行，及能弘道扬法于世，此乃道人之大活计。凡我武当众等，悉当鼎力护持，各自功德无量。

玄门若此，则学道、修道、行道之风清正，大道之途逐渐通矣！

刘文国

2023年9月

道家四子简述

老子者，生卒年不详，事迹细不可考。或因久驻于世，时人皆见其白首而称老子。春秋（公元前770年—前476年）晚期，老子见周王室衰弱，诸侯纷争，乃辞官西游；至函谷关，为关令尹喜所邀，著《道德经》；遂西出函谷关，不知所终。或言教化西域诸国，得道登遐飞升而去。

其时人或传：武丁九年降世，姓李，名耳，字聃，又称老聃。乡楚国苦县（今河南鹿邑县有其庙），任周守藏室史。《道德经》后世亦称《老子》。其宗旨明道论德，道生天地，德贯始终，天地万物莫不尊道而贵德，道德主天地万物之生存。孔子尝学于老子，执着于忠孝仁义，难明无为、道德真旨，仰天而叹曰：老聃，其犹龙耶！

战国（公元前475年—前221年）时期，王权失尊，诸侯混战，天下大乱。有识之士，著书立说，开堂授徒；遂有百家争鸣，千夫趋从，各显其能；道、儒、墨、名、法、兵、阴阳五行等等众家，奔波游走，或佐国为相，或登坛拜将，殚精竭力，意图救世。百家竞技，分干散枝，形式虽异，根本一致，莫不尊道贵德，皆承袭老子之道。

汉初，河上公传《老子章句》于文帝刘恒，文、景两帝更以老子无为之道治国，与民休养生息，成就文景之治，国人尊老子为太上道祖、太上老君。魏晋之际，玄风兴起，《老子》《庄子》《易经》是为三玄。王公官宦，竹林清闲；街巷茶肆，士绅品味；谈玄论道，天下从风。由此形成玄学，为中国哲学之重要组成部分。

大唐立国初定（公元618年），高祖李渊即追认李耳为李氏之先祖。太宗李世民常读《道德经》，通达义理，用于治国，君臣同心，始得贞观之治。高宗乾封元年（666年），李治尊奉老子为太上玄元皇帝，后又钦定《道德真经》为上经，令王公举人学习策试。玄宗开元二十年（732年）春，李隆基敕令天下士庶家藏《道德经》一本，以供学习。二十九年置崇玄学，钦定《老子》《庄子》《文子》《列子》为必读之书，立玄学博士，入科考，设道举，参政事。天宝元年（742年）敕封：文子号通玄真人，《文子》为《通玄真经》；列子号冲虚真人，《列子》为《冲虚真经》；庄子号南华真人，《庄子》为《南华真经》。而老子尊号太上老君，早已供奉于道教宫观之中。

文子乃晋国之公孙，姓辛名钘，字计然，文子乃其号，生于宋地葵丘（今河南民权县有其庙）。其生年约稍晚于孔子（公元前551年—前479年），博学无所不窥，曾师于老子，而精通道学。著书十二篇为《文子》，阐生灭之本，扬治乱之道。尝游于海泽，越大夫范蠡（公元前536年—前448年）尊之为师。吴、越交战，越弱而服事于吴，越王勾践卧薪尝胆，励精图治，谋求强国。文子授范蠡七策，范蠡佐越王勾践，九年用五计而灭吴国。

列子者，约公元前450年至前375年在世活动，战国初期道家主要代表人物，姓列，名御寇，古列山氏之后，郑国圃田人（今河南郑州市圃田乡有其祠）。师从关尹子、壶丘子，隐居郑国四十年，不求名利，清静修行，致力于道德学问。先后著书二十篇，总计十万余字，后仅存八篇四万余字，合称《列子》，其宗旨本于老子，而兼贵虚；虚无几于道，虚心明万端。

庄子者，姓庄，名周，字子休。宋国蒙人（今安徽蒙城县有其祠，山东东明县有其庙），尝为漆园吏。大致生活于公元前369年至前286年，与惠子、孟子（公元前372年—前289年）同时，晚于墨子（约公元前468年—前376年），更迟于孔子，且论述颇多。齐宣王时（公元前319年—前301年），道家鼎盛，适庄子晚年，其或著书于齐都临淄之稷门学馆。其书原有五十二篇，晋代郭象删定后，存世三十三篇，内篇七，外篇十五，杂篇十一，乃是《庄子》。庄子明圣，其学无所不通，而旨要终归于老子之言，主张生命当逍遥、物性本自然。

《老子》《文子》《列子》《庄子》，相互关联，密不可分。四子底本分别为：《河上公章句》（汉初河上公注）、《通玄真经注》（唐代默希子注）、《冲虚至德真经四解》（金代高守元辑）、《南华真经注疏》（西晋郭象注、唐成玄英疏），皆收存于明代《正统道藏》洞神部玉诀类。《四子合注》参考多家，适当取舍，精简注释，综合而成。文中语法句式，不作说明，力求简明，更无译文；散人臆测，谨慎附加，旨存原本，意在学者。

道家四子，高妙至灵，诵读三遍，宗旨自明。通达四子：事工任技者，业精术行，引领一方；在世为贤者，超凡脱俗，无忧无虑；出世修真者，仰慕神仙，逍遥自在。常人宜于不惑之年，小成之际，静心研读，仔细琢磨，功用无穷，受益终身。故，另有别名：超凡脱俗玄妙文。

祝愿：天下有缘人超脱得自在！

武当山·有无道人·刘智杰
二〇二三年九月于玄真精舍

出版说明

1.本书由《老子》《文子》《列子》《庄子》四部经典组成，其中，《老子》底本为《河上公章句》（汉初河上公注）、《文子》底本为《通玄真经注》（唐代默希子注）、《列子》底本为《冲虚至德真经四解》（金代高守元辑）、《庄子》底本为《南华真经注疏》（西晋郭象注、唐成玄英疏），皆收存于明代《正统道藏》洞神部玉诀类。在底本基础上，本书在整理时也广泛参考了四子流传过程中的其他重要版本，对于误字、脱字、衍字等现象的处理，限于篇幅，恕不一一注明。

2.本书注释时，《老子》原文篇幅较短，故采取篇末注形式；《文子》《列子》《庄子》原文篇幅较长，故采取文中夹注形式，注释内容以圆括号标示。

3.本书注释字词时，一般先列本义，后列引申义，也有部分较好理解的字词直接列引申义。

4.本书中，《列子》《庄子》部分，注者按文意理解每篇另拟小标题，以方头括号标示。

5.本书简体排版，繁体字、异体字均改规范字，但相关语言文字规范规定可以使用的情况除外。

目　录

～ 老子 ～

文子

列子

庄子

内　篇

外　篇

老子

第一章

道可道，非常道；名可名，非常名。无，名天地之始；有，名万物之母。故，常无欲，以观其妙；常有欲，以观其徼。此两者，同出而异名，同谓之玄。玄之又玄，众妙之门。

道：存在、永恒、无限、自然、平衡、演化、循环。可道：人类已认知。常道：人类未认知。名：万物本质属性。可名：已命名事物、名称。常名：未知事物、名称。无、有：大道存在、演化之两种状态；道学概念，时空转化，相对而存。无欲、有欲：人类两种感知状态。观其妙：感应大道微妙。观其徼：观察微小事物；徼音教，微极。此两者，同出而异名：无欲、有欲感知有无之演化，无、有都化生于道，名称不同。玄：有、无之演化过程。妙：演化之状态。

大道无限，永恒存在；始于无始，终于无终；大至无限，小到无极；自然演化，循环往复。大道之中，常道可道；常道未知，未来可知；可道已知，不能尽知；常道无限，近于大道；可道有限，天地宇宙；道化宇宙，主宰万物；万物变化，此消彼长，有无平衡，皆在道中。大道混沌，演化无极，是生太极，而有阴阳，阴阳合和，乃生万物。道化万物，万物乃道，万物有道；大道小道，正道邪道，无所不道；大道本一，小道万异；正道常存，邪道灭迹。道性自然，自然而然；然之所然，然之所不然，不然之所然。

常道永恒，可道能见；无欲观妙，有欲观徼，主体在人，而人乃万物之最灵者。已知生命，短则瞬间，长逾千年；有生有灭，适者生存；物竞天择，因循自然。人之生，有情欲烦恼、执着妄想，无非适情足欲、繁衍生息。人之死，则身归大地，转化成物；灵性缥缈，升降轮转。众人聚居，形成社会，成就国家。承负天道，统治国家，道德教化，调理社会。国家兴衰、存亡，社会治乱、分合，尽在人心。清心寡欲，德化八方；无为守中，道炁长存。

第二章

天下皆知美之为美，斯恶已；皆知善之为善，斯不善已。故，有无相生，难易相成，长短相形，高下相倾，音声相和，前后相随。是以，圣人处无为之事，行不言之教。万物作焉而不辞，生而不有，为而不恃，功成弗居。夫惟不居，是以不去。

斯恶已：如此丑陋，与美相对；已相当于矣。相生：相演化。相成：相转化。相形：相比较；王弼本作相较。相倾：相区别。无为：顺应自然之势而为。不言之教：身体力行，潜移默化。作焉而不辞：生长不间断。不有：不占有。为而不恃：运化不求回报。功成弗居：生化万物，不标榜功劳。不去：不离道。

道化万物，相生相成；生而不有，功成弗居。美善形成，人心作伪；圣人无为，不言而教。万物生长，不离于道。

第三章

不尚贤，使民不争；不贵难得之货，使民不为盗；不见可欲，使心不乱。是以，圣人之治：虚其心，实其腹；弱其志，强其骨；常使民无知无欲。使夫知者不敢为也；为无为，则无不治。

尚贤：推崇贤德。难得之货：金银珠宝之类。不见可欲：不显露名利财色等，见同现。圣人：明君。无知无欲：返朴归真。知者不敢为：智者不妄为，知同智。为无为：顺自然之势而为。无不治：天下大治，太平盛世。

尚贤民竞，贵货人盗，名利乱心；虚心实腹，弱志强骨，返朴归真；智不妄为，无为而治，天下太平。

第四章

道冲，而用之或不盈。渊兮，似万物之宗；湛兮，似若存。吾不知其谁之子，象帝之先。挫其锐，解其纷；和其光，同其尘。

冲：通盅，虚空。用之：运化万物；用，功用。不盈：不充满，不穷尽。渊兮：深邃，不可测。宗：根本，主宰。湛兮，似若存：氤氲不清，似有若无，永恒而存。吾：道祖老子。谁之子：无所而生，循环化生。象帝之先：大道演化之景象，早于上帝而存在。

挫其锐，解其纷；和其光，同其尘：疑似错简，内容在五十六章。

大道虚无，运化万有；深不可测，无穷无尽；万物之宗，主宰天地；在帝之先，永恒而存。

第五章

天地不仁，以万物为刍狗；圣人不仁，以百姓为刍狗。天地之间，其犹橐籥乎？虚而不屈，动而愈出。多言数穷，不如守中。

天地不仁：天地因循自然。刍狗：草扎祭物，先贵后贱，祀后自灭。圣人不仁，以百姓为刍狗：圣人遵循自然，任百姓自生自灭。其犹：犹岂；其通岂，难道。橐籥：音驮岳，鼓风袋，橐囊周遍于外若太虚，籥吹吸氤氲于内似元气，阴阳运化。虚而不屈：虚空而不穷尽；屈音掘，竭尽。动而愈出：运化而生万物。数穷：迅速困顿，数通速。守中：保持清静虚无状态。

天地虚无，自然演化；天生地养，存灭随时。圣人顺天，因任万物；妄动致穷，损精耗神；无为守中，真炁常存。

第六章

谷神不死，是谓玄牝。玄牝之门，是谓天地之根。绵绵若存，用之不勤。

谷神：虚无之神、大道；谷，山谷、空阔。不死：变化、演化不停。玄牝之门：生化万物之机。绵绵：连绵不断。用：功能，运化。不勤：不穷尽，勤同尽。

虚无之神，生化玄牝；玄牝之门，天地之根；运化万物，连绵不断，似有若无，用之不尽。

第七章

天长地久。天地所以能长且久者，以其不自生，故能长生。是以，圣人后其身而身先，外其身而身存。以其无私，故能成其私。

不自生：道生天地。后其身而身先：柔弱不争而身受尊崇。外其身而身存：去私欲，守清静；轻外物，修身养性，长生久视。以其无私：王弼本作非以其无私耶。成其私：胸怀天下，天下归心。

道生天地，天长地久。圣人奉道，无私无欲；柔弱不争，倍受尊崇；静心修身，长生久视；无心成就，乃至大成。

第八章

上善若水。水善利万物而不争，处众人之所恶，故几于道。居善地，心善渊；与善仁，言善信；政善治，事善能，动善时。夫唯不争，故无尤。

上善：大善，道德高尚。善利：擅于利益、滋润。众人之所恶：低下，卑贱。几：将近。居善地：身处低下，擅于容纳。心善渊：心如渊，擅于静。与善仁：相与交往，擅于亲爱。言善信：语言，擅于守信用。政善治：为政，擅于治理。事善能：行事，擅于处理。动善时：行动，擅于掌握时机。唯：同惟，因为。无尤：无过失。

上善若水，几近于道；处下不争，利益万物。人若似水，动静随机，无往不利；心存仁善，谦卑为众，终身无尤。

第九章

持而盈之，不如其已；揣而锐之，不可长保。金玉满堂，莫之能守；富贵而骄，自遗其咎。功成，名遂，身退，天之道。

持：用力保持。盈：满足。已：停止。揣：音锤，捶击。锐：锋芒毕露。保：保存。守：保持，拥有。遗：遗留；导致。咎：灾祸。

功成，名遂，身退，天之道：功名成就，退位修身；否则，物极必反，身败名裂。

自然之道，物极必反；月满则亏，锋锐易折。金玉满堂，富贵而骄，功成不退，违逆天道，自遗其咎，殃及子孙。

第十章

载营魄抱一，能无离乎？专气致柔，能如婴儿乎？涤除玄览，能无疵乎？爱民治国，能无为乎？天门开阖，能无雌乎？明白四达，能无知乎？生之畜之，生而不有，为而不恃，长而不宰，是谓玄德。

载：容纳。营魄：魂魄。抱一：融和。离：魂魄离散。专气：凝聚元气，专同抟。婴儿：真气淳和之体。涤除：洗涤、打扫。玄览：清静妙镜；览，或作鉴，镜子。疵：杂质，杂念。能无为乎：王弼本与下文能无知乎颠倒。天门开阖：心智动静。无雌：不必柔弱、清静。明白四达：聪明广博。无知：不用智；知同智。

生之畜之，生而不有，为而不恃，长而不宰，是谓玄德：疑似错简，内容在五十一章。

魂阳魄阴，相合乃生；抟气致柔，清静无为；为智则四达，治国则富足，修身则真气淳和。

第十一章

三十辐共一毂，当其无，有车之用；埏埴以为器，当其无，有器之用；凿户牖以为室，当其无，有室之用。故，有之以为利，无之以为用。

辐：车轮中连接车毂和车辋的直条。共：通拱，拱卫。毂：音骨，车轮中心穿轴承辐的部分。当其无：中空得当。用：功用。埏埴：音山直，柔和黏土。为器：制作陶制品。户牖：门窗，牖音游。为室：分割居室。有之以为利：事物有形体以为便利。无之以为用：无形中空为功用。

轮圆可行，器虚能容，室空宜居。天地万物，无形有形；有形为用，便利它物；无形有功，成就有形。

第十二章

五色令人目盲，五音令人耳聋，五味令人口爽，驰骋田猎令人心发狂，难得之货令人行妨。是以，圣人为腹不为目。故，去彼取此。

五色：青、红、白、黑、黄。盲：模糊。五音：宫、商、角、徵、羽。聋：听不清。五味：苦、辣、酸、甜、咸。爽：丧失味觉。

田猎：狩猎捕杀。妨：受损害。为腹：清静守神。为目：追逐物欲。去彼取此：去为目、逐事物；取为腹、守精神。

事物纷繁，扰乱身心，无益修为；去物欲，守清静，足平生。

第十三章

宠辱若惊，贵大患若身。何谓宠辱若惊？辱为下，得之若惊，失之若惊，是谓宠辱若惊。何谓贵大患若身？吾所以有大患者，为吾有身；及吾无身，吾有何患！故，贵以身为天下者，则可以寄于天下；爱以身为天下者，乃可以托于天下。

宠：荣耀。若惊：但却惊惧；底本何谓宠辱后无若惊二字，据王弼本补。贵：重视。若身：及身。辱为下：王弼本作宠为下。失之若惊：此句之前或有宠为上。无身：忘我。贵以身为天下：重视自身，等同天下。托：寄托。

得失及身，宠辱若惊；吾有大患，为吾有身。贵爱身，同天下，乃可寄托天下。纵观古今，三皇、五帝或是如此，其后则绝踪迹。

第十四章

视之不见，名曰夷；听之不闻，名曰希；搏之不得，名曰微。此三者，不可致诘，故混而为一。其上不皦，其下不昧。绳绳兮，不可名，复归于无物。是谓无状之状，无物之象，是谓忽恍。迎之不见其首，随之不见其后。执古之道，以御今之有；以知古始，是谓道纪。

致诘：穷究。为一：合道。皦：音饺，明亮。其下不昧：在下不昏暗。绳绳兮，不可名：渺茫连绵不能认知，名通明。无物：无形。忽恍：同惚恍，混沌。执古之道：依持自然规律。以御今之有：用以控制万事万物。以知古始：已知本原，以通已；王弼本作能知古始。道纪：自然规律。

大道混沌，有形无象，无形有象，惚恍难识；道尊同神，尊神执道纪，制御古今万有。

第十五章

古之善为士者，微妙玄通，深不可识。夫唯不可识，故强为之容：豫兮，若冬涉川；犹兮，若畏四邻；俨兮，其若客；涣兮，若冰之将释；敦兮，其若朴；旷兮，其若谷；浑兮，其若浊。孰能浊以止？静之徐清。孰能安以久？动之徐生。保此道者，不欲盈。夫唯不盈，故能弊不新成。

善为士者：有道之人。微妙玄通：通达玄妙。强为之容：勉强形容。豫：一说指象属动物，善疑。犹：一说指猴属动物，善疑。俨：恭敬端庄。涣：活脱离散。敦：厚实。朴：原木。浊以止：止以浊。安以久：稳定持久。徐生：缓慢运化。夫唯不盈：因为不满足。弊不新成：祸害不显现。

清静止浊，动显生机；动静之宜，相互转化。有道之士，修养身心，谨小慎微；保平不盈，守神不失，离祸得福。

第十六章

致虚极，守静笃。万物并作，吾以是观其复。夫物芸芸，各复归其根。归根曰静，静曰复命，复命曰常，知常曰明。不知常，妄作，凶；知常容，容乃公，公乃王，王乃天，天乃道，道乃久，没身不殆。

致虚极：达到极度虚空。守静笃：保持专注清静。并作：共同生长。观其复：感应万物生灭循环。归其根：返朴还原。复命：恢复本性。常：清静。知常：守清静。明：清明、透彻。凶：不祥，有危险。容乃公：包容则能公道。公乃王：公道则天下人归附。王乃天：统治天下则通达天道。天乃道：天道自然，于是通同大道。道乃久：奉道无为，于是能长久。没身不殆：终身没有危险。

虚极守静，观物生灭；归根复命，乃谓之常。不知常，妄作凶。知常能容，能公能王；统治天下，顺应天道；终身不殆，国祚久长。

第十七章

　　太上，下知有之；其次，亲而誉之；其次，畏之；其次，侮之。有不足焉，有不信焉！犹兮，其贵言。功成事遂，百姓皆谓：我自然。

　　太上：圣明君主。侮：轻慢蔑视。有不足焉：显现道德不足；王弼本作信不足焉。不信：人无信用，人不相信。犹兮：谨慎。贵言：言而有信。事遂：事业成就。我自然：本来如此；无为而治。

　　治之道，五层次：太上君，无为治；王公明，民亲誉；中任法，上下畏；嗜欲滋，辱临身；序之末，极而反。明君之治，顺应天时，因循地利；与民同乐，贵言守信；事遂功成，自然而然。

第十八章

　　大道废，有仁义；智慧出，有大伪；六亲不和，有孝慈；国家昏乱，有忠臣。

　　大道废，有仁义：人之自然本性丧失，才推崇仁义。智慧出，有大伪：智慧出现，才造就巨奸大伪。六亲：父、子、兄、弟、夫、妇。

　　名利财色，迷惑本性；人能失德，道不离人；等而下之，忠孝仁义；邪兴正显，承续不断。

第十九章

绝圣弃智，民利百倍；绝仁弃义，民复孝慈；绝巧弃利，盗贼无有。此三者，以为文不足，故令有所属。见素抱朴，少私寡欲，绝学无忧。

文不足：官文无人倡导，百姓不理解。令有所属：使有特殊精神追求，如道家之洞天福地、儒家之大同社会、佛家之极乐世界。见素抱朴：保持纯真本性，见同现。绝学无忧：原在下章之首，当在此章，文意乃顺；绝学，不学弃智，清静守神。

绝智弃巧，少私寡欲；见素抱朴，绝学无忧；小国寡民，大同社会；洞天福地，人间天堂。

第二十章

唯之与阿，相去几何？善之与恶，相去何若？人之所畏，不可不畏。荒兮，其未央哉！众人熙熙，如享太牢，如春登台。我独怕兮，其未兆，如婴儿之未孩；乘乘兮，若无所归。众人皆有余，而我独若遗。我愚人之心也哉！纯纯兮！众人昭昭，我独若昏；众人察察，我独闷闷。忽兮，若海；漂兮，若无所止。众人皆有以，而我独顽似鄙。我独异于人，而贵食母。

唯：恭敬应答。阿：通呵，呵斥。相去何若：相互差别大约多少。所畏：呵斥、奸恶等。荒兮：广大。其未央：世事沧桑，无穷无尽。熙熙：恣意开怀。太牢：猪羊牛祭祀品。怕：同泊，淡泊。未兆：无动于衷。孩：同咳，婴儿笑。乘乘：慵懒闲散；王弼本作傫傫。有余：情欲放纵。若遗：精神内敛，若有所失。愚人之心：大智若愚。纯纯：质朴；王弼本作沌沌。昭昭：精明能干。若昏：愚笨。察察：聪明善辨。闷闷：木讷呆滞。忽兮：渺茫、浩荡；王弼本作澹兮。漂兮：飞扬；王弼本作飂兮。有以：积极有为。顽似鄙：愚钝卑微。贵食母：重守道，保真元。

世事纷繁，无穷无尽；众人皆有余，昭昭熙熙；我独顽似鄙，昏昏闷闷；我独异于人，常保真守神。道不外求，真与俗反；我心如镜，守中无为。

第二十一章

孔德之容，唯道是从。道之为物，唯恍唯忽；忽兮恍兮，其中有象；恍兮忽兮，其中有物；窈兮冥兮，其中有精；其精甚真，其中有信。自古及今，其名不去，以阅众甫。吾何以知众甫之然哉？以此。

孔德：大德。为物：化生万物。恍忽：同恍惚。有象：呈现自然变化。窈冥：深邃幽玄。精：元炁、精神。甚真：很精微。有信：证实，确实存在。其名不去：物、象、精、真，永恒存在。阅：感知。甫：通父，本原。众甫之然：王弼本作众甫之状。

道中有物，万物可触；恍惚有象，窈冥有精；精象虽虚，静极感应；信真乃实，古今不失；既知本原，惟道是从。

第二十二章

曲则全，枉则直；窊则盈，弊则新；少则得，多则惑。是以，圣人抱一，为天下式。不自见，故明；不自是，故彰；不自伐，故有功；不自矜，故长。夫唯不矜，故天下莫能与之争。古之所谓曲则全者，岂虚言哉！故，诚全而归之。

曲则全，枉则直：委曲求全，小枉大直，辩证思维。窊则盈：洼则能容，窊同洼。弊则新：旧去新生。少则得，多则惑：天道补亏欠，多余致惑乱。抱一：守中道。天下式：天下平衡纲领。不自见，故明：不自我炫耀，反而显著；见同现。不自是，故彰：不自负，所以有名望。不自伐，故有功：不自我标榜，所以有功德。不自矜，故长：不自大，受人尊重。夫唯不矜：王弼本作夫唯不争。诚全而归之：确实能够全部达到目标。

天道平衡，抑高补亏。不自矜伐，抱一守中，功德至尊。小枉大直，委曲求全，谦卑成就。此言不虚，信受奉行。

第二十三章

希言自然。飘风不终朝，骤雨不终日。孰为此者？天地。天地尚不能久，而况于人乎！故，从事于道者，道者同于道，德者同于德，失者同于失。同于道者，道亦乐得之；同于德者，德亦乐得之；同于失者，失亦乐得之。信不足焉，有不信焉。

希言自然：自然行无声之言。飘风：狂风。从事：崇奉。同于道：顺自然。同于德：行无为。失者同于失：道德主万物生存，失道德者同于灭失。乐得：乐于融和。

大道永恒，自然希言，天地无语；道德尊贵，有者生存，失者同终。信有不足，不信事生，失生之时，悔之晚矣！

第二十四章

跂者不立，跨者不行。自见者不明，自是者不彰，自伐者无功，自矜者不长。其于道也，曰：余食、赘行，物或恶之，故有道者不处。

跂：音企，踮脚。跨：大踏步。自见：自我炫耀，见同现。余食：食多致病。赘行：赘瘤劳行。物或恶之：不符合于道。

踮脚不久立，跨步难远行；自现又自是，自伐再自矜；余食常致病，赘物增劳苦；众人好行持，有道者乃不为。

第二十五章

有物混成，先天地生。寂兮寥兮，独立而不改，周行而不殆，可以为天下母。吾不知其名，字之曰道，强名之曰大。大曰逝，逝曰远，远曰反。故，道大，天大，地大，王亦大。域中有四大，王居其一焉。人法地，地法天，天法道，道法自然。

寂寥：无声无形。独立而不改：无任何其他可以改变大道。周行而不殆：循环演化不停息。天下母：万物本原。字之：为天下母命名。大曰逝，逝曰远，远曰反：曰，而；逝，变化；远，运行；反，同返，循环。域中：道域内。王：上天之子，人间之君王。人法地：人效法大地之平静、容纳。地法天：地尊崇天之普照、润泽。天法道：天效法道之循环演化。道法自然：道性自然。

有物混成，先天地生，为天下母，强名曰道；独立周行，循环演化，化生天地，其性自然。域中四大，人居其一；道化万物，至灵乃人。奉道精诚，通天达地，真圣可期，君王可传。

第二十六章

重为轻根，静为躁君。是以，圣人终日行，不离辎重。虽有荣观，燕处超然。奈何万乘之主，而以身轻于天下！轻则失臣，躁则失君。

君：主宰。辎重：给养、清静守中。荣观：大堂、盛誉。燕处超然：超脱安居。万乘之主：大国君王。轻则失臣，躁则失君：重欲轻天下失民心，妄为无主宰失天下；王弼本作轻则失本。

万乘之主，身劳于国，智尽于事，心忧于命，无日得安；外表尊贵，实则孤寂、内心悲苦，甚是可怜！圣人无为，清静守中，美名扬天下，超脱而安居，可以为帝王之师。

第二十七章

善行，无辙迹；善言，无瑕谪；善计，不用筹策；善闭，无关键而不可开；善结，无绳约而不可解。是以，圣人常善救人，故无弃人；常善救物，故无弃物。是谓袭明。故，善人者，不善人之师；不善人者，善人之资。不贵其师，不爱其资，虽知大迷。是谓要妙。

瑕谪：缺失。筹策：计算器具。关键：横、竖门栓。绳约：绳索捆束。袭明：内藏智慧。资：借鉴。知：同智。要妙：妙诀，善人与不善人等同对待。

圣人袭明，言行高尚；胸怀天下，泽被万物；善恶不比，是非齐同。是谓妙诀。

第二十八章

知其雄，守其雌，为天下溪；为天下溪，常德不离，复归于婴儿。知其白，守其黑，为天下式；为天下式，常德不忒，复归于无极。知其荣，守其辱，为天下谷；为天下谷，常德乃足，复归于朴。朴散则为器，圣人用之，则为官长，故大制不割。

雄：坚强。雌：柔弱。溪：低谷能容。常德不离：保持柔弱、处下。婴儿：喻指柔弱、淳和。白：光明、阳。黑：暗昧、阴。天下式：阴阳平衡。常德不忒：平衡无差失。无极：阴阳之先，无穷大道。常德乃足：谦卑能容，渐至完备。朴：质朴自然。器：智巧。大制不割：好的制度、体制浑然如一。

上古人民，知雄守雌，知荣守辱，纯真质朴；朴散为智，官长慎用；因任事物，治不勉强；阴阳平衡，风调雨顺。

第二十九章

将欲取天下而为之，吾见其不得已。天下神器，不可为也。为者败之，执者失之。故，物或行或随，或呴或吹，或强或羸，或载或隳。是以，圣人去甚，去奢，去泰。

取天下：有为治理天下。不得已：完不成，办不到。天下神器：国家政权。为者：妄为者。执者：强权者。物：治理者及其措施。或行或随：有先有后，前行后随。或呴或吹：有缓有急，呴缓吹急。羸：音雷，弱。或载或隳：或安或危、有满有损；隳音灰，通毁，毁坏；王弼本作或挫或隳。圣人：君王。去甚：不过分。泰：纵欲享受。

权柄天下，不可妄为；有为易败，固执必失。事有先后缓急，物有强弱安危；过犹不及，适可而止。

第三十章

以道佐人主者，不以兵强于天下。其事好还！师之所处，荆棘生焉；大军之后，必有凶年。善者果而已，不敢以取强。果而勿矜，果而勿伐，果而勿骄，果而不得已，果而勿强。物壮则老，是谓不道，不道早已。

以道佐人主：以道辅佐君王。兵：武力。其事好还：穷兵黩武，常招致杀身之祸。善者果而已：正义之师取胜而止。取强：盛气凌人，强势妄为。果：胜利、取得战果。老：衰败。不道：不适可而止。

兵强天下，其事好还；物壮则老，盛极必衰。不得已，用武力；胜不骄，勿逞强。

第三十一章

夫佳兵者，不祥之器，物或恶之，故有道者不处。君子居则贵左，用兵则贵右。兵者，不祥之器，非君子之器，不得已而用之，恬淡为上。胜而不美，而美之者，是乐杀人。夫乐杀人者，则不可以得志于天下矣。故，吉事尚左，凶事尚右。偏将军处左，上将军处右，言以丧礼处之。杀人众多，以悲哀泣之；战胜，则以丧礼处之。

佳兵：大军。物：天下人。不处：不掌兵。君子：王侯。左：左阳，主政养。右：右阴，主杀伐；先秦时期，多以右为尊。恬淡：淡漠。不美：不好战。得志：为王侯将相。泣之：上将军莅临战场主持丧礼，以示慎重；泣通莅，莅临。战胜，则以丧礼处之：打胜仗要按照丧礼之仪处理后事。

兵者凶器，不得已而用之；胜而不美，战胜以丧礼处之；胜而美者，不可得志于天下。

第三十二章

道常无名，朴虽小，天下不敢臣。侯王若能守之，万物将自宾。天地相合，以降甘露，民莫之令而自均。始制有名，名亦既有，天亦将知之。知之，所以不殆。譬道之在天下，犹川谷之与江海。

无名：无形。朴：道之状态，精微。天下不敢臣：天下人不愿臣服于朴。守之：臣服于精微之道。自宾：自愿敬服而归化。莫之令而自均：不用乞求，均衡遍布。始制有名：道制万物。名亦既有：万物既成。天亦将知之：天道护佑。

道生天地，主宰万物，天下臣服；万物生成，天帝护佑，恩泽遍布；王顺天道，终身不殆，国运长久。

第三十三章

知人者智，自知者明；胜人者有力，自胜者强；知足者富，强行者有志。不失其所者久，死而不亡者寿。

不失其所：遵从大道。死而不亡：灭情欲，守精神。

知人知足，自胜胜人，明智有志，富强一方；人能自知，不失于道，灭欲守神，长生久视。

第三十四章

大道泛兮，其可左右。万物恃之而生而不辞，功成而不名有。爱养万物而不为主，常无欲，可名于小矣。万物归焉而不为主，可名于大矣。是以，圣人终不为大，故能成其大。

泛：无所不及。不辞：不违逆。功成而不名有：成就万物而不占有。爱养万物：王弼本作衣养万物。不为主：不主宰。常无欲：任自然。名于小：名称虽小而无微不至。归焉：趋向、归宿。名于大：名称既大则包罗万象。不为大：不自大。成其大：成就大功德。

道泛天下，爱养万物；成不名有，归不为主；可名于小，无微不至；亦名于大，包罗万象。圣人尊道，终不为大，方成就大功德。

第三十五章

执大象，天下往。往而不害，安平泰。乐与饵，过客止。道之出口，淡乎其无味，视之不足见，听之不足闻，用之不可既。

执大象，天下往：因循大道，天下遵从。乐与饵，过客止：音乐与美食，短暂享受、停留。不可既：不可穷尽。

遵大道，天下从，久安泰；乐与饵，过客止，瞬间乐。此两者，久与瞬，不可比。视听言小道，大道乃自然，无穷常循环。

第三十六章

将欲翕之，必固张之；将欲弱之，必固强之；将欲废之，必固兴之；将欲夺之，必固与之。是谓微明，柔弱胜刚强。鱼不脱于渊，国之利器，不可以示人。

翕：音息，收敛。固：通姑，姑且。废：衰败。与：给与。微明：见微知著。鱼不脱于渊：王弼本作鱼不可脱于渊。国之利器：军事武备、政治谋略、综合国力。

国之利器，可示而示，利国利民；不可而示，凶多吉少，或至亡国灭种。将亡先猖狂，柔弱胜刚强。见微能知著，圣人明反复。

第三十七章

道常无为而无不为。侯王若能守之，万物将自化。化而欲作，吾将镇之以无名之朴。无名之朴，亦将不欲。不欲以静，天下将自正。

无为而无不为：顺应自然而为，无所不可为。万物：万民。欲作：欲望萌发。吾：道祖老子。镇：持守清静。无名之朴：无为之道。亦将不欲：王弼本作夫亦将无欲。自正：自然稳定。

王侯无为，不欲以静；万民自化，天下自正。太平盛世，天下大治，圣君常持守无为之道！

第三十八章

上德不德，是以有德；下德不失德，是以无德。上德无为，而无以为；下德为之，而有以为。上仁为之，而无以为；上义为之，而有以为。上礼为之，而莫之应，则攘臂而扔之。故，失道而后德，失德而后仁，失仁而后义，失义而后礼。夫礼者，忠信之薄，而乱之首。前识者，道之华，而愚之始。是以，大丈夫处其厚，不处其薄；居其实，不居其华。故去彼取此。

上德不德：上德无为，不执着于德。不失德：执着于德。无以为：无为。有以为：有为。莫之应：无响应，不顺应自然之道。攘臂而扔：挽袖露臂，强力牵引；扔通扔，牵引。薄：浇薄、缺失。前识者：先知之人、制定礼义者。大丈夫：体道者。处其厚、居其实：尊道贵德。反之处其薄、居其华，则行忠信，就礼义。

道生天地是至德，天生地养万物乃大德，人自有生即有德。至德、大德自然，上德无为，中德广博，下德守法，无德穷凶极欲。至德自然，自然而然，然之所然；然之所不然，不然之所然。上德无为，顺道而为，无所不为，为之当为。中德广博，社会准则，行为规范；言传身教，正己化人。下德守法，有上有下；守之为德，失之刑加。人之为人，因德在身；人而无德，岂是人耶？无知胆大，唯欲是图，兽性猖狂；人性尽失，无不敢为，自取灭亡！

道德崇尚，人伦首推；仁者慈爱，善及天下；智者多虑，心忧事物；忠君效国，鞠躬尽瘁；孝敬尊长，反哺教养；信义立身，他人亲服；中德广博，行为规范；礼仪不足，法刑相制；人形兽性，为所欲为；穷凶极恶，司杀者杀。社会国家，有是于斯。

大道化小道，正道教邪道。大德上德，有道之人；有道之人济度众生之方技，是为道术；道非术不传，术非道不灵；术有千万，一统于道，道体术用。中德执于时事，下德拘于刑法，无德穷凶极欲；如此众生，亟待教化；教化根于德道，立于形式；以有形之教，传扬无形之道，是为道之教，道本教末；有道方是正教，无道乃为邪之教。

第三十九章

昔之得一者：天得一以清，地得一以宁，神得一以灵，谷得一以盈，万物得一以生，侯王得一以为天下正。其致之：天无以清，将恐裂；地无以宁，将恐发；神无以灵，将恐歇；谷无以盈，将恐竭；万物无以生，将恐灭；侯王无以贵高，将恐蹶。故，贵必以贱为本，高必以下为基。是以，侯王自谓曰：孤、寡、不穀。此其以贱为本耶！非乎？故，致数车无车。不欲碌碌如玉，落落如石。

一：道。为天下正：统领天下。致之：推而论之。发：通废，崩塌。歇：灭失。竭：绝生。无以贵高：屈己卑身于人而高贵。蹶：挫败，失身亡国。不穀：不善。古代王侯自称的谦词。致数车无车：车即舆，舆通誉；追求过多名誉，将丧失名誉；王弼本作致数舆无舆。不欲碌碌如玉，落落如石：不求稀世之晶莹美玉，甘为堆积之粗鄙顽石；王弼本作不欲琭琭如玉，珞珞如石。

道生化一，一即同道；得一者存，失一者亡。人处其一，微弱渺小；虚心谨慎，落落如石。王侯虽高贵，自谓孤而寡；贵必以贱为本，高必以下为基。

第四十章

反者道之动，弱者道之用。天下万物生于有，有生于无。

反者道之动：循环往复，大道演化。弱者道之用：缓慢常运化，而能生万物，大道之功用。有：似太极，阴阳平衡至和。无：似无极，太极之先而未形，无形生有形。

道化有无，有生万物；有无相生，循环往复。

第四十一章

上士闻道，勤而行之；中士闻道，若存若亡；下士闻道，大笑之，不笑，不足以为道。故，建言有之：明道若昧，进道若退，夷道若类；上德若谷，大白若辱，广德若不足，建德若偷，质真若渝；大方无隅，大器晚成，大音希声，大象无形。道隐无名。夫唯道，善贷且成。

士：有才智者。若存若亡：半信半疑。大笑之：下士因层次低而不知道、不信道，无知少识乃至大笑。建言：格言。夷道若类：通达大道好像不平；类通颣，丝缠结，指不平。谷：川谷、容纳。辱：污秽。建德：道德楷模。偷：苟且，勉强。质真：大德。渝：通窬，空虚。隅：棱角。晚成：慢慢成就。希声：寂静无声。隐：幽玄、微妙。无名：无形。善贷且成：善于生化而成就天下万物。

道隐无名，善贷且成；真道无形，体道各异；明道若昧，夷道若类；大白若辱，广德若不足。下士闻道，大笑之；不笑，不足以为道。

第四十二章

道生一，一生二，二生三，三生万物；万物负阴而抱阳，冲气以为和。人之所恶，唯孤、寡、不穀，而王公以为称。故，物或损之而益，或益之而损。人之所教，我亦教之。强梁者不得其死，吾将以为教父。

一：混沌状态。二：无极，阴、阳，离散状态。三：太极，阴、阳、和，平衡状态。万物负阴而抱阳，冲气以为和：阴上阳下，阴滞向下，阳清向上，氤氲平衡而为和，是生万物。益：增加。强梁：刻意进取，积极有为。不得其死：不得善终。我、吾：道祖老子。教父：教主。

混沌无极，阴阳两仪，天地有形；太极冲和，阴阳平衡，万物乃生；阴阳演化，日月轮转，万物异形。损益之变，人岂能知；有为无为，王公称下。真人所教，我亦教之；吾乃教父，教尔守中。

第四十三章

天下之至柔，驰骋天下之至坚，无有入于无间。吾是以知无为之有益。不言之教，无为之益，天下希及之。

至柔：无，譬如能量。驰骋：纵横奔驰、贯穿。至坚：有，譬如金石。无有：譬如能量。无间：虚空。希：同稀。

至柔驰骋至坚，无有入于无间；有被无制，有无平衡。无为静极，感应有无，清虚玄妙；大德至诚，乃得大成，天下希及！

第四十四章

名与身孰亲？身与货孰多？得与亡孰病？甚爱必大费，多藏必厚亡。知足不辱，知止不殆，可以长久。

亲：重要。多：贵重。病：损害。爱：吝啬。厚：重大。不殆：不会遭受危险。

重我身，轻名货，何计得失！常知足，适即止，岂不长久？

第四十五章

大成若缺，其用不弊；大盈若冲，其用不穷。大直若屈，大巧若拙，大辩若讷。躁胜寒，静胜热。清静，以为天下正。

大成：大物，如地。若缺：似有不足。不弊：不损失。大盈：大满，似天。冲：通盅，虚空。讷：语言迟钝。胜：克制。天下正：君长、主宰天下。

大盈似天，大成如地，用不穷弊；大直若屈，大巧若拙，曲成万物。阳躁克阴寒，虚静制阳热；清静正天下，守中存长久。

第四十六章

天下有道，却走马以粪；天下无道，戎马生于郊。罪莫大于可欲，祸莫大于不知足，咎莫大于欲得。故，知足之足，常足矣！

却走马以粪：退却战马，使之耕种；粪，施肥、耕种。郊：荒郊野外、疆场。可欲：纵欲。咎：灾难。欲得：贪得无厌。

王公不知足，戎马生于郊，天下大乱，祸及己身，或至亡国灭族。知足之足，走马以粪，百姓安居，天下太平。清心寡欲，何祸之有？

第四十七章

不出户，以知天下；不窥牖，见天道。其出弥远，其知弥少。是以，圣人不行而知，不见而名，不为而成。

天道：天象变化。弥：越，更加。名：通明，明晓。不为而成：无为而成就。

坐堂于户，保真守神，静极生慧，灵通天下，无为而成；动则成昏，迷惑虚像，随波逐流，醉生梦死，一事无成。

第四十八章

为学日益，为道日损。损之又损，以至于无为，无为而无不为。取天下常以无事，及其有事，不可以取天下。

益：增加认知。损：减少私欲。无为而无不为：因循自然，无所不为。取：治理。无事：无为，因循自然而为。有事：有为，妄为。不可以取天下：王弼本作不足以取天下。

为学日益，益至绝极，绝学无忧；为道日损，损至无为，无为自在。无忧、自在，殊途同归。若是而已！何劳天下？

第四十九章

圣人无常心，以百姓心为心。善者，吾善之；不善者，吾亦善之：德善。信者，吾信之；不信者，吾亦信之：德信。圣人在天下，怵怵焉，为天下浑其心；百姓皆注其耳目，圣人皆孩之。

常心：主观意识。百姓心：天下民心、时势。为心：作思考，行实政。德善：保持真善之德。德信：保持诚信之德。怵怵焉：小心谨慎。浑：混同，总合。皆注其耳目：注重视听虚像。孩：以孩相待。

圣人无常心，胸怀天下民；世俗重耳目，吾孩千万姓；不善与不信，教化令归正。

第五十章

出生入死。生之徒，十有三；死之徒，十有三；人之生，动之死地，十有三。夫何故？以其生生之厚。盖闻善摄生者，陆行不遇兕虎，入军不被甲兵。兕无所投其角，虎无所措其爪，兵无所容其刃。夫何故？以其无死地。

出生入死：从出生到进入死亡。生之徒：寿终正寝之类。十有三：十分之三。死之徒：夭折早亡、中年死亡。动之死地：恣意妄为，自寻死路。生生之厚：求生过度，贪图享受。摄生：养生，善于养生者灵通。兕：音寺，犀牛。被：遭遇。甲兵：披坚执锐、临战士兵。措：放置。容：使用、挥舞。无死地：不遇绝境。

从生至死，寿终或夭，自寻死路，三三有九；其一摄生，尊道贵德，通达无阻，长生久视。养生修行，上天护佑，不逢绝境。

第五十一章

道生之，德畜之；物形之，势成之。是以，万物莫不尊道而贵德。道之尊，德之贵，夫莫之命而常自然。故，道生之，德畜之，长之育之，成之熟之，养之覆之。生而不有，为而不恃，长而不宰，是谓玄德。

畜：养育。形：呈现。势：演化之势。莫之命：不强行有为。覆：护佑、关照。不有：不占有。不恃：不图回报。不宰：不主宰。玄德：自然。

天地万物，道生德畜，道德主生存，万物莫不尊道而贵德，莫之命而常自然。天地之间，至尊者道，至贵者德，至难得者神仙，次难得者人也，人而之至难得者，道德有于身而已矣！若离道失德，天地反复，物将不物，何况于人耶？

第五十二章

天下有始，以为天下母。既知其母，复知其子；既知其子，复守其母。没身不殆。塞其兑，闭其门，终身不勤；开其兑，济其事，终身不救。见小曰明，守柔曰强。用其光，复归其明，无遗身殃，是谓习常。

始：道。天下母：大道。子：万物。守：遵循。兑：欲望之心窍。门：耳目鼻口。不勤：不忧苦。济：营求。见小：洞彻微妙。用其光：沟通灵炁。复归其明：回归灵通。习常：通晓大道。

道母物子，有母得子，知子守母；尊母贵柔，塞兑闭门，终身不劳；奉母守神，用光复明，终身有灵。

第五十三章

使我介然有知，行于大道，唯施是畏。大道甚夷，而民好径。朝甚除，田甚芜，仓甚虚；服文彩，带利剑，厌饮食，财货有余，是谓盗夸。盗夸，非道也哉！

介然：坚定状。施：音仪，邪道。径：捷径，小路。朝甚除：宫室洁好。厌：满足。盗夸：大盗；夸，大。

大道甚夷，而民好径，常误入歧途。我行正道，惟施是畏，则顶天立地。服文彩，带利剑，财货有余，称霸一方，是谓大盗。道化万物，万物乃道，万物有道；大道小道，正道邪道，无所不道；大道本一，小道万异；正道常存，邪道灭迹。

第五十四章

　　善建者不拔，善抱者不脱，子孙祭祀不辍。修之于身，其德乃真；修之于家，其德乃余；修之于乡，其德乃长；修之于国，其德乃丰；修之于天下，其德乃普。故，以身观身，以家观家，以乡观乡，以国观国，以天下观天下。吾何以知天下之然哉？以此。

　　建：立德。拔：动摇。抱：守德。脱：失德。祭祀：沟通、承继祖德。修：践行。真：实有。余：充足。长：受尊崇。普：广大。观：映照、显现。此：修、观。

　　祖上有德，荫及子孙；子孙践行，通达天下。奉道兼修德，道德服万民，民附既有国，世间常如此。

第五十五章

　　含德之厚，比于赤子。毒虫不螫，猛兽不据，攫鸟不搏。骨弱筋柔而握固，未知牝牡之合而朘作，精之至也。终日号而嗌不嗄，和之至。知和曰常，知常曰明；益生曰祥，心使气曰强。物壮则老，谓之不道，不道早已。

　　含德：拥有纯真之体、醇和之气。比于赤子：等同于婴儿。螫：

毒虫咬、刺。据、搏：抓捕。攫鸟：猛禽。握固：屈指成拳。朘作：阳气充盈，阳物自然勃起；朘同朘。嗌不嗄：喉咙不嘶哑，嗄音煞。常：事物变化规律。明：明彻大道。益生曰祥：纵情享受不是好兆头；益同溢，满溢、过度；祥，凶兆。心使气：任性妄为。强：盛极状态。物壮则老，谓之不道，不道早已：此句底本在下章之首，王弼本在此章。

赤子元和，纯真无知，鸟兽不伤；溢生使气，纵欲逞强，物壮则老。老则衰也，命将休矣！早作保养，知常守和。

第五十六章

知者不言，言者不知。塞其兑，闭其门；挫其锐，解其纷；和其光，同其尘。是谓玄同。故，不可得而亲，亦不可得而疏；不可得而利，亦不可得而害；不可得而贵，亦不可得而贱。故，为天下贵。

知者不言：智者不妄言，知同智。塞其兑：堵塞欲望心窍。闭其门：轻视眼耳口鼻感受。挫其锐：抑制有为之心。解其纷：化解烦恼妄想。和其光：融和智慧之影响。同其尘：与百姓共同生活。不可得：不希求。

塞兑闭门，和光同尘；不计亲疏，无论利害。智言或浅，玄同乃深；不求贵贱，中和为尊。

第五十七章

以正治国，以奇用兵，以无事取天下。吾何以知天下之然哉？以此：天下多忌讳，而民弥贫；民多利器，国家滋昏；人多技巧，奇物滋起；法物滋彰，盗贼多有。故，圣人云：我无为，而民自化；我好静，而民自正；我无事，而民自富；我无欲，而民自朴；我无情，而民自清。

以正治国，以奇用兵，以无事取天下。吾何以知天下之然哉？以此：此句底本在上章之末尾，王弼本在此章；正，清静自然；奇，诡谋异行；无事，无为。多忌讳：禁令繁杂。弥贫：越来越穷困。利器：诈伪之心、防卫武器。法物：法令与物资；王弼本作法令。我：统治者。我无情，而民自清：王弼本无此句。

君王无欲，无为治国；民风纯朴，天下太平。反之，民藏利器，盗贼啸聚；官逼民反，国家动乱。

第五十八章

其政闷闷，其民醇醇；其政察察，其民缺缺。祸兮，福之所倚；福兮，祸之所伏。孰知其极？其无正！正复为奇，善复为訞。人之迷，其固日久。是以，圣人方而不割，廉而不害，直而不肆，光而不耀。

闷闷：无为。醇醇：同淳，淳朴。察察：苛刻。缺缺：诈伪。倚：依附。伏：隐藏。其极：祸福变化之机。无正：不固定。奇：斜。祆：同妖，不祥。固：愚顽。方：正直。割：伤害。廉而不害：廉洁不伤害；王弼本作廉而不刿。直：率直。不肆：不放纵。光而不耀：才华横溢而不卖弄。

政出由上，民应在下，善恶从治；祸福不定，迷惑其中，私欲作祟。君子处世，智识有限，难得其适；圣人大智，外圆内方，无遗身殃。

第五十九章

治人事天，莫若啬；夫唯啬，是谓早服；早服，谓之重积德；重积德，则无不克；无不克，则莫知其极；莫知其极，可以有国；有国之母，可以长久。是谓深根固蒂，长生久视之道。

治人事天：处世待人，奉祀天帝。啬：节省，吝惜。服：尊从。重：多。无不克：顺畅通达。其极：天帝护佑之力。有国：拥有江山社稷。有国之母：治国法于自然。深根固蒂：牢固基础；蒂同柢，主根。

尊神爱民，慎重真诚；神明护佑，百姓拥护；深根固柢，事无不克；可以有国，国运长久。

第六十章

治大国，若烹小鲜。以道莅天下，其鬼不神；非其神不伤人，圣人亦不伤人。夫两不相伤，故德交归焉。

烹小鲜：炒小鱼，不妄动，不折腾。莅：治理。鬼不神：阴鬼不敢行邪。非其鬼不神，其神不伤人：王弼本有此句，在其鬼不神之后。神不伤人：正神护佑。夫两不相伤，故德交归焉：圣主于阳而人生，鬼荡于阴而邪灵；人死归于阴，灵升和于人。

道莅天下，圣人当位，无为而治，正神护佑，鬼怪不邪；人死归于阴，灵升和于人；两不相伤，各处其位。适逢乱世，邪魔横行，命如秋叶，朝不保夕！

第六十一章

大国者下流，天下之交，天下之牝。牝常以静胜牡，以静为下。故，大国以下小国，则取小国；小国以下大国，则聚大国。故，或下以取，或下以聚。大国不过欲兼畜人，小国不过欲入事人。夫两者，各得其所欲。故，大者宜为下。

下流：谦卑处下。交：归附。天下之牝：天下来追随。大国以下小国：大国谦卑对待小国。取小国：取得小国信任。下以取：大国主领小国。下以聚：小国附聚大国。兼畜人：为宗主国。入事人：为附属国。

大国谦卑，小国归附；小国入事，大国兼畜；得其所欲，两者各宜。大国贪利，小国遭殃；小国癫狂，自取灭亡。

第六十二章

道者，万物之奥，善人之宝，不善人之所保。美言可以市尊，行可以加人。人之不善，何弃之有？故，立天子，置三公。人虽有拱璧，以先驷马，不如坐进此道。古之所贵此道者，何不日求以得，有罪以免耶！故，为天下贵。

奥：中枢、主宰。所保：所依靠。市尊：博取信任。行可以加人：行为受人尊重；后人作美行则可以加人。天子：上天使臣，人间帝王。三公：太师，太傅，太保。拱璧：大璧；拱通珙。坐进：跪坐进献。此道：先贱后贵，扶助不善。日求以得：天天行善。

善人奉道，美言美行。人之不善，何弃之有？三公教化，天子抚育。日求以善，有罪以免！珙璧虽重，驷马在先；贱恶皆容，道乃为贵。

第六十三章

为无为，事无事，味无味。大小多少，报怨以德。图难于其易，为大于其细；天下难事，必作于易；天下大事，必作于细。是以，大人终不为大，故能成其大。夫轻诺必寡信，多易必多难。是以，圣人犹难之，故终无难。

为无为：顺势而为。事无事：事不妄为。味无味：品味真味。大小多少，报怨以德：大以小成，多以少聚，怨以德化。图难：解决困难。大人终不为大：圣人不求大；王弼本作圣人终不为大。能成其大：成就大功德。犹难之：谨慎处事。

图难从易，为大作细；报怨以德，诚为必就；轻诺寡信，多难无成。圣人不为大，诸事不妄为，因循顺时势，故能成其功。

第六十四章

其安易持，其未兆易谋；其脆易破，其微易散。为之于未有，治之于未乱。合抱之木，生于毫末；九层之台，起于累土；千里之行，始于足下。为者败之，执者失之。圣人无为，故无败；无执，故无失。民之从事，常于几成而败之；慎终如始，则无败事。是以，圣人终不欲，不贵难得之货；学不学，复众人之所过，以辅万物之自然，而不敢为。

其安：事物稳定状态。其未兆易谋：事物初始状态容易应对。其脆易破：事物脆弱状态容易分解；王弼本作其脆易泮。其微易散：事物萌芽状态容易化解。毫末：细微萌芽。累土：基础。为者：强为者。执者：固执者。几成：将近成功。终不欲：始终无欲；王弼本作欲不欲。学不学：不学、任自然。复：弥补。所过：有为而致错。辅：顺应。不敢为：不妄为。

民之从事，几成而败；治于未乱，防患未然；慎终如始，当无败事。圣人兼爱，复众之过；顺应自然，更无败事。

第六十五章

古之善为道者，非以明民，将以愚之。民之难治，以其智多。以智治国，国之贼；不以智治国，国之福。知此两者，亦楷式。常知楷式，是谓玄德。玄德深矣远矣，与物反矣！然后，乃至大顺。

为道：为政治之道。明民：开启民智。民之难治，以其智多：国家难治，因为统治者与民众多智；上以智治理，下以智应对，恶性循环，愈治愈乱。贼：灾祸。楷式：用智与不智，治国之法式；王弼本作稽式。与物反：反俗，弃智，归真。大顺：自然。

圣明君王，无为而治，返朴归真，乃至大顺；愚民之道，有为之治，伪行后世，循环千年。

第六十六章

江海所以能为百谷王者，以其善下之，故能为百谷王。是以，圣人欲上民，必以言下之；欲先民，必以身后之。是以，圣人处民上而不重，处前而民不害。是以，天下乐推而不厌。以其不争，故天下莫能与之争。

百谷王：众多河谷之归宿。上民：统治人民。言下之：政令合民意。先民：领导人民。身后之：让利于民。处民上：在上位。不重：无压力。处前：领导民众。不害：不反抗。乐推：自愿拥护。不厌：不反对。

海纳百川，有容乃大；圣人效法，胸怀天下。君王后身先民，天下百姓臣服，故人莫敢与争，江山太平稳固。

第六十七章

天下皆谓我大，似不肖。夫唯大，故似不肖。若肖，久矣其细也。夫我有三宝，持而保之：一曰慈，二曰俭，三曰不敢为天下先。夫慈，故能勇；俭，故能广；不敢为天下先，故能成器长。今舍其慈且勇，舍其俭且广，舍其后且先，死矣！夫慈，以战则胜，以守则固。天将救之，以善以慈卫之。

我大：道祖有道；王弼本作我道大。不肖：不像，无形。若肖：若像具体事物。久矣其细：永远渺小。夫慈，故能勇：慈者无惧，仁者无敌。广：丰富。成器长：成为民众领袖。天将救之：天帝将救助人。以善以慈卫之：王弼本作以慈卫之。

老君通道，无像无形；持祖三宝，能成器长。无知细徒，惟我为大，争先几死；慈俭谦虚，天帝护佑，战守无敌。

第六十八章

古之善为士者不武，善战者不怒，善胜敌者不与争，善用人者为下。是谓不争之德，是谓用人之力，是谓配天，古之极也。

为士：为将帅。不武：不崇尚武力。不怒：理性、不激动。不与争：不正面交锋。为下：谦卑处下。配天：符合天道规律。极：最高自然法则。

善为帅者，不武不怒；用人之力，攻无不克；为下不争，战无不胜。顺天慎战，将帅法则。

第六十九章

用兵有言：吾不敢为主而为客，不敢进寸而退尺。是谓：行无行，攘无臂，仍无敌，执无兵。祸莫大于轻敌，轻敌几丧吾宝。故，抗兵相加，则哀胜也。

吾：统军将帅。主：进攻方。客：防御方。进寸：出国侵略。退尺：边境防守。行无行：陈兵不设阵。攘无臂：袒臂不显力。仍无敌：抗衡不紧张，仍通扔。执无兵：执刃无杀心。吾宝：性命，江山社稷。抗兵相加：举兵相遭遇。哀：哀者，正义方。

将帅统军，不伐他国；陈兵于境，积极防御；训练有素，将不轻战；正义之师，天下无敌。

第七十章

吾言甚易知，甚易行；天下莫能知，莫能行。言有宗，事有君。夫唯无知，是以不我知。知我者希，则我者贵。是以，圣人被褐怀玉。

吾、我：道祖老子。易知、易行：末知末行，小知浅行。莫知、莫行：根本知行，真知真行。言有宗，事有君：理宗于道，事主于神。不我知：不知道祖。希：同稀。则：尊崇。被褐怀玉：重内轻外，守精神轻名利；被同披。

理宗于道，事主于神；本难末易，天下莫知。被褐怀玉，吾言乃道；尔若知我，即不无知；识我者稀，尊我者贵。

第七十一章

知不知，上；不知知，病。夫唯病病，是以不病。圣人不病，以其病病，是以不病。

知不知，上：知无不知，高明。不知知，病：自以为知，有毛病。病病：知治己病。

知无不知，圣贤大智；自以为知，世俗通病。圣人病病，是以不病；百姓不病，病不离身。

第七十二章

民不畏威，则大威至矣。无狭其所居，无厌其所生。夫唯不厌，是以不厌。是以，圣人自知不自见，自爱不自贵。故，去彼取此。

不畏威：不畏强权。大威：武力对抗。无狭其所居：不要压迫民众生存环境，无通毋。无厌其所生：不要阻塞民众生路，无通毋。夫唯不厌，是以不厌：统治者不压制百姓，百姓则不会厌恶、反抗。不自见：不妄为、不刻意表现，见同现。去彼取此：去彼自现自贵，取此自知自爱。

上有压迫，民不畏威，揭竿而起，大威即至，亡国灭族，几无不可。国君及王侯，毋狭民所居，毋厌民生路，自知兼爱民。

第七十三章

勇于敢则杀，勇于不敢则活。知此两者，或利或害。天之所恶，孰知其故？是以，圣人犹难之。天之道，不争而善胜，不言而善应，不召而自来，繟然而善谋。天网恢恢，疏而不失。

勇于敢则杀：逞强斗狠则亡。其故：自作孽，常行恶。难之：谨慎对待。胜：胜利、成就。应：感应、遍布。自来：如影随形。繟然而善谋：从容应对。天网：因缘承负，自然规律。恢恢：大而能覆。疏而不失：疏而不漏。

勇于敢，常行恶；自作孽，不可活；天所恶，此其故。天道自然，化育万物；泽被群生，无所不及。天网恢恢，疏而不漏；承负因果，分毫不失。

第七十四章

民不畏死，奈何以死惧之？若使民常畏死，而为奇者，吾得执而杀之，孰敢？常有司杀者。夫代司杀者，是谓代大匠斫。夫代大匠斫者，希有不伤其手矣。

而为奇者：对于邪恶者。吾：统治者。执而杀：关押并惩罚。司杀者：司法机关。大匠：天道。伤其手：遭遇反抗。

丰衣足食，人常乐生；民无生路，乃不畏死。执恶而杀，为民除害；不畏死者，司杀者杀；天将来斫，替天行道。

第七十五章

民之饥，以其上食税之多，是以饥；民之难治，以其上之有为，是以难治；民之轻死，以其上求生之厚，是以轻死。大唯无以生为者，是贤于贵生。

饥：贫困。上之有为：政令烦苛。轻死：不顾性命，铤而走险。上求生之厚：统治者捐税盘剥，穷奢极欲；底本无上字，据傅奕本补。唯无以生为：只有不贪图享受。贤于贵生：胜于养生。

君王多税求厚生，人民穷困轻死；上有欲下无诚，气息冲逆难治；顺应国情民意，无为胜于养生。

第七十六章

人之生也柔弱，其死也坚强。万物草木之生也柔脆，其死也枯槁。故，坚强者死之徒，柔弱者生之徒。是以，兵强则不胜，木强则共。强大处下，柔弱处上。

柔弱：身体绵软。坚强：身躯僵硬。柔脆：软弱嫩绿。枯槁：老枯干硬。徒：通途，途径。不胜：终败。共：通供，贡献。

兵强器坚，盛极必败；木强遭伐，柔弱常存。

第七十七章

天之道，其犹张弓乎？高者抑之，下者举之；有余者损之，不足者与之。天之道，损有余而补不足；人之道则不然，损不足以奉有余。能以有余奉天下，唯有道者。是以，圣人为而不恃，功成而不处，其不欲见贤。

张弓：拉开之弓。不处：不贪名分、爵位，功成身退。见贤：表现德行；见同现。

人性贪婪，损不足以奉有余；圣人奉道，教化万民不示贤；天道无私，平衡天下人事万物。

第七十八章

天下柔弱莫过于水，而攻坚强者莫之能胜，以其无能易之。故，柔胜刚，弱胜强。天下莫不知，莫能行。故，圣人云：受国之垢，是谓社稷主；受国不祥，是谓天下王。正言若反。

无能易：无以替代。国之垢：国民非议；垢同诟。谓：通为。社稷主：君主。受国不祥：承担国家内外压力。

柔弱莫过水，攻坚无以易；天下莫能行，上善未可及。身系社稷，受国不祥，为天下王；强弱相对，正言若反，君主失权。

第七十九章

和大怨，必有余怨，安可以为善？是以，圣人执左契，而不责于人。有德司契，无德司彻。天道无亲，常与善人。

安可以为善：怎么能以为是最佳措施。左契：债权人所保存之证据。不责：不为难。司彻：掌管税收。善人：尊道贵德之人。

和解大怨，必有余怨，私欲难平；圣人有德，司契勿彻，不责于人。天道无亲，恩泽遍布；尊道贵德，善人奉行。

第八十章

小国寡民，使有什伯之器而不用，使民重死而不远徙。虽有舟舆，无所乘之；虽有甲兵，无所陈之。使民复结绳而用之，甘其食，美其服，安其居，乐其俗。邻国相望，鸡犬之声相闻，民至老死，不相往来。

什伯：同什佰，众多。重死：尊祖先，保祭祀。复结绳而用：恢复原始先祖结绳记事之淳朴生活。不相往来：纯真无欲，丰衣足食，无需往来。

小国寡民，日出而作，日入而息，自给自足；甘食美服，安居乐俗，悠闲自在，世外桃源。邻国相望，不相往来。若往来，涉利益，引贪欲，起纠纷，生争端，刀光剑影，天下大乱，或丧身亡国。此乃往来之祸也！

第八十一章

信言不美，美言不信；善者不辩，辩者不善；知者不博，博者不知。圣人不积：既以为人，己愈有；既以与人，己愈多。天之道，利而不害；圣人之道，为而不争。

信：真实。善者：尊道贵德之人。辩：通辨，区别。知：同智。不博：不博取。不积：不积名利。愈有：愈有德。愈多：愈多德。

真言不美，美言不真；不美不听，美言惑心；心迷志乱，美言为患！真言能听，道德为经；真言能行，天下闻名。

智者不博，巧取遗难；圣贤不争，与人为善；至德无为，齐同不辩；天高地厚，大道自然。

文子

道　原

（同乎大道，通于神明；顺应自然，内圣外王。）

老子曰：有物混成，先天地生，惟象无形，窈窈冥冥，寂寥淡漠，（深邃幽玄，寂静广大。）不闻其声，吾强为之名，字（命名）之曰道。（《老子·第二十五章》）

（后期版本段落之首，皆冠以：老子曰。本文遵照早期版本，去之不用。因此，文中对答及引用，亦不用引号。）

夫道者，高不可极，深不可测，苞（通包）裹天地，禀受（于）无形；原（通源）流泏泏（音竹，水流状），冲（通盅，空虚）而不盈（不满），浊以静之，徐清；施（给予、生化）之无穷，无所朝夕（盛衰），卷之不盈（不足）一握；约（拘束）而能张，幽而能明，柔而能刚，含阴吐（生）阳，而章（通彰，明）三光（日、月、星）；山以之高，渊以之深，兽以之走，鸟以之飞，麟以之游，凤以之翔，星历（星辰）以之行。以亡（通忘，无心、无为）取存，以卑（柔弱谦卑）取尊，以退（退让不争）取先。（道生天地，化育万物，主宰万物。）

古者，三皇（伏羲、女娲、神农）得道之统（纲纪），立于中央（持守中道），神与化游（精神合于自然），以抚（安定）四方。是故，能天运（动）地墆（音至，停滞、静止），轮转而无废（循环不休），水流而不止，与物终始（始终奉道）；风兴云蒸（升腾），雷声（轰鸣）雨降，并应（应化）无穷。已雕已琢（自我修正），还复于朴（自然）；无为为之而合乎生死（顺应生死），无为言之而通（合同）乎德，恬愉无矜（不自恃）而得乎和，有万不同而便（应待万物而随顺）乎生（通性）。和阴阳，节（顺应）四时，调（调和）五行；润乎草木，浸乎金石（德润金石）；禽兽硕大（肥壮），毫毛润泽，鸟卵不败（幼不死卵中），兽胎不殰（音渎，胎死腹中）；父无丧子之忧，兄无哭弟之哀，童子不孤，妇人不孀；虹蜺（通霓）不见（通现），盗贼不行（绝迹）。含德之所致也。（三皇之时，人性淳朴，无心而动，合于自然。）

天常之道（天道之常），生物而不有，成化而不宰（生化万物而不主宰）；万物恃之而生，莫之知德；恃之而死，莫之能怨。（万物生死，顺应自然。）收藏、畜（通蓄）积而不加富，布施（施舍，佛家常用）、禀受（给予，受通授）而不益（不增加）贫。（天道运化，总体平衡。）忽兮恍兮，不可为象兮；恍兮忽兮，用不诎（不穷尽，诎音屈）兮；窈兮冥兮，应化无形兮；遂（达）兮通兮，不虚动（不妄动、自然演化）兮；与刚柔卷舒（屈伸）兮，与阴阳俯仰（升降）兮。（天道演化，自然而然，无穷无尽。）

大丈夫（行道者）恬然无思，惔（淡泊）然无虑，以天为盖，以地为车，以四时为马，以阴阳为御，行乎无路，游乎无怠，出乎无门。（奉道无为，逍遥自在。）以天为盖，则无所不覆也；以地为车，则无所不载也；以四时为马，则无所不使（驭使）也；阴阳御之，则无所不备（周备）也。是故，疾（快速）而不摇，远而不劳（不劳苦），四支（通肢）不动，聪明不损，而照见（通达）天下者，执道之要（无为自然），观（遨游）无穷之地也。（得道者，通天彻地，无所不能。）

故，天下之事不可为（妄为）也，因其自然而推（施行）之；万物之变不可救（不可阻碍）也，秉其要（秉持自然）而归（趋向、顺应）之。是以，圣人内修其本（性与命），而不外饰其末（名利），厉（通励，振奋）其精神，偃其知见（止息欲望）。故，漠然无为而无不为也，无治而无不治也。所谓无为者，不先物为也；无治者，不易（不逆）自然也；无不治者，因（因循）物之相然也。（圣人治世，事不妄为，因循自然，顺应民心。）

执道以御（奉道统领）民者，事来而循之，物动而因之；万物之化无不应也，百事之变无不耦（相关联）也。（君王奉道，应变无穷。）故道者，虚无、平易（均衡）、清静、柔弱、纯粹素朴，此五者，道之形象也。虚无者道之舍（本体）也，平易者道之素（本色）也，清静者道之鉴（光照万物）也，柔弱者道之用（运化）也；反者（循环）道之常也，柔者道之刚也，弱者道之强也，（刚强不长久，柔弱能常存。）纯粹素朴者道之干（主干）也。虚者，中无载（内心无思虑）也；平（平静）者，心无累也；嗜欲不载（不有），虚之至也；无所好憎，平（公平）之至也；一（平稳）而不变，静之至也；不与物杂，粹（纯粹）之至也；不忧不乐，德之至也。（奉道无为，教化流行，德化八方。）

夫至人（圣君）之治也，弃其聪明（不积极有为），灭其文章（礼仪法度），依道废智，与民同出乎公（公道）。约其所守（内心），寡其所求（欲望），去其诱慕（名利），除其嗜欲，捐（舍弃）其思虑；约其所守即察（精明），寡其所求即得（清静）。故，以中制外（内心控制欲望），百事不废（不衰败），中能得之，则外能牧（驾驭）之；中之得也，五藏宁（五脏调和，藏通脏），思虑平（正当），筋骨劲强，耳目聪明。（去除私欲，内心清静，自然无为，应变无穷。）

大道坦坦，去身不远，求之远者，往而复返。（道不外求，本在己身。）圣人（明君）忘乎治人，而在乎自理（自我修行）；贵忘乎势位（权力爵位），而在乎自得（积德，得通德），自得即天下得我（拥护我）矣！（奉道积德，民众拥护，天下归附。）乐忘乎富贵，而在乎和（和悦）；知大己而小天下，（合大道，顺自然，轻天下。）几（将近）于道矣！故曰：至虚极也，守静笃也，万物并作，吾以观其复。（《老子·第十六章》）

夫道者，陶冶（运化）万物，终始无形；寂然不动，大通混冥（混沌）；深宏广大，不可为外（大无外）；析毫剖芒，不可为内（小无内）；无环堵（无四方界限）之宇，而生有无之总名（化生天下万物）也。（大道无限，永恒存在；始于无始，终于无终；大至无限，小到无极；自然演化，循环往复。）

真人（仙人）体之以虚无、平易、清静、柔弱、纯粹素朴，不与物杂（无欲）；至德（自然），天地之道（无为），故谓之真人。真人者，知大己而小天下（重自身，轻天下），贵治身（修行）而贱治人；不以物滑（通滑，音骨，影响）和，不以欲乱情（心性）；隐其名姓，有道（君王有道，太平盛世）则隐，无道（君昏臣奸，国家动乱）则见（通现，济世度人）；为无为，事无事，知不知也；（无为静极，灵通感应。）怀天道，包天心，嘘吸阴阳，吐故纳新；（顺应自然，通达神明，修养生息。）与阴俱闭，与阳俱开，与刚柔卷舒，与阴阳俯仰，与天同心，与道同体；（出入阴阳，与道合真。）无所乐，无所苦，无所喜，无所怒，万物玄同（大同），无非无是。（真人通道，出世入尘，修身度人，因循自然。）

夫形伤乎寒暑、燥湿之虐（侵蚀）者，形苑而神壮（身体积滞则精神虚旺）；神伤于喜怒、思虑之患者，神尽（精神衰弱）而形有余（身体虚胖）。故，真人用心复性（遵从自然），依神相扶（心静神定）而得终始。是以，其寝不梦，觉而无忧。（真人无为而自然，有形又无形，时隐时现，世人莫识。）

孔子问道。

老子曰：正汝形（端正容貌），一汝视（一视同仁，去除偏见），天和将至（寂静灵通）；摄（收敛）汝知（通智），正汝度（纯正思虑，意识内守），神将来舍（神明归附），德将为汝容（显现），道将为汝居（拥有）。瞳（视无形）兮若新生之犊，而无求其故（无意于外部事物）；形若枯木，心若死灰，真其实知而不以曲故（智巧）自持，恢恢（空寂状）无心可谋，明白四达，能无知（不用智，知通智）乎？（孔子不能，迷惑虚名，积极营求，而常遭困辱。晚年著书立说，死后乃名扬于天下。）

夫事生（从事修行）者，应变而动；变生于时，知时者，无常（不确定）之行也。故：道可道，非常道也；名可名，非常名也。（《老子·第一章》）书者，言之所生也，言出于智，智者不知，非常道也；名可名，非藏书者也（书中有伪、名）。多闻数穷，不如守中；绝学无忧，绝圣弃智，民利百倍。

人生而静，天之性也；感物而动，性之欲（或为害）也；物至而应，智之动也；智与物接，而好憎生焉；好憎成形，而智出于外，不能反己（清静），而天理（天性）灭矣！是故，圣人不以人易天（逆自然），外与物化（因循自然）而内不失情（真诚）。（人之初，性本善；情至恶，天性失。）

故，通于道者，反（通返，返本）于清静；究于物（通彻于人事物）者，终于无为。以恬养智，以漠（淡漠）合神，即乎无门（通达于虚无之境）。循天（遵循自然）者，与道游（合道）也；随人（顺应人事）者，与俗交也。（合道者为仙圣，通俗者成民众。）

故，圣人不以事滑天（影响自然本性，滑通淈），不以欲乱情（心性），不谋而当，不言而信，不虑而得，不为而成。（清静无为，自然

成就。）是以：处上而民不重，居前而人不害。天下归之，奸邪畏之，以其无争于万物也，故莫敢与之争。（《老子·第六十六章》）

夫人从欲失性，动未尝正也（多欲致邪），以治国则乱，以治身则秽（混乱致病）。故，不闻道（不明道）者，无以反（通返）其性；不通物（不通道）者，不能清静。原（初始）人之性无邪秽（不污浊），久湛于物（沉涵于事物）即易（变更）；易而忘其本（清静），即合于其（乱异）若性。水之性欲清，沙石秽（污染）之；人之性欲平，嗜欲害之。唯圣人能遗物反己（忘我致清静）。

是故，圣人不以智役物，不以欲滑（通淈，影响）和，其为乐不忻忻（不自得），其于忧不惋惋（不忧郁）。是以，高（处在上位）而不危，安而不倾（平稳不会倒塌）。（圣人尊道，顺理则治；小人从私，上位即乱。）

故，听善言、便计（心愿），虽愚者知说（通悦）之；称圣德、高行，虽不肖（德才少）者知慕之。（宵小之人，良知尚未泯灭！）说（悦）之者众而用之者寡，慕之者多而行之者少，所以然者，牵于物而系于俗。（私欲改变性情，导致品行低下。）故曰：我无为而民自化，我无事而民自富，我好静而民自正，我无欲而民自朴。（《老子·第五十七章》）清静者，德之至也；柔弱者，道之用（运化）也；虚无恬愉（至乐而自然）者，万物之祖也。三者行，则沦于无形（即混同于自然大道）。

无形者，一（大道）之谓也；一（自然）者，无心（无为）合于天下也。布德不溉（不过量），用之不勤（不穷尽）；视之不见，听之不闻。无形而有形生焉，无声而五音鸣焉，无味而五味形（呈现）焉，无色而五色成焉。（形色、声音皆生于无形之道。）

故，有生于无，实生于虚。（虚非虚空，真无妙有。）音之数不过五,五音之变不可胜听（听不尽）也；味之数不过五,五味之变不可胜尝（尝不完）也；色之数不过五,五色之变不可胜观（看不够）也。音者,宫（主音）立而五音形（呈现）矣；味者,甘（主味）立而五味定（确定）矣；色者,白（主色）立而五色成（形成）矣。（五音：宫、商、角、徵、羽。五味：苦、辣、甜、酸、咸。五色：青、红、白、黑、黄。）

道者,一立（混沌运化）而万物生矣。（道生一,一生二,二生三,三生万物。）故,一（自然）之理,施于四海（天下）；一（大道）之嘏（音古,大）,察（明显）于天地。其全也,敦（厚实）兮其若朴（原木）；其散也,浑兮其若浊；浊而徐清,冲（通盅,空虚）而徐盈,澹然（广阔）若大海；泛兮,若浮云,若无而有,若亡而存。

万物之总,皆阅一孔（聚集于一个核心）；百事之根,皆出一门（道本）。（百事万物,本于大道。）故,圣人一度（经常）循轨,不变其故（原本）,不易其常（自然）,放准（水平仪）循绳（直线）,曲因（因循）其常。（圣人通道,因循自然,自然而然。）

夫喜怒者,道（道德）之邪也；忧悲者,德之失也；好憎者,心之过也；嗜欲者,生（通性）之累也。人大怒破阴（损阴气）,大喜坠阳（降阳气）,薄（通迫）气发暗（音因,哑）,惊怖为狂,忧悲焦心,疾乃成积。（七情六欲,适当有幸,混乱成疾。）人能除此五者,即合于神明（能够通神）。神明者,得其内（清静）也；得其内者,五藏（通脏）宁,思虑平（正当）,耳目聪明,筋骨劲强；疏达而不悖（畅意而不迷惑）,坚强而不匮（通溃,毁坏）；无所太过,无所不逮（不至）。（去私欲,守清静,灵性生,知天下。）

天下莫柔弱于水,水为（近似）道也。广不可极,深不可测,长极无穷,远沦（远极）无涯,息耗减益（盛衰盈亏）,过于不訾（不可计量，訾通赀，音资）；上天为雨露，下地为润泽，万物不得不生，百事不得不成；大苞（通包）群生而无私好，泽及蚑蛲（音齐挠，多足及无足虫）而不求报；富赡（充足供养）天下而不既（不尽），德施百姓而不费（不损耗）；行（运化）不可得而穷极，微（细小）不可得而把握；击之不创，刺之不伤，斩之不断，灼之不熏（不燃）；绰约流循（柔弱流动融和）而不可靡散，利贯（渗透）金石，强沦（润泽遍布）天下，有余不足，任天下取与；禀受（给予，受通授）万物而无所先后，无私无公，与天地洪同（大同），是谓至德（自然）。（上善若水，水善利万物而不争，处众人之所恶，故几于道。）

夫水所以能成其至德（普遍润泽）者，以其绰约润滑（柔弱处下）也。故曰：天下之至柔，驰骋天下之至坚，无有入于无间。（《老子·第四十三章》）

夫无形者（大道），物之太祖；无音者（无声演化），类之大宗。真人者，通于灵府（灵明），与造化者为人（与大道为友），执玄德（奉无为）于心，而化驰如神。（真人合道，神通广大，应化无方。）是故，不道（不言、未知）之道，芒（广大）乎大哉，未发号施令而移风易俗，其唯心行（自然运化）也。万物有所生，而独如其根（顺从于道）；百事有所出，而独守其门（遵守大道）。故，能穷（尽）无穷，极（尽）无极；照物而不眩（照应、主宰万物而不惑），响应而不知。（道化万物，自然而然，生长随时；真人通道，无为而治，天下从风。）

夫得道者，志弱而事强（无为而致无所不为），心虚而应当（清静致灵通）。志弱者，柔毳（柔弱；毳音脆，细毛）安静，藏于不取（不聚不藏，取通聚），行于不能（不逞能），澹然（宁静）无为，动不失时（随时势而动）。

故，贵必以贱为本，高必以下为基。托小以包大（守神应对天下大事），在中（守清静）以制外，行柔而刚，力无不胜，敌无不陵（通凌，胜），应化揆（音葵，度量）时，莫能害之。（得道者灵通，能知时势，避害而趋吉。）

欲刚者，必以柔守之；欲强者，必以弱保之。积柔即刚，积弱即强；观其所积，以知存亡。强胜不若己者，至于若己者而格（相当）；柔胜出于己者，其力不可量。（柔弱行事，应待万方。）

故，兵强则灭（终致灭亡），木强则折，革强则裂，齿坚于舌而先毙（脱落）。故，柔弱者生之干（主导）也，坚强者死之徒（通途，途径）；先唱（妄言）者穷之路，后动（顺势而动）者达之原。（得道者若水，处下不争，利益万物，通达天下。）

夫执道以耦变（应变），先亦制后，后亦制先，何即（何若，为什么，即同则）？（通达明道。）不失所以制人（不制人），人亦不能制也。所谓后者，调其数（顺应度数、时机）而合其时，时之变则间不容息（迅速）；先之则太过，后之则不及；日回月周（日月循环），时不与人游（时不待我）。故，圣人不贵尺之璧，而贵寸之阴（光阴、时间）。时难得而易失。

故，圣人随时而举事，因资（时势）而立功；守清道（清静），拘雌节（抱守柔弱）；因循而应变，常后而不先；柔弱以静，安徐（安闲从容）以定；功（当为攻）大靡（毁损）坚，不能与争也。（执道应变，审时度势，常后不先，适可而止，恰到好处。）

机械之心藏于中（内存投机取巧之心），即纯白之不粹（不清静）；神德（精神）不全于身者，不知何远之能坏（当为怀，包容）。欲害之心忘乎中（无欲）者，即饥虎可尾（尾随）也，而况于人乎！体道者佚（通逸）而不穷（不困顿），任数（恃技逞能）者劳而无功。

（有道偶用术数，万不失一。）

夫法刻刑诛（法严、刑重惩罚）者，非帝王之业也；棰策（刑罚）繁用者，非致远之御（统治）也。好憎繁多（帝王失德），祸乃相随。故，先王（周文王、武王）之法，非所作（臆造）也，其所因（因循时势）也；其禁、诛（杀戮），非所为（妄为）也，其所守（保守）也。故，能因即大（因循即大治），作即细（有为即繁苛）；能守即固（长久），为（妄为）即败。（帝王清正，无为而治，即天下太平无事；私欲妄为，法刻刑诛，则难得稳固持久。）

夫任耳目以听视者，劳心而不明；以智虑而为治者，苦心而无功。任一人之材，难以至治；一人之能，不足以治三亩之宅。（欲天下大治，须集思广益，群策群力。）循道理之数（演化变数），因天地自然，即六合（东西南北上下）不足均（不调和、完全可以治理）也。听失于非誉（非议、称誉），目淫于彩色；礼亶（音胆，厚）不足以放（通仿，仿效表现）爱，诚心可以怀远。

故，兵莫憯（音惨，锋利）于志，而镆铘（名剑）为下（志胜于器）；寇（敌军）莫大于阴阳（阴阳侵蚀伤害），而枹鼓为细（军旅为小）。（阴阳侵蚀，远甚于两军对阵之伤害。）

所谓大寇伏尸（大盗大杀）不言节（不顾忌节操），中寇藏于山（占山为王，祸害一方。），小寇遁于民间。故曰：民多智能，奇物滋起；法令滋章，盗贼多有。（《老子·第五十七章》）去彼（智法）取此（清静），天殃不起。故：以智治国，国之贼；不以智治国，国之德（当为福）。（《老子·第六十五章》）

夫无形大（道大），有形细（万物小）；无形多，有形少；无形强，有形弱；无形实（实有），有形虚（虚存，短暂存在）。有形者，遂事（成事、运化）也；无形者，作始也。遂事者，成器（成就万物）

也；作始者，朴（大道）也。有形则有声，无形则无声，有形产（生产）于无形。故，无形者，有形之始也。（无形大道，化生万有之形。）

广厚（天地）有名，有名者贵全（丰富）也；俭薄（万物）无名，无名者贱轻也。殷富（富贵）有名，有名者尊宠也；贫寡（百姓）无名，无名者卑辱也。雄牡有名，有名者章明（显赫，章通彰）也；雌牝无名，无名者隐约（潜藏）也。有余（多德）者有名，有名者高贤也；不足（少德）者无名，无名者任下也。有功即有名，无功即无名。有名产于无名，无名者，有名之母也。（如此，有名不同于有名，无名不同于无名。）

夫道，有无相生也，难易相成（成就）也。是以，圣人执道（奉道），虚静微妙，以成其德。故，有道即有德，有德即有功，有功即有名，有名即复归于道。（无为之功名，通合于大道。）功名长久，终身无咎。王公（有为）有功名，孤寡（无为）无功名。（有为之功名，无为之功名，各不相同。）故曰：圣人（圣君）自谓孤、寡，归其根本（清静无为），功成而不有（不自恃）。故，有功以为利（便利），无名以为用（功用）。（圣君尊道贵德，因循天地自然，成就无为之功。）

古者（三皇时期），民童蒙（淳朴），不知东西（无分别），貌不离情（真诚），言不出行（言出而行），行出无容（无规则），言而不文（不华）；其衣煖（通暖）而无采（通彩），其兵钝而无刃（无兵器）；行蹎蹎（彷徨状，蹎音颠），视瞑瞑（无欲状）；凿井而饮，耕田而食；不布施（不周济穷人），不求德（通得）；高下不相倾，长短不相形。（不比较，无区别。）风（民风）齐于俗，可随（方便接受）也；事周于能（量力而行），易为（容易完成）也。矜伪（假话炫耀）以惑世，轲行（伪装诚实）以迷众，圣人不以为民俗。（在上位者，欲望滋生，智巧四起；淳朴之风，随之而变，人心不古。）

精　诚

（精通上天，诚应人身；精诚内守，感化万方。）

天致（通至，极）其高，地致其厚；日月照，列星朗（明亮），阴阳和；非有为焉，正其道而物（天象）自然。阴阳四时，非生万物也（自然运化更替）；雨露时降，非养草木也（自然而成）；神明接（神明灵性接通），阴阳和，万物生矣。（万物皆有灵性，大小各不相同。）

夫道（体道）者，藏精于内，栖神于心（人更有灵性）；静漠恬惔（淡泊），悦穆（和畅）胸中；廓然（空旷）无形，寂然无声。（天道自然，体道者忘我，感受静寂之妙。）

官府若无事，朝廷（中枢朝堂）若无人；（朝野上下，各司其职，人尽其事。）无隐士，无逸民；无劳役，无冤刑；天下莫不仰上（依赖天子）之德，象（尊崇）主之旨；绝国（异国）殊俗，莫不重译（辗转翻译）而至；非家至（或为至家）而人见之也。推其诚心，施之天下而已。（精诚奉道，无为而治；德化八方，远邦来朝。）

故，赏善罚暴（凶恶）者，正令也；其所以能行者，精诚也。令虽明，不能独行，必待精诚。（国出令，官有诚，民乃行。）故，总道以被（聚德以施惠）民，而民弗从者，精诚弗至也。（上无诚意，下有伪行，甚者或有悖逆之心。）

天设（陈设）日月，列（罗列）星辰，张（布置）四时，调阴阳。日以暴（通曝，晒）之，夜以息之，风以干（吹干）之，雨露以濡（音儒，润泽）之。其生物也，莫见其所养而万物长；其杀物也，莫见其所丧而万物亡。此谓神明。（神明尊自然，生灭随万物。）

是故，圣人象（效法）之，其起福也，不见其所以（所作为）而福起；其除祸也，不见其所由（所行为）而祸除。（圣人尊道，通达神明，精诚感化，祸去福来。）稽（考证）之不得，察之不虚（实有）；日计不足，岁计有余；（精修至诚，日积月累。）寂然无声，一言而大动天下。（精诚内守，感应万方。）是以天心动化（精诚感应）者也。（圣人通神明，无为任自然，万物自感化。）

故，精诚内形（内存），气动于天（精诚通天彻地）；景星见（瑞星出现，见通现），黄龙下，凤凰至；醴泉（甘泉）出，嘉谷生；河不满溢，海不波涌。（精诚内守，感通天地；祥瑞呈现，风调雨顺。）

逆天暴（残害）物，即日月薄蚀（日食、月食，薄通迫），五星失行（轨迹错乱），四时相乘（交错、侵乱），昼冥宵光（昼暗夜明），山崩川涸，冬雷夏霜。天之与人，有以相通。（天地有灵，天人感应。）故，国之殂亡（灭亡）也，天文（天象）变，世俗乱，虹蜺见（蜺通霓，见通现）；万物有以相连，精气有以相薄（通搏，交流）。

（五星即金、木、水、火、土五颗行星，分别又名太白、岁星、辰星、荧惑、镇星；而太白星在东为启明星，在西为长庚星。五星连同地球围绕太阳旋转，由近至远次序为：水星、金星、地球、火星、木星、土星。）

故，神明（神灵）之事，不可以智巧为也，不可以强力致（达到）也。（精修至诚，灵通感应，知而不言。）故，大人（神人）与天地合德（合自然），与日月合明，与鬼神合灵，与四时合信（信守时节）；怀天心，抱地气，（负阴而抱阳。）执冲（守中，冲通中）含和；不下堂（不入世）而行四海（九州天下），变易习俗，民化迁善（民心感化向善），若出诸（之于）己，能以神化（灵通感应）者也。（道化万物，神明同道，神通天下万事万物。）

夫人道者，全性保真，不亏其身；遭急迫难，精通乎天，若乃未始出其宗（精诚）者，何为而不成？（人能精诚，事无不可！）死生同域，不可胁凌（逼迫）；又况官天地（调理阴阳），府（属理、运化）万物，返造化（合自然），含至和（存至灵），而己未尝死者（神仙）也！精诚形乎内，而外喻（晓喻）于人心，此不传之道也。（神人真人，精诚内守，感化人心，通达天下。）

圣人（明君）在上，怀道而不言，泽及万民。故，不言之教，芒（广大）乎大哉！君臣乖心（异心），倍谲（日晕，谲音决）见（通现）乎天；神气相应，征（证验）矣！此谓不言之辩，不道（不言）之道也。（天道虽无言，而常显迹象，以警示于人。）

夫召远者（四夷八狄）使无为焉，亲近者（中央之国）言无事焉，唯夜行者（修行人）能有之。故，却（退却）走马以粪（施肥、耕种），车轨不接于远方之外，是谓坐驰、陆沉。（清静无为，安坐感化。）

天道无私就（有德则就）也，无私去也；能者有余（智有余），拙者不足；顺之者利，逆之者凶。是故，以智为治者，难以持国；唯同乎大和（太和，万物平衡状态，大通太），而持自然应（顺自然）者，为（则）能有之（有国）。（上以智治国，下用智应对；恶性循环，无休无止，国或有祸；无为而治，天下安定，长有社稷。）

夫道之与德，若韦（熟皮革）之与革；远之即近，近之即疏；稽（考证）之不得，察之不虚。（道不虚，德可就。）是故，圣人若镜，不将（不送）不迎，应而不藏（不回避），万物（不逆物，万当为不）而不伤。其得之也，乃失之也；其失之也，乃得之也。（天道无私，平衡万物。）

故，通于大（通太）和者，暗（迷糊）若酳（同醇）醉而甘卧，以游其中，若未始出其宗（太和），是谓大通，此假不用（无为）能成其用（应世）也。（无为致太和，精诚动天下。）

昔，黄帝之治（管理）天下，调（顺应）日月之行，治（调和）阴阳之气；节（区分）四时之度，正（确定）律历之数；别男女，明上下（上下有分）；使强不掩（不袭击）弱，众不暴（不欺凌）寡；民保命而不夭，岁（年景、收成）时熟而不凶（无灾害）；百官正而无私，上下调（和谐）而无尤（无过失）；法令明而不暗（不模糊），辅佐公而不阿（不徇私）；田者让畔，道不拾遗，市不预贾（不坐地起价，贾音谷）。故，于此时，日月星辰不失其行，风雨时节，五谷丰昌，凤凰翔于庭，麒麟游于郊。（太平盛世，道德流行，风调雨顺，祥瑞出现。）

虑牺氏之王（伏羲氏统领）天下，枕石寝绳（直身而卧），杀秋约冬（秋收冬藏）；负方州（背靠阴地），抱员天（阳天，员通圆）；阴阳所拥（拥堵）、沈（同沉）滞不通者，窍（穴位）理之；逆气戾物（伤人）、伤民厚积（存邪气）者，绝（司刀循经络，巫觋操作）止之；其民童蒙（纯真），不知西东（无区别），视瞑瞑（无欲状），行蹎蹎（自在状）；侗然（无心状）自得，莫知其所由（由来）；浮游泛然（四处漫游），不知所本（依托），自养（当为罔养，徜徉彷徨）不知所如往。当此之时，禽兽、虫蛇无不怀其爪牙，藏其螫毒，功揆（功德充满）天地。（君民同心，无私无欲，自然而然，与道相合。）

至黄帝要缪（虔诚、恭敬，缪通穆）乎太祖（大道）之下，然而不章（通彰）其功，不扬其名，隐（依靠）真人之道，以从天地之固然（自然）。何即（为何，即同则）？道德上通，而智故（智巧诈伪）消灭也。（黄帝奉道德，天下无巧诈。）

天不定，日月无所载（运行）；地不定，草木无所立（生存）；身不宁（不藏私，宁通贮），是非无所形（显现）。是故，有真人而后有真智，其所持者（真智）不明，何知吾所谓知之非不知与（通欤，语气助词)?(真人有灵性,真知似无知。)

积惠重货(当为厚),使万民欣欣(欢喜状)、人乐其生者,仁也。举大功,显令名(美善名);体(规范)君臣,正(匡正)上下,明亲疏;存危国,继绝世(祭祀),立无后(无名分)者,义也。闭九窍,藏志意,弃聪明,反(通返)无识;芒(通茫)然仿佯(遨游)乎尘垢之外,逍遥乎无事之际,含阴吐阳而与万物同和(融合万物)者,德也。是故,道散而为德,德溢(散失)而为仁义,仁义立而道德废(隐藏)矣!(真人尊道,圣贤守德,君子行仁义。)

神越(散失)者言华(浮华),德荡(缺失)者行伪;至精芒乎中(显露于心),而言行观(显示)乎外。此不免以身役物(身受制于物)也。精有愁尽(当为湫尽,穷尽)而行无穷极,所守(道德)不定而外淫(沉溺)于世俗之风。(世俗之人,神德不足,追名逐利。)是故,圣人内修道术(道德)而不外饰仁义,知九窍、四肢之宜,而游乎精神之和(守神至和),此圣人之游也。(圣人常修行,无为主教化。)

若夫圣人(真人)之游也,即动乎至虚,游心乎太无(虚无);驰于方外(世外),行于无门(无界限);听于无声,视于无形(内视听);不拘于世,不系于俗。(真人虚无,超越世俗。)故,圣人所以动(教导)天下者,真人不过(不过问);贤人所以矫(治理)世俗者,圣人不观(不在意)。(层次不同,各司其职。)夫人拘(限制)于世俗,必形系而神泄(散失)。故,不免于累。使我可拘系者,必其命有在外者(在世俗)矣。(真人入世,或为明君贤王,教化天下万民。)

人主之思(君王之容),神不驰于胸中(清静),智不出于四域(郊外),怀其仁诚之心;甘雨以时,五谷蕃殖(茂盛),春生夏长,秋收冬藏;月省时考(上审自省),终岁献贡,养民以公,威厉(威严)以诚;法省(简易)不烦,教化如神;法宽刑缓,圄圉(牢狱)

空虚；天下一俗，莫怀奸心。此圣人之恩也。（君主有道，清静无为，泽被苍生，天下太平，万民之福。）

夫上（君王）好取而无量，即下（群臣）贪功而无让；民贫苦而分争生，事力劳而无功；智诈萌生，盗贼滋彰，上下相怨，号令不行。夫水浊者鱼噞（人使水浑浊则鱼浮水面呼吸，噞音掩），政苛者（者当为则）民乱；上多欲即下多诈，上烦扰即下不定，上多求即下交争；不治其本（守精诚行无为）而救之于末（多欲苛政），无以异于凿渠而止水，抱薪而救火。（上多欲，下多诈；政治之繁，祸乱之根。）

圣人事省（明君行事简略）而治，求寡而赡（清心寡欲乃致富足）；不施而仁，不言而信；不求而得，不为而成；怀自然，保至真，抱道推诚，天下从之；如响之应声，影之像（依随）形。所修者本（真诚奉道）也。（圣明君主，少私寡欲，遵从民意，人民拥护。）

精神越（散失）于外、智虑荡（谋划）于内者，不能治形（养生修行）。神之所用者远，则所遗者（过失、灾难）近（近身）。故：不出于户，以知天下；不窥于牖，以知天道；其出弥远，其知弥少。（《老子·第四十七章》）此言精诚发于内，神气动于天也。（精诚内守，感动于天，而至诚能通神。）

冬日之阳，夏日之阴，万物归之，（冬趋阳，夏蔽荫。）而莫之使（无为），极（极为）自然。至精之感，弗召自来，不去而往，窈窈冥冥，不知所为者而功自成；待目而照见，待言而使命，其于治也，难矣！（有为之治，难以为治。）

皋陶（舜之臣）暗（哑）而为大理（掌管司法），天下无虐刑（暴刑），何贵（当为有贵）乎言者（精诚）也；师旷瞽（眼盲）而为太宰（掌管典籍，辅助君王），晋国无乱政，何贵（有贵）乎见者（精诚）也。不言之令，不视之见，圣人所以为师也。（精诚内守，感化万方；

无为而治，从善如流。）

民之化上（顺服于君王），不从其言，而从其所行。故，人君好勇，弗使斗争而国家多难，其渐（通潜，潜伏）必有劫杀之乱矣！人君好色，弗使风议（自由议论）而国家昏乱，其积至于淫泆（淫荡，泆音溢）之难。（为上者，言善行劣，表里不一，无益于治世，而适足以乱国。）

故，圣人（君王）精诚别（分出）于内，好憎（是非、善恶）明于外，出言以副情（合情），发号以明指（通旨）。是故，刑罚不足以移风（更改恶习），杀戮不足以禁奸，唯神化（精诚感化）为贵；精至为神，精之所动，若春气之生，秋气之杀（凋零）。故，君子者，其犹射者也，于此毫末，于彼（目标）寻丈矣！故，理（治理）人者，慎所以感之（影响民众）。（人君者，内动静，外应物，须谨慎。）

悬法设（施行）赏，而不能移风易俗者，诚心不抱（通保，保持）也。故，听其音则知其风（风气），观其乐即知其俗，见其俗即知其化（教化）。夫抱真效诚（保真尽力于诚）者，感动天地，神逾（超越）方外；令行禁止，诚通其道而达其意，虽无一言，天下万民、禽兽、鬼神与之变化（感应变化）。（精诚感物，至诚通神。）

故，太上（至治），神化（精诚感化）；其次，使不得为非（教化）；其下，赏贤而罚暴（凶恶）。（再下者，民轻其上，不从政令；下下，奋力而起，物极必反。）

大道无为。无为即无有（无主导、顺自然）；无有者，不居（不定）也；不居者，即处无形；无形者，不动（不妄动、随演化）；不动者，无言也；无言者，即静而无声无形；无声无形者，视之不见，听之不闻，是谓微妙，是谓至神；绵绵若存，是谓天地之根。（大道玄妙，至尊至神，化生天地。）

　　道无形无声。故，圣人强为之形（道祖老子勉强形容），以一字为名。天地之道，大以小为本，多以少为始。天子以天地为品（标准），以万物为资（供养），功德至大，势名至贵，二德之美与天地配。故，不可不轨（遵循）大道，以（道）为天下母。（君王以道为母，遵道而行，终身无祸，国运长久。）

　　赈（救济）穷补急（急难）则名生、起利，除害（清除人间祸害）即功成。世无灾害，虽圣，无所施其德；上下和睦，虽贤，无所立其功。故，至人（圣君）之治，含德抱道，推诚乐施，无穷之智，寝说（不语）而不言，天下莫知贵其不言者（奉道实行）。故：道可道，非常道也；名可名，非常名也。（《老子·第一章》）著于竹帛（竹简绢帛），镂（雕刻）于金石，可传于人者，皆其粗（大略）也。（人守精诚，无所不可；言说万端，多而无用。）

　　三皇、五帝（黄帝、颛顼、帝喾、唐尧、虞舜）、三王（夏禹、商汤、周文王），殊事而同心（奉道行德），异路而同归。末世之学者，不知道之所体一（奉道），德之所总要（自然）；取（得到）成事之迹（印迹、表象），跪坐而言之；虽博学多闻，不免于乱。（抱道含德，持精推诚；处无为之事，行不言之教。）

　　心之精者，可以神化，而不可说道。（存精诚，致感化；仅有言说，即难施行。）圣人不降席而匡（不出门即匡正）天下，情（通诚）甚于嗥呼（命令，嗥通叫）。故，同言而信，信在言前也；同令而行，诚在令外也。（上有诚信，下则言听行从。）圣人在上，民化如神，情（诚）以先之；动于上（而）不应于下者，情（诚）、令殊（不一致）也。（上无诚信，下则听令而不从。）

　　三月婴儿未知利害，而慈母爱之愈笃（深厚）者，情也。故，言之用者（言语交流），变变（渺渺）乎小哉；不言之用者（精诚），变变（旷旷）乎大哉。信，君子之言；忠，君子之意；忠、信形于内，感动应乎外，贤圣之化也。（圣贤教化，内存精诚，外行忠信，天下从风。）

子之死（报效）父，臣之死君，非出死（寻死）以求名也，恩心藏于中，而不违其难也。君子之憯怛（悲悯，憯同惨，怛音达），非正为也。自中（内心）出者也，亦察其所行。圣人不惭于景（不羞伪行、知错就改；景通影），君子慎其独（自我修养）也。舍近期远（不修正自己而悲悯他人），塞矣。故，圣人在上则民乐其治，在下则民慕其意（品行），志不忘乎欲利人也。（圣人志在天下，心怀万民而备受尊崇。）

勇士一呼，三军皆辟（步、骑、车兵皆逃避，辟通避），其出之诚也；唱而不和，意而不载（不有），中必有不合者（心无诚）也。不下席而匡天下者，求诸己（修行自我）也。故，说（通悦）之所不至者，容貌至焉；容貌所不至者，感忽（偶尔动人之行）至焉。感乎心，发而成形（自然流露），精之至者，可形接，不可以照期（显示消耗）。（为人处世，精诚不至，交接不真，事业难成。）

言有宗，事有本，失其宗本（不合真道），伎（通技）能虽多，不如寡言。害众（当为周鼎）著倕（为尧时巧工，名倕，周时铸鼎，鼎上镂刻其画像），而使断其指，以明大巧之不可为也。故，匠人知为（作为）而不以能，以时闭不知闭（闭智巧之门）也。故，必杜（封闭、修行）而后开。（小工尽智能，精益求精；大匠弃智巧，凭无为行事。）

圣人之从事（行事教化）也，所由异路而同归，存亡、定倾（正斜）若一，（一视同仁，并始终如一。）志不忘乎欲利人也。故，秦、楚、燕、魏之歌，异声而皆乐；九夷、八狄（中国周边之外邦藩国）

之哭，异音而皆哀。夫歌者乐之征（证明），哭者哀之效（验证）也；愔（音因，和悦）于中，发于外。故，在所以感之（根本在于精诚感应）矣！圣人之心，日夜不忘乎欲利人，其泽（恩德）之所及亦远矣！（精诚虽即，或有不足，百姓既难教化。）

人无为而治（安定），有为也即伤（败落）；无为而治者，为（于）无为，为者不能无为也；不能无为者，不能有为也。（不知无为，即顺势而为，则难以有为。）人无言而神（灵通），有言即伤（烦恼）；无言而神者载无（行无言），言则伤（妨碍）有神之神（灵性心神）者。（无为而治，不言之教，通于神明，风调雨顺；多言多欲，有为妄为，丧神失灵，政烦民乱。）

名可强立，功可强成。昔，南荣趎（老子弟子，趎音雏）耻圣道而独亡（通忘）于己，南见老子，受教一言，精神晓灵（通达灵明），屯闵条达（无欲通达），勤苦十日不食，如享太牢（猪羊牛，祭祀食物）。（至人点化，瞬间顿悟。）是以，明照海内，名立后世，智略（谋略）天地，察分秋毫，称誉华语（中国），至今不休，此谓名可强立也。（修行忘我，寂静生灵识，灵性通天下。）

故，田者不强（农民不尽力），囷仓（圆形粮仓，囷音逡）不满；官御不励（不勤勉），诚心不精（不专）；将相不强，功烈（功业）不成；王侯懈怠，后世无名。（将相不求功名，国家难得富强。）

至人潜行，譬犹雷霆之藏也，随时而举事，因资（时势）而立功，进退无难，无所不通。夫至人精诚内形（内藏），德流四方，见天下有利（有福）也，喜而不忘；天下有害也，怵（当为忧）若有丧（丧事）。夫忧民之忧者，民亦忧其忧；乐民之乐者，民亦乐其乐。故，忧以（以为）天下，乐以天下，然而不王者，未之有也。（先天下之忧而忧，后天下之乐而乐，方为明君。）

圣人之法，始于不可见（奉道德），终于不可及（长久）；处于不倾之地（尊道贵德），积于不尽之仓（务五谷），载于不竭之府（育六畜）；出令如流水之原（通源），使民于不争之官（各行其事），开必得之门（信赏罚），不为不可成（量民力），不求不可得（顺民意），不处不可久（不苟治），不行不可复（不欺民）。（如此，方为圣明君主，渐至民富国强。）

大人（君王）行可说之政（政治公道），而人莫不顺其命（命令）。命顺则从（民众归附），小而致大；命逆则以善为害，以成为败。（倒行逆施，善恶颠倒，始成终败。）夫所谓大丈夫（圣明君王）者，内强而外明；内强如天地，外明如日月；天地无不覆载，日月无不照明。大人以善示人，不变其故，不易其常，天下听令，如草从风。（明君之治，顺天应人，政通人和，天下太平。）

政失于春，岁星盈缩（木星出没），不居其常（位置）；政失于夏，荧惑（火星）逆行；政失于秋，太白（金星）不当，出入无常；政失于冬，辰星不效其乡（水星不现其向，乡通向）；四时失政，镇星（土星）摇荡，日月见谪（现异常，日月食）；五星悖乱，彗星出（不祥之兆）。春政不失禾黍滋（谷物茂盛），夏政不失雨降时，秋政不失民殷昌，冬政不失国家宁康。（天人有感应，王政通天象。）

九 守

（天予精神，地养形骸；守神至精，登真合道。）

天地未形，窈窈冥冥（虚无），浑而为一（混沌），寂然清澄（清虚）；重浊为地，精微为天，离而为四时，分而为阴阳；精气为人，粗气为虫（动物类）；刚柔相成（阳、阴之气交合），万物乃生。精神本乎天，骨骸根于地；精神入其门（升入天门），骨骸反（通返）其根（大地），我尚何存！（大道永恒，循环演化，万物终始，仅瞬间而存。）

故，圣人法（效法）天顺地，不拘于俗，不诱（不惑）于人；以天为父，以地为母；阴阳为纲（总领），四时为纪（次序）。天静以清，地定以宁（安稳）；万物逆之（天地）者死，顺之者生。故，静漠者，神明之宅；虚无者，道之所居。夫精神者，所受于天也；骨骸者，所禀（承受）于地也。道生一（混沌状态），一生二（无极：阴、阳，分离状态），二生三（太极：阴、阳、和，平衡状态），三生万物。万物负阴而抱阳（阴上阳下），冲气以为和。（《老子·第四十二章》）（阴上而向下，阳下而向上，上下冲合平衡，乃至于和，是生万物。）

人受天地变化而生，一月而膏（合凝），二月血脉（兆形），三月而胚（将成之形），四月而胎（初成之形），五月而筋，六月而骨，七月而成形，八月而动，九月而躁，十月而生。（出生前连通母体，出生后开始呼吸之时，精神入身躯方为人。）

形骸已成，五藏（通脏，下同）乃分；肝主目，肾主耳，脾主舌，肺主鼻，胆主口；外为表，中为里。头圆法天，足方象地；天有四时、五行、九曜（八方中央）、三百六十日，人有四支（通肢）、五藏、九窍、三百六十节（骨节）；天有风雨、寒暑，人有取与、喜怒；胆为云，肺为气，脾为风，肾为雨，肝为雷；人与天地相类（相似），而心（心神）为之主。耳目者，日月也；血气者，风雨也。日月失行，薄（通迫，迫近）蚀无光；风雨非时，毁折生灾；五星失行（错乱），州国受其殃。（人与天相似，奉道清静守神，即时相互感应。）

天地之道，至闳（同宏）以大，尚由（尚且）节其章（通彰）光，授（当为爱）其神明。人之耳目何能久熏（燃烧消耗）而不息？精神何能驰骋而不乏（不疲惫）？是故，圣人守内（守神）而不失外。

夫血气者，人之华（精华）也；五藏者，人之精也。血气专（精神集中）乎内而不外越，则胸腹充而嗜欲寡；嗜欲寡则耳目清而听视聪达，听视聪达谓之明。五藏能属于心而无离，则气意胜而行不僻（不邪），精神盛而气不散；以听无不闻，以视无不见，以为无不成；患祸无由入，邪气不能袭（侵袭）。故，所求多者，所得少（德不及）；所见大者，所知小（智不足）。（德智不足，终身奔波，劳而无功；精神盈盛，聪明灵通，事无不成。）

夫孔窍（九窍）者，精神之户牖（门窗）；血气者，五藏之使候（出入）。故，耳目淫于声色，即五藏动摇而不定；血气滔荡（动荡）而不休，精神驰骋而不守；祸福之至，虽如丘山，无由识之矣！（神昏气乱，常遭灾致难。）

故，圣人爱而不越（守精神不散失）。圣人诚使耳目精明、玄达（灵通），无所诱慕；意气无失清静而少嗜欲，五藏便宁；精神内守形骸而不越，即观乎往世（前世）之外，来事之内，祸福之间，可足见也！（圣人清静守神，能预知人世祸福。）

故：其出弥远者，其知弥少。（《老子·第四十二章》）以言精神不可使外淫（放纵）也。故，五色乱目，使目不明；五音入耳，使耳不聪；五味乱口，使口生创（通疮）；趣（通趋）舍（进退）滑（通滑，扰乱）心，使行飞扬。故，嗜欲使人气淫，好憎使人精劳，不疾去之，则志气（精气）日耗。（精气耗尽，生命消亡。）

夫人所以不能终其天年（寿终正寝）者，以其生生之厚（求生过度）；夫唯无以生为（适当养生）者，即所以得长生。天地运而相通，万物总而为一（根本），能知一，即无一（一类）之不知也；不能知一，即无一之能知也。（宗本知末，非圣即贤，通达天下；不知本末，随波逐流，醉生梦死。）

吾处天下，亦为一物，而物亦物也；物之与物，何以相物（相侵害）。欲生，不可事（不可延长）也；憎死，不可辞（不能回避）也。（百姓贪生怕死，圣贤体验逸生息死。）贱之（身生处贫贱），不可憎也；贵之，不可喜也。（人生贵贱，不能自主。）因其资（时势）而宁（安处）之，弗敢极（强求）也；弗敢极，即至乐极也。（人间事，不过分，求适当，常喜乐，能长生。）

守虚。所谓圣人者，因时而安其位，当世而乐其业。（圣人德才皆备，教化万民。）夫哀乐者，德之邪；好憎者，心之累；喜怒者，道（道德）之过。故，其生也天行（有天命），其死也物化（随物转化）。静即与阴合德，动即与阳同波（起伏）。故心者形之主也，神者心之宝也。形劳而不休即蹶（跌倒），精用而不已则竭（精竭即亡）。是以，圣人遵之不敢越（超越）也。

以无应有，必究其理（运化规律）；以虚受实，必穷其节（关键）；恬愉虚静，以终其命。无所疏，无所亲，抱（通保）德炀（养）和，以顺于天（自然）；与道为际（会合），与德为邻；不为福始（不祈福），不为祸先（不避祸）；死生无变于己（有生无死），故曰至神。神则以求无不得也，以为无不成也。（虚极至神，神仙顺应自然，无所不能，无为而成。）

守无。轻天下即神无累（心神不受拖累），细（看小）万物即心不惑；齐生死则意不慑（心不惧怕死亡），同变化则名不眩（灵明而不迷惑，名通明）。夫至人倚不挠之柱（不曲之柱即正道），行无关（无关隘、险阻）之途，禀不竭之府（禀受于灵府），学不死之师（仙师）；无往而不遂（通达），无之（没有什么）而不通；屈伸俯仰，抱（通保）命不惑而宛转（随缘就方）；祸福利害，不足以患心。（至人守无，灵府中正，无所不通。）

夫为义者可迫（迫近）以仁，而不可劫（威胁）以兵；可正以义，不可悬（引诱）以利；君子死义，不可以富贵留（存世）也；为义者，不可以死亡恐（威吓）也，又况于无为者（得道者）乎！无为者即无累，无累之人以天下为影柱（虚幻）；上观至人之伦（道德），深原（通源）道德之意；下考（考察）世俗之行，乃足以羞也。（俗人比至人，天壤之别。）夫无以天下为者，学之建鼓也。（大鼓中空，静则无声，动则天下响应。）

守平。尊势厚利，人之所贪，比之身则贱。（生命至贵，无所可比。）故，圣人食足以充虚（充腹）、接气，衣足以盖形（蔽体）、御寒，适情辞余（多余），不贪得，不多积；清目（明目）不视，静耳不听，闭口不言，委心（安心）不虑；弃聪明，反（通返）太素（大朴），休精神，去知故（机巧诈伪，知通智），无好无憎，是谓大通。除秽去累，（除杂念，去名利。）莫若未始出其宗（清静），何为而不成！

知养生（通性）之和者，即不可悬以利；通内外之符（相合）者，（内外相通，重内轻外。）不可诱以势。无外之外（虚无），至大；无内之内（微妙），至贵。能知大贵，何往不遂（通达）？（能知大贵，常行大通，即是神仙，无所不能。）

守易。古之为道者（修道人），理情性，治心术（心性）；养以和，持以适；乐道而忘贱，安德而忘贫；性有不欲，无欲而不得（不求得）；心有不乐，无乐而不为（不欲为）；无益于性（性情）者不以累德，不便于生（通性）者不以滑（通淈，扰乱）和；不纵身肆意而制度（符合规矩），可以为天下仪；量腹而食，制形（裁身体）而衣，容身而居，适情而行；余（富余）天下而不有（不占有），委（顺从）万物而不利（不求利）。岂为贫富、贵贱失其性命哉！夫若然者，可谓能体道矣！（富贵不能淫，贫贱不能移，是为大丈夫，乃可以体道。）

守清。人受气于天者，耳目之于声色也，鼻口之于芳臭（芳香气）也，肌肤之于寒温也，其情一（情况相似）也；或以死，或以生，或为君子，或为小人，所以为制（受运化成形）者异。神者，智之渊也，神清则智明；智者，心之府也，智公则心平。人莫鉴于流潦（应照于流水沟），而鉴于澄水，以其清且静也。故，神清意平，乃能形物之情（显现万物情状）。

故，用之者（形物情状）必假于不用者（寄托于清静）。夫鉴（镜子）明者，则尘垢不污也；神清者，嗜欲不误（当为不著，不明显）也。故，心有所至，则神慨然在之（慷慨居处）；反（通返）之于虚（通居，休息），则消躁、藏息（深息）矣。此圣人之游也。故，治天下者，必达性命之情（清静无为）而后可也。（神清意定，几至虚静，则万事尽知。）

守真。夫所谓圣人者，适情而已。量腹而食，度形而衣，节乎己而贪污之心无由生也。故，能有天下者，必无以天下为（无为于天下）也；能有名誉者，必不以越行（强行）求之；诚达性命之情（真性），仁义因附也。若夫神无所掩（覆盖），心无所载（心无欲）；通洞条达（通达舒畅），澹然（恬淡）无事；势利不能诱，声色不能淫（迷惑），辩者不能说（音税，说服），智者不能动（驱使），勇者不能恐。此真人之游（逍遥自在）也。

夫生生（生化生命）者（大道）不生，化化（化生万物）者（大道）不化。不达此道者，虽知（通智）统（总括）天地，明照日月（圣明比日月），辩解连环（疑难），辞润（感化）金石，犹无益于治天下也。故，圣人不失所守（真道）。

守静。静漠恬惔（淡泊），所以养生（通性）也；和愉虚无，所以据（安稳）德也。外不乱内（内心不受外物影响），即性得其宜（恬淡）；静不动和，即德安其位（和愉）。养生以经世（经历世事），抱（通保）德以终年，可谓能体道矣！若然者，血脉无郁滞，五藏无积气，祸福不能矫滑（扰乱），非誉不能尘垢（污染）。非有其世（体道者），孰能济（济度）焉！有其才不遇其时，身犹不能脱（洒脱），又况无道乎！（无道者，妄想妄动，或失其身。）

夫目察秋毫之末者，耳不闻雷霆之声；耳调（调节、辨别）金玉（钟磬）之音者，目不见太（通泰）山之形。故，小有所志（在意），则大有所忘（遗失）。今万物之来，摧拔（撩乱）吾生（通性），攘（音千，拔）取吾精，若泉原也，虽欲勿禀（不受），其（通岂，怎么）可得乎？今盆水若清之经日（整日），乃能见眉睫，浊之不过一挠，即不能见方圆（脸面）也。人之精神难清而易浊，犹盆水也。（弃智去欲，人心可静。）

守法。上圣，法天（效法自然）；其次，尚贤；其下，任臣。任臣者，危亡之道也；尚贤者，痴惑之原也；法天者，治天地之道也。（后世能够尚贤、任臣，已是少见。）虚静为主，虚无不受，静无不持；知虚静之道，乃能终始（善始善终）。

故，圣人以静为治，以动（有为妄动）为乱。故曰：勿挠勿缨（通婴，缠绕），万物将自清（清静）；勿惊勿骇，万物将自理（自然生长）。是谓天道也。（天道自然运化，顺之者吉，逆之者凶。）

守弱。天子、公侯以天下、一国为家，以万物为畜（养育）；怀天下之大，有万物之多，即气实而志骄；大者用兵侵小，小者倨傲凌下（百姓），用心奢广，譬犹飘风暴雨，不可长久。是以，圣人以道镇（稳定）之。执一（奉道）无为而不损冲气（和气），见小（显处卑贱，见通现）守柔，退而勿有（持虚），法于江海。（海处低下，容纳百川。）

江海不为，故功名自化（成就容纳）；弗强（不拒绝），故能成其王（博大）；为天下牝（处低下），故能神不死（常容长动）；自爱（不满溢），故能成其贵（广阔且深邃）。万乘之势（君王），以万物为功名（治理天下），权任至重，不可自轻（自甘堕落）；自轻，则功名不成。（从古至今，改朝换代，多因君王自高大、重私欲、轻道德。）

夫道，大以小而成，多以少为主（根本）。故，圣人以道莅（用道德治理）天下，柔弱、微妙（精心）者见（通现，下同）小也，俭啬、损缺（无为）者见少也；见小（积小德）故能成其大（大德），见少（行小善）故能成其美（大善）。天之道（平衡之道），抑高而举下，损有余补不足。（人大私欲，其道相反。）

江海处地之不足（低洼），故天下归之、奉（给予）之。圣人卑谦、清静、辞让者，见下（处下）也；虚心、无有者，见不足也。见下，故能致其高（高尚）；见不足，故能成其贤。（谦虚好学，德才致贤。）矜（自夸）者不立，奢（过分）者不长；强梁（横暴）者死，满日（当为溢）者亡；飘风、暴雨不终日，小谷不能须臾盈。飘风、暴雨行强梁（狂暴）之气，故不能久而灭；小谷处强梁（低洼）之地，故不得不夺（容纳）。（处下常容，渐至高尚。）是以，圣人执雌牝（柔弱），去奢骄，不敢行强梁（坚强）之气。执雌牝，故能立其雄牡；不敢奢骄，故能长久。

天道，极即反，盈即损，日月是也。（日中则仄，月满则亏。）故，圣人日损而冲气（和气），不敢自满；日进以牝（柔弱），功德不衰。天道然也。人之情性，皆好高而恶下，好得而恶亡（离失），好利而恶病（亏损），好尊而恶卑，好贵而恶贱。众人为（妄为）之，故不能成；执（固执）之，故不能得。是以，圣人法天（自然），弗为而成，弗执而得；与人同情（同生活）而异道，故能长久。（俗人少智，逆天妄为，岂能长久？）

故，三皇、五帝有戒之器，命曰侑卮（一种容易盈覆的器具）；其冲（当为中）则正，其盈即覆。夫物盛则衰，日中则移，月满则亏，乐终而悲。（物极必反，变化有常；守中平衡，乃能长久。）

是故，聪明、广智守以愚，多闻、博辩守以俭（当为癡），武力、勇毅守以畏，富贵、广大守以狭（谨慎），德施天下守以让。此五者，先王所以守天下也。服（遵守）此道者，不欲盈；夫唯不盈，是以弊不新成（危险不出现）。

圣人与阴俱闭（止静），与阳俱开（启动）；能至于无乐也，即无不乐也；无不乐，即至乐极（寂静）矣！是以内乐（心感）外，不以外乐（物诱）内，故有自乐也，即有自志（清静）贵乎天下。所以然者，因（亲爱）天下而为天下之要（主导）也。不在于彼（外事物）而在于我，不在于人而在于身，身得（至乐）则万物备（融通万物）矣。（清静自乐，寂静极乐，感应万物。）

故，达于心术之论者（心静常自乐），即嗜欲、好憎外（远离）矣。是故，无所喜，无所怒；无所乐，无所苦。万物玄同（齐同），无非无是。（乐至极乐，通于大道，顺于自然。）

故，士有一定之论（持正道），女有不易之行（守贞节）；不待势而尊，不须财而富，不须力而强；不利（不积）货财，不贪世名；不以贵为安，不以贱为危；形神气志（意志），各居其宜。（尊卑贵贱，随缘顺命。）

夫形者，生之舍也；气者，生之元（本原）也；神者，生之制（主导）也。一失其位（生存），即三者伤（通丧）矣。故，以神为主者，形从而利；以形为主者，神从而害。其生（通性）贪饕（音涛，贪吃食物）多欲之人，颠冥（沉迷）乎势利，诱慕乎名位，几以（何以）过人之知（通智）？位高于世，即精神日耗以远，久淫（迷惑）而不还，形闭中拒（气阻心乱），即（精神）无由入矣。是以，时有盲忘自失（如膏烛自煎）之患。（精神日耗，油尽灯枯。）

夫精神志气者，静而日充以壮，躁而日耗以老（减损）。是故，圣人持养其神，和弱其气，平夷（犹平易）其形，而与道浮沉（融合）。如此，则万物之化无不偶（相关）也，百事之变无不应也。（清静守神，感应变化，应待万方。）

守朴。所谓真人者，性合乎道也。故，有而若无，实而若虚；治其内（静心守神），不治其外（不热衷于事物）；明白太素（纯洁），无为而复朴；体本抱（通保）神，以游天地之根（自然）；芒（通茫）然仿佯尘垢（遨游世俗）之外，逍遥乎无事之业。（真人合道，即有即无，自由自在。）

机械智巧，不载于心；审于无假（当作瑕，过失），不与物迁；见事之化，而守其宗（清静无为）；心意专于内，通达祸福于一（相同）；居不知所为，行不知所之（前往）；不学而知，弗视而见，弗为而成，弗治而辩（治理）；感而应，迫而动，不得已而往；如光之耀，如影之效（效法）。（去智静心，无为而动。）

以道为循，有待而然；廓然而虚，清静而无；以千生为一化，以万异为一宗；有精而不使，有神而不用；守太浑之朴（大朴），立至精之中（奉道守神）；其寝不梦，其智不萌；其动无形，其静无体（忘我）；存而若亡，生而若死，出入无间，役使鬼神，精神之所能登假（飞升，假通遐）于道者也。使精神畅达而不失于元（本原大道），日夜无隙而与物为春（生长），即是合而生时于心（心时刻契合于道）者也。（真人守静保神，顺应自然，合通大道。）

故，形有靡（通摩，灭失）而神未尝化（精神常存），以不化应化（真神应变），千变万转而未始有极（无穷尽）。化者（有形万物）复归于无形（大道）也，不化者（真神）与天地俱生也。

故，生生（生化生命）者（大道）未尝生，其所生者（自然而生万物）即生；化化（化生万物）者（大道）未尝化，其所化者（自然而化万物）即化。此真人之游（逍遥生活）也，纯粹（真常）之道也。（九守能至，即为真人，出入无间，通天彻地，合于大道。）

符 言

（符契于道，言通于理；富贵慎语，失言生殃。）

道至高无上，至深无下；平乎准（平衡器），直乎绳（直线），圆乎规，方乎矩；包裹天地而无表里，洞同（贯通）覆盖而无所硋（无止，硋通碍）。是故，体道者（修行人），不怒不喜；其坐无虑，寝而不梦；见物而名（通明，明晓），事至而应。（修行人清静守神，奉道无为，灵性具备。）

欲尸（崇拜）名者必生事，事生即舍公而就私，倍（通背）道而任己；见（通现）誉而为善（伪善），立（立名）而为贤（伪贤）；即治不顺理，而事不顺时。治不顺理则多责（责备），事不顺时则无功；妄为要中（纲政），功成不足以塞责（抵过），事败足以灭身。（贪图名利，虽得富贵，难以善终。尸：古代祭祀时，用活人代替死者受祭，接受众人祭拜。）

无为名尸（被祭祀之主），无为谋府（静生慧），无为事任（担当、成就），无为智主（各主其智）。藏于无形（合于大道），行于无怠；不为福先，不为祸始；始于无形（本于自然），动于不得已；欲福先无祸，欲利先远害。故，无为而宁者，失其所宁即危；无为而治者，失其所治即乱。故：不欲碌碌（或作琭琭）如玉，落落（或作珞珞）如石。（石玉一样，贵贱等同。）（《老子·第三十九章》）

其文（花纹）好者皮必剥，其角美者身必杀；甘泉必竭，直木必伐；华荣（浮华）之言，后为愆（音千，罪过）；石有玉，伤其山；黔首（百姓）之患，固（通故，所以）在言（妄言）前。（保身之道，谨言慎行，清静身心。）时之行，动以从（从道），不知道（奉道）者福为祸。（逆势而动，灾祸连绵。）

天为盖（车盖），地为轸（音枕，车），善用道者终无尽（长久）；地为轸，天为盖，善用道者终无害。（奉道修德，终身无咎。）陈彼五行（金木水火土及所属之物）必有胜（生克），天之所覆无不称（适当）。故：知（于）不知，上；不知（而）知，病也。（《老子·第七十一章》）

山生金，石生玉，反相剥（削剜）；木生虫，还自食；人生事，还自贼（伤害自己）。夫好事者未尝不中（受伤害），争利者未尝不穷（穷困）；善游者溺（溺水或淹死），善骑者堕（摔伤或致死）。各以所好，反自为祸。（有为生事端，无为除灾祸。）

得在时（时机），不在争；治在道（顺自然），不在圣（仁义智能）。（时运即至，顺势而得；治合自然，妄为无功。）土处下，不争高，故安而不危；水流下，不争疾，故去而不迟。是以，圣人无执，故无失；无为，故无败。（《老子·第六十四章》）（我不执着，顺势而为，何失败之有？）

一言，不可穷也；二言，天下宗也；三言，诸侯雄也；四言，天下双也。贞信（奉正道，贞通正），则不可穷；道德，则天下宗；举贤德，诸侯雄；恶少（忌讳少）爱众，天下双。（奉行此言，比列天子。）

人有三死，非命亡焉（自取灭亡）：饮食不节，简贱（糟蹋）其身，病共（共同）杀之；乐得无已，好求不止，刑共杀之；以寡犯众，以弱凌强，兵共杀之。其施厚（多、广）者，其报（回报）美；其怨大者，其祸深（多、大）。薄施而厚望，畜（通蓄，聚集）怨而无患者，未之有也。察其所以往（怨、施）者，即知其所以来（祸、福）矣！（通达道者，观人今生，便知其前后。）

原（本、尊）天命，治心术（修心），理（调理）好憎，适（节制）情性，即治道通矣！原天命，即不惑祸福；治心术，即不妄喜怒；理好憎，即不贪无用（无用之物）；适情性，即欲不过节（不过量）。不惑祸福，即动静顺理；不妄喜怒，即赏罚不阿（不循私）；不贪无用，即不以欲害性；欲不过节，即养生知足。凡此四者，不求于外（外因、事物），不假（不依靠）于人，反己（自我修正）而得矣。（君王如此，臣下同行，治道乃通，天下太平。）

不求可非（不为不善）之行，不憎人之非（反对、诽谤）己；修足誉之德（大德），不求人之誉己。不能使祸无至，信己之不迎也；不能使福必来，信己之不让也。（不祈福，不避祸。）祸之至，非己之所生，故穷而不忧；福之来，非己之所成，故通而不矜（通达不自大）。（祸福无门，惟人自召。）是故，闲居而乐，无为而治。

道者，守其所已有（精神），不求其所未得（欲望）；求其所未得，即所有者亡（散失）；循（遵守）其所已有，即所欲者至。（清静守神，应有尽有。）治（政治）未固（稳固）于不乱，而事为治（治事）者，必危；行（行为）未免于无非（不善劣行），而急求名者，必剉（失利）。（世俗人，贪名利，多如此。）故，福莫大于无祸，利莫大于不丧（不失）。故：物或益之而损，或损之而益。（《老子·第四十二章》）（天道平衡，贯通三世；人知其一，不知其二。）

夫道，不可以劝就利者，而可以安神避害。（神能安，害即去，利自就。勿费心思！）故，尝（通常）无祸，不尝（不曾）有福；尝（常）无罪，不尝有功。道曰：芒芒昧昧（无心状，芒通茫），从天之威（当为道），与天同气（顺应自然）。无思虑也，无设储（预谋）也；来者不迎，去者不将（不送）；人虽东西南北，独立中央（保守中道）。故，处众枉（扭曲），不失其直；与天下并流（同行），不离其域（中道）。（中正之道，祸福不生；能知中持中者，实乃非常之人。需要毅力及能力！）

不为善，不避丑（污秽），遵天之道；不为始，不专己（不任性妄为），循天之理；不豫谋，不弃时（时机），与天（自然）为期；不求得，不辞福，从天之则（法则）。内无奇（无端、莫测）福，外无奇祸。故，祸福不生，焉有人贼（怎么会有人伤害）！故，至德言同辂（当为略，简洁），事同福，上下一心，无歧道旁见者；退障之于邪（扫除障碍于旁道），开道之于善，而民向方（归正道）矣。

为善即劝（受人勉励），为不善即观（被人关注）；劝即生责（或为贵），观（显示不善）即生患。故，道不可以进（入仕）而求名，可以退（避世）而修身。故，圣人不以行求名，不以知见（知通智，见通现，底本见后有求字）誉；治随自然，己无所与（亲近）。为（妄为）者有不成，求（妄求）者有不得，人有穷而道无通（无极）。

有智而无为（不用智），与无智同功；有能而无事（不用能），与无能同德（无为）；有智若无智，有能若无能，道理达而人才（当作人为，世俗人情）灭矣！人与道不两明（旺盛），人爱名（汲汲于名）即不用道（积极有为求名），道胜人即名息，道息名章（通彰）即危亡。（大人用道，顺势得名，功成身退，千古流芳。）

使信士分财，不如定分而探筹（取筹具），何则（为何）？有心者（信士）之于平，不如无心者（筹具）。使廉士守财，不如闭户而全封，以为有欲者之于廉，不如无欲者也。（闭财不显，欲心不生。）人举其疵（指出毛病）则怨，鉴见（镜子显现，见通现）其丑则自善（自我修正）；人能接物而不与己（无好憎），则免于累矣！（凡有智者，应物不执，随方就圆；以镜照人，其丑自现，明白勿言。）

凡事人者，非以宝币，必以卑辞。（或显不足，兼卑身奉体。）币单（通殚，尽）而欲不厌（不满足），卑体免辞（极力吹捧，免通勉），论说而交不结；约束誓盟，约定而反（背叛）先日。（事人、背盟，古今皆然，乱世尤甚！）

是以，君子不外饰（表面装扮）仁义，而内修道德。修其境内之事，尽其地方之广；劝民守死，坚其城郭，上下一心，与之守社稷（土、谷之神，代指国家）。即为名者不伐无罪，为利者不攻难得（强敌）。此（弱小事强大）必全之道，必利之理。（弱势处下者，不守本分而有所求，必遭其辱；强势处上者，不守本分而穷私欲，必遭其殃。）

圣人不胜（不放任）其心，众人不胜（不克制）其欲；君子行正气，小人行邪气。（两类人情，古今皆然！）内便（顺从）于性，外合于义，循理（道德）而动，不系于物（不贪图名利）者，正气也；推（寻求）于滋味，淫于声色，发于喜怒（喜怒无常），不顾后患者，邪气也。邪与正相伤，欲与性（自然本性）相害，不可两立（同等共存），一起（兴起）一废。（世俗人，不明理，行私欲，多祸害。）

故，圣人损欲而从性（天性）。目好色，耳好声，鼻好香，口好味，合而说（通悦）之，不离利害，嗜欲也；耳目鼻口不知所欲，皆心为之制，各得其所。（此君子、贤人之生活也。）由此观之，欲不可胜（放任），亦明矣。（圣人通道达理而守精神，常无咎。）

治身、养性者，节寝处，适饮食，和喜怒，便（随顺）动静，内（精神）在己者得，而邪气无由入。饰其外（求名利）者伤其内，扶其情（持其欲）者害其神，见其文者蔽其真（表现华辞掩盖真性，见通现）。夫须臾无忘其为贤者（自以为贤），必困其性；百步之中不忘其为容者（自以为美），必累其形。故，羽翼美者，伤其骸骨；枝叶茂者，害其根荄（音该，植物根）。能两美者，天下无之。（守神养性，追名逐利，两全其美者，古今无有。）

天有明，不忧民之晦（昏暗、懒惰）也；地有财，不忧民之贫也。至德道者，若丘山，嵬然（高大状，嵬通巍）不动，行者以为期（修行人以为目标）；直己而足物（正心奉道），不为人赐（供养），用之者（百姓被感化）亦不受其德，故安而能久。天地无与也，故无夺（不勉强）也；无德（行自然）也，故无怨也。（天地自然，平衡无失；常怨天地者，乃无德之人也。）

善怒者必多怨，善与者必善夺，唯随天地之自然而能胜理（顺道德）。故，誉见（通现）即毁（诽谤）随之，善见（现）即恶从之。（善恶互根，毁誉参半。）利为害始，福为祸先；不求利即无害，不求福即无祸。身以全（明理全体）为常，富贵其寄（人生之假托）也。（天地因自然，万物乃生长；众人有欲望，祸福常相伴。）

圣人无屈奇（短长）之服，诡异（怪异）之行；服不杂（不杂色），行不观（不显示）；通而不华（不奢华），穷而不慑（不失气度）；荣而不显，隐而不辱；异而不怪，同用无以名之，（入乡随俗，共同生活，默默无闻。）是谓大通。（圣人非常人，先天有根基；智通天地，教化万方。）

道（奉道）者，直己（正己）而待命。时之至，不可迎而反（通返）也；时之去，不可足而援（追逐攀援）也。故，圣人不进而求（适时而得），不退而让（自然避让）。随时三年，时去我走（当为先，处前）；去时三年，时在我后；无去无就，中立其所。（无论先后，活在当下。）天道无亲，唯德是与。福之至，非己之所求，故不伐（不自夸）其功；祸之来，非己之所生，故不悔其行。（祸福无常，无力主导，坦然面对。）

中心其恬（恬淡），不累其德，狗吠不惊，自信其情，诚无非分（无过失）。故，通道者不惑，知命者不忧。帝王之崩（驾崩、死亡），藏骸于野，其祭也，祀之于明堂（家庙享堂），神贵于形也。故，神制形则从（顺利），形胜神（妄动）则穷。（理性追求道德，感性贪图物欲。）聪明虽用，必反诸神（必返之于灵性，灵性通神，反通返），谓之大通。（帝王之神，言出法随，富贵贫贱，生杀与夺，掌控天下人之命运。）

古之存（保存、修养）己者，乐德而忘贱，故名不动（不改变）志；乐道而忘贫，故利不动心。（奉道积德，真圣可期。）是以，谦（或为廉）而能乐，静而能澹（通淡，恬淡）。以数算（有限）之寿，忧天下之乱，犹忧河水之涸，泣而益之（流眼泪而增加河水）也。（无济于事，庸人自扰！）故，不忧天下之乱，而乐其身治者，可与言道矣！（天下治乱，自有定则；己身治乱，主导在我。）

人有三怨：爵高者，人妒之；官大者，主恶（忌惮）之；禄厚者，人怨之。夫爵益（更加）高者，意益下；官益大者，心益小；禄益厚者，施益博（广、多）。修此三者，怨不作（不发作）。故：贵以贱为本，高以下为基。（《老子·第三十九章》）（为官宦者，能以三德解三怨，必然无殃，且流芳后世。）

言者，所以通己于人也；闻者，所以通人于己也。既暗（愚痴）且聋（昏聩），人道不通。故，有暗聋之病者，莫知事通。岂独形骸有暗聋哉？心亦有之，塞（不开窍）也！莫知所通，此暗聋之类也。夫道之为宗也，有形者皆生焉；其为亲也，亦戚（亲近）矣。（道生万物，相互关联；通与不通，皆有缘由。）

飨谷食气者（人）皆寿焉，其为君（主导）也，亦惠（通慧，聪明）矣；诸智者学焉，其为师也，亦明矣。（明师指点，道行日增。）人皆以无用（妄为）害有用（真性）。故，知（通智）不博而日（当为曰）不足，以博弈（对决、关键）之日问道，闻见深矣！不闻与不问，犹暗聋之（畜牲类）比于人也。（多闻少言，智慧慢开；逢师多问，大道渐明。）

人之情，心服于德，不服于力；德在与（给予），不在来（求回报）。是以，圣人之欲贵于人者，先贵于人（贵他人，于为衍字）；欲尊于人者，先尊于人（尊他人，于为衍字）；欲胜人者，先自胜（自强）；欲卑（使之为下）人者，先自卑。故，贵贱、尊卑，道以制（运化）之。（人生在世，尊卑贵贱，各有缘由。）

夫古之圣王，以其言下人，以其身后人，即天下乐推而不厌（受拥护而不厌弃），戴而不重（君处上位而民无压力），此德重（道德高尚）有余而气顺（民众心意顺）也。故，知与之为取，后之为先，即几之道（近于王道）矣。（君王谦卑，施行德政，人民拥护，国家长治久安。）

德少而宠多者讥（受讽刺），才下而位高者危，无大功而有厚禄者微（衰败）。故：物或益之而损，或损之而益。（《老子·第四十二章》）众人皆知利利（有利之利益），而不知病病（生病之病痛）；唯圣人知病之为利，利之为病。（利害为邻，祸福相依。）故，再实（甚多果实）之木，其根必伤；多藏（积蓄）之家，其后必殃。夫大利（谋取暴利）者，反为害，天之道也。（大利须大德，无德获大利，而后必有大灾。）

小人从事曰：苟得（贪求利益）。君子（此处当有从事二字）曰：苟义（践行仁义）。为善者，非求名者也，而名从之；名不与利期（约定），而利归之；所求者同，所极（当为期）者异。故动有益，则损随之。言无常是、行无常宜者，小人也；察于一事、通于一能者，中人也；兼覆而并有之、技能而才使（衡量技能使用）之者，圣人也。（小人纵欲逐利，君子行善得名，圣人济世利人。）

生所假（寄宿）也，死所归（归宿）也。故，世治即以义卫身（盛世身奉仁义），世乱即以身卫义（坚守正道、舍生取义）；死之日，行之终也。（乱世显正义，治世少邪恶。）故，君子慎一（奉道），用之而已矣！故，生所受于天也，命所遭于时也。有其才，不遇其世，天（天命）也。求之有道，得之在命。（死也，乃其归宿；生者，暂时寄宿而已！祸福得失，何足为意！）

君子能为善，不能必得其福；不忍为非，而未必免于祸。（祸福有因。）故，君子逢时即进（进取），得之以义，何幸之有？不时即退，让之以礼，何不幸之有！故，虽处贫贱，而犹不悔者，得其所贵（知天道）也。（人世间，尽人事，听天命。贫贱穷困，切勿怨天尤人！）

人有顺逆之气生于心，心治则气顺，心乱则气逆；心之治乱在于道德，得道则心治，失道则心乱；心治则交让（相互礼让），心乱则交争；让则有德，争则生贼（祸害）；有德则气顺，贼生则气逆；气顺则自损以奉人，气逆则损人以自奉。二气者，可道（通导，疏导），已而制（之后慢慢调理）也（或作可以道而制也）。（观损奉，明道德；识逆顺，知祸福。）

天之道，其犹响之报（回应）声也，德积则福生，怨积则祸生。宦（官宦）败于官茂（结党营私），孝衰于妻子（妻子失敬）；患生于忧解（放纵），病甚于且愈（病即愈而欲生）。故：慎终如始，则无败事也。（《老子·第六十四章》）（奉道无为则心静、气平、事顺，祸去福生。）

举枉与直（推荐小人与君子），如何不得（完全可以）；举直与枉，勿与遂往（根本不可以）。所谓同污而异泥者。（君子有德常包容小人，小人无耻而不容君子。小人得志，逞凶一时，祸害一方。君子当谨慎，防范小人。）圣人同死生，愚人亦同死生。圣人同死生，明于分理（天地人之道理）；愚人同死生，不知利害之所在。（愚人私欲无度，导致自寻死路。）

道悬天（高上），物布地（处下），和在人。人主不和，即天气不下，地气不上，阴阳不调，风雨不时，人民疾饥。（和则万民顺利，逆则天下大乱。）

得万人之兵，不如闻一言之当（通透）；得隋侯之珠，不如得事之所由（道理）；得和氏之璧（传国玉玺、权柄），不如得事之所适（适宜）。天下虽大，好用兵者亡；国虽安，好战者危。（兵者凶器，君王慎战！）故小国寡民，虽有什伯（什佰、众多）之器而勿用。（苟为君王，若不循道理，纵有千军万马，亦不能长保富贵。）

能成霸王者，必胜者也；能胜敌者，必强者也；能强者，必用人力者也；能用人力者，必得人心者也；能得人心者，必自得（行善积德，得通德）者也；能自得（有德）者，必柔弱者也。能胜不如己者，至于若己者而格（相当）；柔胜出于若己者，其事不可度（度量）。故，能众（积累众多）不胜，成大胜者也。（柔弱似水，处下不争，几近于道。顺势而争，攻坚克强，无所不能。）

道　德

（道通天地，德贯古今；国家社会，因兹而存。）

文子问道。

老子曰：学问不精（精通），听道不深。凡听者，将以达智也，将以成行（实行）也，将以致（博取）功名也；不精（则）不明，不深（则）不达。故，上学以神听（自感应），中学以心听（清心听），下学以耳听。以耳听者，学在皮肤；以心听者，学在肌肉；以神听者，学在骨髓。

故，听之不深，即知之不明；知之不明，即不能尽其精（达到、获得精髓）；不能尽其精，即行之不成。凡听之理，虚心清静，损气无盛（不要自满；无通毋，下同），无思无虑；目无妄视，耳无苟听，专精积蓄，内意盈并（盈满）。既以得之，必固守之，必长久之。（听之精，行之诚，久而久之，可以成圣贤。）

夫道者，原产有始（初生之际），始于柔弱，成于刚强；始于短寡，成于众长。（大道生化，先小后大，始少终多。）十围之木始于把（一握粗细），百仞（七百尺）之台始于下（根基），此天之道也。圣人法之，卑者所以自下也，退者所以自后也，俭者所以自小也，损之所以自少也。卑则尊，退则先，俭则广，损则大，此天道（平衡）所成也。

夫道者，德之元（本），天之根，福之门；万物待（依恃）之而生，待之而成，待之而宁。（道生万物，德主存续，万物莫不尊道而贵德。）夫道，无为无形，内以修身，外以治人；功成事立，与天为邻（得道飞升），无为而无不为；莫知其情，莫知其真，其中有信（确实存在）。

天子有道，则天下服，长有社稷；公侯有道，则人民和睦，不失其国；士庶有道，则全其身，保其亲；强大有道，不战而克（胜利）；小弱有道，不争而得；举事（行事）有道，功成得福；君臣有道则忠惠（忠诚顺从），父子有道则慈孝，士庶有道则相爱。故，有道则和，无道则苛（严酷）。由是观之，道之于人，无所不宜也。（人生于道，因德而存；大德大成，小德小成，无德则亡。）

夫道者，小行之小得福，大行之大得福，尽行之天下服，服则怀之（拥有天下）。故，帝者，天下之适（归向）也；王者，天下之往（归从）也。天下不适不往，不可谓（通为）帝王。故，帝王不得人，不能成；得人，失道，亦不能守。（从古至今，改朝换代，缘由在此。）

夫失道者，奢泰骄伏（过分傲慢、放荡），慢倨矜傲（自大傲慢），见余自显（自我表现，见通现）、自明（自我标榜，明通名）；执雄坚强，作难（为非作歹）结怨；为兵主，为乱首。（失道无德，极尽癫狂，自取灭亡。）小人行之，身受大殃；大人行之，国家灭亡；浅及其身，深及子孙。故，罪莫大于无道，怨莫深于无德，天道然也。（君王有道，万民归心，天下太平；无道昏君，国乱灭亡，祸及子孙。）

夫行道者，使人虽勇，刺之不入；虽巧（武艺精），击之不中。夫刺之不入，击之不中，而犹辱（还是受挫）也；未若使人虽勇不敢刺，虽巧不敢击。夫不敢者，非无其意也，未若使人本无其意；夫无其意者，未有爱利之心也，不若使天下丈夫、女子莫不欢然皆欲爱利之。（修行日久，道高德厚，乃能如此。）

若然者，无地而为君，无官而为长，天下莫不愿安利之。（如此，则可以为帝王师、大宗师。）故：勇于敢则杀（自寻死路），勇于不敢（谦卑柔弱）则活。（《老子·第七十三章》）（奉道立德，教化四方，是为圣人宗师，尊贵比王侯。）

文子问德。

老子曰：畜（养育）之养之，遂（生长）之长之；兼利无择（或为怿，悦），与天地合。此之谓德。（天地无私，恩泽遍布，养育万物。）

何谓仁？

曰：为上（君王）不矜其功，为下不羞其病（为庶民不羞穷困）；于大不矜，于小不偷（勤奋不苟且）；兼爱无私（胸怀天下），久而不衰。此之谓仁也。

何谓义？

曰：为上则辅弱，为下则守节（守礼仪制度）；达不肆意，穷不易操（操守、品行）；一度（此处当作经常解）顺理，不私枉挠（不偏歪邪）。此之谓义也。

何谓礼？

曰：为上则恭严，为下则卑敬；退让守柔，为天下雌；立于不敢（谨守位次，立通位），设（陈设、显示）于不能。（进退合仪，动静依制。）此之谓礼也。（从古至今，失道而后德，失德而后仁，失仁而后义，失义而后礼。）

故，修其德，则下从令；修其仁，则下不争；修其义，则下平正；修其礼，则下尊敬。四者既修，国家安宁。故，生物（底本作物生）者道也，长者德也，爱者仁也，正者义也，敬者礼也。不畜不养，不能遂长；不慈不爱，不能成遂（成长）；不正不匡，不能久长；不敬不宠（不推崇），不能贵重。（人不尊道贵德，自身亦不得贵重。）

故，德者民之所贵也，仁者民之所怀也，义者民之所畏也，礼者民之所敬也。此四者，文（道理）之顺也，圣人（明君）之所以御万物（统治万民）也。君子无德则下怨，无仁则下争，无义则下暴，无礼则下乱。四经不立，谓之无道。无道不亡者，未之有也。（无道不亡者，荫德未终也，德尽则必亡！）

至德之世（大同社会），贾便（商人适宜）其市，农乐其野（田野），大夫安其职，处士（有德才之隐士）修其道，人民乐其业。是以，风雨不毁折（破坏），草木不夭死；河出图，洛出书。（河图洛书，其中蕴含阴阳、五行、八卦演化之机。）

及世之衰也，赋敛无度，杀戮无止；刑（惩罚）谏者，杀贤士。是以，山崩川涸，蠕动不息（不繁殖），野无百蔬。故，世治则愚者不得独乱，世乱则贤者不能独治。（治乱交替，大势所趋！）圣人和愉宁静，生（通性）也；至德道行，命也。故，生遭命而后能行，命得时而后能明（通名，闻名）；必有其世，而后有其人。（乱世出英雄，治世显圣贤。）

文子问圣智。

老子曰：闻而知之，圣也；见而知之，智也。故，圣人常（当为尝，下同）闻祸福所生而择其道，智者常见祸福成形而择其行。圣人知天道吉凶，故知祸福所生；智者先见成形，故知祸福之门（出入、去来）。闻（感知）未生，圣也；先见成形（成形之前兆），智也；无闻见者，愚迷。（世俗大众，愚迷无知，智者指导，圣人教化。）

君好知（通智）则信时而任己（得时机行勤奋），弃数（当为秉智）而用惠（通慧）。物博智浅，以浅赡（周济）博，未之有也。（智浅任事，一无所成。）独任其智，失必多矣。好智，穷术（擅权谋）也；好勇，危亡之道也。（道德教化，仁义调理，可解危亡。）

好与（施与）则无定分，上之分不定，则下之望无止（无止而生怨）；若多敛，则与民为仇；少取而多与，其数无有（财富迅速空虚，数通速）。故，好与，来怨之道也。（济人以困，而不救穷。）由是观之，财不足任，道术可因（仁义可以依托），明矣！（取与无定，滋生恩怨；各依定分，施而可行。）

文子问曰：古之王者，以道莅（用道德治理）天下，为之奈何（结果怎么样）？

老子曰：执一（奉道）无为，因天地与之变化（顺应自然）。天下大器（王道权柄）也，不可执（不可固执）也，不可为（不可妄为）也；为（妄为）者败之，执（固执）者失之。执一者，见小（谦卑、处下，谨慎行事，见通现）也，见小故能成其大也；无为者，守静也，守静能为天下正（君长）。

处大（居大堂），满而不溢；居高（在高位），贵而无（通毋）骄。处大不溢，盈而不亏；居上不骄，高而不危。盈而不亏，所以长守富也；高而不危，所以长守贵也；富贵不离其身，禄及子孙。古之王道，具（具备）于此矣！（君王天下，奉道无为；大堂行权，畅通无阻。）

民有道（有道德），所同行；有法，所同守。义不能相固（稳定），威不能相必（强制）。故，立君以一（统一）之。君执一（奉道德）即治，无常（妄为）即乱。君道者，非所以有为（妄为）也，所以无为也。（明君奉道德，顺应时势、民情而为。）

智者不以德为事（不执着于德），勇者不以力为暴（欺凌），仁者不以位为惠（不以权势行恩惠），可谓一（公道）矣！一也者，无适（无匹敌，适通敌）之道也，万物之本也。君数（经常）易法，国数易君（国家迅速更换君主，数通速）。（朝令夕改，民无所从，久必生乱。）

人（统治者）以其位，达其好憎；下之任惧（惧而争），不可胜理（不讲道理）。故，君失一（公道），其乱甚于无君也；君必执一（道德），而后能群（统治）矣！

文子问曰：王道有几（几种形式）？

老子曰：一（道德）而已矣！（秦国任法，二世而亡。后世借鉴，治理方法：外儒、内法、中间道。）

文子曰：古有以道王者，有以兵王者，何其不一也？

曰：以道王者德也，以兵王者亦德（通得，武力获得）也。用兵有五：有义兵，有应兵，有忿兵，有贪兵，有骄兵。诛暴、救弱（诛暴君、救百姓），谓之义；敌来加己（侵犯），不得已而用（抵抗）之，谓之应；争小故（小事情），不胜（不能控制）其心，谓之忿；利（争夺）人土地，欲（贪图）人财货，谓之贪；恃其国家之大，矜（自恃）其人民之众，欲见贤（教导示贤，见通现）于敌国者，谓之骄。义兵王，应兵胜，忿兵败，贪兵死，骄兵灭，此天道也。（五兵有别，关系国家安危存亡，君王用兵不可不慎！）

释（放弃）道而任智者危，弃数（天运、时势）而用才者困（遭受危难）。故，守分循理（守天运，循时势），失之不忧，得之不喜。成者非所为，得者非所求；入者有受而无取，出者有授而无与。（得失取与，随缘就分。）因春而生，因秋而杀（凋零），所生不德，所杀不怨，则几于道矣！（万物得失生杀，因任自然而行。）

文子问曰：王者得其欢心（大治），为之奈何？

老子曰：若江海即是也，淡兮无味，用之不既（不尽），先小而后大。（海纳百川，有容乃大。）夫欲上人者，必以其言下之；欲先人者，必以其身后之。天下必效（回报）其欢爱，进（遵行）其仁义，而无苛气（无戾气）；居上（处上位）而民不重（不受压迫），居前（为领导）而众不害（不反抗），天下乐推（自愿拥护）而不厌；虽绝国（异国）殊俗，蚑飞蠕动，莫不亲爱；无之而不通，无往而不遂（不通达），故为天下贵。（王者尊道，君臣同德，上下同心，则天下同欢共乐。）

执一（奉道德），世之法籍（政治制度），以非传代之俗（传承之风俗），譬犹胶柱（胶粘调弦柱）调瑟。（可传而难行也。）圣人者，应时权变，见形施宜；世异则事变，时移则俗易；论世立法，随时举事。上古之王，法度不同，非古（通故）相反也，时务异也。

是故，不法（不效法）其已成之法，而法其所以为法者（应时变），与化推移（变化）。圣人法之可观（阅读、学习）也，其所以作法不可原（还原）也；其言可听也，其所以言（应事物）不可形（效仿）也。

三皇、五帝轻天下，细（当为总）万物，齐死生，同变化；抱道推诚，以镜（显示）万物之情；上与道为友，下与化为人（为同类）。今欲学其道，不得其清明玄圣，守其法籍（制度），行其宪令（法令），必不能以为治矣。（明君治国，尊道贵德，因时而变，顺应时势、民意而不妄为，则天下大治。）

文子问政。

老子曰：御之以道，养之以德。无（通毋，本段同）示以贤，无加以力，损而执一（奉道无为）；无处可利（不要置身利益之中），无见（通毋现）可欲（名利财色等）；方而不割（不伤害），廉而不刿（不刺伤），无矜无伐（不要自大、自我标榜）。御之以道则民附，养之以德则民服。无示以贤则民足（民心充实），无加以力则民朴。无示以贤，者（当作则）俭也；无加以力，不敢（不愿）也。

下（百姓）以聚之，赂（当为略，稍微）以取之；俭以自全，不敢自安（不敢则上下皆安）。不下（不亲民）则离散，弗养则背叛；示以贤则民争，加以力则民怨。民离散（不团结）则国势衰，民背叛则上无威；人争则轻为非（随便为非作歹），下怨其上则位危。四者诚修（实行），正（通政）道几（近于完备）矣！

上（君王）言者，下用（施行）也；下（百姓）言者，上用（采纳）也。上言者，常用也；下言者，权用（可用可不用）也：唯圣人为能知权。（因势利导，随时而变。）言而必信，期（约期）而必当（必承担），天下之高行；直而证父（指证父亲为非），信而死女（溺死于约期之女）。孰能贵之（诚信）？（亲、命可贵，难比诚信。）

故，圣人论事之曲直，与之屈伸，无常仪表（形式）；祝则名君（祝祷不避讳君王名字），溺则捽父（父亲溺水，揪住头发施救，捽音昨）：势使然也。大权（变通）者，圣人所以独见。（世俗无知，显而不见。）夫先迕（违逆）而后合者之谓权，先合而后迕者不知权。不知权者，善反丑（凶恶）矣！（王权至尊，明君常持无咎；俗王难制，用之则凶，不可长久。）

文子问曰：夫子之言，非道德无以（不能够）治天下。上世之王，继嗣因业（长子继承王权），亦有无道，各没（终结）其世而无祸败者，何道以然（什么情况导致）？

老子曰：自天子以下至于庶人，各自生活；然其活有厚薄（富贵、贫贱），天下时有亡国、破家，无道德之故也。有道德则夙夜不懈，战战兢兢，常恐危亡；无道德则纵欲怠惰（堕落），其亡无时（迅速）。使（假如）桀、纣修道行德，汤、武虽贤，无所建其功也。夫道德者，所以相生养也，所以相畜长也，所以相亲爱也，所以相敬贵也。夫聋虫（鱼鳖类）虽愚，不害其所爱；诚使天下之民皆怀仁爱之心，祸灾何由生乎！（尊道贵德，心怀仁爱，天下太平，世无灾祸。）

夫无道而无祸害者，仁未绝，义未灭也；仁虽未绝，义虽未灭，诸侯以（通已）轻其上矣；诸侯轻上（蔑视君王），则朝廷不恭，纵令不顺（政令不畅通）；仁绝义灭，诸侯背叛，众人力政（武力护持权威），强者陵（同凌，侵犯）弱，大者侵小，民人以攻击为业。灾害生，祸乱作，其亡无日（短暂），何期（怎么，期通其）无祸也？

（周之初，文、武、成、康王有道德，西周昌盛，有三百余年。至平王东迁洛阳，是为东周；仁未绝，义未灭，春秋时代，诸侯称霸，尚尊周王，亦持续约二百九十年。战国时期，诸侯攻伐兼并，七雄无视周王，再延续约二百三十年。最终，仁绝义灭，周赧王病亡，周为秦所灭。赧音腩。）

法烦刑峻，（法律繁多，刑罚严酷。）民即生诈。（人性尚自由，苛政难长久。）上多事（政令），下多态（形式）；求多，即得（通德）寡；禁多，即胜（饰品）少。以事生事，又以事止事，譬犹扬火而使无焚也；以智生患，又以智备之，譬犹挠水而欲求其清也。（五帝之后，道德失，行仁义，任智法；因智生事，又以智止事，越治越繁，愈理愈乱，恶性循环，似无解之难。）

人主好仁，即无功者赏，有罪者释（免除）；好刑，即有功者废（罢黜），无罪者及（获罪莫须有）。无好憎者，诛而无怨，施而不德；放准循绳（制定法律政策），身无与事（不要干预有司之事务，无通毋）；若天若地，何不覆载？（天生地长，自然而然。）合而和之，君也；别而诛（惩罚）之，法也。民以受诛无所怨憾，谓之道德。（法令明，执公正，罚之当罚，则民无怨言。）

天下是非无所定，世各是其所善（喜爱），而非其所恶（反对自己所厌恶之人及事物）。夫求是者，非求道理也，求合于己者也；非去邪也，去迕于心（自己思想认知）者。（世俗之人，古今如此，不可改变！）今吾欲择是而居（拥有、保持）之，择非而去之，不知世所谓是非者也！（人世间，是非无定论，因人心而异。）

故，治大国若烹小鲜，勿扰而已。夫趣（通趋）合者（组合同伙），即言中（相合）而益亲；身疏而谋，当即见疑。（相互不了解，没有信任基础。）今吾欲正身而待物（应世），何知世之所从（而）规（严要求、排挤）我者乎！（因利益驱使，形成团伙，相互诋毁，排除异己，纷争连绵，千古不绝。）

若与俗遽（音拒，仓促）走，犹逃雨，无之而不濡（没有人不沾染雨水、俗气）。欲在于虚（无欲）则不能虚（完全无欲），若夫不为虚（不追求无欲）而自虚（自然无欲）者，此所欲（即无欲）而无不致也。故，通于道者，如车轴，不运于己，而与毂致于千里，转于无穷之原也（原野）。故，圣人体道反至（当为性），不化以待化，动而无为。（无欲无求，清静身心，顺应事物而动。）

夫亟（音气，累次）战而数胜者，则国必亡；亟战则民罢（通疲，困倦），数胜则主骄；以骄主使罢（疲）民，而国不亡者，则寡矣！主骄则恣（放纵），恣则极物（尽物用）；民罢（疲）则怨，怨则极虑。（怨恨生，竭思虑，或揭竿而起。）上下俱极（两极分化）而不亡者，未之有也。故，功遂，身退，天之道也。（战争为双刃剑，杀敌亦伤己，君王须慎战！）

平王（楚平王）问文子曰：吾闻子得道于老聃（道祖老子），今贤人虽有道，而遭淫乱之世，以一人之权，而欲化久乱之民，其庸（怎么）能乎？（此平王非周平王［公元前770年—前720年在位］，当为楚平王熊居［公元前528年—前516年在位］，其时适值文子中晚年。）

文子曰：夫道德者，匡衰（当为邪）以为正，振乱以为治，化淫败以为朴，淳德复生，天下安宁，要（关键）在一人。人主者，民之师也；上者（上位者、统治阶级），下之仪（楷模）也。（社会风气好坏，根本在上而不在下。）上美之则下食之（上有爱好则下必接纳），上有道德则下有仁义，下有仁义则无淫乱之世矣！积德成王，积怨成亡，积石成山，积水成海；不积而能成者，未之有也。积道德者，天与之，地助之，鬼神辅（护佑）之。凤凰翔其庭，麒麟游其郊，蛟龙宿其沼（大泽）。（道通天地，德服鬼神，何况龙凤。）

故，以道莅（治理）天下，天下之德也；无道莅天下，天下之贼（祸害）也。以一人与天下为仇（仇敌），虽欲长久，不可得也。尧、舜以是昌，桀、纣以是亡。（改朝换代，根源若此。）

平王曰：寡人敬闻命矣！（混乱之际，道人入世为帝王之师，教化帝王清正，则天下太平无事，百姓安居乐业。）

上　德

（万物变化，静心感应；上德无为，顺势而为。）

主者，国之心（中枢）也；心治则百节皆安（舒适），心扰（烦杂）即百节皆乱。故，其身治者，支体相遗（肢体各得其用，支通肢）也；其国治者，君臣相忘（各司其职）也。（治国等同于修心、治身，而帝王不知。）

老子学于常枞（未知其人），见舌而守柔，（齿坚而落，舌柔而存。）仰视屋树（光阴不驻），退而目（底本作因）川，（目视河川，虚而能容。）观影（随物动静）而知持后。故，圣人虚无、因循，常后而不先；譬若积薪燎（野火），后（后燃）者处上。（圣人见微知著，神人未卜先知。）

鸣铎（音夺，大铃）以声自毁，膏烛以明自煎（熬干），虎豹之文来射（因皮毛花纹招致射杀），猿狖（音又，猴类）之捷来格（导致被击杀）。故，勇武以强梁（强横）死，辩士以智能困（疲乏）。能以智而知，未能以智不知（智有限）。故，勇于一能，察于一辞，可与曲说（小论），未可与广应。（能者劳，智者忧，无能无智者无所求。）

道以无有（虚无）为休，视之不见其形，听之不闻其声，谓之幽冥。幽冥者，所以论道而非道也。夫道者，内视而自反（恢复自然真性，反通返）。故，人不小觉，不大迷；不小惠（通慧），不大愚。莫鉴于流潦（流水），而鉴（应照）于止水，以其内保之止（内守之平静），而不外荡。（水清能照物，人静可知俗。）

月望日夺光，（十五日，太阳依然掩盖月亮光芒。）阴不可以承阳；日出星不见（通现），不能与之争光。末不可以强于本，枝不可以大于干：上重下轻，其覆必易。（无德居上位，凶多吉少。）一渊不两蛟，一雌不二雄；一即定（安静），两即争。玉在山而草木润，珠生渊而岸不枯。（珠玉有灵气，润泽及草木。）

蚯蚓无筋骨之强、爪牙之利，上食睎埌（音希课，干土块），下饮黄泉（极深之幽泉），用心一也。清之为明（清水能照），杯水可见眸子；浊之为害，河水不见太（通泰）山。（清浊利害，显而易见。）兰芷（香草）不为莫服（无人佩戴）而不芳；舟浮江海，不为莫乘而沉；君子行道，不为莫知（人不知）而止，性之有也。

以清入浊必困辱（被污浊），以浊入清必覆倾（全部污浊）。天二氛（阴阳调和）即成虹，地二氛（阴阳交会）即泄藏（成雨雪），人二氛（阴阳不调）即生病；阴阳不能常（长久），且（或）冬且夏，月不知昼，日不知夜。（阴阳交替，日夜平衡。）

川广（河川宽阔）者鱼大，山高者木修（高直），地广者德厚。故，鱼不可以无饵钓，兽不可以空器（无饵食）召。（人为财死，鸟为食亡。）山有猛兽，林木为之不斩（不遭砍伐）；园有螫虫，葵藿（两种野菜）为之不采（人畏惧虫兽也）。

国有贤臣，折冲（德服）千里；通于道者，若车轴转于毂中，不运于己，与之致于千里，终而复始，转于无穷之原（原野）也。故，举枉（小人）与直（君子），何如不得（能行）；举直与枉，勿与遂往（不可行，小人不能容纳君子）。

有鸟将来，张罗而待之，得鸟者罗之一目（瞬间）；今为一目之罗，则无时得鸟。（偶然机遇，不可常有。）故，事或不可前规（预谋），物或不可预虑。故，圣人畜（通蓄）道待时也。（养精蓄神，时机到来，教化一方。）

故，欲致（得到）鱼者先通谷（疏通河谷），欲来鸟者先树木；水积而鱼聚，木茂而鸟集。为鱼得者，非挈（提网）而入渊也；为猿得者，非负（背负器具）而上木也，纵之所利而已。（隋代科举制度兴起，君王愚之以名利，天下才俊尽入其笼。国、民幸甚！亦有不幸者也！）

足所践者浅（狭小），然待所不践（无用之用）而后能行；心所知者褊（音扁，狭小），然待所不知而后能明（静致大智）。川竭而谷虚，丘夷而渊塞，唇亡而齿寒，河水深而壤在山。（万事万物，相互关联，不可独存。）水静则清，清则平，平则易（和静），易则见（通现）物之形，形不可併（通屏，排除、隐匿），故可以为正（主事）。（清静致平和，正道定天下。）

使叶落者，风摇之也；使水浊者，物挠之也。（事出有因。）璧锾（大孔之璧）之器，礛䃴（制玉之石）之功也；镆铘（吴国名剑）断割，砥砺（磨石）之力也。（事成有付出。）虻与骥致千里而不飞，无裹粮之资而不饥。（寄生之物，不劳而获。）

狡兔得而猎犬烹，高鸟尽而良弓藏。名成，功遂，身退，天道然也。（功臣贪图名利富贵，终遭杀身之祸；功成身退，千古流名。）怒出于不怒，为出于不为。（不怒而威，顺势而为。）视于无有则得所见，听于无声则得所闻。（静极时，内视听，有大妙。）

飞鸟反（通返）乡，走兔（底本作兔走）归窟，狐死首丘（老穴），寒螿（水鸟）得木（当作翔水），各依其所生（通性）也。水火相憎（相克），鼎䰞（铜制食器，䰞音厉）在其间，五味以和；骨肉相爱也，谗人间（挑拨）之，父子相危也。（诚信能和。）犬豕（狗猪）不择器而食，愈（更加）肥其体，故近死；凤凰翔于千仞，莫之能致（俯视万物而尊）。

椎固百内而不能自椓（未知其意），目见百步之外，而不能见其眦（眼眶）。因高为山，即安而不危（基础牢固）；因下为渊，即深而鱼鳖归焉。沟池潦（同涝，积水过多）即溢，旱即枯；河海之源，渊深而不竭。鳖无耳而目不可以蔽（蒙蔽），精于明（视觉灵敏）也；瞽无目而耳不可以蔽，精于聪（听觉灵敏）也。（大道平衡，得此失彼，有彼无此，彼此互根。）

混混之水浊，可以濯（音酌，洗）吾足乎！泠泠（清澈，泠音陵）之水清，可以濯吾缨（彩色带）乎！缭之为缟（白缟为绢布，缭音跃）也，或为冠，或为袜（袜子）；冠则戴枝（向上支撑）之，袜则足蹍之。（世间亿众，富贵贫贱，各有所用。）

金之势胜（金性质克制）木，一刃不能残（砍毁）一林；土之势胜水，一掬（音拘，一捧）不能塞江河；水之势胜火，一酌（一杓）不能救一车之薪（薪火）。（势微力小，不能制大。）冬有雷，夏有雹，寒暑不变其节，霜雪麃麃（盛大状），日出而流（溶化）。（大势所趋，小势顺应或覆灭。）

倾（倾斜）易覆也，倚易軵（贴近易推车，軵音冗）也，几（靠近）易助也，湿（天气潮湿）易雨也。兰芷以芳，不得见霜；蟾蜍辟兵（能辟兵灾），寿在五月之望（十五日）。精泄者中易残（内脏干枯），华非时者（果实不是季节成熟）不可食（有邪毒）。舌之与齿，孰先弊（衰败）焉？（齿坚先亡，舌柔后存。）绳之与矢，孰先直焉？（绳先直或断，矢先中或崩。）

使影曲者形也，使响浊（音响低沉）者声也。（次随主动，主次分明。）与死同病者（病将死之人），难为良医；与亡国同道者（将亡国之君），不可为忠谋。（国家将亡，君昏、臣奸、民乱，忠臣良将无力回天，谋则有杀身之祸，不谋不成名。）

使倡（乐工）吹竽，使工捻窍（使工匠放按音孔），虽中节（合节拍），不可使决（经常操作），君形亡焉（失去神韵）。聋者不歌，无以自乐；盲者不观，无以接物。步于林者，不得直道；行于险者，不得履绳。（人在矮檐下，不得不低头。）

海内其所出，（四海之内，生长万物。）故能大。日不并出，狐不二雄，神龙不匹（不成对），猛兽不群，鸷鸟（猛禽）不双。（猪狗弱小方聚群，龙虎勇猛常独行。）

盖非橑（音辽，车盖桄木）不蔽日，轮非辐不追疾，橑、轮（其一者）未足恃也。张弓（满弓）而射，非弦不能发，发矢之为射，十分之一（中的）。（世间事，尽人力，听天命。）

饥马在厩（马棚），漠然无声，投刍（投放草料）其旁，争心乃生。（名利之悬，纷争连绵。）三寸之管无当（无底），天下不能满；十石而有塞，百斗而足。（人生在世，当有底限。）循绳而断，即不过；悬衡而量，即不差（不失）。（有道德，不为非。）

悬古法以类（为条例），有时而遂（符合）；杖格（刑具）之属，有时而施（施用）；是而行之谓之断（治理），非而行之谓之乱。（国家法律、刑具，适用乃治，私用即乱，或致亡国。）

农夫劳而君子养（调养），愚者言而智者择；见之明白，处之如玉石（圆润）；见之黯黮（暗昧），必留其（久为他人）谋。（民为君用，愚为智使。）百星之明，不如一月之光；十牖（窗）毕开，不如一户之明。（国兴在主，家败失勤。）

蝮蛇不可为足，虎不可为翼。（恶人足智能，祸害乱天下。）今有六尺之席，卧（下蹲）而越之，下才不难；立而逾（逾越）之，上才不易，势施异也。助祭者得尝，救斗者得伤；蔽于不祥之木，为雷霆所扑（击倒）。（不入凶险之地，远离邪恶之人。）

日月欲明，浮云蔽（遮挡）之；河水欲清，沙土秽（污浊）之。丛兰欲修（修长），秋风败之；人性欲平，嗜欲害之。（万物生克，难全其性。）蒙尘而欲无眯，不可得絜（通洁，明亮）。黄金龟纽（权柄），贤者以为佩；土壤布地，能者以为富。故与弱者金玉，不如与之尺素。（有道德者，方得富贵；无德获财，即刻生灾。）

　　毂虚而中立三十辐，各尽其力，使一轴独入，众辐皆弃，何近远之能至？（独木不成林，合作成大事。）橘柚有乡，萑（音环，苇类）苇有丛；兽同足者相从游，鸟同翼者相从翔。（物以类聚，人以群分，同群、异类常相伤。）

　　欲观九州（冀、兖、青、徐、扬、荆、豫、梁、雍州）之地，足无千里之行，无政教之原（基础），而欲为万民之上者，难矣！（政教之本：尊道，贵德，尚贤，正法，惠民。）凶凶者获（凶恶者卑贱），提提者射（安适者成就）。故，大白若辱，广德若不足。君子有酒，小人鞭缶（戒饮酒）；虽不可好（为好事），亦可以丑（为丑事）。

　　人之性，便衣绵帛，或射之即被（通披）甲。为所不便，以得其便也。（便与不便，因势更换。）三十辐共一毂，各直一凿，不得相入（相杂），犹人臣各守其职也。（人尽其才，物尽其用。）善用人者，若蚈（音千，多足虫）之足众，而不相害；若舌之与齿，坚柔相磨，而不相败。（君王用人仅有三事：识人善任，兼听决断，赏罚分明。如此，则天下大治。）

　　石生而坚，芷（香草）生而芳；少而有之，长而逾明。（少年有志，长大有成。）扶之与提，谢（推辞）之与让（礼让），得之与失，诺（答应）之与已（拒绝），相去千里。再生者（植物当年两次发芽）不获（果实不能成熟），华（开花）太早者不须霜而落。（气候异常，非时而生。）

　　污其准（鼻子），粉其颡（额头），（傩舞降神驱邪。）腐鼠在阼（台阶），烧薰（亦作熏）于堂；入水而憎濡（沾湿），怀臭而求芳，虽善者不能为工。(腐鼠献祭,神则不灵。)

冬冰可折,夏木可结,时难得而易失。木方盛,终日采之而复生;秋风下霜,一夕而零(凋零)。质的(箭靶)张而矢射集,林木茂而斧斤入。非或召之也,形势之所致。乳犬(乳幼犬之母犬)之噬虎,伏鸡(孵卵之母鸡)之搏狸,恩(母爱)之所加,不量其力。

夫待利而登溺者(求利践踏、抛弃淹死之人),亦必将以利溺(沉没)之矣!舟能浮能沉,愚者不知足焉。(民意不可违,众力能举能覆。)骥驱之不进,引之不止,人君不以求道里(里程、功绩)。(明君或不以利诱民,而以道德教化。)

水虽平,必有波;衡虽正,必有差(误差);尺虽齐,必有危(偏颇)。非规矩不能定方圆,非准绳无以正曲直;用规矩者,亦有规矩之心。(如此,则天下无不守规矩之人。)

太(通泰)山之高,倍(通背,背向)而不见;秋毫之末,视之可察。竹木有火,不钻不熏(燃烧);土中有水,不掘不出。矢之疾,不过二里;跬步不休(小步不停),跛鳖千里;累凷(同块,土块)不止,丘山从成。临河欲鱼,不如归而织网。弓先调而后求劲,马先顺而后求良,人先信而后求能。(人而无信,不知其可。)

巧冶不能消(通削)木,良匠不能斫冰,物有不可,如之奈何!君子不留意(顺其自然)。使人无(通毋)渡河,可;使河无波,不可。无(毋)曰不辜(通故,原因),甑终不堕井(瓦桶蒸具用丝缠紧,笼屉不掉底)矣。(万事有因,没有偶然。)

刺(责备)我行者,欲我交;訾(同訾,诋毁)我货者,欲我市(交易)。(不闻不问,交市不成。)行一棋不足以见知(见通现,知通智),弹一弦不足以为悲。(路遥知马力,日久见人心。)

今有一炭,然(通燃)掇之烂指,相近也;万石俱熏,去之十步而不死（不凉），同气而异积（同热异体）也。有荣华者，必有愁悴；上（统治者）有罗纨（音丸，精美丝织品），下（百姓）必有麻繢（音费，丧服）。木大者根瞿（盘错），山高者基扶（当作枎，四布）。（树大有根基，事出有因果。）

鼓不藏声，故能有声；镜不没形，故能有形；金石（钟磬）有声，不动不鸣；管箫有音，不吹无声。是以，圣人内藏（内守），不为物唱（不谋划），事来而制（应对），物至而应。天行（循天道而行）不已，终而复始，故能长久；轮得其所转，故能致远；天行一不差（丝毫无差失），故无过矣。（循天道，不差失，无灾祸。）

天气下，地气上，阴阳交通（冲合平衡），万物齐同；君子用事，小人消亡（藏匿），天地之道也。天气不下，地气不上，阴阳不通，万物不昌；小人得势，君子消亡（隐遁）；五谷不植（不生长），道德内藏。天之道，裒（音抔，减去）多益寡；地之道，损高益下；鬼神之道，骄溢与下（使人浅薄）；人之道，多者不与（不同类）；圣人之道，卑而莫能上（谦卑而不为上）也。（人道从私，天道平衡。）

天明（明亮）日明，而后能照四方；君明（明智）臣明，域中乃安。域（国家）有四明，乃能长久；明（明白）其施明者（天道），明其化也。（明白勿言，顺势而行。）天道为文（日月星辰），地道为理（山川河海），一（总括）为之和，时为之使，以成万物，命（通名）之曰道。（老子首命名，是为大道祖。）

大道坦坦，去身不远；修之于身，其德乃真；修之于物，其德不绝。天覆万物，施其德而养之，与（天赐精神）而不取，故精神归（通天）焉。与而不取（人交往不贪求）者，上德也，是以有德。高莫高于天也，下莫下于泽也；天高泽下，圣人法之；尊卑有叙（秩序），天下定（稳固）矣。地载万物而长之，与（地养身躯）而取之，故骨骸归（入地）焉。与而取（人交往常索取）者，下德也；下德不失德，是以无德。（上德无为，阳盛能通天；下德有为，阴积常入地。）

地承天，故定宁；地定宁，万物形；地广厚，万物聚；定宁无不载，广厚无不容；地势深厚，水泉入聚，地道方广，故能久长。圣人法之（天高地厚），德无不容。

阴难（侵蚀）阳，万物昌；阳复（过制）阴，万物湛（盈满）；物昌无不赡（供养）也，物湛无不乐也，物乐则无不治（安定）矣！阴害物，阳自屈（自避）；阴进阳退，小人得势，君子避害，天道然也。阳气动，万物缓（苏醒、萌发）而得其所（生存）。是以，圣人顺阳道。夫顺物（大道）者，物亦顺之；逆物者，物亦逆之。故，不失物之情性（道性自然）。

洿（同污，死水）泽盈，万物节（当作即）成；洿泽枯，万物莩（音敷，枯）。故，雨泽不行，天下荒亡（绝收）。阳上而复下（天覆盖地），故为万物主；（阳天阴夜）不长有，故能终而复始；终而复始，故能长久；能长久，故为天下母。（道化无，无化有，有生天地，阴阳平衡，是生万物。）

阳气畜（通蓄，聚集）而后能施，阴气积而后能化，未有不畜积而后能化者也。故，圣人慎所积。（惟有积德，多多益善。）阳灭（胜）阴，万物肥；阴灭阳，万物衰。故，王公尚阳道则万物昌，尚阴道则天下亡（败落）。（阳主生，阴主灭。）

阳不下阴，则万物不成；君不下臣（不亲民），德化不行。故，君下臣则聪明（通达政道），不下臣则暗聋（昏聩）。日出于地，万物蕃息（生长），王公居民上，以明（彰显）道德；日入于地，万物休息，小人居民上，万物（万民）逃匿。（君昏臣奸，万民遭殃。）

雷之动也万物启（蛰伏开动），雨之润也万物解（萌生）；大人

（圣人）施行，有似于此；阴阳之动有常节（随节令），大人之动不极（通殛，伤害）物。雷动地，万物缓（苏醒）；风摇树，草木败；大人去恶就善，民不远徙。故，民有去就也，去（去恶）尤甚，就少愈（就善甚少）。风不动，火不出；大人不言，小人无述（无可称道）；火之出也必待薪，大人之言必有信；有信而真，何往（或为何事）不成。

河水深，壤在山；丘陵高，下入渊。阳气盛，变为阴；阴气盛，变为阳。（阴阳交替，相生相克。）故，欲（属阴）不可盈，乐（属阳）不可极。（乐极生悲，欲盈致灾。）

忿无（通毋）恶言，怒无（毋）作色，是谓计得（通德，积德）。火上炎，水下流，圣人之道，以类相求。（上施恩于下，下效力于上。）圣人俔（音倚，依顺）阳，天下和同；俔阴，天下溺沉（败落）。（天下万物，阴阳相制，各有其时、势。）

积薄成厚，积卑（低下）成高。君子日汲汲（努力追求）以成辉（功绩），小人日怏怏（闷闷不乐）以至辱，其消息（变化）也，离朱（善视者）弗能见。（积德致福，行凶成祸。）

故，见善如不及（心向善），宿不善如不祥（厌不善）。苟（姑且）向善，虽过无怨；苟不向善，虽忠来恶。故，怨人不如自怨，勉（尽力）求诸人，不如求诸己（修行积德）。声自召也，类（善、恶）自求也，名自命（自获取）也，人自官（自制）也，无非己者。操锐以刺，操刃以击，何怨于人！故，君子慎微（隐行）。（祸福无门，自己造就；谨言慎行，可以少祸。）

万物负阴而抱阳，冲气以为和，和居中央。是以，木实生于心（花蕊），草实生于英（花），卵胎生于中央；不卵不胎，生而须时（须臾之时）。地平则水不流，轻重均则衡不倾（不斜）。物之生化也，有感以然。（万物化生，机缘造就。）

山致其高而云雨起焉，水致其深而蛟龙生焉，君子致其道而德泽流（遍布）焉。夫有阴德者，必有阳报；有隐行者，必有昭名。树黍（种黄米，黄米有黏性）者，不获稷（不收获小米，小米无黏性）；树（行施）怨者，无报德。（善恶有报，如影随形，分毫不差。）

微　明

（圣贤教化，君臣同德；知微明著，祸去福来。）

道，可以弱，可以强；可以柔，可以刚；可以阴，可以阳；可以幽，可以明；可以苞（通包）裹天地，可以应待无方（应化万方）。知之浅，不知之深；知之外，不知之内；知之粗，不知之精；知之乃不知，不知乃知之；孰知知之为不知，不知之为知乎！（仅知人道而不知天道者，有知天道而不知大道者，各不相同。）

夫道不可闻，闻而非也；道不可见，见而非也；道不可言，言而非也；孰知形之不形者（大道）乎！故：天下皆知善之为善也，斯不善矣！（《老子·第二章》）知者不言，言者不知。（道化万物，万物乃道：大道、小道，正道、邪道。知、见、言、闻，或为小道、邪道，非大道、正道。）

文子问曰：人可以微言（密语）乎？

老子曰：何为不可？唯（独）知言之谓（本质）乎！夫知言之谓者，不以言言（语言表达）也。争鱼者濡，逐兽者趋（奔波），非乐之也。（生存、欲望使然！）故，至言去言，至为去为。（依感应，顺自然。）浅知（通智）之人，所争者末矣。夫：言有宗，事有君；夫为无知，是以不吾知。（《老子·第七十章》）（不知根本，不可妄为。）

文子问曰：为国（治国）亦有法乎？

老子曰：今夫挽（拉）车者，前呼邪（通耶）軒（拉车号子），后亦应之，此挽车、劝力之歌也。虽郑、卫、胡、楚之音，不若此之义（适宜）也。治国有礼（当为理），不在文辩（能文善辩）。法令滋彰，盗贼多有。（治国有理，在于适宜，不可任法。）

道无正（无固定模式）而可以为正（楷模）。譬若山林而可以为材，材不及山林，山林不及云雨，云雨不及阴阳，阴阳不及和，和不及道。道者，所谓无状之状，无物之象也。无（通毋）达（当为违）其意（不要逆道），天地之间，可陶冶（融合）而变化也。（道化万物，万物莫不尊道而贵德，顺之者昌，逆之者亡。）

圣人立教施政，必察其终始（前因后果），见其造恩（功德）。故，民知书则德衰，知数（智谋）而仁衰，知券契（凭证）而信衰，知机械而实（真诚）衰。瑟（弦乐器）不鸣而二十五弦各以其声应，轴不运于己而三十辐各以其力旋；弦有缓急，然后能成曲；车有劳佚（通逸），然后能致远。使有声者，乃无声者（心力）也；使有转者，乃无转（力量）也。（遵本从末，教化流布。）

上下异道即治，（上下有别，职事分明，各负其责，君臣异道。）同道即乱；位高而道（权谋）大者从（顺利），事大而道（智谋）小者凶。小德害（败坏）义，小善害道，小辩害治，苛悄（悄同削，猛急）伤德。大正（通政）不险，故民易导；至治优游（自然），故下不贼（民不奸诈）；至忠复素（淳朴），故民无伪匿。（施政立教，无为而治。）

相坐之法立，（秦国连坐制度，商鞅施行，一人犯事，连累十家。）则百姓怨；减爵之令张，则功臣叛。（楚国减爵制度，吴起在楚国任令尹，实行减爵制度：有爵无功者，子孙爵位逐次降低，爵位退尽即为平民。）故，察于刀笔之迹（史官之史书）者，不知治乱之本；习于行阵之事（演练排兵布阵）者，不知庙战（决策）之权。

圣人先福于重关之内（明君造福本国辖区民众），虑患于冥冥之外（遥远之番邦），愚者惑于小利而忘大害。故，事有利于小而害于大，得于此而忘于彼。（智少人愚，因小失大。）故，仁莫大于爱人，智莫大于知人；爱人即无怨刑，知人即无乱政。（爱人比己，识人善任，国家大治。）

江河之大溢（涨水漫滩），不过三日；飘风暴雨，日中不出（不超过）须臾止。德无所积而不忧者，亡其及也；夫忧者所以昌也，喜者所以亡也。故，善者以弱为强，转祸为福。道冲（通盅，空虚）而用之，又不满也。（积德至福，虚怀若谷，居安思危，防患未然。）

清静、恬和，人之性也；仪表、规矩，事（或为人）之制也。（百业千工，各有规矩。）知人之性，则自养不悖（不逆）；知事之制，则举措不乱。（通达人情世故、社会规则之人，处世则游刃有余。）

发一号（当为端），散无竟（无穷），总一管（总管制），谓之心；见本而知末，执一（奉道）而应万，谓之术；居知所以（前因后果），行知所之（向道而行），事知所乘（秉持正道），动知所止（适可而止），谓之道。使人高贤称誉己者，心之力（当为功）也；使人卑下诽谤己者，心之过也。言出于口，不可止于人；行发于近，不可禁于远。（圣人明道、通术而不擅用，居处则谨言慎行。）

事者，难成易败；名者，难立易废。（成事立名，一代心血；毁名败誉，顷刻之间。）凡人皆轻小害，易（忽略）微事，以至于大患。（千里之堤，毁于蚁穴。）夫祸之至也，人自生之；福之来也，人自成之。（祸福无门，惟人自招。）祸与福同门，利与害相邻；自非至精（精诚），莫之能分。是故，智虑者，祸福之门户也；动静者，利害之枢机（关键）也，不可不慎察也。（清心寡欲，积德行善；灾祸自消，幸福常在。）

人皆知治乱之机，而莫知全生之具。（两者相同：尊道贵德，清静无为。）故，圣人论世而为（通谓，称谓）之事，权事（应变措施）而为（谓）之谋。圣人能阴能阳，能柔能刚，能弱能强；随时动静，因资（时势）而立功；睹物往而知其反（通返），事一（初现）而察其变，化则为之象，运（动）则为之应。是以，终身行之无所困。

故，事或可言而不可行者，或可行而不可言者；或易为而难成者，或难成而易败者。所谓可行而不可言者，取舍也；可言而不可行者，诈伪也；易为而难成者，事也；难成而易败者，名也。此四者，圣人之所留心（在意）也，明者之所独见（独特见解）也。（治乱之机在于奉道立德，全生之本乃清静无为，其他皆枝梢末节，劳苦少功。）

道（奉道）者，敬小慎微，动不失时；百射重戒，（各种现象，谨慎对待。）祸乃不滋（不生）；计福勿及（不及），虑祸过之。同日被霜，蔽者不伤；愚者有备，与智者同功。夫积爱成福，积憎成祸；人皆知救患，莫知使患无生。（奉道、积德、行善，则灾祸不生。）夫使患无生易，施于救患难。今人不务使患无生，而务施救于患，虽神人（神仙）不能为谋。（祸患既成，无可奈何。）患祸之所由来，万万无方。（随时随地、形式万端。）

圣人深居以避患，静默以待时；小人不知祸福之门，动而陷于刑（遭受伤害）；虽曲为之备（多方面防范），不足以全身。（小人重利，不避灾祸。）故，上士先避患而后就利，先远辱而后求名。（时运方至，名利即有。）故，圣人常从事于无形之外，而不留心于已成之内。（未雨绸缪，防患未然。）是以，祸患无由至，非誉不能尘垢（污染）。

凡人之道，心欲小，志欲大；智欲圆，行欲方；能欲多，事欲少。所谓心欲小者，虑患未生，戒祸慎微，不敢纵其欲也。志欲大者，兼包万国，一齐殊俗，是非辐辏（聚集），中为之毂（秉持正道）也。智圆者，终始无端，方（通旁）流四远，渊泉而不竭也。行方者，直立而不挠（不弯曲），素白而不污，穷不易操（品行），达不肆志也。能多者，文武备具，动静中仪，举错（通措）废置，曲得其宜也。事少者，秉要以偶（聚合）众，执约（主要）以治广，处静以持躁也。故，心小者，禁于微也；志大者，无不怀也；智圆者，无不知也；行方者，有不为也；能多者，无不治也；事少者，约（简要）所持也。（如此，则可为明君、圣人矣！）

故，圣人之于善也，无（通毋）小而不行；其于过也，无微（毋以微小）而不改。行不用巫觋（先秦道士之称谓），而鬼神不敢先（不侵犯），可谓至贵矣。（积德行善，鬼神护佑。）然而，战战栗栗（唯恐不足），日慎一日。是以，无为而一之诚（至诚）也。愚人之智，固（本来）已少矣，而所为之事又多，故动必穷（失败）。（世俗人，常如此。）

故，以政（通正，正道）教化，其势易而必成；以邪（邪道）教化，其势难而必败。舍其易而必成，从事于难而必败：愚惑之所致。（正邪相异，治乱交替。）

福之起也绵绵，祸之生也纷纷，祸福之数，微而不可见，圣人见其始终。（圣人通道，能知祸福，而常人不识。）故不可不察。明主之赏罚，非以为己，以为国也；适于己而无功于国者，不施赏焉；逆于己而便（适用）于国者，不加罚焉。（明主赏罚，从公弃私。）

故，义载（实行）乎宜，谓之君子；遗义之宜，谓之小人。通智

（大智慧），得而不劳；其次（有智慧），劳而不病（不忧虑）；其下（无智慧），病（痛苦）而益劳。（智慧有异，结果不同。）

古之人味（品味）而不舍（不占居）也，今之人舍（占有）而不味也。纣为象箸（象牙筷子）而箕子（纣王叔）唏（叹息），鲁（鲁国）以偶人葬（陪葬）而孔子叹；见其所始，即知其所终。（文子与孔子同时，而略晚于孔子。）

仁者，人之所慕也；义者，人之所高（敬仰）也。为人所慕，为人所高，或身死、国亡者，不周（不顺）于时也。故，知仁义而不知世权（时势权变）者，不达于道也。五帝贵德，三王用义，五伯（通霸）任力；今取帝王之道，施五伯之世，非其道也。故，善、否（音痞，不善）同，非誉在俗（民间）；趋（快步走）、行等（差不多），逆顺在时。（春秋五霸：齐桓公、秦穆公、楚庄王、晋文公、宋襄公，顺势而行。）

知天之所为，知人之所行，即有以经（有根基、能引领）于世矣。知天而不知人，即无以与俗交；知人而不知天，即无以与道游。直志适情，即坚强贼（伤害）之；以身役物（追逐名利），即阴阳食（侵蚀）之。（上知天文，下知地理，中通人事，而大智若愚。人、物纷繁，万事随缘。）

得道之人，外化（同于俗）而内不化。外化所以知人也，内不化（守清静）所以全身也。（守本从末，外圆内方，处变不惊。）故，内有一定之操（持守），而外能屈伸，与物推移（运动），万举而不陷（不困顿）。所贵乎道者，贵其龙变（变化无常）也。守一节，推一行，虽以成满（小成就）犹不易，拘于小好而塞于大道。（小德小智得小成，满足于现状，别无他求，已然幸福终身。）

道者，寂寞（寂静）以虚无，非有为于物也，不以有为于己也。

是故，举事而顺道（顺人道）者，非道者（修行人）之所为也，道（大道）之所施也。天地之所覆载，日月之所照明，阴阳之所煦（抚育），雨露之所润，道德之所扶（护持），皆同一和也。（天地日月，皆合大道。）

是故，能戴大圆（顶天）者，履大方（立地）；镜太清（显示天空）者，视大明（日月）；立太平（使万物自然）者，处大堂（宇宙）；能游于冥冥者（神仙），与日月同光，无形而生有形。

是故，真人托期（寄托希望目标）于灵台（虚无之境），而归居于物之初（混沌）；视于冥冥，听于无声；冥冥之中独有晓（灵明）焉，寂寞之中独有照（灵应）焉。（寂静之中，别有洞天。）其用之乃不用，不用而后能用之也；其知之乃不知，不知而后能知之也。（静寂生灵识，灵明通天下。）

道者，物之所道（根本）也；德者，生之所扶（依托）也；仁者，积恩之证（表现）也；义者，比（连结）于心而合于众适者也。道灭（隐藏）而德兴，德衰而仁义生。故，上世道（三皇时期奉道）而不德，中世（五帝时期）守德而不怀（或作坏），下世绳绳（三王时期谨慎遵循）唯恐失仁义。（三王之后，春秋战国祸乱纷繁。）

故，君子非义无以生，失义则失其所以生；小人非利无以活，失利则失其所以活。故，君子惧失义，小人惧失利。观其所惧，祸福异矣。（小人逐利，维持生计，不得不逐；君子爱财，调剂众适，可有可无。）

事或欲利之（可能希望其有利），适（恰巧）足以害之；或欲害之（也可能推测其有害），乃足以利之。（利害相生，祸福相随。）夫病湿（当为温）而强食之热，病暍（音噎，中暑）而强饮之寒，此众人之所养（调养）也，而良医所以为病（损害）也。（良医治病，综合调理。）

悦于目，悦于心，愚者之所利，有道者之所避。圣人者先迕而后合，众人先合而后迕。故，祸福之门，利害之反，不可不察也。（圣人通道而有大智，更有先见之明。）

有功离（缺失）仁义者，即见疑（被怀疑）；有罪有仁义者，必见信。故，仁义者，事之常顺也，天下之尊爵也。虽谋得计当，虑患解（解患），图国存（存国），其事有离仁义者，其功必不遂也；言虽无中于策，其计无益于国，而心周于君，合于仁义者，身必存。故曰：百言百计常不当者，不若舍趋而审仁义（弃趋附而固守仁义）也。（仁义保命存身，道德成就圣贤。）

教本乎（教化发源于）君子，小人被（承受）其泽；利本乎（利益牵绊于）小人，君子享其功；使君子、小人各得其宜，则通功易食（当为事）而道（人道）达矣。人多欲即伤义，多忧即害智。（君子常教化小人，小人当供养君子。）

故，治国，乐（幸福）所以存；虐国（乱国），乐所以亡（丧失）。水下流而广大，君下臣（和合群臣）而聪明，君不与臣争（争名利）而治道通。故，君，根本也；臣，枝叶也；根本不美（深厚粗壮）而枝叶茂者，未之有也。（舟居水，必依托于水；若失水，则舟将不舟。）

慈父之爱子者，非求其报，不可内解于心（本性）；圣主之养民，非为己用也，性（慈爱）不能已也。及（发展到）恃其力，赖其功勋而必穷（衰败），有以为（居功自傲）则恩不接（不济）矣。故，用众人之所爱，则得众人之力；举众人之所喜，则得众人之心。故，见其所始，则知其所终。（君爱民，民拥君，上下通，治道顺。）

人以义爱，党（组织、团伙）以群强。是故，德之所施者博（广大），即威之所行者远；义之所加者薄（稀少），则武之所制者小。以不义而得之，又不布施（不舍财），患及其身。（得不义之财，或当即见祸。）不能为人，又无以自为，可谓愚人，无以异于枭爱其子也。（枭鸟之子，长大食其母而起飞。）故：持而盈之，不如其已；揣而锐之，不可长保。（《老子·第九章》）

德之中有道，道之中有德，其化不可极（穷尽）；阳中有阴，阴中有阳，万事尽然（皆如此），不可胜明（全部明彻）。福至祥（吉兆）存，祸至祥（凶兆）先；见祥而不为善，则福不来；见不祥而行善，则祸不至；利与害同门，祸与福同邻，非神圣莫之能分。故曰：祸兮福所倚，福兮祸所伏，孰知其极。（《老子·第五十八章》）

人之将疾也，必先不甘（不美）鱼肉之味；国之将亡也，必先恶忠臣之语。故，疾之将死者，不可为良医；国之将亡者，不可为忠谋。（国亡、身死，各有定数。）修之身，然后，可以治民；居家理治，然后，可移官长。故曰：修之身，其德乃真；修之家，其德乃余；修之国，其德乃丰。（《老子·第五十四章》）（修身，齐家，治国，平天下，功满德就，全身而退，大德真行。）

民之所以生活，衣与食也；事（政事）周于衣食则有功，不周于衣食则无功；事无功，德不长。故，随时而不成（无政绩），无（通毋）更其刑；顺时而不成，无（毋）更其理（法律）；时将复起，是谓道纪（政治法则）。（政治根本，尊道贵德，因循时势。）

帝王富其民，霸王富其地，危国富其吏；治国若不足（藏富于民），乱国若有余（积财于官）；存国困（音逡）仓实，亡国困仓（粮库）虚。故曰：上无事而民自富，上无为而民自化。起师十万，日费千金；师旅之后，必有凶年。故，兵者不祥之器也，非君子之宝也。和大怨，必有余怨，奈何其为不善也。

古者，亲近（亲爱中原国家）不以言，来远（使四夷八狄归附）不以言；使近者悦，远者来。与民同欲则和，与民同守则固，与民同念（同心）者知（通智）；得民力者富（富强），得民誉者显（光明磊落）。（德政通行，近归远来，教化流布四方千里。）

行有（或许）召寇，言有（可能）致祸；无（通毋）先人言，后人而已。（谨言慎行则少是非。）附耳之语，流闻（流传）千里；言者，祸（可能致祸）也；舌者，机（关键）也；出言不当，驷马不追（追不上）。（誓言散如风，密语传千里；同誓密语者，即是泄密、传言之人。）

昔者，中黄子（未知其人）曰：天有五方，地有五行，声有五音（宫、商、角、徵、羽），物有五味，色有五章（五色），人有五位（五常：仁、义、礼、智、信）。

故，天地之间有二十五人也。上五有：神人、真人、道人、至人、圣人；次五有：德人、贤人、智人、善人、辩人；中五有：公人、忠人、信人、义人、礼人；次五有：士人、工人、虞人（猎人及渔民）、农人、商人；下五有：众人（仆人）、奴人、愚人、肉人（唯知饱腹之人）、小人。上五之与下五，犹人之与牛马也。

（夏商周时期，属于奴隶社会，当时有贵族［王侯、公卿、大夫］、平民［士、农、工、商］及奴隶之分，奴隶或许如牛似马。大约同时期，古印度实行种姓制度，将国人分为五等。一等人称为婆罗门，僧侣贵族，从事祭祀。二等人称为刹帝利，军政人员，统治阶级。三等人称为吠舍，农、牧民及商人。四等人称为首陀罗，无土地之手工业者、仆人。五等人称为达利特，从事脏、苦役之贱民，不在种姓之列。此五等人之状况，时至今日，仍有遗存。）

圣人者，以目视，以耳听，以口言，以足行。真人者，不视而明，不听而聪，不行而从（顺应），不言而公（公开）。故，圣人所以动（教化）天下者，真人未尝过（过问）焉；贤人所以矫（矫正）世俗者，圣人未尝观（在意）焉。所谓道者，无前无后，无左无右，万物玄同（大同），无是无非。（贤人不及圣人，圣人不胜真人。真人通道，无我无为，融和万物，感化一方。）

自　然

（帝王通道，因循自然；政通民意，上下同心。）

清虚者，天之明也；无为者，治之常也。去恩慧（当为惠），舍圣智，外（轻待）贤能，废仁义，灭事故（智巧），弃佞辩（巧辩），禁奸伪，则贤、不肖者齐于道（政道）矣。（政道无为，官民淳朴，岂有贤愚？）

静则同（同性），虚则通（同化）；至德无为，万物皆容；虚静之道，天长地久；神微（神明精妙）周盈，于物无宰。十二月运行，周而复始；金木水火土，其势相害（相克），其道相待（平衡）。（五行相互依存，相生顺序：水生木生火生土生金生水，相克顺序：金克木克水克火克土克金。）

故，至寒伤物，无寒不可；至暑伤物，无暑不可。（寒暑交替，万物乃能生长。）故，可与不可，皆可。是以，大道无所不可。（大道平衡，自然演化，无所不行。）可在其理，见可（可行之事）不趋，见不可（不可行之事）不去；可与不可，相为左右，相为表里。（人事可与不可，在于合不合理。）

凡事（运化）之要，必从一（大道）始，时为之纪（开端），自古及今，未尝变易，谓之天理。上（上帝）执大明，下（人间）用其光。

道生万物，理（调和）于阴阳，化为四时，分为五行，各得其所，与时往来，法度有常（运化有规律）。下及无能（百姓），上道（王道）不倾，群臣一意。天地之道，无为而备（自然而周全），无求而得。是以，知其无为而有益也。（天道常自然，政治难无为。）

朴（原道），至大者，无形状；道，至大者，无度量（无限）。故，天圆不中规，地方不中矩。（天圆地方，不可度量。）四方、上下谓之宇，往古、来今谓之宙，道在中而莫知其所。（宇宙内外，大道无所不在。）故，见不远者，不可与言大；知（通智）不博者，不可与论至（至道）。（大道微妙，常人难识。）

夫禀道（奉道）与物通者，无以相非（根本相同）。故，三皇、五帝法籍殊方（典章制度不同），其得民心一也。若夫规矩勾绳，巧之具也，而非所以为巧也。（政道古今相通，俗王昏聩不知。）

故，无弦，虽师文（琴师）不能成其曲，徒弦则不能独悲（独自抒发感叹）。故，弦，悲之具也，非所以为悲也。至于神和，游于心手之间，放意写神（抒发思想），论变而形于弦者，父不能以教子，子亦不能受之于父，此不传之道也。（技艺之道，精不可传，粗略能授。）故，萧条（寂静无形）者，形之君也；而寂寞（无声）者，音之主也。（寂静通神，诸事可为。）

天地之道，以德为主；道为之命（主宰、根本），物以自正；至微甚内，不以事贵。（清静守神，无心于事。）故，不待功而立，不以位为尊，不待名而显，不须礼而庄（庄重），不用兵而强。故，道立而不教，明照而不察。道立而不教者，不夺人能也；明照而不察者，不害其事也。（无为而治，因循自然。）

夫教道（仁义礼智信）者，逆于德，害于物（人民）。故，阴阳四时，金木水火土，同道而异理，万物同情（同本性）而异形。智者不相教，能者不相受（通授）。（智能者明理，百姓受其教。）

故，圣人立法，以导民之心，各使自然。故，生者无德（自然而生），死者无怨。天地不仁，以万物为刍狗（草扎祭祀物）；圣人不仁，以百姓为刍狗。（时贵时贱，随时变化。）

夫慈爱仁义者，近狭之道也；狭者，入大而迷；近者，行远而惑。（中庸之道，尚可以致远。）圣人之道，入大不迷，行远不惑，常虚自守，可以为极（顶端），是谓天德（自然之德）。

圣人天覆地载（顶天立地），日月照临，阴阳和，四时化，怀万物而不同；无故无新，无疏无亲。故，能法天者，天不（不专职）一时，地不一材，人不一事。故，绪业（事业）多端，趋行（行为）多方。（天下事物，纷纷万端，各有其性。）

故，用兵者，或轻或重，或贪或廉，四者相反，不可一（等同）也；轻者欲发（主动出击），重者欲止（坚守待战），贪者欲取，廉者不利，非其有也。故，勇者可令进斗，不可令持坚；重者可令固守，不可令凌敌；贪者可令攻取，不可令分财；廉者可令守分，不可令进取；信者可令持约，不可令应变。五者，圣人兼用而材使之（度才而用）。夫天地不怀（不私）一物，阴阳不产一类。（天地生万物，各有其所用。）

故，海不让水潦（流水沟）以成其大，山林不让枉桡（曲木）以成其崇（广大），圣人不辞其负薪（百姓）之言以广其名。夫守一隅而遗（遗失）万方，取一物而弃其余，则所得者寡，而所治者浅矣。（古今为政事，有智慧少者，常因小失大，实难为大治。）

天之所覆，地之所载，日月之所照，形殊性异，各有所安。乐所以为乐者，乃所以为悲也（乐极生悲）；安所以为安者，乃所以为危也。（祸福相生，居安思危。）

故，圣人之牧民（君王御民）也，使各便其性，安其居，处其宜，为其所能，周其所适，施其所宜。如此，即万物一齐，无由相过（万物齐备，互不干扰）。

天下之物，无贵无贱；因其所贵而贵之，物无不贵；因其所贱而贱之，物无不贱。（贵贱无定分，穷通无常准，在遇与不遇，用与不用。）故，不尚贤者，言不放鱼于木，不沈（同沉）鸟于渊。（尚贤，显区别，即有竞争，使民心不纯朴。）

昔，尧之治天下也，舜为司徒（主管教化），契（商朝始祖）为司马（掌管军事），禹为司空（指挥水利、土木修建），后稷（农耕始祖）为田畴（农业官职），奚仲（造车始祖）为工师，其导民也。（圣贤当位，教化民众。）

水处者渔，林处者采，谷（河谷）处者牧，陵（土岗）处者田（耕种）。地宜其事，事宜其械，械宜其材，皋（音高，水边地）泽织网，陵坂（山坡）耕田。如是，则民得以所有易所无，以所工易所拙。（物易物，互通有无；工换工，相互帮助。）

是以，离叛者寡，听从者众。若风之过萧，忽然而感之，各以清浊（高低音）应。（政令少，民顺从。）物莫不就其所利，避其所害。（趋利避害，万物之性。）是以，邻国相望，鸡狗之音相闻，而足迹不接于诸侯之境，车轨不结于千里之外，皆安其居也。（足迹、车轨相连接，则交往频繁，而生名利纷争，终至于动乱。）

故，乱国若盛，治国若虚，亡国若不足，存国若有余。虚者，非无人也，各守其职也；盛者，非多人也，皆徼于末（追逐名利外物）也；有余者，非多财也，欲节而事寡也；不足者，非无货也，民鲜（稀少）而费多也。故，先王之法，非所作也，所因（因循）也；其禁诛，非所为（妄为）也；所守也，上德之道也。（圣君因循自然，顺应时势、民心而为。）

以道（无为自然）治天下，非易人性（性情）也，因其所有而条畅（调和）之。（古今之人，性同情殊。）故，因即大（顺应即高尚），作即小（妄作即低劣）。古之渎（疏通）水者，因水之流也；生稼（种庄稼）者，因地之宜也；征伐者，因民之欲也。能因则无敌于天下矣，物（天下人、物）必有自然而后人事有治也。

故，先王之制法，因民之性而为之节文（制定制度）；无其性（没有顺从性），不可使顺教（接受教化）；有其性，无其资（不行仁义），不可使遵道。（愚顽民众不用道德教化，适用法律制度约束即可。）

人之性有仁义之资，其非（没有）圣人为之法度（教化），不可使向方（向正道），因其（民众）所恶以禁奸。故，刑罚不用，威行如神；因其性即天下听从，怫（通悖，悖逆）其性即法度张而不用（不遵从）。（从古至今，朝代常更替，人性情不同，当区别对待。）

道德者，功名之本也，民之所怀也，怀之则（君王）功名立。古之善为君者法江海，江海无为以成其大，窊（通洼）下以成其广，故能长久；为天下溪谷，其德（虚空）乃足。无为，故能取（容纳）百川；不求，故能得（万川归流）；不行，故能至（通达天下）。是以，取（治理）天下而无事（无为）。

不自贵，故富（以天下为家）；不自见（通现），故明（纵观天下而明）；不自矜，故长（受尊崇）；处不有（虚无生万物）之地，故为天下王；不争，故莫能与之争；终不为大，故能成其大。（明君胸怀天下，受万民拥护。）

江海近于道，故能长久，与天地相保（相守）。王公修道（从政），则功成不有（不占有），不有即强固（政权稳固），强固而不以暴人（不欺凌人）；道深即德深，德深即功名遂成，此谓玄德。深矣！远矣！其与物（世俗）反矣！（明君胸怀如江海，包容天下人民、万物。）

天下有始（有道），莫知其理（演化规律），唯圣人能知所以（前因后果）。非雄非雌，非牝非牡，（混沌状态。）生而不死，天地以成，阴阳以形，万物以生。故，阴与阳（运化），有圆有方，有短有长，有存有亡。（道化阴阳，阴阳运化，万物纷繁。）

道为之命（主导），幽沉而无事（幽玄无为），于心甚微（微妙），于道甚当，死生同理，万物变化，合于一道。简生忘死，何往不寿；去事与言，慎无为也。（道自运化，人当无为。）

守道周密，于物不宰；至微（精妙）无形，天地之始，万物同于道而殊形。至微无物，故能周恤（周济）；至大无外，故为万物盖（包容）；至细无内（微妙），故为万物贵。道以存生，德以安形，至道之度（法则），去好去恶，无有知故（诈伪，知通智），易意和心，无（通毋）以道迕。（奉道致和，身心安定。）

夫天地专（通抟，糅合）而为一（混沌），分而为二（无极，阴、阳），反（阴上阳下）而合之，上下不失；专而为一，分而为五（五行），反（相生相克）而合之，必中规矩（平衡）。（阴阳平衡，五行生克，天道规律。）

夫道至亲不可疏，至近不可远；求之远者，往而复反（通返）。（道不离人，人常失道；舍近求远，往而不返。）

帝者有名，莫知其情。帝者贵其德，王者尚其义（仁义），霸者通于理（司法）。圣人之道，于物无有（无为）。道狭，然后任智；德薄，然后任刑；明浅（天赋少），然后任察。任智者，中心乱；任刑者，上下怨；任察者，下求善（完美）以事上，即弊（败落）。（末世

社会，尽皆如此，无解之难题）

是以，圣人因天地以变化，其德乃天覆而地载（顺天应地），道（同导）之以时，其养（贮藏）乃厚，厚养即治，虽有神圣，夫何以易之（不能改变）。去心智，省刑罚，反（通返）清静，物将自正。道之为君如尸（代为受祭祀之人，不动不言），俨然玄默（端庄不语），而天下受其福；一人被（覆盖）之不褒（不广大），万人被之不褊（不狭小）。

是故，重为惠（恩惠），重为暴（残暴），即道迕矣！为惠者布施也，无功而厚赏，无劳而高爵，即守职者懈（懈怠）于官，而游居者亟于进（无业游民急切入仕为官）矣！（游居者当位，社会即烦乱。）

夫暴者妄诛，无罪而死亡，行道者而被刑（受刑），即修身不劝善，而为邪行者轻犯上矣。故，为惠者即生奸，为暴者即生乱；奸、乱之俗，亡国之风也。（君昏臣奸，邪恶横行，国家必亡。）

故，国有诛者而主无怒也，朝有赏者而君无与也。诛者不怨君，罪之当也；赏者不德（不感恩）上，功之致也。民之诛、赏之来，皆生于身。故，务功修业，不受赐于人。是以朝廷芜而无迹（闲而无事），田野辟而无秽（田野开辟无杂草）。（上无为而官民各行其事，则天下大治。）故：太上，下知而有之。（《老子·第十七章》）

王道者，处无为之事，行不言之教；清静而不动，一度而不徭（偶尔也不征徭役）；因循任下，责成不劳；谋无失策，举无过事；言无文章（典章制度），行无仪表（规范）；进退应时，动静循理；美丑不好憎，赏罚不喜怒。名各自命（自命名），类各自以（自区别）；事由自然，莫出于己。若欲狭（亲近）之，乃是离（分离）之；若欲饰（吹捧）之，乃是贼（伤害）之。（名利之徒，忘恩负义，不能长久。）

天气为魂，地气为魄；反（通返）之玄妙，各处其宅（返入人身）；守之勿失，上通太一（太一之神）；太一之精，通合于天。天道嘿嘿（同默），无容无则（无固定模样，不可效法）；大不可极，深不可测；常与人化（通灵于人），智不能得；轮转无端，化遂（化育）如神；虚无因循，常后而不先。其听治（顺从治理）也，虚心弱志，清明不暗（不昏庸）。（人之魂魄，通太一之神，而具备灵性。）

是故，群臣辐凑并进，（群臣聚集，齐心协力。）无愚智、贤不肖，莫不尽其能，君得所以制臣，臣得所以事君，即治国之所以（如此）。明矣！（奉道尊太一，上下人心安定。）

知（通智）而好问者圣，勇而好问者胜。乘众人之智者，即无不任也；用众人之力者，即无不胜也。用众人之力者，乌获（秦国大力士）不足恃也；乘众人之势者，天下不足用（不够治理、很轻松应对）也。无权不可为之势，而不循道理之数（道之度数、时势变化），虽神圣人不能以成功。（有权奉道，功无不成。）

故，圣人举事，未尝不因其资（智勇）而用之也；有一功者处一位，有一能者服（担任）一事。力胜其任，即举者不重也；能胜其事，即为者不难也。圣人兼而用之，故人无弃人，物无弃材。（明君主政，人尽其才，物尽其用，天下大治。）

所谓无为者，非谓其：引之不来，推之不去；迫而不应，感而不动；坚滞而不流，卷握而不散。谓其私志不入公道，嗜欲不枉正术（政策法规）；循理而举事，因资（时势）而立功；推自然之势，曲故（巧诈）不得容；事成而身不伐（不损伤），功立而名不有。（无为而治，顺应时势，因循自然。）

若夫水用舟，沙用鸠（音鸟，木橇类工具），泥用辅（音春，木制，形如簸箕），山用樏（音雷，似二人轿）。夏渎冬陂，（夏通水沟，冬挖池塘。)因高为山,因下为池,非吾所为也。(民劳作,因地势,循时节,自然而为。)

圣人不耻身之贱,恶(忧虑)道之不行也;不忧命之短,忧百姓之穷也。故,常虚而无为,抱素见(通现)朴,不与物(世俗事物)杂。(圣人之忧:正道不行,邪道趁虚而入,天下动乱不堪。)

古之立帝王者,非以奉养其欲也;圣人践位(就位)者,非以逸乐其身也,为天下之民也。强陵(通凌)弱,众暴寡,诈者欺愚,勇者侵怯;又为其怀智不以相教,积财不以相分。(人有私欲,推举帝王,引领归正。)

故,立天子以齐一(统领)之;为一人之明,不能遍照海内,故立三公、九卿以辅翼(辅佐)之;为绝国(异国)殊俗,不得被泽(恩泽遍布),故立诸侯以教诲之。是以,天地四时,无不应也;官无隐事(无失职之事),国无遗利(无照顾不到者)。所以衣寒食饥,养老弱,息劳倦,无不以(无不为)也。(三公:太师、太保、太傅;九卿:少师、少保、少傅、司徒、司马、司寇、司空、宗伯、冢宰。)

神农形悴(身躯枯萎),尧瘦癯(音瞿,干瘦),舜黧(音离,黄中黑)黑,禹胼胝(音骈知,手足生茧),伊尹(商汤重臣)负鼎而干汤(谒见商汤),吕望鼓刀(此处当为姜太公操笔之义)而入周,百里奚(秦穆公相)传卖(被贩卖),管仲(齐桓公相)束缚(被俘虏),孔子(儒家重要人物)无黔突(无炊烟、常奔波),墨子(墨家主要人物)无暖席(奔波劳苦)。非以(不为)贪禄慕位,将欲起天下之利,除万民之害也。(圣人出世,教化、救济天下百姓。)

自天子至于庶人,四体不勤,思虑不困(无阻碍、正常),于事求赡(寻求供养、支持)者,未之闻也。所谓天子者,有天道以立天下(有天命而君临天下,立通莅,治理)也。立(确定)天下之道,执一以为保（奉道以为国宝，保通宝）。反本无为，虚静无有；忽恍无际，远无所止，视之无形，听之无声；是谓大道之经（主干）。（天子奉道，统领天下。）

夫道者，体圆而法方，背阴而抱阳，左柔而右刚，履幽（入幽冥）而戴明，变化无常，得一之原（本原），以应无方，是谓神明。（神明合道，道同神明。）天圆而无端，故不得观其形；地方而无涯，故莫窥其门（边际）。天化遂（化育），无形状；地生长，无计量（不计其数）。

夫物有朕（迹象），唯道无朕；所以无朕者（前文朕字，底本作胜），以其无常形势也。轮转无穷，象日月之运行，若春秋之代谢，日月之昼夜，终而复始，明而复晦，制形而无形。故，功可成，物（制御）物而不物（不受制于物）。故，胜而不屈（不勉强）。（大道无形，制御万物，令其自然。）

神化者帝，庙战（制定战略方针）者王。神化者，法天道；庙战者，明四时。（前文神化者与庙战者二处，在底本中颠倒。）修正于境内，而远方怀德；制胜于未战，而诸侯宾服也。古之得道者，静而法天地，动而顺日月，喜怒合四时，号令比（等同）雷霆，音气不戾八风（不逆八方之风），诎伸不获五度（屈伸不误五行，诎通屈）。因民之欲，乘民之力，为之去残除害。（得道者为帝王之师，辅助君王治理天下。）

夫同利者相死，同情者相成，同行者相助；循己而动，天下为斗（容器，容纳；底本作战斗之斗）。故，善用兵者，用其自为用（自愿效命）；不能用兵者，用其为己用（为私利而战）；用其自为用，天下莫不可用；用其为己用，无一人之可用也。（同道者长相守，争利者常相弃。）

下 德

（诸侯智能，法令滋彰；士民诈伪，重刑难禁。）

治身。太上，养神；其次，养形。神清意平，百节皆宁（安稳），养生之本也；肥肌肤，充腹肠，供嗜欲，养生之末也。

治国。太上，养化（德化）；其次，正法（主任法）。民交让（相互谦让），争处卑，财利争受少，事力争就劳，日化上而迁善（向上而从善），不知其所以然，（道德流行，自愿向善。）治之本也；利赏而劝善，畏刑而不敢为非，法令正于上，百姓服于下，（畏刑屈服，因势利从善，已然为治。）治之末也。上世养本（修养道德），而下世事末（任法重利）。

（依当时而论，上世，三皇时期：伏羲、女娲、神农；中世，五帝时期：黄帝、颛顼、帝喾、唐尧、虞舜；下世，三王时期：夏禹、商汤、周文王。末世，西周以后之时代。）

欲治之主不世出（少有），可与治之臣不万一（更少），以不世出、求不万一，此至治（大同社会），所以千岁不一也。（三百年有一小盛世。）盖（大概）霸王之功不世立也，顺其善意，防其邪心，与民同出一道，则民可善（亲善），风俗可美（称赞）。

所贵圣人者，非贵其随罪而作刑也，贵其知乱之所生也。若开其锐端（欲望起始），而纵之放僻淫佚（放荡邪恶），而弃之以法，随之以刑，虽残贼（残害）天下不能禁其奸（作奸犯科）矣。（治乱之本，在于上而不在于下，在于心而不在于刑。）

身处江海之上（为逸民），心在魏阙（朝堂，魏通巍）之下，即重生，重生即轻利（重养生、轻利益）矣。犹不能自胜即从之（求功名），神无所害也；不能自胜而强不从，是谓重伤（身心内耗），重伤之人无寿类矣。（名利之欲不去，人虽在山林，而心难清静，则养生无益也。）故曰：知和曰常，知常曰明，益生曰祥，心使气曰强，是谓玄同，用其光，复归其明。（《老子·第五十五章》）

天下莫易于为善，莫难于为不善。所谓为善者，静而无为，适情辞余，无所诱惑，循性保真，无变于己，故曰为善易也。所谓为不善难者，篡弑（篡位弑君）矫诈，躁（乱动）而多欲，非人之性也，故曰为不善难也。（不善之行，当付代价。）

今之以为大患者（身死或入囹圄），由无常厌（因嗜欲不满足）、度量生（不循规矩生活）也。故，利害之地，祸福之际，不可不察。（行善得福，作恶致祸。）

圣人无欲也，无避也。事或欲之，适足以失之；事或避之，适足以就之；志有所欲，即忘其所为。（圣人志在修行，明理随缘，无欲无求。）是以，圣人审（智者审察）动、静之变，而适受、与之度，理（调理）好、憎之情，和喜、怒之节。夫动、静得即患不侵也，受、与适即罪不累也，理好、憎即忧不近也，和喜、怒即怨不犯也。（智者虽有先见之明，亦或难避祸患。）

体道之人（修行人），不苟（不贪求）得，不让祸；其有不弃，非其有不制（不强求）；恒满而不溢，常虚而易赡（无欲容易奉养）。故，自当以道术（道德）度量，即食充虚（充腹），衣圉寒（抵御寒冷，圉通御），足以温饱七尺之形；无道术度量，而以自要（通徼，求取）尊贵，即万乘之势不足以为快（舒畅），天下之富不足以为乐。（有道即生活简朴，无德则贪得无厌。）故，圣人心平志易（和悦），精神内守，物不能惑。（有德则重内轻外，德少即相反。）

胜人者有力，自胜（自我超越）者强。能强者，必用人力者也；能用人力者，必得人心者也；能得人心者，必自得（通德，有德）者也；未有得己（积德）而失人者也，未有失己（失德放荡）而得人者也。（积德则得人心，天下诸事可为。）

故，为治之本，务在安人（安民）；安人之本，在于足用；足用之本，在于不夺时（农时）；不夺时之本，在于省事（减少政务）；省事之本，在于节用；节用之本，在于去骄；去骄之本，在于虚无。（君王能清静，天下自安定。）故，知生之情（生不由己）者，不务生之所无以为（不能为）；知命之情（命有定数）者，不忧命之所无奈何。（知命者，听天由命，有所为，有所不为。）

目悦五色，口惟（愿望）滋味，耳淫五声，七窍交争，以害一性（本性）；日引邪欲，竭（丧失）其天和（清静），身且不能治，奈治天下何！（修心为本，治身为大，治身心同于治国家。）

所谓得天下者，非谓其履势位，称尊号，（登大宝，称天子。）言其运天下心（民众之心），得天下力（用民众之力）也；有南面（帝王）之名，无一人（君主）之誉，此失天下也。故，桀纣不为王，汤武不为放（放逐其宗族）。（有帝王之名，不行帝王之事，则失帝王之位。）

故，天下得道（有道），守在四夷（四夷奉行道）；天下失道，守在诸侯（诸侯坐大防守）。诸侯得道，守在四境（将士自愿戍边）；诸侯失道，守在左右（仅有家臣守卫）。

故曰：无（通毋）恃其不吾夺（权势）也，恃吾不可夺（德化）也。（权柄易失，道德不可夺。）行可夺之道（行权势），而非（反对）篡弑之行，无益于持天下（对保有天下没有帮助）矣。（有位无德，必失天下；有德无位，或有天下。）

善治国者，不变其故（固定习俗），不易其常（日常生活）。夫怒者，逆德也；兵者，凶器也；争者，人之所乱也。阴谋逆德，好用凶器，治人之乱，逆之至也。（大乱之后，移风易俗，而有大治。）非祸人不能成祸，不如：挫其锐，解其纷，和其光，同其尘。（《老子·第五十六章》）

人之性情，皆愿（仰慕）贤己而疾（气愤）不及人，愿贤己则争心生，疾不及人则怨争生，怨争生则心乱而气逆。（心乱气逆，祸患前提。）故，古之圣王退争怨，争怨不生则心治而气顺。故曰：不尚贤，使民不争。（《老子·第三章》）

治物者，不以（不用）物以（连及）和；治和者，不以和以人；治人者，不以人以君；治君者，不以君以欲；治欲者，不以欲以性；治性者，不以性以德；治德者，不以德以道，以道本。（君以道为本，官以德才为循，民以适宜为用。）

人之性，无邪秽（无杂乱私欲），久湛（沉湎）于物即忘其本（本性清静），即合于若性（随合他物性若己性）。衣食、礼俗者，非人之性也，所受于外也。故，人性欲平，嗜欲害之，唯有道者能遗物反己（有道者，弃物欲，返本性，致清静）。

有以自鉴（自我调整），则不失物（自己）之情；无以自鉴，则动而惑营（迷惑）。夫纵欲失性，动未尝正，以治生则失身，以治国则乱人。故，不闻道者，无以反（通返）性。（不明道者，难以清静，恣意妄为，多生祸端。）

古者，圣人得诸己（有道德），故令行禁止。凡举事者，必先平意清神，神清意平，物乃可正（民众乃可统领；正通政，统治）。听失于非誉，目淫于采（通彩）色，而欲得事正（合适），即难矣！是以，贵虚（无欲随自然）。

故，水激则波起，炁（当为气，下同）乱则智昏；昏智不可以为正（君长、主导），波水不可以为平。故，圣王执一（奉道自然），以理物（顺民）之情性。（君王执道，顺应民心，长治久安。）夫一者至贵，无适（通故）于天下，圣王托于无适（无敌），故为天下命（天命统治天下）。（君王奉道，无敌于天下。）

阴阳陶冶（融和），万物皆乘一炁（和气）而生。上下离心，炁（戾气）乃上蒸，君臣不和，五谷不登（不成熟），春肃（萎缩）秋荣，冬雷夏霜，皆贼炁（邪气）之所生也。（上下离心，君民失和，戾气升腾，灾难连绵。）

天地之间，一人（天子）之身也；六合（东西南北及上下）之内，一人之形也。（上天之子，天人感应。）故，明于性（自然）者，天地不能胁（胁迫）也；审于符（通于灵符）者，（灵符能通神。）怪物（妖魔鬼怪）不能惑也。（天下太平，怪物伏藏；社会动乱，妖魔横行。）

圣人由近以知远，以万异为一同（一体）。炁蒸（邪气弥漫）乎天地，礼义廉耻不设（消失），万民莫不相侵、暴虐（残害），由在乎混冥之中（缘由在于阴气盛行）也。廉耻陵迟（逐渐消失）。（阴气盛，奸邪出，天下动乱，民无廉耻。）

及至世之衰，用多而财寡，事力劳而养（给养物质）不足，民贫苦而忿争生，是以贵仁。人鄙（粗俗）不齐，比周朋党（结党营私），各推其与（相同），怀机械、巧诈之心，是以贵义。男女群居，杂而无别，是以贵礼。性命之情，淫（邪乱）而相迫于不得已则不和，是以贵乐。故，仁义礼乐者，所以救败也，非通治之道也。（弃道德，贵仁义；失廉耻，重礼乐。后世君王，舍本逐末。）

诚能使神明定（安稳）于天下，（天下之人，虔诚奉神明。）而心反（通返）其初（纯朴），则民性善；民性善，则天地阴阳从而包之，（阴阳交替，风调雨顺。）则财足而人赡（富足），贪鄙忿争之心不得生焉。（人有信仰，心性淳朴。）仁义不用，而道德定于天下（奉道德），则民不淫于采（通彩）色。（尊神明，奉道德，则民心不乱。）

　　故，德衰然后饰（装饰）仁义，和失然后谓（当作调）声，礼淫然后饰容（整饬仪容，饰通饬）。故，知道德，然后知仁义不足行也；知仁义，然后知礼乐不足修（不值得遵守）也。（人性贪婪，悖道逆德，礼义不能禁，不得已而用法律、刑罚。）

　　清静之治者，和顺以寂寞（寂静），质真而素朴，闲静而不躁；在内而合乎道，出外而同乎义；其言略而循理，其行悦（当作悗，音脱，简易）而顺情，其心和而不伪，其事素而不饰（简而不繁）；不谋所始，不议所终，安即留，激（心动）即行；通体乎天地（体通于天地），同精乎阴阳，一（和气）和乎四时，明朗乎日月，与造化者为人（为友）；机巧诈伪，莫载（不存）乎心。（合大道，通造化，知天下，寂静之妙。）

　　是以，天覆以德，地载以乐（天生地长）；四时不失序，风雨不为虐（灾害）；日月清静而扬光，五星（金、木、水、火、土五星）不失其行。此清静之所明（灵通）也。（清静虽妙，私欲难耐，终不能至，而使清静成为高尚境界。）

　　治世之职易守（保持）也，其事易为也，其礼易行也，其责易赏（通偿，完成）也。是以，人不兼官（不超越官职），官不兼（不兼职）事；士农工商，乡别州异。故，农与农言藏（收藏），士与士言行（品行），工与工言巧（技艺精湛），商与商言数（财物多少）。

　　是以，士无遗行（劣行），工无苦事（难事），农无废功（劳有所获），商无折（折损）货，各安其性。异形殊类，易事而不悖（不乱）；失业而贱，得志（或为势）而贵。（各司其职，上正下顺，百业兴旺，民富国强。）

　　夫先知、远见之人，才之盛也，而治世不以责（要求）于人；博闻强志，口辩辞给（丰富），人知（通智）之溢也，而明主不以求于下（不要求于百姓）；敖世贱物，不从流俗，士之伉行（高行）也，而治世不以为（不用作）化民。故，高不可及者，不以为人量（不用为百姓标准）；行不可逮（行为达不到）者，不可为国俗。（大德高行，百姓不及，不可推行，只能追随。）

故，人才不可专用，而度量道术（道德）可世传也。故，国治可与愚守（守朴拙）也，而军旅可以法同（崇尚和平）也；不待古之英隽（通俊），而人自足（自具备道德修养）者，因其（时势）所有而并用（施行）之。（贤人守德，君子贵义，小人逐利；上化下，下尊上，治道通。）

末世之法，高为量（高标准）而罪不及（不及者）也，重为任而罚不胜也，危为其难而诛不敢也；民困于三责，即饰智而诈上，犯邪而行危，虽峻法严刑，不能禁其奸。（自身难活，铤而走险。）兽穷即触，鸟穷即啄，人穷即诈，此之谓也。（三责在上，民生智诈，穷极即反，天下动乱。）

雷霆之声，可以钟鼓象（模仿）也；风雨之变，可以音律知（表现）也；大可睹者，可得而量（计量）也；明可见者，可得而弊（通蔽，概括）也；声可闻者，可得而调也；色可察者，可得而别也。夫至大（大道），天地不能函（包裹）也；至微（微妙），神明不能见也。（至微至妙，尊神通达。）

及至建（制定）律历，别五色，异清浊（五音高低），味（品味）甘苦，即朴散而为器（功用）矣；立仁义，修礼乐，即德迁而为伪矣！民饰智以惊愚，设诈以攻上，天下有能持（持守）之，而未能有治之者也。（智诈即起，反诈愈甚，势均力敌，无以为制；恶性循环，无休无止。）

夫智能弥多，而德滋（更加）衰。（后世之人，仅言德而不守德。）是以，至人淳朴而不散。夫至人之治，虚无寂寞，不见（通现）可欲，心与神处（守神），形与性调，静而体德，动而理通，循自然之道，缘（顺应）不得已矣；漠然无为而天下和，淡然无欲而民自朴，不忿争（亦作奋争）而财足；施者不得（通德），受者不让，德反（通返）归焉，而莫之惠（不用智慧，惠通慧）。

不言之辩，不道（不言）之道，若或通焉，谓之天府（自然演化）。取焉而不损，酌（舀取）焉而不竭，莫知其所求由出（当作处），谓之摇光（北斗之柄）。摇光者（能生和气），资粮（养育）万物者也。（至人虚无，无为自然，功同北斗，引领人心。）

天爱其精，地爱其平，人爱其情。天之精，日月星辰、雷霆风雨也；地之平，水、火、金、木、土也；人之情，思虑、聪明、喜怒也。故，闭四关（心口耳目），止五遁（五行所属之物），即与道沦。（与道混同，能通神明。）

神明（神仙）藏于无形，精朎反（通返）于真。目明而不以视，耳聪而不以听，口当而不以言，心条通（通灵性）而不以思虑，委（顺从）而不为，知而不矜，直性命之情，而知故（智巧，知通智）不得害。（清静灵通，直觉反应，合情无害。）

精存于目即其视明，在于耳即其听聪，留于口即其言当，集于心即其虑通。故，闭四关即终身无患，四肢九窍，莫死莫生（因循自然），是谓真人。地之生财，大本不过五行（五行所属之物），圣人节（调节）五行，即治不荒（不乱）。（真人通道，莫死莫生；圣人通五行，调理天下事物。）

衡（平衡器）之于左右，无私轻重，故可以为平；绳（直线）之于内外，无私曲直，故可以为正（标准）；人主之于法，无私好憎，故可以为令。德无所立，怨无所藏，（不显德，不生怨。）是任道而合人心者也。故，为治者，知（通智）不与（不赞成用智）焉。

水戾（湍急）破舟，木（当为石）击（碰撞）折轴，不怨木石，而罪巧拙者（工匠），智不载（不行）也。故，道有智则乱，德有心（有欲）则险，心有眼则眩（心有私念则迷惑）。夫权衡规矩，一定而不易，常一（公正）而不邪，方行而不留（不停止），一日形（通型，固定）之，万世传之，无为之为也。（用权衡规矩者，当有公正规矩之心。）

人之言曰：国有亡主，世亡（通无）亡道，人有穷而理无不通。故，无为者，道之宗也。得道之宗，并应无穷。故，不因道理之数（不顺应时势），而专己之能，其穷不远也。夫人君不出户以知天下者，因物以识物，因人以知人。故，积力之所举，即无不胜也；众智之所为，即无不成也。（以物识物，则有不尽；以人知人，或有不实。）

千人之众无绝粮，万人之群无废功；工无异伎（通技），士无兼官；各守其职，不得相干；人得所宜，物得所安。是以，器械不恶（不被苦用），职事不慢（不怠慢）也。夫债少易偿也，职寡易守也，任轻易劝（勉励、完成）也；上操约少之分（职责），下效（效劳）易为之功。是以，君臣久而不相厌也。（如此则益于情感，或可以富民而不能强国。）

帝者体太一（奉道通太一），王者法（效法）阴阳，霸者则（遵循）四时，君者用六律（各种法律）。

体太一者，明于天地之情，通于道德之伦；聪明照于日月，精神通于万物；动静调于阴阳，喜怒和于四时；覆露皆道（万物皆教导，道通导），溥洽（遍布）而无私；蚑飞蠕动，莫不依德而生；德流方外

（德化外邦），名声传乎后世。（帝承天，尊太一，济万民，正天下。）

法阴阳者，承天地之和，德与天地参（相通）；光明与日月并照，精神与鬼神齐灵；戴圆履方（顶天立地），抱表寝绳（遵规守矩）；内能理身，外得人心；发施号令，天下从风。（王有命，明阴阳，得人心，统一国。）

则四时者，春生夏长，秋收冬藏；取与有节，出入有量；喜怒刚柔，不离其理；柔而不脆，刚而不折；宽而不肆（不松缓），肃（通速，急）而不悖（不乱）；优游委顺（自在顺应），以养群类；其德含愚而容不肖，无所私爱也。（封诸侯，顺四时，行公道，霸一方。）

用六律者，生之与杀也，赏之与罚也，与之以夺（取舍得失）也，非此无道也；伐乱禁暴，兴贤良，废不肖，匡邪以为正，攘（排除）险以为平，矫枉以为直，明于施舍、开塞（收放）之道，乘时因势，以服役人心者也。（君子治，用六律，服其心，役其人。）

帝者不体阴阳即侵（荒年），王者不法四时即削（分裂），霸者不用六律即辱（受挫），君者失准绳即废（覆没）。故，小而行大，即穷塞而不亲（不接近）；大而行小，即狭隘而不容。（帝王诸侯，士族大夫，各行其道。）

地广民众，不足以为强；甲坚兵利，不可以恃胜；城高池深，不足以为固；严刑峻法，不足以为威。为存政者，虽小必存焉；为亡政者，虽大必亡焉。（奉道者存，无德者亡。）故，善守者，无（通毋）与御（不要对抗）；善战者，无（毋）与斗；乘时势，因民欲，而天下服。故，善为政者，积其德；善用兵者，畜（通蓄，积聚）其怒；德积而民可用也，怒畜（蓄）而威可立也。（用兵蓄怒，偏将行为；明君巨帅，用不战而屈人之兵。）

故，文（法制）之所加者深（久长），则权之所服者大（众多）；

德之所施者博，则威之所制者广，广即我强而适（通敌）弱。善用兵者，先弱敌而后战，故费不半而功十倍。故，千乘之国，行文德者王；万乘之国，好用兵者亡。王兵先胜而后战，败兵先战而后求胜。此不明于道也。（兵家胜败，依德政，在庙算，而不在临敌。）

上　仁

（王侯少德，浅行上仁；循名责实，各尽其事。）

君子（明君）之道，静以修身，俭以养生。静即下不扰，下不扰即民不怨；下扰即政乱，民怨即德薄（生诈）；政乱贤者不为谋，德薄勇者不为斗。（乱政出奸佞，贤臣良将尽皆回避。）

乱主（暴君）则不然，一日有天下之富，处一主之势；竭百姓之力，以奉耳目之欲；志专于宫室台榭，沟池苑囿，猛兽珍怪；贫民饥饿，虎狼厌刍豢（食草谷的家畜）；百姓冻寒，宫室衣绮绣。故，人主畜（通蓄，积聚）兹无用之物，而天下不安其性命矣。（上不爱民，民不效忠，渐生异心，乱象萌生。）

非恬（淡泊）漠无以明德，非宁静无以致远，非宽大无以并覆（包容），非正平无以制断（决断）；以天下之目视，以天下之耳听，以天下之心虑，以天下之力争。（胸怀天下，以天下为家。）

故，号令能下究（贯彻到底），而臣情得上闻；百官修达（通达），群臣辐凑（辐辏团聚）；喜不以赏赐，怒不以罪诛；法令察（明显）而不苛，耳目聪而不暗（不受蒙蔽）；善否（音痞，不善）之情，日陈于前而不逆（不颠倒）。故，贤者尽其智，不肖（德少）者竭其力；

近者安其性，远者怀其德，得用人之道也。（历代盛世，君王明圣，皆得用人之道。）

夫乘舆马者，不劳而致千里；乘舟楫（舟船）者，不游而济（渡）江海。使（假使）言之而是，虽商夫、刍荛（音饶，割草人），犹不可弃也；言之而非，虽在（位处）人君卿相，犹不可用也。（真理通行天下，无理寸步难行。）是非之处（存在），不可以贵贱、尊卑论也。其计可用，不羞（不嫌弃）其位；其言可行，不贵其辩。（人君多有主观意识而弃忠言。）

暗主（昏君）则不然，群臣尽诚、效忠者，希（疏远）不用其身也；而亲习（亲昵常处）邪枉，贤者不能见也；疏远卑贱（百姓），竭力尽忠者不能闻也；有言者穷之以辞，有谏者诛之以罪。（祸乱之原，亡国之象。）如此而欲安海内、存万方（万国），其离聪明，亦以远矣。（己身不养，本国不治，岂能服四方外邦！）

能尊生，虽富贵，不以养（给养）伤身；虽贫贱，不以利累形。今受先祖之遗爵（世袭之爵位），必重（快速）失之；生之所重（倚重），由来久矣，而轻失之，岂不惑（遗憾）哉！贵以身治天下，可以寄天下；爱以身治天下，所以托天下矣！（《老子·第十三章》）

文子问治国之本。

老子曰：本在于治身，未尝闻身治而国乱者也，身乱而国治者，未之有也。故曰：修之身，其德乃真。道之所以至妙者，父不能以教子，子亦不能受之于父。（静心诚意，可以受道。）故：道可道，非常道也，名可名，非常名也。（《老子·第一章》）

文子问曰：何行（施政方略）而民亲其上？

老子曰：使之以时（时机适当）而敬慎之，如临深渊，如履薄冰。天地之间，善即吾畜（畜养、臣民）也，不善即吾仇（仇敌）也。（不善者，亦天地之仇敌，灭亡有时。）昔者，夏、商之臣，反仇（仇恨）桀、纣，而臣（臣服）汤、武；宿沙（山东半岛之古国）之民，自攻其君，归神农氏。（上爱民如子，则下事君如父；上恶下暴，天地不容。）故曰：人之所畏，不可不畏也。（《老子·第二十章》）

治大者，道（施政谋略）不可以小；地广者，制（制度法规）不可以狭；位高者，事不可以烦（多而乱）；民众者，教不可以苛（严酷）。事烦难治，法苛难行，求多难赡（供养）。寸而度（用寸测量）之，至丈必差（差失）；铢（二十四铢一两）而称之，至石（音但，六十公斤）必过（超过）；石称丈量，径（直接）而寡失。大较（无差失）易为智，曲辩（有拘限）难为慧。（为官智慧小少，难以治天下。）

故，无益于治、有益于乱者，圣人不为也；无益于用者，有益于费（消耗）者，智者不行也。故，功不厌约（政事应当简省），事不厌省，求不厌寡；功约易成，事省易治，求寡易赡；任于众人则易。故，小辩（小聪明）害义，小义破（败坏）道。道小必不通，通必简。（守小义者，不通大道，大道至简。）河以逶迤（曲折），故能远；山以陵迟（坡度缓），故能高；道以优游（自然博大），故能化（化生万物）。

夫通于一伎（通技），审（明）于一事，察（精）于一能，可以曲说（偏论），不可以广应也。夫调音者，小弦急（急则音响亮），大弦缓（缓即音低沉）；立事者，贱者劳，贵者佚（通逸）。道之言曰：芒芒（通茫）昧昧（无心无欲），因（服从）天之威，与天同炁（运化）；同炁（顺自然）者帝，同义（应四时）者王，同功（任法制）者霸，无一焉者亡。（道大位高，道小得少，无道即亡。）

故，不言而信，不施而仁，不怒而威，是以天心动化（感化）者也；施而仁，言而信，怒而威，是以精诚为之者也；施而不仁，言而不信，怒而不威，是以外貌为之者也。故，有道以理之，法虽少，足以治；无道以理之，法虽众，足以乱。（治乱之本，在于尊道贵德，而弃严刑峻法。）

鲸鱼失水，则制于蝼蚁；人君舍其所守（无为），而与臣争事，则制于有司。以无为持位（发号施令），守职者以听从、取容（讨好求安）；（否则）臣下藏智而不用，反以事专（推脱）其上。（君失尊位，有司坐大，挟天子以令诸侯。）

人君者，不任能（才干）而好自为，则智日困而自负责；数穷（政令苛）于下，则不能申理（明道德）；行堕（失职）于位，则不能持制；智不足以为治，威不足以行刑，则无以与天下交（治理）矣。喜怒形（生）于心，嗜欲见（通现）于外，则守职者离正而阿上，有司枉法而从风。赏不当功，诛不应罪，则上下乖（背离）心，君臣相怨。（乱象丛生，国家将亡。）

百官烦乱，而智不能解；非誉萌生，而明不能照（顾及）。非己之失而反自责，则人主愈劳，（徒劳而无功。）人臣愈佚（放荡）；是代大匠斫，夫代大匠斫者，希（通稀）有不伤其手矣。（《老子·第七十四章》）

与马逐走，筋绝不能及（赶不上）也；上车摄辔（操缰绳），马服衡（车前衡木）下。（人乘马力，形势所致。）伯乐相（识别）之，王良御之，明主乘之，无御、相之劳而致千里，善乘人之资（聪明才智）也。（贤良尽为君用，治国之大势。）

人君之道，无为而有就（有成就）也，有立而无好（有为而无偏好）也；有为即议（生谗言），有好即谀（起献媚）；议即可夺，谀即可诱。（顺其私欲，夺其权柄。）夫以建（权柄）而制于人者，不能持国。（君王受制于人则国乱将亡。）

故，善建者不拔（不改变），言建之无形也；唯神化（奉道灵通）者，物莫能胜。中（内心）欲不出谓之扃（音垌，关门），外邪不入谓之闭；中扃外闭，何事不节！外闭中扃，何事不成！故，不用之，不为之；而有用之，而有为之。（因循自然而为，无所不为。）

不伐（当为代）之言，不夺（不可取代）之事；循名责实，使自有司；以不知（通智）为道（为政），以禁苛（杂乱）为主。如此，则百官之事，各有所考（完成）。（治国如种庄稼，锄其害，施其肥，如是而已矣！）

食者，民之本也；民者，国之基也。故，人君者，上因天时，下尽地理，中用人力。是以，群生以（或为遂）长，万物蕃殖（繁杂）；春伐枯槁，夏收百果；秋蓄蔬食，冬取薪蒸（薪柴、待薪柴烧煮之食物），以为民资；生无乏用，死无传尸（暴尸荒野）。

先王之法，不掩群而取夭桃（音夭恼，壮大），不涸泽而渔，不焚林而猎；豺未祭兽（祭兽于山神），罝罘（音居服，捕兽网）不得通于野；獭未祭鱼（祭鱼于水神），网罟不得入于水；鹰隼未击（不会飞），罗网不得张于皋（泽边地）；草木未落（败落），斤斧不得入于山林；昆虫未蛰（伏藏），不得以火田（放火烧荒）；育孕不杀，鷇（音叩，幼鸟）卵不探，鱼不长尺不得取，犬豕不期年（猪狗不满整年，期音机）不得食。（君王制令，限制人欲，适合众生。）

是故，万物之发生，若蒸炁出。（杀非其时，取非其当，万物精气发动，上达于天而有害于人。）先王之所以应时修备（修整准备），富国利民之道也，非日见而足行之（不仅仅是走走看看而已）也；欲利民不忘乎心，则民自备矣。（君王胸怀百姓，则万民勤劳富足，而更忠心君王。）

古者，明君取下有节，自养有度，必计岁而收，量民积聚，知有余（丰收）、不足（欠收）之数，然后取奉。如此，（民）即得承所受于天地，而离于饥寒之患。其憯怛（忧伤）于民也，国有饥者，食不重味；民有寒者，冬不被裘（不穿皮衣，被通披）；与民同苦乐，即天下无哀民。（君知民情，体谅疾苦，万民之福。）

暗主即不然，取民不裁其力，求下不量其积，男女不得耕织之业，以供上求，力勤（竭）财尽，有旦无暮，君臣相疾（争相贪腐）。且人之为生也，一人蹠（音执，踩踏）耒（音磊）而耕，不益（不能增加到）十亩，中田之收不过四石，妻子老弱仰（倚仗）之而食，或时有灾害之患，无以供上求，即人主愍（通悯）之矣。（减免赋税。）贪主暴君，涸渔其下，以适无极之欲，则百姓不被天和（风调雨顺）、履地德（生养万物）矣。（君贪婪，民贫穷；动乱之象，亡国之征。）

天地之㤗，莫大于和；和者，阴阳调，日夜分。故，万物春分而生，秋分而成（成熟）；生与成，必得和之精。故，积阴不生，积阳不化，阴阳交接，乃能成和。是以，圣人之道，宽而栗（威严），严而温（适度），柔而直，猛而仁。（明君仁爱，无所不适，民众拥护。）

夫太刚则折，太柔则卷，道正在于刚柔之间。夫绳之为度也，可卷而怀也，引而申（通伸，伸展）之，可直而布（伸开）也；长而不横（不冲），短而不穷，直而不刚，故圣人体之。（效法准绳，身体力行。）夫恩推（施行）即懦，懦即不威；严推即猛，猛即不和；爱推即纵，纵即不令（令不行）；刑推即祸（伤害），祸即无亲。是以，贵和也。（明君贤臣乃能知和，知而适用，则天下和谐。）

国之所以存者，得道（奉道）也；所以亡者，理塞（道德不通行）也。故，圣人见化（风俗民情）以观其征（迹象），德有昌衰，风（民谚）为先萌。故，得生道（奉道德）者，虽小必大；有亡征（失道德）者，虽成必败。国之亡也，大不足恃；道之行也，小不可轻。故，存在得道，不在于小；亡在失道，不在于大。

故，乱国之主，务于广地，而不务于仁义；务在高位，而不务于道德。是舍其所以存，而造其所以亡也。若上乱三光之明，下失万民之心，孰不能承（继承王权）？（王权随时可以更替！）

故，审其己（修己德）者，不备诸人（不防备图谋不轨之人）也。古之为君者，深行之谓之道德，浅行之谓之仁义，薄行之谓之礼智。此六者，国家之纲维也。深行之则厚得福，浅行之则薄得福，尽行之天下服。（存亡之道，国家纲维，简单明了而王或莫能行，行之则长治久安。）

古者，修道德即正（通政，统领）天下，修仁义即正一国，修礼智即正一乡；德厚者大，德薄者小。故，道（政道）不以雄武立（通莅，治理），不以坚强胜，不以贪竞得；立（通位，王位）在天下推（拥护）己，胜在天下自服，得在天下与之，不在于自取。（有德有人拥护而能有天下。）

故，雌牝即立，柔弱即胜，仁义即得，不争即莫能与之争。故，道之在于天下也，譬犹江海也。（海纳百川，有容乃大。）天之道，为（妄为）者败之，执（强执）者失之。（天道常自然，人道多妄为。）

夫欲名（占有欲）之大，而求之争之，吾见其不得已，而虽执而得之，不留（不长久）也。夫名不可求（强求）而得也，在天下与（认同）之，与之者归之。天下所归者，德也。故云：上德者天下归之，上仁者海内归之，上义者一国归之，上礼者一乡归之。无此四者，民不归也。不归用兵，即危道也。（无德者，兵亦不为之用。）

故曰：兵者，不祥之器，不得已而用之。杀伤人，胜而勿美。（《老子·第三十一章》）故曰：死地（战场），荆棘生焉，以悲哀泣（通莅，对待）之，以丧礼居（处置）之。是以，君子务于道德，不重用兵也。(明君以德服人,兵有备而不轻用。)

文子问:仁、义、礼,何以为薄于道德也?

老子曰:为仁者,必以哀乐论之;为义者,必以取与明之。四海(天下九州)之内,哀乐不能遍,竭府库之财货,不足以赡(满足)万民。故,知不如(不足),修道而行德,因天地之性,万物自正而天下赡(自养),仁义因附。是以,大丈夫居其厚,不居其薄。(明道者,守道德而不用礼义。)

夫礼者,实之文(外表)也;仁者,恩之效(显示)也。故,礼因人情而制,不过(不及)其实;仁不溢恩,悲哀抱于情,送死(效死)称于仁。(道德主生,践行仁义或至送死,当侈于道德而俭于仁义。)

夫养生(养民)不强人所不能及(达不到者),不绝人所不能已(正常需求),度量不失其适,非誉无由生矣!故,制乐足以合欢,喜不出于和。明于死生之分,通于侈俭之适也。(人生之适在于和谐。)

末世即不然,言与行相悖(悖逆),情(内心)与貌相反;(言行不一,貌慈心毒。)礼饰以烦,乐扰以淫;风俗溺(虚伪之风俗淹没)于世,非誉萃(聚集)于朝;故至人(明君)废而不用也。(明君处末世,抑或无可奈何。)

与骥逐走(赛跑),即人不胜骥(千里马);托(寄坐)于车上,即骥不胜人。故,善用道(政治权柄)者,乘人之资(智能)以立功,以其所能,托(驾驭)其所不能也。主与之以时(农时),民报之以财;主遇之以礼,民报之以死。(民淳朴,君王易御。)

故,有危国,无安君;有忧主,无乐臣。(君臣同德,上下一心。)德过其位者尊,禄过其德者凶;德贵无(通毋)高,义取无(毋)多;不以德贵者,窃位也;不以义取者,盗财也。(古今多窃位之徒、盗财之贼，行私而废公，祸乱朝纲，危害一方。）圣人安贫乐道，不以欲伤生，不以利累己，故不违义而妄取。（圣贤乱世则隐，治世民受教化则显。）

古者，无德不尊，无能不官，无功不赏，无罪不诛。其进人（入官）也以礼，其退人（辞位）也以义。小人（奸邪当道）之世，其进人也，若上之天（猖狂）；其退人也，若内（潜入）之渊。言古者，以疾（贬低）今也。相马失之瘦，选士失之贫；（瘦马可以致远，贫士多能成事。）豚肥（肥猪）充厨，骨骺（音疵，露骨）不官。（才能在下，平庸上位，政失公允。）

君子察实，无（通毋）信谗言；君过（有过失）而不谏，非忠臣也；谏而不听，君不明也；民沉溺（受苦难）而不忧，非贤君也。故，守节死难，人臣之职也；衣寒食饥，慈父之恩也。（君不明，臣力谏，赴死难，国大患。）

以大事小，谓之变人（变通之人）；以小犯大，谓之逆天；前虽登天，后必入渊。故，乡里以齿（长幼），老穷不遗；朝廷以爵（大小），尊卑有差（有等级）。（无序则乱，相互攻击，众人入渊，有德有命者或能得道。）

夫崇贵者，为（通谓，称谓）其近（亲近）君也；尊老者，谓其近亲也；敬长者，谓其近兄也。生而贵者骄，生而富者奢。故，富贵不以明道自鉴（自我反省），而能无为非者，寡矣！（富贵之家，骄奢淫佚，为非作歹，三代而终。）学而不厌，所以治身也；教而不倦，所以治民也。贤师良友，舍而为非者，寡矣！（明师教导，从善如流，富贵长久。）

知贤之谓智，爱贤之谓仁，尊仁（当为贤）之谓义，敬贤之谓礼，乐贤之谓乐。古之善为（统治）天下者，无为而无不为也。故，为天下有容（模式），能得其容，无为而有功；不得其容，动作必凶。（为天下者，谨小慎微，如履薄冰，稍有放纵，乱象即生，甚则大凶。）

为天下容者，豫兮其若冬涉大川，犹兮其若畏四邻，俨兮其若容（当为客），涣兮其若冰之液（溶化），敦兮其若朴，混兮其若浊，广兮其若谷。（《老子·第十五章》）此为天下容。

豫兮，其若冬涉大川者，不敢行也；犹兮，其若畏四邻者，恐四伤（影响）也；俨兮，其若容（当为客）者，谦恭敬也；涣兮，其若冰之液者，不敢积藏也；敦兮，其若朴者，不敢廉成也；混兮，其若浊者，不敢明清也；广兮，其若谷者，不敢盛盈也。

进不敢行者，退不敢先也；恐自伤者，守柔弱，不敢矜（不自大）也；谦恭敬者，自卑下，尊敬人也；不敢积藏者，自损弊，不敢坚也；不敢廉成者，自亏缺，不敢全也；不敢清明者，处浊辱而不敢新鲜（华美）也；不敢盛盈者，见不足而不敢自贤也。

夫道，退，故能先；守柔弱，故能矜（强大）；自卑下，故能高人；自损弊，故实坚；自亏缺，故盛全；处浊辱，故新鲜；见不足，故能贤。道，无为而无不为（顺应自然而为）也。（天道平衡，损有余而补不足。）

上 义

（仁义准绳，公正法度；君子践行，止邪向善。）

凡学者，能明于天人之分（人尊天），通于治乱之本（尊道贵德）；澄心清意以存之，见其终始（始终保持），反于虚无（清静），可谓达（得道）矣！

治之本，仁义也；其末，法度也。人之所生者（形体精神），本也；其所不生者（万事万物），末也。本末，一体也；其两爱之，性也。先本后末（追求精神境界），谓之君子；先末后本（贪图物质享受），谓之小人。（君子求名，小人逐利。）

法之生也，以辅义；重法弃义，是贵其冠履，而忘其首足也。仁义者，广崇（高大）也，（此处当有：故仁义为厚基者也）不益其厚而张其广者毁，不广其基而增其高者覆。故，不大其栋（智慧才能），不能任重；任重莫若栋（大智能），任国莫若德。人主之有民，犹城之有基，木之有根；根深即本固，基厚即上安。

故，事不本于道德者，不可以为经（为治）；言不合于先王（文王、武王）者，不可以为道（从政）；便说掇取（摘取），一行一功之术，（儒、墨、名、法等诸家，偏说一辞，彰显一功，不能融通。）非天下通道也。（天下之通道：尊道贵德为主，诸子百家为分支，各显其用，相辅相成。）

治人之道，其犹造父（周穆王之御人）之御驷马也，齐辑（协调）之乎辔衔（缰绳嚼子），正度（适度）之乎胸膺，内得于中心，外合乎马志；故能取（通趋）道致远，气力有余，进退还曲（回旋，还通旋），莫不如意，诚得其术也。今夫权势者，人主之车舆也；大臣者，人主之驷马也；身不可离车舆之安，手不可失驷马之心。（若离失则有倾覆之危。）

故，驷马不调，造父不能以取道（趋道路）；君臣不和，圣人（明君）不能以为治。执道以御之，中才（当为众才）可尽；明分（出台准则）以示之，奸邪可止。物至而观其变，事来而应其化；近者不乱，即远者治矣。不用适然（适当）之教，而得自然之道，万举（各种举措）而不失矣。（尊道贵德，而后用诸术，权势之上者也。）

凡为道（政道）者，塞邪隧（邪径），防未然；不贵其自是也，贵其不得为非也。（邪径塞，不得为非，则归正道。）故曰：勿使（不要放任）可欲，无（通毋）曰不求；勿使可夺，无（毋）曰不争。（不求可欲之名，不争可夺之利。）如此即人欲（当为人材）释（施展才能），而公道行矣！有余者止于度（限度），不足者逮（及至）于用，故天下可一（平均）也。（为政之道，公正通行，天下太平。）

夫释（舍弃）职事而听非誉（谗言），弃功劳而用朋党（利益团伙）；即奇伎（通技）天（当为滋）长，守职不进（不进取）；民俗（刁民恶俗）乱于国，功臣争于朝。故，有道以御人，无道则制于人矣。（君王有道即治，无道则国乱。）

治国有常（有纲常），而利民为本；政教有道（有纲领），而令行为右（为上；先秦时期，多以右为尊）。苟利于民，不必法古；苟周于事，不必循俗。故，圣人法与时变，礼与俗化。衣服器械，各便其用；法度制令，各因其宜。故，变古未可非（不可反对），而循俗未足多也。（时势权变，可以改俗革新。）

诵先王之书，不若闻其言；闻其言，不若得其所以言（教化）；得其所以言者，言不能言（尊道）也。故：道可道，非常道也；名可名，非常名也。故，圣人所由（因循自然）曰道，道犹金石（钟磬）也，一调不可更；事犹琴瑟也，曲终改调。法制礼乐者，治之具也，非所以为治也。故，曲士（短视之人）不可与论至道者，讯寤（拘泥）于俗而束于教也（教养、境界）。（为治者，尊重民意，因势利导。）

天下几（通岂）有常法哉？当（适当）于世事，得（适合）于人理，顺于天地，详（通祥，征兆）于鬼神，即可以正治矣。昔者，三皇无制令而民从，五帝有制令而无刑罚，夏后氏（夏禹）不负言（守信），殷人誓，周人盟。（神、人为证，盟誓求信。）末世之衰也，忍垢而轻辱，贪得而寡羞。（贪图名利，不顾羞辱，败坏社会风气。）

故，法度制令者，论民俗而节（节制邪恶）缓急；器械者，因时变而制宜适。夫制于法者，不可与达举（担任高层管理）；拘礼之人，不可使应变；必有独见（先见）之明，独闻之聪（听声即知音），然后能擅道（奉道）而行。（法度制令，适宜人、事，节制邪恶。）

夫知法之所由生者，即应时而变；不知治道之源者，虽循终乱。（法止非，治导善。）今为学者，循先袭业，（循先祖，承事业。）握篇籍（掌握典章制度），守文法，欲以为治，非此不治。犹持方枘（榫头）而内圆凿（插入卯眼），欲得宜适，亦难矣！（古法难为今治。）夫存危（挽救危亡之国）治乱，非智不能；道先（谈论、称颂祖先）称古，虽愚有余。故，不用之法，圣人不行也；不验之言，明主不听也。（治世之法，应时势而变，不必循古制。）

文子问曰：法安所生？

老子曰：法生于义，义生于众适，众适合乎人心，此治之要也。法非从天下也，非从地出也，发乎人间，反己（返本性）自正。诚达其本（道德），不乱于末（法制），知其要，不惑于疑。有诸己（有德），不非于人；无诸己（德不足），不责于所立（法制）。立于下者，不废于上；禁于民者，不行（不及）于身。（国法即立，君王自己当先行遵守。）

故，人主之制法也，先以自为检式（仪表）。故，禁胜（承受）于身，即令行于民。夫法者，天下之准绳也，人主之度量（标准）也。悬（颁布）法者，法（禁制）不法也。（刑不上大夫，法失去公正，民有心犯险。）

法定之后，中绳（守法）者赏，缺绳（违法）者诛；虽尊贵者，不轻其赏；卑贱者，不重其刑。犯法者，虽贤必诛；中度（合法）者，虽不肖无罪。是故，公道行而私欲塞也。（去私欲，行公道，社会和谐，国家安定。）

古之置有司（管理衙门）也，所以禁民，使不得恣（放纵）也；其立君也，所以制有司，使不得专行也；法度道术（措施），所以禁君，使无得横断（独断，横通横）也。人莫得恣，即道胜而理得矣！故，反（通返）朴无为，无为者，非谓其不动也，言其莫从己出也。（立君王，制有司，各行其事，政道畅通无阻。）

善赏（赏当赏）者，费少而劝多（花费少鼓励多）；善罚（罚当罚）者，刑省而奸禁；善与者，用约而为德；善取者，入多而无怨（取之当取）。故，圣人因民之所喜以劝善，因民之所憎以禁奸；赏一人而天下趋之，罚一人而天下畏之。是以，至赏（无人可赏）不费，至刑（无人可刑）不滥。圣人守约（主要）而治广，此之谓也。（后世君王，知而不能行者，因其私欲难耐也！）

臣道者，论是处当，为事先唱，守职明分，以立成功（立身成就功名）。故，君臣异道即治，同道即乱，各得其宜，处有其当，即上下有以相使也。（君主纲领，臣下分职；上无为，下有为，为而不同。）故，枝不得大于干，末不得强于本，言轻重、大小有以相制也。夫得威势（权柄）者，所持甚小，所在（当为任）甚大；所守甚约，所制甚广。（权柄用在一人，制御、实施遍及天下。）

十围之木，持千钧（一钧为三十斤）之屋，得所势也；五寸之关（横门闩），能制开阖（关闭），所居要也。下必行（行当行）之令，顺之者利，逆之即凶；天下莫不听从者，顺也；发号令行禁止者，以众为势也。义（正义）者，非能尽利于天下之民也，利一人而天下从之；暴（邪恶）者，非能尽害于海内（中国、九州）也，害一人（残害忠良）而天下叛之。故，举措废置，不可不审也。（持权柄者，身系天下安危，不可不慎。）

屈寸而申尺，小枉而大直，（抑恶扬善，取长去短。）圣人为（推崇）之。今人君之论臣也，不计其大功，总其略行（伟行），而求其小善，即失贤之道也。故，人有厚德，无间（不要限制，无通毋）其小节；人有大誉，无疵（毋诋毁）其小故。（厚德大誉者，能成大事，不拘小节。）

夫人情莫不有所短，诚（认同）其大略是也；虽有小过，不以为累也。诚其大略非（否定）也，闾里之行（不检点行为），未足多也。故，小谨（循规蹈矩）者无成功，訾行（行为放纵，訾通恣）者不容众，体大者节疏，度巨（气量大）者誉远，论臣之道也。（观其忠，用其能，轻小节，重大功。）

自古及今，未有能全其行者也。（圣贤亦不例外。）故，君子不责备于一人，方而不割（不伤害），廉而不刿（不刺伤），直而不肆（不放纵），博达而不訾（通达而不放纵，訾通恣）。道德、文武不责备于人，以力自修以道而不责于人，易偿也；自修以道，则无病矣！夫夏后氏之璜（半璧形玉），不能无瑕；明月之珠，不能无秽（无杂质）；然天下宝之者，不以小恶妨大美。（扬长避短，人尽其才，物尽其用。）

今志（铭记）人之所短，忘人之所长，而欲求贤于天下，即难矣！夫众人之见，位之卑，身之贱，事之洿（同污）辱，而不知其大略。（乡野之间，或有埋没之人才。）

故，论人之道，贵即观其所举（推举人才），富即观其所施（救困济难），穷即观其所受（穷而无怨），贱即观其所为（非义不为）。视其所患难，以知其所勇（所字或为衍文）；动以喜乐，以观其守（品行操守）；委以货财，以观其仁；振（动乱）以恐惧，以观其节（气节）。如此则人情可得矣。（人性本善，世情趋恶。去私欲，返本性，何必费事。）

屈者所以求申（通伸）也，枉者所以求直也。屈寸申尺，小枉大直，君子为之。百川并流，不注海者不为谷；趋、行殊方（各种行为），不归善者不为君子。善言贵乎可行，善行贵乎仁义。夫君子之过，犹日月之蚀，不害于明。（君子知过即改，更是一善。）

故，智者不妄为，勇者不妄杀；择是而为之，计礼而行之。故，事成而功足恃也，身死而名足称也。虽有智能，必以仁义为本而后立，智能并行。（仁义为主，智能依次。）

圣人以仁义为准绳，中绳者谓之君子，不中绳（达不到标准）者谓之小人。（小人无法无天，一心为私利。）君子虽死亡，其名不灭；小人虽得势，其罪不除。（小人得势，祸害一方！）

左手据天下之图，而右手刎其喉，虽愚者不为，身贵于天下也。死君亲之难者，视死如归，义重于身也。（君父正，乃可行。）故，天下大利也，比身即小；身之所重也，比之仁义即轻。此以仁义为准绳者也。（杀身成仁，舍生取义，千古流名。）

道德之备，犹日月也，夷狄、蛮貊（四方少数民族）不能易其指（通旨，道德）。趣（通取）舍同，即非誉在俗；意行均（思想行为相同），即穷达在时。事周于世，即功成；务合于时，即名立。是故，立功名之人，简于世（深居简出）而谨于时，时之至也，即间不容息。（把握时机，建功立业。）

古之用兵者，非利土地而贪宝赂（财物）也，将以存亡（挽救危亡之国）平乱、为民除害也。贪叨（通饕，贪食）多欲之人，残贼（残害）天下，万民骚动，莫宁其所。有圣人勃然而起，讨强暴，平乱世，为天下除害。以浊为清，以危为宁，故不得不中绝（灭绝暴君）。（大军之用，在于除暴安良、延续正道。）

赤帝（祝融）为火灾，故黄帝擒之；共工（上古首领）为水害，故颛顼诛之。教人以道，导之以德而不听，即临（逼近）之以威武；临之不从，则制（阻止）之以兵革。（正义之师，先礼后兵。）杀无罪之民，养不义之主，害莫大也；聚天下之财，赡（供养）一人之欲，祸莫深焉。肆一人之欲，而长（增加）海内之患，此天伦（天理）所不取也。（君王暴虐，祸患人间，天理不容。）

所为立君者，以禁暴乱也。今乘万民之力，反为残贼，是以虎傅（通附，附加）翼，何谓（通为）不除！夫畜鱼者，必去其蝙獭（獭类食鱼动物）；养禽兽者，必除其豺狼，又况牧民乎！（诛暴除害，造福万民。）是故，兵革之所为起也。（治国有常，去除祸害，正道通行，天下太平。）

为国（治国）之道，上无苛令，官无烦治；士无伪行，工无淫巧；其事任而不扰，其器完（齐备）而不饰。乱世则不然，为行者相揭（自举）以高，为礼者相矜（夸耀）以伪；车舆极于雕琢，器用遂（满足）于刻镂。求货者，争难得以为宝；诋文（剽诗书）者，逐烦挠（繁文缛节）以为急（当为慧）。事为诡辩，久稽（考证）而不决；无益于治，有益于乱。工为奇器，历岁而后成，不周（不适）于用。（奇巧无用，夸谈误国，实干兴邦。）

故，神农之法曰：丈夫丁壮不耕，天下有受其饥者；妇人当年不织，天下有受其寒者。故，身亲耕，妻亲织，以为天下先（前驱者），其导民也。不贵难得之货，不重无用之物。（神农时期，民性淳朴，大同社会。）

是故，耕者不强（不健壮），无以养生；织者不力，无以衣形；

有余、不足，各归其身。（男耕女织，人尽其才，物尽其用，天下富足。）衣食饶裕（充足），奸邪不生；安乐无事，天下和平。智者无所施其策，勇者无所错（通措，施展）其威。（太平盛世，贤人倍出，奸邪隐匿。）

霸王之道，以谋虑之，以策图之，扶（当为挟）义而动；非以图存也，将以存亡（挽救危亡之国）也。故，闻敌国之君，有暴虐其民者，即举兵而临其境，责以不义，刺（揭发）以过行。兵至其郊，令军帅曰：无（通毋，下同）伐树木，无掘坟墓，无败五谷，无焚积聚，无捕民虏，无聚（征收）六畜。乃发号施令曰：其国之君，逆天地，侮鬼神，决狱不平（司法不公正），杀戮无罪，天之所诛，民之所仇也。（讨伐檄文，攻心为上，政治谋略。）

兵之来也，以废不义而授有德也。（除暴君，举贤明。）有敢逆天道（正义），乱民之贼者，身死族灭。以家听（听从）者禄以家，以里听者赏以里，以乡听者封以乡，以县听者侯其县。克（攻占）其国，不及（不伤害）其民；废其君，易其政；尊其秀士，显其贤良；振（通赈，赈济）其孤寡，恤（抚恤）其贫穷；出其囹圄，赏其有功；百姓开户而内（通纳）之，溃米而储之，唯恐其不来也。（思想工作，宣传到位，民心归附。）

义兵至于境，不战而止（止足、归顺）；不义之兵，至于伏尸流血，相交以前（临前交战）。故，为地战者，不能成其王；为身（自身）求者，不能立其功。举事以为人（众人）者，众助之；以自为者，众去之。众之所动（当为助），虽弱必强；众之所去，虽大必亡。（正义之师，除暴治乱，成就霸王之功。）

上义者，治国家，理境内，行仁义，布德施惠；立（制定）正法，塞邪道，群臣亲附，百姓和辑（和睦）；上下一心，君臣同力；诸侯服其威，四方怀其德；修正庙堂（修正身心于朝廷）之上，折冲（克敌制胜）千里之外，发号行令而天下响应，此其上也。

地广民众，主贤将良，国富兵强；约束信（真实），号令明；两敌相当（相遭遇），未交兵接刃，而敌人奔亡，此其次也。

知土地之宜，习险隘（关隘）之利；明奇正（出兵）之变，察行阵（兵阵）之事；白刃合（交锋），流矢接（承受），舆（载）死扶伤，流血千里，暴骸满野，义之下也。

兵之胜败，习（当为皆）在于政；政胜（优美）其民，下附其上，（君仁政明，则兵自愿效命。）即兵强；民胜（忍受）其政，下叛其上，（上无德，民不服，亦不效忠。）即兵弱。义足以怀天下之民，事业足以当（承担）天下之急，选举（选拔举荐）足以得贤士之心，谋虑足以决轻重之权，此上义之道也。（行上义之道，当有明君，即得盛世。）

国之所以强者，必死（当为民）也；民（底本此处无民字）所以必死（效忠）者，义也（上行仁，下有义）；义之所以行者，威也。（民众有义，效命于上，君国有威。）是故，令之以文（法律条文），齐（整治）之以武，是谓必取（必胜）；威义并行，是谓必强。白刃交接，矢石若雨，而士争先者，赏信而罚明也。（赏罚分明，即勇往直前，义无反顾。）

上视下如子，下事上如父；上视下如弟，下事上如兄。上视下如子，必王四海（天下）；下事上如父，必政（统治）天下。上视下如弟，即必难（殉难）为之死；下事上如兄，即必难为之亡。（有君如是，兵民如此，则攻无不克，战无不胜，天下无敌。）

故，父子、兄弟（同聚）之寇，不可与之斗。（政府招安，方是上策。）是故，义君内修其政，以积其德；外塞于邪，以明其势；察其劳佚（通逸），以知饥饱。战期有日，视死若归，恩之加也。（养兵千日，用兵一时。）

上 礼

（雕琢人性，维系秩序；屈节周旋，失仪致乱。）

上古真人（首领），呼吸阴阳（阴阳之气），而群生莫不仰其德（无为）以和顺。当此之时，领理隐密（不用治理），自成纯朴；纯朴未散，而万物大优（丰富）。

及世之衰也，至伏羲氏，昧昧懋懋（萌动，懋通茂，盛大），皆欲离其童蒙之心，而觉悟乎天地之间，（作八卦，通神明。）其德烦（欲念滋起）而不一。

及至神农（尝百草、种蔬粟）、黄帝（垂衣裳、定礼仪），核领（总领）天下，纪纲（理顺）四时，和调阴阳。于是，万民莫不竦身而思（恭敬），戴听而视（期待），故治而不和。（有心有为，理于治而失于自然之德。）

下至夏、殷之世，嗜欲达于物，聪明诱于外，性命失其真。施（通迤，顺延）及周室，浇醇（使淳厚变浮薄，醇通淳）散朴，离道（离真性）以为伪，险（高扬）德以为行；智巧萌生，狙学（诈伪之学、剽窃之学）以拟（效法）圣，华诬以胁众（宣扬邪说，迷惑大众）；琢饰（粉饰）诗书，以贾（买、卖）名誉；各欲以行其智伪，以容（挤身）于世，而失大宗之本（清静自然）。故，世有丧性命，衰渐（逐渐衰败），所由来久矣！（夏禹起始，为奴隶制国家。）

是故，至人（得道之人）之学也，欲以反（通返）性于无，游心于虚。世俗之学，擢德攓性（拔德促性），内愁五藏（搜肠刮肚，藏通脏），暴行越知（通智），（行为张扬，宣扬思想。）以譊（音挠，喧嚣）名声于世，此至人所不为也。擢德，自见（通现）也；攓性，绝生（灭天性，生通性）也。若夫至人定（究竟）乎死生之意（本原），通（明晓）乎荣辱之理；举世誉之而不益劝（勉励），举世非之而不加沮（沮丧），得至道之要也。（大道之要：虚无自然。）

古者（五帝以前），被（通披）发而无卷领（领翻于外，原始服饰），以王天下，其德生而不杀（不压抑），与而不夺（同处不争）；天下非其服（异装扮），同怀其德（自然）。当此之时，阴阳和平，万物蓄息（生长繁衍），飞鸟之巢可俯而探也，走兽可系而从也。（人无恶意，鸟兽不惧。）

及其衰也，鸟兽虫蛇，皆为民害。（人捕鸟兽，因惧人而自卫。）故，铸铁锻刃（制造刀矛），以御（抵御、防卫）其难。故，民迫其难，则求其便（自避难而不择方式）；因其患则操其备（设备、刀矛），各以其智去其所害。就其所利，常故不可循，器械（刑、法）不可因（因循）。故，先王之法度，有变易者也（刑罚逐渐趋向严厉）。故曰：名可名，非常名也。（后法非前法，因时势而变。）

五帝异道而德覆（遍布）天下，三王殊事而名（闻名）后世，因时而变者也。譬犹师旷之调五音也，所推移上下无常、尺寸以度而靡不中者（无不合音律）。故，通于乐之情者，能作音；有本（道德）主于中，而知规矩、钩绳之所用者，能治人。（反行之，祸害人，乱国家。）

故，先王之制，不宜即废之；末世之事，善即著（公示、推行）之。故，圣人之制礼乐者，而不制于礼乐；制物（刑具）者，不制于物；制法者，不制于法。（守本从末，法制通行。）故曰：道可道，非常道也。（道生万物而不受制于万物。）

昔者之圣王，仰取象（遵循）于天，俯取度（衡量）于地，中取法（规范）于人；调阴阳之气，和四时之节，察陵陆、水泽、肥墩（音悄，薄）、高下之宜；以立事生财，除饥寒之患，辟（通避）疾疢（音衬，热病）之灾；中受人事，以制礼乐，行仁义之道，以治人伦（人际关系）。

列金木水火土之性（仁义礼智信），以立父子之亲而成家；听五音清浊（高低）、六律（六阳律与六阴律）相生之数，以立君臣之义而成国；察四时孟仲季之序，以立长幼之节而成官；列地而州之（分为九州），分国（分封诸侯国）而治之，立大学以教之，此治之纲纪也。得道则举（施行），失道则废（衰败消亡）。（大学教育，早已有之。）

（五行之性：木主仁，金主义，火主礼，水主智，土主信。五音清浊：宫音浊，商音次浊；角音清浊之间；徵音次清，羽音清。）

夫物（平常人）未尝有张而不弛、盛而不败者也。唯圣人可盛而不败。圣人初作乐也，以归神（凝神）杜（杜绝）淫，反（通返）其天心（淳朴）。至其衰也，流而不反（返），淫而好色，不顾正法，流及后世，至于亡国。（好乐舞，弃正法，官淫民乱，导致亡国。）其作书也，以领理（治理）百事，愚者以不忘，智者以记事。（作书记史，以警醒后人，而收效甚微。）

及其衰也，为奸伪以解（判）有罪而杀不辜（无罪之人）。其作囿（围栏）也，以成宗庙之具，简（挑选）士卒以戒不虞（突发事件）。及其衰也，驰骋弋猎以夺（抢占）民时，以罢（通疲）民力。其上（君王）贤也，以平教化，正狱讼；贤者在位，能者在职，泽施于下，万民怀德。至其衰也，朋党比周（结党营私），各推其所与（同类）；废公趣（通趋）私，外内相举（朝廷、地方相互照应）；奸人在位，贤者隐处。（奸臣当政，贤者不隐或遭杀身之祸。）

天地之道，极则反，益（同溢）则损。故，圣人治弊（弊病）而改制，事终而更为；其美在和，其失在权（不平衡）。圣人之道曰：非修礼义，廉耻不立；民无廉耻，不可以治；不知礼义，法不能正；非崇善废丑（弃恶），不向礼义；无法不可以为治，不知礼义不可以行法。（无礼义廉耻则不惧刑、法。）法能杀不孝者，不能使人孝；能刑（惩罚）盗者，不能使人廉。（道德教化在先，严刑峻法威慑于后。）

圣王在上，明好、恶以示人，经（治理）非、誉以道（通导）之；亲贤而进之，贱不肖而退之；刑错（通措，放置）而不用，礼义修而任贤德也。（明君尊圣贤，民众效法，积极向善。）故，天下之高，以为三公；一州之高，以为九卿；一国之高，以为二十七大夫；一乡之高，以为八十一元士（士人）。（国有贤臣，乡有楷模，民众归化。）

智过万人者谓之英，千人者谓之俊，百人者谓之杰，十人者谓之豪。明于天地之道，通于人情之理，大（德厚）足以容众，惠（通慧）足以怀远，智足以知权（变通），人英也。德足以教化，行足以隐（同稳，稳定）义，信足以得众，明（心地光明）足以照下（影响他人），人俊也。行可以为仪表，智足以决嫌疑，信可以守约，廉可以使分财，作事可法（合法），出言可道（值得称道），人杰也。守职不废（不懈怠），处义不比（不偏私），见难不苟免（不逃避），见利不苟得，人豪也。

英俊豪杰，各以大小之材处其位，由本流末；以重制轻，上唱（同倡，倡导）下和；四海之内，一心同归；背（离弃）贪鄙，向仁义；其于化民，若风之靡（吹倒）草。（明君、正才当位，国家富强，教化风行。）

今使不肖临贤，虽严刑不能禁其奸；小不能制大，弱不能使强，天地之性也。故，圣人举贤以立功，不肖之主举（荐拔）其所与同（同类）；观其所举，治乱分矣；察其党与（党徒），贤不肖可论也。（昏君、奸臣，忠臣、良将；人以群分，物以类聚。）

为礼者，雕琢（主观塑造）人性，矫拂（主观纠正）其情。目虽欲之，禁以度（制度）；心虽乐之，节以礼（礼仪）；趣翔（张臂趋行，趣通趋）周旋，屈节卑拜；肉凝（冷凝）而不食，酒澄而不饮；外束其形，内愁其德（内心苦）；钳（限制）阴阳之和，而迫（压迫）性命之情。（因乱制礼，礼成致乱，恶性循环。）

故，终身为哀人。何则？不本其所以欲（心不静），而禁其所欲；不原其所以乐，而防其所乐。是犹圈兽而不塞其垣（围墙之漏洞），禁其野心；决（掘开）江河之流，而壅之以手。（舍本逐末，适得其反。）故曰：开其兑，济其事，终身不救。（《老子·第五十二章》）

夫礼者，遏情闭欲，以义自防；虽情心咽噎（窒息压抑），形性饥渴（欲望），以不得已自强（自我强行克制）。故，莫能终其天年（寿终正寝）。礼者，非能使人不欲也，而能止之；乐者，非能使人勿乐也，而能防之。夫使天下畏刑而不敢盗窃，岂若使无有盗心哉！（去名利，弃礼乐，返纯朴。）

故，知其无所用，虽贪者皆辞之；不知其所用，廉者不能让（不用让）之。夫人之所以亡社稷（国家），身死人手，为天下笑者，未尝非欲（不是欲望导致）也。知冬日之扇，夏日之裘（皮衣），无用于己，万物变为尘垢矣！故，扬汤止沸，沸乃益甚，知其本者，去火而已。（不贵难得之货，使民不为盗；不见可欲，使民心不乱。）

循性（自然）而行谓之道，得其天性（自然化生）谓之德；性（道德）失然后贵仁义，仁义立而道德废，纯朴散而礼乐饰（装饰、施行），是非形（出现）而百姓眩（迷惑），珠玉贵而天下争。

夫礼者，所以别尊卑、贵贱也；义者，所以和君臣、父子、兄弟、夫妇、人道之际（交际关系）也。末世之礼，恭敬（谨慎）而交，为义者布施（舍财）而得，君臣以相非（相诋毁），骨肉以生怨也。故，水积则生相食之虫，土积则生自肉之狩（当为兽），礼乐饰则生诈伪。（礼乐虽虚伪，末世人心散乱，无礼乐或不可行。）

末世之为治，不积于养生之具（清静无为），浇（浇薄）天下之醇（通淳），散天下之朴，滑乱（扰乱，滑通淈）万民；以清为浊，性命（名欲，命通名）飞扬，皆乱以营（营求），贞（通正）信熳烂（散乱），人失其性；法与义相背，行与利相反（通贩，贩卖），贫富之相倾（倾轧、诋毁）。人君之与仆虏（奴仆），不足以论。（上下、贵贱，情况相同，缺少教化，乱象丛生。）

夫有余则让，不足即争；让则礼义生，争则暴乱起。故，多欲则事不省（不简易），求赡（贪求财富）则争不止。故，世治则小人守正，而利不能诱也；世乱则君子为奸，而法不能禁也。（乱世难为君子，治世小人服化。）

衰世之主，钻山石，挈（通锲，削刻）金玉，摘嚱（嚱当作砐，音踢蚌）蜃（剜剔蚌蛤），消（通销，熔化）铜铁，而万物不滋（不繁盛）。刳胎（剖胎，刳音哭）焚郊，覆巢毁卵；凤凰不翔，麒麟不游。（物为人用，计量取奉，适可而止。）

构木（架木）为台，焚林而畋（畋猎），竭泽而渔。积壤而丘处，掘地而井饮，濬（同浚，疏浚）川而为池（当为利），筑城而为固，拘兽以为畜（家畜）。则阴阳缪戾（错乱），四时失序；雷霆毁折（伤万物），雹霜为害；万物焦夭（干枯死亡），处于太半（折止于大半）；草木夏枯，三川绝而不流（泾、渭、洛河断流）。

分山川溪谷，使有壤界；计人众寡，使有分数；设机械险阻（关隘）以为备（防备）。制服色，等异（等级区别）贵贱；差（区别）贤、不肖，行赏罚。则兵革起而忿争生，虐杀不辜（无辜之人），诛罚无罪，于是兴矣。（强凌弱，贵欺贱，或招致反抗，刀兵四起。）

世之将丧性命，犹阴气之所起也。主暗昧（昏聩）而不明，道废而不行，德灭而不扬；举事戾（违逆）于天，发号逆四时，春秋缩（伏藏）其和，天地除（更易）其德。（气候反常，灾害连绵。）人君处位而不安，大夫隐遁而不言，群臣推（揣测）上意而坏常，（顺从君王私欲，违背纲常制度。）疏骨肉而自容；邪人谄而阴谋遽载（急行），骄主而像（依顺）其意，乱人以成其事。（君昏臣奸，贤人隐居，天下将乱。）

是故，君臣乖（背离）而不亲，骨肉疏而不附；田无立苗，路无缓步（行人）。金积折廉，壁袭无赢（无财陪葬）；壳龟（龟壳）无腹，蓍筮（占卜）日施。天下不合而为一家，诸侯制法各异习俗，悖拔（拔出）其根而弃其本。凿（制作）五刑（墨，刺面；劓，割鼻；刖，刖脚；宫，阉割；大辟，处死），为刻削（严酷），争于锥刀（刀笔）之末（小利）；斩刈（杀害）百姓，尽其太半。举兵为难，攻城滥杀，覆（颠覆）高危安；大冲车，高重垒（攻城设备）；除战队（队当为道），使阵（使当为便，熟习）死路；犯严敌，残不义，百往一反（通返）。名声苟盛，兼国有地，伏尸数十万，老弱饥寒而死者不可胜计。（王侯贪得无厌，视百姓如草芥，国有倾覆之危。）

自此之后，天下未尝得安其性命，乐其习俗也。贤圣勃然（愤怒状）而起，持以道德，辅以仁义；近者进其智，远者怀其德，天下混而为一，子孙相代辅佐。黜（废除）谗佞之端，息未辩（异端）之说，除刻削之法，去烦苛之事，屏（屏弃）流言之迹，塞朋党之门。消智能，循大常（自然），嘽（通惰，放松）枝（通肢）体，黜（废除）聪明，大通混冥，万物各复归其根（清静）。夫圣人非能生时（创造时机），时至而不失也。是以，（正道）不得中绝。（乱世出英雄，揭竿而起，革故除弊，改朝换代。）

酆水（渭河支流）之深，十仞而不受尘垢；金石在中，形见（通现）于外，非不深且清也，鱼鳖蛟龙莫之归也。石上不生五谷，秃山不游麋鹿，无所荫蔽也。（水阔生大鱼，林大养禽兽。）

故，为政以苛为察（精明），以切（摩擦）为明，以刻（严格要求）下为忠，以计（收支）多为功。如此者，譬犹广（扩大）革者也，大败大裂之道也。（苛政不长久。）其政闷闷，其民淳淳；其政察察，其民缺缺。（《老子·第五十八章》）

老子曰：以政（通正）治国，以奇用兵。（《老子·第五十七章》）先为不可胜之政（政治），而后求胜于敌，以未治（乱政）而攻人之乱，是犹以火应火，以水应水也，同莫足以相治。（明君盛世，方能服近来远。）

故，以异为奇（偏邪），奇静为躁，奇治为乱，奇饱为饥，奇逸为劳，奇正之相应，若水火金木之相伐（相克）也，何往而不胜。（兵无常形，出奇制胜。）故，德均则众者胜寡，力敌（平衡）则智者制愚，智同则有数（有计策）者禽（通擒）无数。

列子

天 瑞

（道化万物，德及我身；生乐死息，杞人忧天。）

子（表示尊敬）列子居郑圃（约在今河南省郑州市东中牟县西），四十年人无识者（真道贵隐，常人难识）。国君、卿大夫际（同视）之，犹众庶（就是普通百姓）也。国不足（闹饥荒），将嫁（前往）于卫（卫国，约在今河南省北部地域）。

弟子曰："先生往无反（同返）期，弟子敢（冒昧）有所谒（请教），先生将何以教（教导）？先生不闻（不曾受教）壶丘子林（列子之师）之言乎？"（列子虔诚，修行四十年，始终如一。）

子列子笑曰："壶子何言哉？虽然，夫子尝语伯昏瞀（音冒）人（列子之友），吾侧闻（旁听）之，试以告女（同汝）。其言曰：有生不生，有化不化。（已化生者，不能生化。）不生者能生生（大道能生化生命），不化者能化化（大道能化生万物）。生者不能不生，化者不能不化，故常生常化；常生常化者，无时不生，无时不化。（大道演化，无始无终。）阴阳尔（而已），四时尔，不生者疑独（大道永恒），不化者往复（大道循环）。往复，其际不可终（无穷无尽）；疑独，其道不可穷（永恒循环往复）。

"《黄帝书》（似解道德经）曰：谷神不死（大神、大道永恒），是谓玄牝（本原）。玄牝之门（生化之机），是谓天地之根。绵绵若存，用之不勤（演化不停）。故，生物者不生，化物者不化。（大道不被化生，而生化万物。）自生自化，自形自色（自成形自分类），自智自力，自消自息（自生长），谓之生化、形色、智力、消息者，非也（不是吗）？（道化万物，万物自然，自然而然：然之所然，然之所不然，不然之所然，皆然。）"

子列子曰："昔者，圣人因（因循）阴阳以统（而属理）天地。夫有形者生于无形，则天地安从生？（道化生无，无化生有，有生天地。）故曰：有太易，有太初，有太始，有太素。太易者，未见气也；太初者，气之始也；太始者，形之始也；太素者，质之始也。气、形、质具而未相离，故曰：浑沦。浑沦者，言万物相浑沦而未相离也。（浑沦之中，又有四层次。）

"视之不见，听之不闻，循（通揗，抚摸）之不得，故曰：易（永恒存在）也。易无形埒（音列，界限），易变（演化）而为一（大道），一变而为七，七变而为九。九变者，究（穷极）也；乃复变而为一，（万物循环演化，则终究归于大道。）一者，形变之始也。清轻者（阳气）上为天，浊重者（阴气）下为地，冲和气（阴阳平衡，中和之气）者为人。故，天地含精（阴阳运化），万物化生。"

（一为道宗，二为太易，三为太初，四为太始，五为太素，六为浑沦，七为无极、阴阳始生，八为太极、阴阳已成，九为阴阳冲合而至太和，太和平衡，化生万物。）

子列子曰："天地无全功，圣人无全能，万物无全用。（大道无所不能，化生天地，生化万物，各呈其功能。）故，天职生覆（天掌管抚育万物），地职形载（承载万物），圣职教化（圣人主导教化民众），物职所宜（万物各自适当生存）。然则，天有所短，地有所长，圣有所否（音痞，不足），物有所通（相互交杂）。

"何则（为何）？生覆者不能形载，形载者不能教化，教化者不能违所宜，宜定者不出所位（恪守本分）。故，天地之道，非阴则阳

（阴阳交替冲和）；圣人之教，非仁则义；（圣人尊道贵德，众人不及，等而下之，仁义教化。）万物之宜，非柔则刚。此皆随所宜（职守）而不能出（不能超越）所位者也。（天地生万物，各有所职能，相互不相干。）

"故，有生者（万物），有生生者（大道）；有形者（万物），有形形者（大道）；有声者，有声声（发声）者；有色者，有色色（显色）者；有味者，有味味（出味）者。生之所生者（万物），死矣；而生生者（大道），未尝终（永恒常存）。形之所形者（万物），实（生存）矣；而形形者（大道），未尝有（存在于无）。声之所声者（五音之声），闻（听见）矣；而声声者，未尝发（大音无声）。色之所色者（五色之物），彰（显现）矣；而色色者，未尝显（大物无形）。味之所味者（五味之物），尝（品尝）矣；而味味者，未尝呈（真味无味）。皆无为之职（功绩）也。（万物之功能，乃大道自然之成就。）

"能阴能阳，能柔能刚，能短能长，能圆能方，能生能死，能暑能凉，能浮能沉，能宫能商，能出能没，能玄（黑色）能黄，能甘能苦，能膻（臭）能香。无知也（无知觉），无能也（无能力）；而无不知也，而无不能也。（无所不知，无所不能；无所不在，无时不存。此大道之性也。）"

〖化生化死〗

子列子适卫（前往卫国），食于道从（道途，从当为徒，通途）者，见百岁髑髅（音独娄，人头骷髅）。攓蓬（拔取蓬杆，攓音千）而指，顾（回头）谓弟子百丰曰："唯予与彼知而（乃）未尝生、未尝死也。（生劳死息，生死互化，存在环境改变而已。）此过养（确实忧愁；过通果，养通恙）乎？此过欢（你在这里果然欢喜）乎？（列子有道行，能通生死之事。）"

种有几（种类之间转化微妙），若蛙为鹑。得水为㡭（延续），得水土之际，则为蛙蠙（苔藓）之衣。生于陵屯（土山），则为陵舄（车前草，舄音细）。陵舄得郁栖（粪土），则为乌足（草名）。乌足之根为蛴螬（金龟子幼虫），其叶为胡蝶。胡蝶胥（快速）也化而为虫，生灶下，其状若脱（蜕皮），其名曰鸲掇（音渠多，虫名）。鸲掇千日化而为鸟，其名曰乾余骨。

乾余骨之沫为斯弥（虫名），斯弥为食醯颐辂（小飞虫），食醯颐辂生乎食醯黄軦（音况），食醯黄軦（另类飞虫）生乎九猷（通蝤，蜉蝣），九猷生乎瞀芮（通蚋），瞀芮（蚊类飞虫）生乎腐蠸（甲壳虫类，蠸音全）。羊肝化为地皋（通膏），马血之为转邻（通磷）也，人血之为野火也。鹞之为鹯（音沾），鹯之为布谷，布谷久复为鹞也。燕之为蛤也，田鼠之为鹑也，朽瓜之为鱼也，老韭之为苋也，老羭（音余，母羊）之为猿也，鱼卵之为虫。

亶爰之兽自孕而生，曰类。河泽之鸟视而生，曰鶂（音益）。纯雌其名大腰（鱼鳖类），纯雄其名稚蜂。思士不妻而感，思女不夫而孕。后稷（周始祖）生乎巨迹，伊尹（商臣）生乎空桑。厥昭（蜻蛉虫）生乎湿，醯鸡生乎酒。羊奚比乎不笋（紧靠于竹根），久竹生青宁，青宁生程（豹子），程生马，马生人，人久入于机。（物类转化，未知其实。）

万物皆出于机（生于演化之机），皆入于机。（万物生化，化生化死，生死相继，循环往复。）

〖黄帝论形化〗

《黄帝书》曰："形动（物体运动）不生形而生影，声动（声音传播）不生声而生响（回声），无动（无形运化）不生无而生有（万物）。"

形（有形万物），必终（终究会消失）者也；天地终乎？（大道演化天地万物，各有终始。）（形体）与我偕终（同终），终进（通尽，穷尽）乎？不知也。（形体消灭而灵炁尚存。）道终乎本无始，进（尽）乎本不久（久通有；不有，即无）。（道无始终，永恒存在，循环演化。）

有生则复（回归）于不生，有形则复于无形。（道生有无，有无相生。）不生者，非本不生者也；无形者，非本无形者也。（大道演化，时刻不停。）生者，理（自然规律）之必终者也；终者不得不终，亦如生者之不得不生。（有无相生，循环往复。）而欲恒其生，画（通化）其终，惑于数（迷惑于必然规律）也。（常人欲久生不死，不可得也。）

精神者，天之分（分属）；骨骸者，地之分（成分）。属天清而散（无形），属地浊而聚（有形）。精神离形，各归其真（虚无），故谓之鬼。鬼，归也，归其真宅（虚无之境）。

黄帝曰："精神入其门（虚无），骨骸反其根（回归物质本原，反同返），我尚何存？（道化我身，灵形相合，暂时而存，终归于道。）"

人自生至终，大化（重要阶段）有四：婴孩也，少壮也，老耄（八九十岁）也，死亡也。其在婴孩，气专（通抟，凝聚）志一，和之至也；物不伤焉，德（人之俗性）莫加焉。其在少壮，则血气飘溢，欲虑充起；物所攻（侵蚀）焉，德（自然天性）故衰焉。其在老耄，则欲虑柔（减弱）焉；体将休（衰老枯萎）焉，物莫先（不争物先）焉；虽未及婴孩之全（真气凝聚），方（比较）于少壮，间（区别也大）矣！其在死亡也，则之于息焉，反其极（回归人生终点，反同返）矣！（世俗之人，生老病死，贪生怕死，死不瞑目。觉悟之人，视死如归，生劳死息，生死如昼夜循环而已。）

〖荣启期三乐〗

孔子游于太山（游历泰山，太通泰），见荣启期（隐士，期音机）行乎郕（音城，约在今山东省宁阳县地域）之野，鹿裘带索（麻绳系鹿皮衣），鼓琴而歌。（身处原野，自由自在；粗皮麻衣，鼓琴而歌。此乃隐士风范。）

孔子（儒家主要人物）问曰："先生所以乐，何也？"

对曰："吾乐甚多！天生万物，唯人为贵，而吾得为人，（人乃万物之中最灵者也！）是一乐也；男女之别，男尊女卑，故以男为贵，吾既得为男矣，是二乐也；人生有不见日月（死胎）、不免襁褓（难逃夭折）者，吾既已行年（经历年岁）九十矣，是三乐也！贫者，士之常（平常生活）也；死者，人之终也。处常得终，当（这有）何忧哉？（人生九十岁，世间少有，确实当乐。长寿，当有生活质量；荣启期确有境界。）"

孔子曰："善乎！能自宽者也。"（非自我安慰，乃明达者也！）

〖林类之乐〗

林类（隐士）年且（年龄将近）百岁，底（通抵，临近）春被（同披）裘，拾遗穗于故畦（轮耕停种地块），并歌并进（行走）。

孔子适卫，望之于野，顾谓弟子曰："彼叟（那个老汉）可与言者，试往讯（尝试讯问请教）之！"（古为士者，游历世间，有道则求，遇愚而教化。）

子贡（孔门弟子）请行。逆之垄端（迎候地头），面（相见）之而叹曰："先生曾不悔乎，而行歌（边走边唱）拾穗？"林类行不留（不停留），歌不辍（不停止）。

子贡叩（追问）之不已，乃仰（起身抬头）而应曰："吾何悔邪（同耶）？（林类似有不耐烦之意。）"

子贡曰："先生少不勤行，长不竞时，老无妻子，死期将至。（少不努力，壮年不珍惜时光，至老无成、又无妻子。）亦有何乐而拾穗行歌乎？"（子贡似有嘲笑林类之意。）

林类笑曰："吾之所以为乐，人皆有之，而（通尔，你）反以为忧。（非但子贡，世俗之人，皆以此为忧。）少不勤行，长不竞时，（未曾消耗精神、精力。）故能寿若此。老无妻子，死期将至，（了无牵挂，即将休息。）故能乐若此。（明达之人，以生为劳，以老为逸，以死为息，大不同于世俗之情。）"

子贡曰："寿者，人之情（向往）；死者，人之恶（惧怕）。子以死为乐，何也？"（子贡低俗，真正不明白。）

林类曰："死之与生，一往一反（同返）。故，死于是者，安知不生于彼？（有觉悟者，再生为人。）故，吾知其不相若（不相等）矣！吾又安知营营而求生，非惑乎？亦又安知吾今之死不愈（不胜）昔之生乎？（早死早往生，或许会更好，何必留恋！）"

子贡闻之，不喻（不明白）其意，还以告夫子。夫子曰："吾知其可与言，果然！然彼得之而不尽（领悟不够）者也。"（道生万物，循环演化；此消彼长，有无平衡。）

〖生劳死息〗

子贡倦于学（儒家学问、思想），告仲尼曰："愿有所息。"

仲尼曰："生无所息！"（人之生，没有地方可以休息！）

子贡曰："然则，赐（复姓端木，名赐，字子贡）息无所乎？"

仲尼曰："有焉耳！望其圹（坟墓），罩（通皋，高地）如也，宰（高大）如也，坟（土堆）如也，鬲（音厉，炊具，样子像鼎，足部中空）如也，则知所息矣！"（只有坟墓才是人安息之处！）

子贡曰："大哉死乎！君子息焉，小人伏焉（倒下去了）！"

仲尼曰:"赐,汝知之矣! 人胥(世人皆)知生之乐,未知生之苦;知老之惫(疲倦),未知老之佚(通逸,安逸);知死之恶(痛苦),未知死之息也。"(生无所息,至死方休! 终身尽劳苦,明理方安逸。)

〖生行死归〗

晏子(齐国上卿)曰:"善哉,古之有死也! 仁者(有德之人)息焉,不仁者伏焉。"(无德之人倒下去,就完了。)

死也者,德之徼(音教,循环)也。古者,谓死人为归人。夫言死人为归人,则生人为行人矣! 行(游荡)而不知归,失家(丧失根本)者也。一人失家,一世非之(全世非议指责);天下失家,莫知非(迷惑不知错误)焉。(天下之人,争名逐利,殚精竭虑,至死方休。)

有人去乡土(故乡)、离六亲(父、子、兄、弟、夫、妇)、废(舍弃)家业、游于四方而不归者,何人哉? 世必谓之为狂荡之人矣! 又有人钟(尊重)贤世、矜(显摆)巧能、修(追求)名誉、夸张于世而不知已(停止)者,亦(又是)何人哉? 世必以为智谋之士。(狂荡之人逍遥自在,智谋之士劳碌辛苦。)

此二者,胥失(尽皆迷失)者也。(失去自我,不知归根虚静。)而世與一(世人称赞后者智谋之士,與通誉)不與一(不誉前者狂荡之人),唯圣人知所與(誉、追求),知所去(摒弃)。(圣人大智,顺应时势,有所作为,有所不为。)

〖列子虚静〗

或(有人)谓子列子曰:"子奚(你怎么)贵虚?"

列子曰:"虚者无贵也。(虚无自然,至尊无贵。)"

子列子曰:"非其名(不是人为称谓之假名)也,莫如静,莫如虚。静也,虚也,得其居(清静真宅)矣;取也,与也,失其所(自然无为）矣！事之破碼（事物导致自身本性丧失，碼同毁）而后有舞（操弄）仁义者，弗能复（不能归于虚静）也。"（列子言语，实乃贵虚。）

〖时过境迁〗

粥（同鬻，音玉）熊（楚国先祖）曰："运转亡已（不止，亡通无），天地密移（暗暗运化），畴觉（往昔感知）之哉？（天地演化，速乃可知，缓则不觉。）故，物损于彼者盈于此，成于此者亏于彼。（天地万物，此消彼长，总体平衡。）损盈成亏，随世（通生）随死。往来相接，间不可省（其间变化过程不能察觉），畴觉之哉？

"凡一气不顿进（所有阴阳及中和之气不突变），一形不顿亏（一切物质不突失）；亦不觉其成，亦不觉其亏。（天地运化，大、微不可知，缓、速不易觉。）亦如人自世（生）至老，貌色智态，亡（无）日不异；皮肤爪发，随世（生）随落，非婴孩时有停而不易也。间不可觉，俟（音寺，等待）至后知。"（自生至老，随时变化，今非昔比，间不可觉。万物皆然。）

〖杞人忧天〗

杞国（约在今河南省杞县地域）有人忧天地崩坠，身亡所寄（身失所依托），废寝食（不敢睡觉吃饭）者。（杞人之忧，甚忧以惧！）

又有（其他人）忧彼之所忧者，因往晓（开导）之，曰："天，积气耳（阳气演化而成），亡（通无）处亡（失）气（气无所不在）。若（你经常）屈伸呼吸，终日在天中行止，奈何忧崩坠乎？（天之大，人难识。）"

其人曰："天果（确实）积气，日月星宿（音袖），不当坠耶？"

晓之者曰："日月星宿（星辰），亦积气中之有光耀者，只使（即使）坠，亦不能有所中伤。"

其人曰："奈地坏何（地坏奈何）？"

晓者曰："地积块耳，充塞四虚（四域，虚同墟），亡（无）处亡（失）块。若躇步跐蹈（你踱足踩踏），终日在地上行止，奈何忧其坏？（地之厚，人不知。）"

其人舍（通释，消除疑虑）然大喜，晓之者亦舍（释）然大喜。（杞人因晓者而喜，非自明、自得、自喜。世人多不如杞人者，大智者亦难于开示，终身忧患，以至于死不瞑目。）

长庐子（楚人，道家人物）闻而笑之曰："虹蜺（同霓）也，云雾也，风雨也，四时也，此积气（积阳气而成象）之成乎天者也；山岳也，河海也，金石也，火木也，此积形（积阴气而成形）之成乎地者也。知积气也，知积块也，奚谓（怎么认为）不坏？（天地有坏之时。）夫天地，空中（宇宙之中）之一细物，有（已知万物）中之最巨者。难终难穷，此固然（本来存在）矣；难测难识（不知高厚），此固然矣。忧其坏者，诚为大（通太）远；言其不坏者，亦为未是（不对）。天地不得不坏（衰亡），则会（终究）归于坏。遇其坏时，奚为不忧哉？（天地坏时，人尚何存！何忧之有？）"

子列子闻（听说）而笑曰："言天地坏者亦谬（谬误），言天地不坏者亦谬。坏与不坏，吾所不能知也。（人生短暂，有限之寿，不能知天地坏与不坏。）虽然，彼一（有坏）也，此一（有不坏）也。故，生不知死，死不知生；来（来时）不知去（去处），去（去时）不知来（来处）。（众人不知生死之事，列子知而不明言。）坏与不坏，吾何容心（放在心上）哉？"（杞人忧天，晓者智慧，长庐子圣明，子列子无为：天地坏与不坏，虚无缥缈之事，与我有何相干！）

〖天地生人〗

舜（五帝之一）问乎丞（古官名称）曰："道，可得而有乎？"

曰："汝身非汝有也,汝何得有夫道?"

舜曰："吾身非吾有,孰有之哉?"

曰："是天地之委(寄托)形也。生非汝有,是天地之委和(阴阳平衡、中和成人)也;性命非汝有,是天地之委顺(生化延续)也;孙子非汝有,是天地之委蜕(躯壳、遗留物)也。故,行不知所往,处不知所持(依持),食不知所以(原因)。天地,强阳(阴阳演化)气也,又胡(怎么)可得而有邪?"(道化天地,生育万物;天赐我精神,地与我形骸,我身即道,人人有道而不自知。)

〖国向为盗〗

齐(齐国,约在今山东省北部地域)之国氏大富,宋(宋国,约在今河南东部和山东、江苏、安徽之间地域)之向氏大贫(赤贫、一无所有)。自宋之(前往)齐,请其术(求教脱贫致富方法)。

国氏告之曰："吾善为盗。始吾为盗也,一年而给(音己,自给),二年而足(满足用度),三年大穰(大丰收)。自此以往,施及州闾(推广普及乡里)。"(言语不明,听之不真,祸及于身。)

向氏大喜。喻(明白)其为盗之言,而不喻其为盗之道(盗天机地气)。遂逾垣(于是翻墙)凿室,手目所及,亡不探(无不盗取,亡通无)也。未及时(不多久),以赃(赃物)获罪,没其先居(官方没收向氏先前囤积)之财。(向氏行窃,人间盗贼,官民不容,国家惩罚。)

向氏以(认为)国氏之谬(误导、欺骗)己也,往而怨(前往指责)之。国氏曰:"若(你)为盗若何(如何)?"向氏言其状(描述盗窃情况)。(向氏指责,俗人小智,难明大道,理所当然!)

国氏曰:"嘻!若失为盗之道(方法)至此乎?今将告若矣!吾闻天有时(四季),地有利(生长万物)。吾盗天地之时利,云雨之滂润

（灌溉滋润），山泽之产育，以生吾禾，殖（繁殖）吾稼，筑吾垣（院墙），建吾舍（房舍）。陆盗禽兽，水盗鱼鳖，亡非（无不）盗也。夫禾稼、土木、禽兽、鱼鳖，皆天之所生，岂吾之所有？然吾盗天（自然生长之物）而亡殃（无灾祸）。夫金玉珍宝，谷帛财货，人之所聚，岂天（上天）之所与（赐予）？（他人劳而所有。）若盗之而获罪，孰怨哉（怨谁呢）？（只能怨自己不明道理！）"

向氏大惑，以为国氏之重罔（再次蒙骗）已也，（向氏愚笨，竟至于此！）过（专门拜访）东郭先生（智者）问焉。（知向智者求证，尚且有药可救。）

东郭先生曰："若一身庸非（难道不是）盗乎？盗阴阳之和以成若生，载若形（成就你身躯）；况外物而非盗哉？诚然，天地万物不相离（相互关联）也；仞而有（意为可以就占有，仞通认）之，皆惑也。国氏之盗，公道（大道理）也，故亡（无）殃；若之盗，私心也，故得罪。（人世间，行公道，尚无殃；大私欲，必获罪。）有公私者，亦盗也；亡（无）公私者，亦盗也。（于人而言，万物非自生，享之皆为盗。）公公私私，天地之德。（以天地而论，天地生万物，以养育人民，享之皆非盗。）知天地之德（运化、养育）者，孰为盗耶？孰为不盗耶？"（天生万物，时有时无，得失随机，孰知有盗！）

黄 帝

（守纯处和，得道登遐；至诚显神，出入水火。）

黄帝（五帝之首）即位十有（通又）五年，喜（满足）天下戴（拥护）己，养正命（性命），娱耳目，供鼻口，焦然（憔悴状）肌色皯黣（音感美，枯黑），昏然五情爽惑（喜怒哀乐怨交杂错乱）。又十有五年，忧天下之不治，竭聪明，进（通尽）智力，营（管理）百姓，焦然肌色皯黣，昏然五情爽惑。（后世明君当如黄帝之勤。）

黄帝乃喟（音溃）然赞（叹）曰："朕之过淫（沉迷）矣！养一己，其患（忧患）如此；治万物，其患（伤身）如此！"

于是，放万机（政务），舍（离弃）宫寝，去直侍（近侍），彻钟悬（撤除声乐，彻通撤），减厨膳（食清淡），退而间居大庭（独居外庭）之馆，斋心服形（静心养形），三月不亲（不治理）政事。（后世圣君当如黄帝之灵。）

昼寝而梦，游于华胥氏之国。华胥氏之国在弇州（约在中原之西，弇音烟）之西，台州（约在中原之西北）之北，不知斯（距离）齐国（中原之国；齐，中央）几千万里。盖（大概）非舟车、足力之所及，神游而已。（上古时期，中原之西北，或有此华胥之国。）

其国无师长（没有统治者），自然而已；其民无嗜欲，自然而已！（逍遥自在，自然而然。）不知乐生，不知恶死，故无夭殇（无夭折）；不知亲己，不知疏物，故无爱憎；不知背逆，不知向顺（趋附），故无利害。都（全部）无所爱惜，都（聚集）无所畏忌。（随心所欲，顺应自然。）入水不溺，入火不热。斫挞（斧砍鞭打，挞音踏）无伤痛，指擿（音智，挠）无痟（音消，痛）痒。乘空如履实（踏地），寝虚若处床。云霞不硋（同碍）其视，雷霆不乱其听，美恶不滑（音骨，通淈，扰乱）其心，山谷不踬（音质，绊）其步。（若有如此人地，真正神仙境界。）神行而已。（今陕西省西安市东郊、骊山西南侧，有华胥镇，属蓝田管辖。或是后人附会，妄取地域名称，以去世人好奇之心。）

黄帝既寤（睡醒），怡然（安适状）自得，召天老、力牧、太山稽（黄帝之辅臣），告之曰："朕闲居三月，斋心服形，思有以养身治物（国民）之道，弗获其术；疲而睡，所梦若此。今知至道不可以情（情欲）求矣，朕知之矣！朕得之矣！而不能以告若（你们）矣。（黄帝白日寐而神游，偶然感悟神仙境界，留恋不已。）"

又二十有八年，天下大治（即大同社会），几若（很接近）华胥氏之国，而帝登假（白日升天，假通遐）。百姓号（思念而哭）之，二百余年不辍（没有停止）。

（黄帝之功德、事迹流传至今，中国人以炎帝、黄帝为祖先，自称炎黄子孙。黄帝生于公元前2697年，40岁登位，在位58年，在世98载。黄帝问道于崆峒山广成子，得道登遐升天，成为道门元祖；其出生公元前2697年，为道历元年，今公元2023年，乃道历4720年。又有中国上下五千年之说，亦源于此。）

〖列姑射山〗

列姑射（音夜）山在海河洲中（大海岛之上），山上有神人（神仙）焉，吸风饮露，不食五谷；心如渊泉（清灵），形如处女（柔静）。不偎（不亲近）不爱，仙圣为之臣；不畏（同威）不怒，愿悫（诚实之人，悫音却）为之使；不施不惠，而物（人人）自足；不聚不敛，而己无愆（通骞，亏损）。阴阳常调（调和），日月常明，四时常若（顺时），风雨常均，字育常时（万物生长随季节），年谷（熟谷）常丰；而土无札伤（无灾害），人无夭恶（不夭折），物无疵疠（动物无瘟疫），鬼无灵响（灵异响动）焉。（列姑射山，同于海上蓬莱，皆是神仙境界，令人无限向往。）

〖尹生学道〗

列子师老商氏（或为壶丘子林），友伯高子；进（通尽，全部掌握）二子之道，乘风（腾云驾雾）而归。尹生闻之，从列子居（居住学习），数月不省舍（不探家）。因间（空闲）请蕲（通祈，求）其术者，十反（来回十次，反同返）而十不告。（凡事不过三，尹生竟然反复问十次，为徒之愚也！）

尹生怼（音对，怨）而请辞，列子又不命（不置可否）。尹生退（回家）。数月，意不已（不甘心），又往从之。（尹生意犹未尽，经自我反省，似诚心再求。）

列子曰："汝何去来之频（频繁）？"

尹生曰："曩（从前）章戴有请于子，子不我告（不告我），固有憾（所以生怨恨，固通故）于子；今复脱然（回家后释怀），是以又来。"（前有怨恨，据实相告，诚心少有。）

列子曰："曩吾以汝为达（聪明），今汝之鄙（愚钝）至此乎！姬（通居，坐下），将告汝所学于夫子者矣！自吾之事（侍从）夫子、友若人（伯高子）也，三年之后，心不敢念是非，口不敢言利害，（小心谨慎！）始得夫子一眄（看一眼）而已。（表示接纳。）五年之后，心庚（通更，更改）念是非，口庚（更改）言利害，（放纵心扉！）夫子始一解颜而笑。（勉强满意。）七年之后，从心之所念（思虑），庚（更加）无是非；从口之所言，庚（更加）无利害，（思想解脱！）夫子始一引吾并席（同桌）而坐。（入列同道。）

"九年之后，横（任凭）心之所念，横口之所言，亦不知我之是非利害欤，亦不知彼之是非利害欤；亦不知夫子之为我师，若人之为我友：内外进（通尽，消失）矣！（心、身躯，身心与名利、他人、外物都融合，他们之间区别全部消失。）而后眼如耳，耳如鼻，鼻如口，无不同也（五官相通）；心凝形释（放松），骨肉都融（舒适）；不觉形之所倚，足之所履，随风东西，犹木叶干壳。竟不知风乘我邪（同耶）？我乘风乎？（修行大成，超凡脱俗，忘我随风。）

"今女（同汝）居先生之门，曾未浃时（整时，浃音加），而怼憾（失望抱怨）者再三。（无德之人，不可为徒。真道岂可轻授！）汝之片体将气所不受，汝之一节（骨节）将地所不载。履虚乘风，其（通岂）可几（通冀，希望）乎？"（列子修道，循序渐进；阶段有变化，层次慢增长。）

尹生甚怍（很惭愧），屏息良久，不敢复言。（列子从师学，九年方得道。尹生者，心不诚，意不坚；比列子，差得远！）

〖至人守纯〗

列子问关尹（关令尹喜，道家人物，老子弟子）曰："至人潜行不空（入水不窒息，空通窒），蹈火不热，行乎万物之上（腾云驾雾）而不栗。请问，何以至于此？"（至人近神人，几无不能。）

关尹曰："是纯气之守（他们是保持纯和之气）也，非智巧、果敢（胆识）之列。姬（通居，坐）！鱼（通吾）语汝。凡有貌像声色者，皆物也。物与物何以相远（相互排斥）也？夫奚足以至乎先（优越）？是色而已！（色乃化相，佛家常用。）则物之造乎不形（万物生于无形大道），而止乎无所化（道）。夫得是而穷之者（万物反复生于道又止于道），焉得为正（适当，或为止）焉？（大道演化，虽生虽死，时存时亡，循环往复。）

"彼（至人）将处乎不深（上下合适）之度，而藏乎无端之纪（虚无境界），游乎万物之所终始（与万物终始）；一（专）其性，养其气，含其德，以通乎物之所造（自然）。夫若是者，其天（本性）守全，其神无郤（通隙），物奚（怎么）自入焉？（至人近神，有形无形，随时转化。）

"夫醉者之坠于车也，虽疾不死。骨节与人同，而犯害与人异，其神全也。乘亦弗知也，坠亦弗知也。死生惊惧不入乎其胸，是故忤物而不慑（遭遇外物损伤而不惧）。彼（醉者）得全于酒而犹若是，而况得全于天（自然）乎？圣人藏于天（顺自然），故物莫之能伤也。"（真人是纯和之气，神明乃纯阳之气。道人守神，物亦不能伤。）

〖不射之射〗

列御寇为伯昏无人射（演示射箭），引之盈贯（拉开满弓），措（放置）杯水其肘上，发之，镝矢复沓（箭矢连续发射，镝音迪），方矢复寓（才发出又瞄准）。当是时（全神贯注）也，犹象人（好像是木偶人）也。（如此之射，已是高手。）

伯昏无人曰："是射之射（普通人射箭），非不射之射（神射）也。当与汝登高山，履危石，临百仞（临近七百尺）之渊，若能射乎？（不射之射，射非常之物。）"

于是，无人遂登高山，履危石，临百仞之渊，背逡巡（向后慢慢倒退），足二分垂（悬空）在外，揖（拱手相请）御寇而进之（近前射箭）。御寇伏地，汗流至踵（脚后跟）。（彼时，列子修行境界尚且不足。）

伯昏无人曰："夫至人者，上窥（通跬，步）青天，下潜黄泉（极深之渊），挥斥八极（纵横八方之外），神气不变。今汝怵然（惊惧状）有恂目之志（有眨眼、惧怕之表现），尔于中（顶级射术）也，殆矣夫（差得远）！"（师有境界，知而不行，动口即可。）

〖至诚显神〗

范氏（晋国贵族）有子曰子华，善养私名（私客、奇人异士），举国服（屈服）之；有宠（获得宠幸）于晋君，不仕而居三卿（韩、赵、魏氏）之右（先秦时期，多以右为尊）。目所偏视（斜视看中），晋国爵（赐爵封赏）之；口所偏肥（稍加非议，肥通非），晋国黜（罢黜）

之；游其庭者侔于朝（在朝谋取俸禄）。

子华使其侠客以智、鄙相攻，强、弱相凌（侵犯、搏击）；虽伤破于前，不用（不因此）介意。终日夜以此为戏乐，国殆（全国上下几乎）成俗。（范氏恃强专横，迫使韩、赵、魏氏联合而坐大，最终导致三家分晋，乃启战国时代。）

禾生、子伯，范氏之上客。（食客分上中下三等，区别对待。）出行，经坰（音迥，郊野）外，宿于田更（农夫）商丘开之舍。中夜（半夜），禾生、子伯二人相与言子华之名势，能使存者亡，亡者存；富者贫，贫者富。（子华之势力，确实能如此。）

商丘开先窘（先前穷困）于饥寒，潜于牖北（藏于后窗）听之。因假粮荷畚（挑竹筐借粮）之子华之门。（商丘开偷听私语，以为至宝。）

子华之门徒皆世族（贵族）也，缟衣乘轩，缓步阔视。（衣细绢，坐马车，悠闲优越。）顾见商丘开年老力弱，面目黎（通黧）黑，衣冠不检（不整齐），莫不眲（音讷，轻视）之。既而狎侮欺诒（音待，骗），挡拯挨扰（音躺必挨沈，随意捶打推击），亡（通无）所不为。商丘开常无愠（音运，怒）容，而诸客之技单（通殚，穷尽），愆于戏笑。（商丘开为人侮辱，无动于心。）

遂与商丘开俱乘（一起登上）高台，于众中漫言（随便说）曰："有能自投（跳跃）下者，赏百金。"众皆竞应（假应迷惑人）。商丘开以为信然（真实），遂先投下，形若飞鸟，扬（飘落）于地，骪（通肌）骨无碨（同毁，毁伤）。范氏之党以为偶然，未讵怪（未曾在意）也。（偶然之事，不以为意。）

因复指河曲之淫隈（河湾之深潭，淫通深）曰："彼中有宝珠，泳（潜水）可得也。"商丘开复从而泳之。既出，果（果然）得珠焉！

众昉（音访，起始）同疑。子华昉令豫（通与）肉食、衣帛之次（行列）。（有心戏弄，无心显能，巧入其列。）

俄而，范氏之藏（仓库）大火。子华曰："若（如果）能入火取锦者，从所得多少赏若（相等）。"商丘开往无难色，入火往还，埃（烟尘）不漫，身不焦。（商丘开不为奖赏，全心救物，烟火回避。）

范氏之党以为有道（有神通），乃共谢（道歉）之曰："吾不知子之有道而诞（欺骗）子，吾不知子之神人而辱子。子其（大概）愚我也，子其（或许）聋我也，子其（还是）盲我也。（请求原谅！）敢问其道？（春秋时期，门吏家臣，尽皆好道。）"

商丘开曰："吾亡（通无）道。虽吾之心，亦不知所以（原由）。虽然，有一（精诚）于此，试与子言之。曩（从前）子二客之宿吾舍也，闻誉（称赞）范氏之势，能使存者亡，亡者存；富者贫，贫者富。吾诚之无二心，故不远（不嫌远）而来。

"及来，以子党（你们一伙）之言皆实也，唯恐诚之之不至，行之之不及，不知形体之所措，利害之所存也。心一（专一）而已，物亡迕（无违）者，如斯而已。（精诚所至，金石为开。）

"今昉知子党之诞我，我内藏猜虑，外矜（注重）观听，追幸（回忆感到庆幸）昔吾之不焦、溺也，怛然（惊惧状，怛音答）内热（担心后怕），惕然震悸（惊恐心跳加快）矣！水火岂复可近哉？"（商丘开专一精诚，而能驱水避火。）

自此之后，范氏门徒（家臣）路遇乞儿、马医（马夫），弗敢辱也，必下车而揖（音壹，拱手行礼）之。（从古至今，流浪讨饭者，或是民间高人。）

宰我（孔门弟子）闻之，以告仲尼（寻求解答）。

仲尼曰："汝弗知乎？夫至信之人，可以感物（感应万物）也。动天地，感鬼神，横六合（充满东西南北上下），而无逆（畅通无阻）者，岂但履危险、入水火而已哉？商丘开信伪物（假话）犹不逆，况彼我皆诚哉！（毋庸置疑，儒业可成！）小子识（同志，记）之！"（俗人不诚，世事难成；精诚极至，无所不能。）

〖梁鸯养虎〗

周宣王（公元前827年—前782年在位）之牧正（畜牧官）有役人梁鸯者，能养野禽兽，委食（寄托饲养，食同饲）于园庭之内，虽虎狼、雕鹗（大雕及鱼鹰）之类，无不柔驯者。雄雌在前（前庭院子），孳尾（繁殖）成群，异类杂居，不相搏噬（扑杀猎食）也。

王虑（担忧）其术，终于其身，令毛丘园（宣王侍臣）传（传承学习）之。（王日理万机，而心系传承。）

梁鸯曰："鸯，贱役也，何术以告尔？惧王之谓隐于尔（怕宣王说我隐瞒于你）也，且一言（尽言）我养虎之法。

"凡顺之则喜，逆之则怒，此有血气者（动物）之性也。然喜怒岂妄发哉？皆逆之所犯（逆意触犯）也。夫食（喂养）虎者，不敢以生物（活动物）与之，为（为了消除）其杀之之怒也；不敢以全物与之，为其碎（撕咬）之之怒也。时（通伺，观察）其饥饱，达（通达、疏导）其怒心。虎之与人异类，而媚（逢迎）养己者，顺也；故其杀之（者），逆也。（动物喜怒无常，在于顺逆之间。）

"然则，吾岂敢逆之使怒哉？亦不顺之使喜也？夫喜之复（反转）也必怒，怒之复也常喜，皆不中（不稳定、反复无常）也。今吾心无逆顺者也，则鸟兽之视吾，犹其侪（音柴，同类）也。故，游吾园者，不思高林旷泽；寝吾庭者，不愿（不恋）深山幽谷。理（人与禽兽和谐相处之道理）使然也。"（人与虎相处，心无逆顺，则虎视人为同类而不伤人。其情其景，世人难知！）

〖重外拙内〗

颜回（孔门弟子）问乎仲尼曰："吾尝济（济渡）乎觞深之渊（约在宋国境内）矣，津人操舟若神（撑船技巧熟练如神化）。吾问焉，曰：'操舟可学邪（同耶）？'曰：'可！能游者可教也，善游者数（通速）能。乃若夫没（潜水）人，则未尝见舟而谡操（生硬操作）之也。'吾问焉，而不告。敢问，何谓（通为）也？（弟子有疑，求教于师。）"

仲尼曰："噫！吾与若玩（研究）其文也久矣，而未达其实，而固且道与（姑且与你说说，固通姑）。能游者可教也，轻水也；善游者之数（速）能也，忘水也；乃若夫没人之未尝见舟也而谡操之也，彼视渊若陵（平地），视舟之覆犹其车却（退却）也。覆却万物方陈乎前（将出现于眼前），而不得入其舍（心胸），恶往而不暇（何往而不自如）？（为师者，能答疑解惑者也。）

"以瓦抠者巧（以陶制品博弈轻松自如），以钩抠者惮（以铜制带钩博弈慎重），以黄金抠者惛（紧张）。巧一（技巧相同）也，而有所矜（顾忌），则重外也。凡重外者拙内（内心迷糊）。"（内智者外拙，外秀则内钝，人各有所宜。）

〖习以为常〗

孔子观（游览）于吕梁（约在今江苏省徐州市铜山地域），悬水（瀑布）三十仞（周七尺为一仞），流沫三十里，鼋鼍（音元砣，大鳖和扬子鳄）鱼鳖之所不能游也。见一丈夫（成年男子）游之，以为有苦而欲死（溺水自杀）者也，使弟子并流而承（顺流拯救）之。数百步而出，被（同披）发行歌而游于塘（堤岸）下。

孔子从（跟随）而问之曰："吕梁悬水三十仞，流沫三十里，鼋鼍鱼鳖所不能游。向（方才）吾见子蹈之，以为有苦而欲死者，使弟子并流将承子。子出而被发行歌（且走且唱），吾以子为鬼也。察（仔细看）子，则人也。请问蹈水有道（踩水有方法）乎？"（如此问道，他人或不悦。）

曰："亡（通无），吾无道。吾始乎故，长乎性，成乎命。与齐（通脐，旋涡）俱入，与汩偕出（与水流同出），从水之道而不为私（从水性而不逆水性）焉。此吾所以道（蹈水）之也。"

孔子曰："何谓始乎故，长乎性，成乎命也？"

曰："吾生于陵而安（安稳）于陵，故也；长于水而安（习惯）于水，性也；不知吾所以然而然（本能），命也。"（环境造就，自然而然。）

〖凝神至巧〗

仲尼适楚（楚国，约在今湖北、湖南、江西及河南、安徽部分地域），出（经过）于林中，见痀偻者承蜩（驼背人捕蝉，蜩音条），犹掇（拾取）之也。

仲尼曰："子巧乎！有道（方法）耶？"

曰："我有道也。五六月，累垸二（叠加二丸，垸通丸）而不坠，则失者锱铢（重量轻、数量较少）；累三而不坠，则失者十一（十分之一）；累五而不坠，犹掇之也。吾处也若橛株驹（拴马树桩），吾执臂若槁木（枯木）之枝。虽天地之大、万物之多，而唯蜩翼之知（注意）。吾不反（同返）不侧，不以万物易（影响）蜩之翼，何为而不得？"

孔子顾谓弟子曰："用志不分，乃凝于神，其痀偻丈人之谓乎！"（用志不分，乃凝于神，则事几无不成。）

丈人（老年男子）曰："汝逢衣徒（衣袖宽大之儒生）也，亦何知问是（凝神致巧之道）乎？修汝所以（终止你们那些仁义之说教，修通休），而后载言其上（而后再谈论大道，载通再）。"（痀偻丈人确有轻儒之意。）

〖鸥知人意〗

海上（海边）之人有好沤（通鸥，下同）鸟者，每旦之（每天早晨去）海上，从沤鸟游，沤鸟之至者，百住（百数）而不止。

其父曰："吾闻沤鸟皆从汝游，汝取来，吾玩之。"

明日之海上，沤鸟舞（飞翔）而不下也。（万物有灵，相互感应。）故曰：至言去言，至为无为。（静心感应，随缘而动。）齐（完全依靠）智之所知，则浅矣！（世俗尽情得小智，而不知感应出真智灵识。）

〖出入火石〗

赵襄子（赵国首君，公元前476年—前425年在位）率徒十万，狩于中山（约在今河北定州及周边地域），藉芿燔林（践踏杂草，焚烧山林），扇赫（炽盛，扇通煽）百里。（方圆百里，火光冲天，声势浩大。）

有一人从石壁中出，随烟烬上下（随烟火上下飞舞），众谓鬼物。（鬼难近烟火。）火过，徐行而出，若无所经涉者。（赵襄子放火烧山，惊动修炼之真人。）

襄子怪而留之，徐而察之：形色、七窍，人也；气息、音声，人也。问奚道而处石？奚道而入火？

其人曰："奚物而谓石？奚物而谓火？（不知火石，确似非人！）"

襄子曰："而（通尔）向之所出者，石也；而向（你方才）之所涉者，火也。"

其人曰："不知也。"（不知火石，即能出入？常人不可！）

魏文侯（魏国首君，公元前445年—前396年在位）闻之，问子夏（孔门弟子）曰："彼何人哉？"

子夏（姓卜，名商，字子夏）曰："以商所闻夫子之言，和（和气）

者大同于物，物无得伤阂（音核，阻碍）者。游金石，蹈水火，皆可也。"（子夏当时为文侯之师。）

文侯曰："吾子奚（你怎么）不为之？"

子夏曰："刳（音枯，剔除）心去智，商未之能。虽然，试语之有暇矣！（闲来无事，说说而已！）"

文侯曰："夫子奚不为之？（夫子究竟能不能？）"

子夏曰："夫子能（明白）之而能不为者也！"（儒知道家事，因重名利而不能为。）

文侯大说（通悦）。（笑子夏之大言不惭！）

〖巫醒列子〗

有神巫自齐来，处于郑（郑国，约在今河南省郑州市及中南部地域），命（同名）曰：季咸，知人死生、存亡、祸福、寿夭，期（预言）以岁、月、旬、日，如神。郑人见之，皆避而走。（世俗之人，命运如此，不敢面对。）

列子见之而心醉（心服），而归以告壶丘子，曰："始吾以夫子之道为至（高深）矣，则又有至焉（道行更高）者矣！"（列子遇神巫而有轻慢壶子之意。）

壶子曰："吾与汝既其文（贯通其理论），未既其实（实行），而固（你难道；而通尔，固通胡）得道与（同欤）？众雌而无雄，而又奚卵焉？（列子华而不实，用心不诚，壶子未授其真道。）而（尔）以道与世抗（争辩、交流），必信（通伸，表白、显露）矣夫，故使人得（洞悉）而相汝。尝试与来，以予示之。"（壶子为教导列子，有显道之心。）

明日，列子与之（季咸）见壶子。出而谓列子曰："嘻！子之先生死矣，弗活矣，不可以旬（十天）数矣！吾见怪（不祥之征兆）焉，见湿灰（不能复燃）焉。（生死之事，不可明言。）"

列子入，涕泣沾衿（衣领），以告壶子。壶子曰："向（方才）吾示之以地文（沉寂），罪（当为萌）乎不諅不止（生命迹象微弱，諅同震），是殆（仅）见吾杜德几（封闭生机，几通机）也。尝又与来！"（沉寂不动，初试神巫。）

明日，又与之见壶子。出而谓列子曰："幸矣（真幸运）！子之先生遇我也，有瘳（音抽，好转）矣！灰然（点点火星，然同燃）有生矣，吾见杜权（一丝生机）矣！（如此说法，成为后世江湖行话。）"

列子入告壶子。壶子曰："向吾示之以天壤（天像），名实（名利）不入，而机发于踵，此为杜权（闭塞有转变）。是殆见吾善者几（好转机，几通机）也。尝又与来！"（天像萌动，再试季咸。）

明日，又与之见壶子。出而谓列子曰："子之先生坐（因为）不斋，吾无得而相（相不准）焉。试斋（斋戒），将且复相之。"

列子入告壶子。壶子曰："向吾示之以太冲莫眹（静寂而没有迹象），是殆见吾衡气几（平稳之气机）也。（壶子以阴阳和气相示，而季咸不能识，推脱说壶子不讲究。）鲵旋之潘（盘旋）为渊，止水之潘为渊，流水之潘为渊，滥（翻滚）水之潘为渊，沃（冲击）水之潘为渊，氿（音鬼，侧入）水之潘为渊，雍水之潘为渊，汧（音千，地涌）水之潘为渊，肥（合流）水之潘为渊，是为九渊焉。（壶子能显化多端。）尝又与来！"

明日，又与之见壶子。立未定，自失而走（惊吓逃跑）。壶子曰："追之！"

列子追之而不及，反（同返）以报壶子，曰："已灭（不见踪影）矣，已失矣！吾不及也。（列子不及季咸，何况壶子？）"

壶子曰："向吾示之以未始出吾宗（不显真面目）。吾与之虚而猗移（飘忽不定），不知其谁何，因以为茅靡（茅草倒下），因以为波流（上下起伏），故逃也。"（季咸方知，小巫见大神！而再三班门弄斧，似跳梁小丑，故逃之不及。）

然后，列子自以为未始学而归，三年不出，为其妻爨（音撺，做饭），食豨（音希，大猪）如食人（人猪无区别）；于事无亲，雕琢复朴，块然（无心状）独以其形立（形似木桩），份（音纷）然而封戎（封闭外界杂乱事物，戎或为戕），一（持之以恒）以是终。（神巫遇壶子而不神，列子始知师；默默无闻，精心修行，四十年遂能御风而行。）

〖善为人保〗

子（表示尊敬）列子之齐，中道而反（同返），遇伯昏瞀人。

伯昏瞀人曰："奚方而反（怎么才去就返回）？"

曰："吾惊（惊骇）焉！"

"恶乎（为什么）惊？"

"吾食于十浆（卖粥店铺），而五浆先馈（五家粥铺馈赠）。"

伯昏瞀人曰："若是，则汝何为惊已（有什么值得你惊骇）？

曰："夫内诚不解（内心不明了，诚通情），形谍成光（外表泄露荣耀，谍通渫），以外镇（镇服）人心，使人轻乎贵老（不尊重传统），而鏊（音机，乱）其所患（搅乱人之传统思虑）。夫浆人特为食羹之货（买卖），多余之赢（无多余之财）；其为利也薄（稀少），其为权也轻，而犹若是。而况万乘之主（齐侯），身劳于国，而智尽于事；彼将任我以事，而效我以功（要求我表现功绩），吾是以惊。"（重名利，虚言行，难服人心，列子不为。）

伯昏瞀人曰："善哉，观（反省）乎！汝处己（安居），人将保（依附）汝矣。（德行具备，众人归附。）"

无几何而往，则户外之屦（音巨，麻革制鞋）满矣！伯昏瞀人北面而立，敦杖蹙之乎颐（皱着眉、用手杖支撑脸颊）。立有间，不言而出。（伯昏瞀人发觉迹象，似有不屑之意。）

宾者以告列子。列子提履徒跣（光脚）而走，暨（赶至）乎门，问曰："先生既来，曾不废药（说些勉励话语，废通发）乎？"

曰："已矣！吾固（已经）告汝曰人将保汝。果保汝矣！非汝能使人保汝，而汝不能使人无（通毋）汝保也，而焉用之感也（你用什么方法感化他们）？感豫出异（感觉舒适、表现与众不同），且必有感（通撼，动摇）也，摇而本身（摇荡尔本性），又无谓（无意义）也。（有人依附，表现舒适，心神不宁，毫无意义。）

"与汝游者，莫汝告也。彼所小言（俗语），尽人毒也（害人说法）。莫觉（启发）莫悟，何相孰也（怎么与普通人一样；孰通熟，熟悉）！"（前因反省而退，后有感召而保；为人所保，乐在其中！）

〖杨朱求教〗

杨朱（魏人，名家人物）南之沛（约在今江苏省沛县地域），老聃西游于秦（秦国，约在今陕、甘部分地域），邀（迎候）于郊。至梁（大梁，约在今河南省开封市地域）而遇老子。（道祖老子，或又称老聃。）

老子中道（半路）仰天而叹曰："始以汝为可教，今不可教也！"

杨朱不答。至舍，进涫（通盥）漱、巾栉（洗手盆、漱口水、毛巾、木梳），脱履户外，膝行（跪行）而前，（如此恭敬，诚心求教。）曰："向者，夫子仰天而叹曰：'始以汝为可教，今不可教。'弟子欲请夫子辞（意思），行不间（没有空闲，间通闲），是以不敢（不问）。今夫子间（空闲）矣，请问其过（过失）。"（名家杨朱虚心好学，亦以道祖老子为师。）

老子曰："而（通尔）睢睢而盱盱（睢盱音灰虚，傲慢自负），而谁与居（谁与尔相处）？大白若辱，盛德若不足。（和光同尘，大智若愚。）"

杨朱蹴然（不安状）变容曰："敬闻命矣！"（智慧之人，一点即悟，何须多言。）

其往也，舍者迎将（迎送），家公（丈夫）执席，妻执巾栉，舍者避席，炀者避灶（烤火人也避灶）。其反（同返）也，舍者与之争席矣！（与人为伍，入乡随俗。）

杨朱过宋，东之于逆旅（住宿于东面迎客旅馆）。逆旅人（旅馆主人）有妾二人，其一人美，其一人恶（不好看）；恶者贵（受尊重）而美者贱（受冷落）。杨子问其故。

逆旅小子（小伙子）对曰："其美者自美（爱慕虚荣），吾不知其美也；其恶者自恶（相貌普通则内心朴实），吾不知其恶也。"

杨子曰："弟子记之！行贤而去自贤之行，安往而不爱（受人爱戴）哉？"（居高临下、自命不凡者，众人避而远之。）

〖柔弱胜刚强〗

天下有常胜之道，有不常胜之道。常胜之道曰柔，常不胜之道曰强。二者亦知（显而易见），而人未之知（不能亲身体验）。故，上古之言：强，先（先前以为）不己若者（人、物）；柔，先出（胜出）于己者。（强，主观意识都不如我；柔，主观意识都胜过我。）先不己若（不如己）者，至于若己（与己相当），则殆（危险）矣！（出乎意料，无所适从。）先出于己者，亡（通无）所殆矣！以此（守柔弱）胜一身若徒（通途，途径），以此任天下若徒（途径），谓不胜而自胜，不任而自任也。（守柔处弱，勿逞刚强；畅通天下，终生无殃。）

粥（同鬻，音玉）子曰："欲刚，必以柔守之；欲强，必以弱保之。积（积累、保持）于柔必刚，积于弱必强。观其所积，以知祸福之乡（通向，趋向）。强胜不若己，至于若己者刚（折断，受伤害）；柔胜出于己者，其力不可量。"

老聃曰："兵强则灭，木强则折。柔弱者生之徒（类、群体），坚强者死之徒。"（刚强易折毁，柔弱方长久。）

〖智状异同〗

状不必童（形体不必完全相同；童通同，下同），而智童；智不必童，而状童。圣人取童智而遗（忽略）童状，众人近（亲近）童状而疏童智。状与我童者，近而爱之；状与我异者，疏而畏之。

有七尺之骸，手足之异，戴发含齿，倚而趣（直立行走，趣同趋）者，谓之人；而人未必无兽心。虽有兽心，以状而见亲矣！

傅翼戴角（连带翅膀、头上顶角，傅通附），分牙布爪（排列牙、伸开爪），仰飞伏走（向上飞、趴地走），谓之禽兽；而禽兽未必无人心。虽有人心，以状而见疏矣。（人有兽心，或将成兽；兽有人心，或可为人。）

庖牺（伏羲）氏、女娲氏、神农氏、夏后（夏禹）氏，蛇身人面，牛首虎鼻。此有非人之状，而有大圣之德。夏桀、殷纣、鲁桓（杀君兄）、楚穆（弑君父），状貌七窍，皆同于人，而有禽兽之心。而众人守一状以求至智，未可几（通冀，希望）也。（非人类者，亦有灵识大智。）

黄帝与炎帝战于阪泉之野（约在今河北省涿鹿县境），帅熊、罴（熊类）、狼、豹、貙（音出，似狐狸）、虎为前驱，雕、鹖、鹰、鸢为旗帜，此以力使禽兽者也。尧使夔（音葵，乐官）典乐，击石拊石（拍击石磬），百兽率（相从）舞；《箫韶》九成（九章），凤皇来仪

（凤凰朝拜，皇同凰）。此以声致禽兽者也。（黄帝灵通，能驱使飞禽走兽。）

然则，禽兽之心，奚为异人？形音与人异，而不知接（交际）之之道焉。圣人无所不知，无所不通，故得引而使之焉。禽兽之智有自然与人童者，其齐（同样）欲摄生，亦不假（不借）智于人也。（禽兽知摄生，修炼能超人。）牝牡相偶（配偶），母子相亲；避平依险，违寒就温；居则有群，行则有列；小者居内，壮者居外；饮则相携，食则鸣群。

太古之时，则与人同处，与人并行。帝王（五帝、三王）之时，始惊骇散乱矣。逮于末世（及至东周时期），隐伏逃窜（逃匿），以避患害。（东周末世，道德沦丧，人心散乱，祸及禽兽。）

今东方介氏之国，其国人数数解六畜之语（勉强能通晓牛马猪羊犬鸡之语言）者，盖偏（大概只是片面）知之所得。太古神圣之人，备（完全）知万物情态，悉解异类音声。会而聚之，训而受之，同于人民。（平常人，心无欲，性淳朴，或能通异类。）

故，先会（聚会）鬼神魑魅（音吃昧，精怪），次达八方人民，末聚禽兽虫蛾。言血气之类，心智不殊远（差别不大）也。神圣知其如此，故其所教训者无所遗逸（遗漏）焉。（状同即爱，异形则疏；同智相交，智异相制。圣人通鬼神，人兽同教化。）

〖朝三暮四〗

宋有狙公者（宋国有个养猕猴老人），爱狙，养之成群，能解狙之意，狙亦得公之心。损其家口（节约全家口粮），充狙之欲（口腹）。俄而，匮（缺乏食物）焉，将限其食。

恐众狙之不驯（不驯服）于己也，先诳（欺骗）之曰："与若（分给你们）芧（音叙，橡子），朝三而暮四，足乎？"众狙皆起而怒。（跳脚欲斗争。）

俄而，曰："与若芧，朝四而暮三，足乎？"众狙皆伏（伏地臣服）而喜。

物之以能、鄙（浅陋）相笼（笼络），皆犹此也。圣人（君王）以智笼群愚，亦犹狙公之以智笼众狙也。名实不亏，（朝三暮四、朝四暮三，都是七数。）使其喜怒哉！（隋代科举制度兴起，君王愚之以名利，天下才俊尽入其笼。强弱相制，能鄙相笼，天道使然。）

〖呆若木鸡〗

纪渻（音省）子为周宣王养斗鸡。（斗鸡之戏，古代早有。）

十日而问："鸡可斗已乎？"曰："未也，方虚骄而恃气。（初生之鸡，不知惧怕。）"

十日又问。曰："未也，犹应影响。（时刻戒备，顾忌强敌。）"

十日又问。曰："未也，犹疾视而盛气。（自以为天下无敌。）"

十日又问。曰："几矣（差不多）！鸡虽有鸣者，已无变矣。望之似木鸡矣，其德（智、勇、力、静）全矣。异鸡无敢应者，反（同返）走耳！"（呆若木鸡，大智若愚；不鸣则已，一鸣惊人。）

〖无地之君〗

惠盎（惠施同族）见宋康王（公元前329年—前286年在位）。康王蹀足（顿足）謦欬（音请忾，咳嗽警示），疾言曰："寡人之所说（同悦）者，勇有力也，不说（不悦）为仁义者也。客（说客，百家游历之人）将何以教寡人？"（儒家仁义说教，康王厌恶。当时，社会动乱，诸侯自强图存或尽皆如此，致使孔子及其弟子流浪遭难。）

惠盎对曰："臣有道于此，使人虽勇，刺之不入；虽有力，击之弗中。大王独（难道）无意邪？"

宋王曰："善！此寡人之所欲闻也。"（投王所好，先入为主。）

惠盎曰："夫刺之不入，击之不中，此犹辱（受挫）也。臣有道于此，使人虽有勇，弗敢刺；虽有力，弗敢击。夫弗敢，非无其志也（尚有击刺之心）。臣有道于此，使人本无其志也。夫无其志也，未有爱利之心也。臣有道于此，使天下丈夫、女子，莫不欢然皆欲爱利之。此其贤（超过）于勇有力也，四累（前者四层次）之上也。大王独无意耶？"

宋王曰："此寡人之所欲得也。"（天下之人，尽皆自愿归附，君王、诸侯孰能不欲？）

惠盎对曰："孔、墨是已。孔丘、墨翟（墨家主要人物），无地而为君，无官而为长；天下丈夫、女子莫不延颈举踵（伸脖踮脚）而愿安利之。今大王，万乘之主也，诚有其志，则四境之内皆得其利矣，其贤于孔、墨也远矣！（惠盎明捧宋王，暗示当师孔、墨。）"

宋王无以应。（道理确实高尚！）惠盎趋而出。

宋王谓左右（辅臣）曰："辩（花言巧语）矣，客之以说（音税）服寡人也！"（惠盎游说宋王，尊孔、墨之德行，弃勇武，重仁义。当世之时，列国兼并，社会混乱，推行仁义，实非上策。）

周穆王

（穆王默存，飞腾天宫；人生如梦，物我尽幻。）

周穆王（公元前976年—前922年在位）时，西极（约为今甘肃省玉门关以西地域）之国有化人（幻化人）来，入水火，贯（串透）金石；反（同返，往返）山川，移（改变）城邑；乘虚不坠，触实不硋

（同碍，阻碍）。千变万化，不可穷极。既已（能够完成）变物之形，又且易（替换）人之虑。（有此异能，几近于神人。）

穆王敬之若神，事（侍奉）之若君。推路寝（出让宫室）以居之，引三牲以进（选猪牛羊进献）之，选女乐以娱之。化人以为王之宫室卑陋而不可处，王之厨馔腥蝼而不可飨（食物蝼臭不可食用），王之嫔御膻恶（嫔妃膻臭）而不可亲。（化人先前或离世出尘。）

穆王乃为之改筑（筑新城）。土木之功，赭垩（音者恶，赤白）之色，无遗巧焉（至巧）。五府（府库）为虚，而台始成。其高千仞，临终南（超越终南山）之上，号曰（称名）中天之台。（穆王待化人，真心实意，古今无有。）

简郑、卫之处子娥媌靡曼者（选择郑、卫国姿态柔弱之少女），施芳泽（敷脂膏），正（通整，修整）蛾眉，设笄珥（佩戴簪子耳坠），衣阿锡（穿丝绸），曳齐纨（拖细绢）；粉白黛黑，佩玉环，杂芷若（香草）以满之；奏《承云》《六莹》《九韶》《晨露》以乐之。月月献玉衣（锦衣），旦旦荐玉食（进献美食）。化人犹不舍然（不开怀，舍通释），不得已而临（临近、接受）之。（西极化人清高，难耐红尘之俗气。）

居亡（通无）几何，谒（邀请）王同游。王执（抓握）化人之祛（音屈，衣袖），腾而上者，中天（半空中）乃止，暨（一起）及化人之宫。化人之宫，构（连接）以金银，络（缠绕）以珠玉；出（超越）云雨之上而不知下之据（支撑），望之若屯云（积云）焉。耳目所观听，鼻口所纳尝（享受品尝），皆非人间之有。王实以为清都、紫微（天宫），钧天、广乐（天乐），帝（天帝）之所居。王俯而视之，其宫榭若累块积苏（柴草）焉。王自以居数十年不思其国也。

化人复谒王同游，所及之处，仰不见日月，俯不见河海。光影所照，王目眩不能得视；音响所来，王耳乱（混淆）不能得听。百骸六藏（心肝脾肺二肾，藏同脏），悸（惊惧）而不凝，意迷精丧，（浑身颤抖，不能专注。）请化人求还。（肉体凡胎，难享天宫极乐。）

化人移（推移）之，王若殒（通陨，坠落）虚焉。既寤（醒悟），所坐犹向者（方才）之处，侍御犹（依旧）向者之人。视其前，则酒未清（米酒未澄），肴未昲（音费，晒干）。

王问所从来（问方才情况）。左右曰："王默存（闭目养神）耳！"（穆王顷刻之间，神游天宫，见识仙境。）

由此，穆王自失（失魂落魄）者三月而复（乃恢复）。更（再）问化人，化人曰："吾与王神游也，形奚动哉？且曩（从前）之所居，奚异王之宫？曩之所游，奚异王之圃（花园）？王闲恒有（本来拥有），疑暂亡（通忘，神游化境）。变化之极，徐疾之间，可尽模（模仿）哉？（穆王偶然神游化境，即留恋不已，是可遇而不可求。）"

王大悦。不恤（不关心）国事，不乐臣妾，肆意（放纵）远游。命驾八骏（名马）之乘，右服骅骝而左绿耳（居中两马），右骖赤骥而左白䨾（两旁两马），主车则造父为御，䴐啇（音太丙）为右；次车之乘，右服渠黄而左逾轮，左骖盗骊而右山子，柏夭主车，参百为御，奔戎为右。驰驱千里，至于巨蒐（音渠搜）氏之国（约在今黄河上游）。

巨蒐氏乃献白鹄（天鹅）之血以饮王，具（备）牛马之湩（音洞，乳汁）以洗王之足，及二乘之人。已饮而行，遂宿于昆仑之阿（曲凹坡），赤水之阳。别日升（登）于昆仑之丘（昆仑山），以观黄帝之宫，而封之以贻（堆土以遗留）后世。（黄帝曾西游昆仑，传说建有行宫。）

（穆王西巡，造父为御，乐而忘归，徐国反叛。造父载穆王，一日行千里，出其不意，大破徐偃王。造父因功而敕封赵城，因城为姓，乃赵氏祖。赵城，约在今山西省洪洞县境。）

遂宾（作客）于西王母（昆仑女神），觞（音商，饮酒）于瑶池之上。西王母为王谣（歌唱），王和之，其辞哀焉。（西王母以谣喻穆王。）乃观日之所入，一日行万里。王乃叹曰："於（音呜）乎！予一人不盈（不积累）于德而谐（沉迷）于乐，后世其追数（或许追记、责备）吾过乎！（穆王西游至极，翻然醒悟。）"

穆王几（通岂）神人哉！能穷（享尽）当身之乐，犹百年乃徂（经历百年才死亡，徂通殂），世以为登假（白日升天，假通遐）焉。（穆王50岁上位，在位55年，享世105岁，终则得道登遐。后世作《周穆王传》，详叙其事迹。）

〖物我皆幻〗

老成子（宋国人）学幻于尹文先生（齐国稷下道家人物，又称尹文子），三年不告（不告知秘诀）。老成子请其过（问自己过失）而求退。（古人收徒，三年为役，同期考核过关方始教授。）

尹文先生揖（行拱手礼）而进之于室，屏（屏退）左右而与之言曰："昔，老聃之徂西（往西方）也，顾而告予曰：有生之气，有形之状，尽幻也。（凡所有相，皆是虚妄。）造化（大道演化）之所始，阴阳之所变者，谓之生，谓之死。穷数（穷通自然运化规律）达变，因形移易（改变）者，谓之化，谓之幻。造物者（大道），其巧妙，其功深，固（通故）难穷难终。因（依凭）形者（万物），其巧显，其功浅，故随起随灭（消失）。知幻化之不异生死也，始可与学幻矣。吾与汝亦幻也，奚须学哉？"（老子所言幻化之精髓，普通人难知难识。）

老成子归，用尹文先生之言，深思三月，遂能存亡自在，幡校（音翻校，颠倒）四时；冬起雷，夏造冰；飞者走，走者飞。终身不箸（通著，显露）其术，固（通故）世莫传焉。（老成子实有根基，三月而通幻化。)

子列子曰："善为化者，其道密庸（暗暗发生作用，庸通用），其功同人（同普通人一样）。五帝（黄帝、颛顼、帝喾、唐尧、虞舜）之德，三王（夏禹、商汤、周文王）之功，未必尽智勇之力，或由化（神化）而成。（确实如此！）孰测（明白）之哉？"（物我皆幻，智力何用？因任自然，事业随成。）

〖人生多梦〗

觉有八征（活动清醒状态有八种迹象），梦有六候（睡眠中精神状态有六种应验）。奚谓八征？一曰故（祭祀），二曰为（作为），三曰得，四曰丧（失），五曰哀，六曰乐，七曰生，八曰死。此者八征，形所接（接触）也。奚谓六候？一曰正（正常）梦，二曰蘁（通噩）梦，三曰思（思念）梦，四曰寤梦（默存、走神），五曰喜梦，六曰惧梦。此六者，神所交也。

不识感变（变化）之所起者，事至则惑其所由然；识感变之所起者，事至则知其所由然；知其所由然，则无所怛（惊惧）。（清静身心，精神内守，方能感知变化。）一体之盈虚消息（阴阳升降调和），皆通于天地，应于物类。（天人有感，事物相应。）

故，阴气壮，则梦涉大水而恐惧；阳气壮，则梦涉大火而燔焫（音烦弱，燃烧）；阴阳俱壮，则梦生杀（争斗厮杀）。甚饱则梦与，甚饥则梦取。是以，以浮虚为疾者，则梦扬（飞扬）；以沈（同沉）实为疾者，则梦溺（沉水）。藉（坐卧）带而寝，则梦蛇；飞鸟衔发，则梦飞。将阴梦火，将疾梦食；饮酒者忧，歌儛（梦中歌舞，儛同舞）者哭。（飞鸟衔发，生有仙缘；梦断盈虚，或有不实。）

子列子曰："神遇为梦，形接为事。故，昼想夜梦，神形所遇。（多梦者神荡事烦体弱。）故，神凝者想梦自消。信觉不语（真觉悟者无言），信梦不达（真梦难以理解、同于事实），物化之往来者也。古之真人（得道之仙真），其觉自忘（忘我），其寝不梦，几（通岂）虚语哉？"（世俗之人，夜梦昼为，闲谈阔论，丰富生活。）

西极之南隅（角落）有国焉，不知境界之所接（比连），名古莽之国。阴阳之气所不交，故寒暑亡（通无）辩（通辨）；日月之光所不照，故昼夜亡辩（无区别；辩通辨）。其民不食不衣而多眠。五旬（五十日）一觉，以梦中所为者实，觉之所见者妄（虚假）。（梦实觉妄，梦妄觉实；似是而非，似有若无；人生如戏，何论梦觉！）

四海之齐（天下正中；齐，中央），谓中央之国（简称中国），跨河（占据黄河）南北，越岱（逾越泰山）东西，万有余里。其阴阳之审度（平衡），故一寒一暑；昏明之分察（清晰），故一昼一夜。其民有智有愚，万物滋殖（繁殖），才艺多方（百千种类）。有君臣相临（统属），礼法相持（维持）。其所云为（语言行为），不可称计（计量）。一觉一寐，以为觉之所为者实，梦之所见者妄。（中央之国，道德教化，觉奉礼仪，梦求神仙，政通人和，四夷归附。）

东极之北隅有国，曰阜落之国。其土气常燠（音玉，闷热），日月余光之照，其土不生嘉苗（蔬菜、五谷苗）。其民食草根、木实，不知火食，性刚悍，强弱相藉（相互欺凌），贵胜（勇武）而不尚义；多驰步，少休息，常觉而不眠。（此民刚悍愚钝，不眠亦无梦，似乎缺乏生活情趣。）

〖昼苦梦欢〗

周（地名，约在今陕西省岐山县及周边地域）之尹氏大治产（产业），其下趣役（奔走役使，趣同趋）者，侵（迫近）晨、昏而弗息（不休息）。

有老役夫，筋力竭（衰败）矣，而使之弥勤（更加勤劳）。昼则呻呼而即事（干活），夜则昏惫而熟寐。精神荒散，昔昔（通夕）梦为国君。居人民之上，总一国之事。游宴（安息）宫观，恣意所欲，其乐无比。觉则复役。（穷人多美梦，梦中享富贵。）

人有慰喻其勤者（有安慰开导其劳苦者），役夫曰："人生百年，昼夜各分（各半）。吾昼为仆虏（奴仆），苦则苦矣；夜为人君，其乐无比。何所怨哉？（役夫易满足，世人难企及。）"

尹氏心营（经营）世事，虑钟（聚集、增大）家业，心、形俱疲，夜亦昏惫而寐。昔昔（夜夜）梦为人仆，趋走作役，无不为也；数骂杖挞（棍棒抽打），无不至也。眠中嗃呓（说梦话）呻呼，彻（彻夜不停），旦息焉。（为富不仁，夜多噩梦。）

尹氏病（忧愁）之，以访其友。友曰："若位足荣身（你家高堂大院足够荣耀终身），资财有余，胜人远矣！夜梦为仆，苦逸之复，数（命运定数）之常也。若欲觉梦兼之，岂可得耶？（富贵之人，悲苦自知，多有难言之隐。）"

尹氏闻其友言，宽其役夫之程（限度），减己思虑之事，疾并少间（稍微好转）。（昼苦梦欢，役夫知足；昼夜痛苦，富贵何益？）

〖鹿失梦觉〗

郑人有薪于野（野外砍柴）者，遇骇（受惊）鹿，御（通迓，音亚，迎）而击之，毙之。恐人见之也，遽（音拒，急忙）而藏诸隍（干水沟）中，覆之以蕉（通樵，柴草），不胜其喜。（意外收获，喜不自胜。）俄而，遗（忘记）其所藏之处，遂以为梦焉。顺涂而咏（沿途喃喃自语，涂通途）其事。（薪者实情，忘以为梦。）

傍人有闻（偷听）者，用（依凭）其言而取之。既归，告其室人（妻子）曰："向（先前），薪者梦得鹿，而不知其处；吾今得之，彼直

（他就是）真梦矣！"（傍人得鹿，以为薪者真梦。）

室人曰："若将（你或许）是梦见薪者之得鹿邪，讵（怎么）有薪者邪？今真得鹿，是若之梦真邪？"（室人见鹿，以为夫梦成真。）

夫曰："吾据（确实）得鹿，何用知彼梦、我梦耶！"

薪者之归（回家），不厌（通餍，安）失鹿，其夜真梦藏之（藏鹿）之处，又梦得之（得鹿）之主。爽旦（天刚明），案（通按，根据）所梦而寻得之。（薪者真梦，实知傍人得鹿。）

遂讼而争之（争鹿），归之士师（属理于法官）。士师曰："若（郑人）初真得鹿，妄谓之梦；真梦得鹿，妄谓之实。彼（旁人）真取若鹿，而与若争鹿。室人又谓梦仞（通认，辨认）人鹿，无人得鹿。今据有此鹿，请二分之。"（士师断案：梦觉难辨，鹿分两半。）

（此事）以闻郑君。郑君曰："嘻！士师将复梦分人鹿乎？"

访（问）之国相。国相曰："梦与不梦，臣所不能辩（通辨）也。欲辩觉梦，唯黄帝、孔丘。今亡（通无）黄帝、孔丘，孰辩之哉？且恂（通徇，依照）士师之言可也。"（鹿现梦觉，得失纷争；后人议论，梦中说梦。）

〖华子乐忘〗

宋阳里华子中年病忘（患健忘症），朝取而夕忘，夕与而朝忘；在涂（通途）则忘行，在室则忘坐；今不识先（先前），后（过后）不识今。阖室毒之（全家都受他折磨）。

谒史（邀请史者）而卜之，弗占（不应验）；谒巫而祷（祈祷）之，弗禁（不止邪）；谒医而攻（药物治疗）之，弗已（治不好）。（古人治病，常用此三种方法，且次序不能更改。）

鲁（鲁国，约在今山东省西部地域）有儒生自媒（自荐）能治之，

四子合注

华子之妻子以居产（家产）之半请（求）其方。儒生曰："此固（本来）非卦兆之所占，非祈请之所祷，非药石之所攻。吾试化其心，变其虑，庶几其瘳（能使其病愈）乎！"

于是，试露之（光身子）而求衣，饥之而求食，幽之而求明。（虽忘外物，本性犹存。）儒生欣然告其子曰："疾可已（能够治愈）也。然吾之方密，传世不以告人。试屏（屏退）左右，独与居室七日。"

从之。莫知其所施为（实施方法）也，而积年之疾一朝都除。（心意正定，清静守神，外邪不侵，何用医祝！）华子既悟（清醒），乃大怒，黜妻（休妻）罚子，操戈逐儒生。

宋人执而问其以（原因）。华子曰："曩（从前）吾忘也，荡荡然不觉天地之有无。今顿识既往（往事），数十年来存亡、得失、哀乐、好恶，扰扰（乱糟糟）万绪起矣！吾恐将来之存亡、得失、哀乐、好恶之乱吾心如此也！须臾之忘，可复得乎？"（世事缠绕，烦恼悲苦；顷刻寂静，忘我即仙。）

子贡闻而怪之，以告孔子。孔子曰："此非汝所及乎！"顾谓颜回记之。（儒家治国平天下，追求功名利禄，自己不欲遗忘，更不欲后人忘己。）

〖不迷于迷〗

秦人逄（音庞）氏有子，少而惠（通慧，聪明），及壮有迷罔之疾（精神失常）。闻歌以为哭，视白以为黑，飨（食用）香以为朽（通殠，腐尸气味），尝甘以为苦，行非以为是；意之所之，天地、四方，水火、寒暑，无不倒错（颠倒错乱）者焉。

杨氏告其父曰："鲁之君子多术艺，将能已（治愈）乎！汝奚不访（访求）焉？"其父之鲁。过陈（陈国，约在今河南周口市及安徽亳州市地域），遇老聃，因告其子之证（同症）。

· 220 ·

老聃曰："汝庸（怎么）知汝子之迷乎？今天下之人皆惑于是非，昏于利害。同疾者多，固（而）莫有觉者。（此种状况，古今皆然！）且一身之迷不足倾（趋向、影响）一家，一家之迷不足倾一乡，一乡之迷不足倾一国，一国之迷不足以倾天下。天下尽迷，孰倾之哉？向使（假使）天下之人其心尽如汝子，汝则反迷矣！哀乐、声色、臭味、是非，孰能正之？（世俗人情，变化无常。）且吾之此言未必非迷，而况鲁之君子迷之邮（通尤，甚）者，焉能解人之迷哉？（鲁国多儒，执于仁义，迷于功名利禄。）荣（抛弃）汝之粮，不若遄（音传，速）归也。"（是非对错，迷窦难辨；愚者以为觉，信誓旦旦；觉者似愚，和光同尘。）

〖境随心转〗

燕人生于燕，长于楚，及老而还本国。过晋国（约在今山西省及周边地域），同行者诳（欺骗）之，指城曰："此燕国之城。"其人愀（音巧）然变容。（脸色严肃，心情沉重。）

指社曰："此若里之社。"乃喟然而叹。（长息而叹，心有感伤。）

指舍曰："此若先人之庐。"乃涓然而泣。（暗自落泪，失声而泣。）

指垄（坟墓）曰："此若先人之冢。"其人哭不自禁。

同行者哑然大笑，曰："予昔绐（通诒，音待，欺骗）若，此晋国耳！"（如此戏弄人，甚是过分！）

其人大惭（愤怒而羞愧）。及至燕，真见燕国（约在今河北省北部及京、津地域）之城社，真见先人之庐冢，悲心更微。（诚心即至，假亦是真；真假在心，不在于物。）

仲 尼

（圣贤弃名，儒家多忧；名家善辩，道常静默。）

仲尼闲居（独居），子贡入侍，而有忧色。子贡不敢问，出告颜回。颜回援琴（抚琴）而歌。（孔子不得志，或带有忧愁。）

孔子闻之，果（果然）召回入，问曰："若奚独乐？（你怎么独自欢乐？）"

回曰："夫子奚独忧？"

孔子曰："先言尔志（意思）。"

曰："吾昔闻之夫子曰：'乐天知命。'故，不忧，回所以乐也。（尊天认命方不忧。）"

孔子愀然（脸色变严肃）有间曰："有是言哉？汝之意失（理解偏差）矣！此吾昔日之言尔（而已），请以今言为正（正统）也。（言语之意，随时境而变。）汝徒知乐天知命之无忧，未知乐天知命有忧之大也。（小智小忧，大智大愁。）

"今告若其实：修一身，任穷达，知去来之非我，亡（通无）变乱于心虑，尔之所谓乐天知命之无忧也。曩（从前），吾修《诗》《书》，正（矫正）《礼》《乐》，将以治天下，遗来世（流芳百世）；非但修一身，治鲁国而已。（鲁国仅是试验！）而鲁之君臣日失其序，仁义益（更加）衰，情性益薄（欠缺）。此道（政治主张）不行一国与当年（当世），其如天下与来世（后世）矣（当为何）！（孔孟之乡，礼仪之邦，尚且不能通行，何况其他国家。）

"吾始知《诗》《书》《礼》《乐》无救于治乱（社会混乱），而未知所以革之（变革它们）之方。此乐天知命者之所忧。虽然，吾得之矣！夫乐而知者，非古人之谓所乐知也。无乐无知，是真乐真知。故，无所不乐，无所不知，无所不忧，无所不为。《诗》《书》《礼》《乐》，何弃之有？革之何为？（真智真慧，方无忧愁。）"

（确定政治思想，著书立说，用在后人，何必忧虑变革。孔子不知变革之方，乃帝王治世之秘诀：外儒家，内法家，中间道家，三家并行，融合治世。三百余年后，汉武大帝施行，国家富强。后世帝王，鲜有知者，而少见太平盛世。）

颜回北面（处下位）拜手（亦作拜首，行跪拜礼），曰："回亦得之矣！"（古人受教，身行大礼。）

出告子贡。子贡茫然自失（迷惑、心无寄托），归家淫思（深思，淫通深）七日，不寝不食，以至骨立。（子贡愚钝，竟然不明白。）颜回重往喻（解释）之，乃反（同返）丘门，弦歌诵书，终身不辍。（儒家治世，当有所忧；忧国忧民，天下太平；若其无忧，百姓苦难。）

〖灵通感应〗

陈大夫聘（出访）鲁，私见叔孙氏（鲁国贵族）。

叔孙氏曰："吾国有圣人。"

曰："非孔丘耶？"

曰："是也。"

"何以知其圣乎？"

叔孙氏曰："吾常闻之颜回，曰：'孔丘能废心（不用心）而用形。'（直觉反应，应对自如。常人亦能有。）"

陈大夫曰："吾国亦有圣人，子弗知乎？"

曰："圣人孰谓（称得上）？"

曰："老聃之弟子有亢仓子（亦名亢桑子、庚桑楚）者，得聃之道，能以耳视而目听。"（今江苏宜兴西南有庚桑洞，为其修炼之处。）

鲁侯闻之大惊，使上卿厚礼而致（聘请）之。亢仓子应聘而至，鲁侯卑辞请问之。

亢仓子曰："传之者妄（不真实），我能视听不用耳目，不能易耳目之用。"

鲁侯曰："此增（更加）异矣！其道（方法）奈何？寡人终愿（极希望）闻之。"（春秋战国时期，诸侯对奇人异术甚感兴趣。）

亢仓子曰："我体合于心，心合于气，气合于神，神合于无。（修炼妙法，道人奉行。）其有介然之有（极小之物，介通芥），唯然（微小）之音，虽远在八荒（极远）之外，近在眉睫之内，来干（关联涉及）我者，我必知之。乃不知是我七孔、四支（同肢）之所觉，心腹、六藏（心、肝、脾、肺、二肾，藏同脏）之所知，其自知而已矣！（清静虚无，灵通感应。）"

鲁侯大悦。他日以告仲尼，仲尼笑而不答。（忘我灵通，世俗以为虚妄，言之无益。）

〖孰为圣者〗

商（宋国）太宰见孔子，曰："丘，圣者欤？"

孔子曰："圣则丘何敢，然则，丘博学多识者也。"（商纣王长兄微子被周成王封为宋国首君，建都商丘。随后，商代贵族聚集宋国商地。故，宋国亦称商。）

商太宰（掌管典籍，辅佐君王）曰："三王，圣者欤？"

孔子曰："三王善任智勇者，圣则丘不知。"（三王者，夏禹、商汤、周文王。）

曰："五帝，圣者欤？"（五帝者，黄帝、颛顼、帝喾、唐尧、虞舜。）

孔子曰："五帝善任仁义者，圣则丘弗知。"

曰："三皇，圣者钦？"（三皇者，伏羲、女娲、神农。）

孔子曰："三皇善任因时者，圣则丘弗知。"

商太宰大骇，曰："然则，孰者为圣？"

孔子动容有间，曰："西方之人有圣者焉，不治而不乱，不言而自信，不化而自行，荡荡乎（空寂状）民无能名（称呼）焉。丘疑其为圣。弗知真为圣钦？真不圣钦？"（彼时，西方岂有圣人？此时，圣人只在心中！福地净土，则在自身灵府。）

商太宰嘿（同默）然心计曰："孔丘欺我哉！"（三皇、五帝、三王，孔丘皆不以为圣，圣者其谁耶？似乎自以为圣！实欺太宰也！）

〖为师之能〗

子夏问孔子曰："颜回之为人，奚若（与你比怎么样）？"

子曰："回之仁贤于丘也。"

曰："子贡之为人，奚若？"

子曰："赐之辩（口才）贤于丘也。"

曰："子路之为人，奚若？"

子曰："由之勇贤于丘也。"

曰："子张之为人，奚若？"

子曰："师之庄（严谨）贤于丘也。"

子夏避席而问曰："然则，四子者何为事（侍从）夫子？"

曰："居（坐）！吾语汝。夫回能仁而不能反（变通），赐能辩而不能讷（缄默），由能勇而不能怯（退让），师能庄而不能同（随和）。兼四子之有以易（交换）吾，吾弗许也。（吾之贤能远非如此！）此其所以事吾而不贰（专心）也。"（孔子虽博识，自是更自负。果然如此智能，奈何穷困于天下？）

〖列子之邻〗

子列子既师壶丘子林，友伯昏瞀（音冒）人，乃居南郭（城邑之南）。从之处者，日数而不及（人多数不清）。虽然，子列子亦微（卑微、低调）焉。朝朝相与辩，无不闻。（无事不闻，无不闻其名。）

而与南郭子连墙（邻居）二十年，不相谒请（拜访、邀请）；相遇于道（道路），目若不相见者。门之徒役（弟子）以为子列子与南郭子有敌（有矛盾），不疑。（列子修行二十年，方始有弟子。）

有自楚来者，问子列子曰："先生与南郭子奚敌？"

子列子曰："南郭子貌充（充实、庄严）心虚，耳无闻，目无见，口无言，心无知，形无惕（不敬、自然）。往将奚为？虽然，试与汝偕往（同往）。"（列子本不愿往，为释众疑而去。）

阅（察看、选择）弟子四十人同行。见南郭子，果若欺魄（魌头，驱邪傩舞面具）焉，而不可与接（接触、交流）。顾视子列子，形神不相偶（视而不见），而不可与群（共处）。南郭子俄而指子列子之弟子末行者与言，衎（音看）衎然（刚直状）若专直而在雄（雄居）者。（高高在上，令人仰视。）子列子之徒骇之。反（同返）舍，咸（全部）有疑色。（南郭子怎么会是这个样子？）

子列子曰："得意（得真道）者无言，进知（大智慧；进通尽，知通智）者亦无言。用无言为言亦言，无知为知亦知。无言与不言，无知与不知，亦言亦知。亦无所不言，亦无所不知；亦无所言，亦无所知。如斯而已，汝奚妄骇哉？"（得道者无言，静心感应；愚者常言，乃无用之言。）

〖列子学道〗

子列子学（学道）也，三年之后，心不敢念（不想念）是非，口不敢言（不欲言）利害，始得老商一眄（看一眼）而已。（谨小慎微，勉强认可！）五年之后，心更（再）念是非，口更言利害，老商始一解颜而笑。（小有进步，基本满意！）七年之后，从心之所念，更无是非；从口之所言，更无利害。（随心口之所欲，混同是非利害。）夫子始一引吾并席而坐。（层次渐进，入列同道。）

九年之后，横（任凭）心之所念（思想），横口之所言，亦不知我之是非利害欤，亦不知彼之是非利害欤，外内进（通尽，消失）矣！（心与身躯，身心与是非利害都融合，界限消失。）而后，眼如耳，耳如鼻，鼻如口，无不同。心凝形释（放松），骨肉都融（舒适）；不觉形之所倚，足之所履，心之所念，言之所藏（含义）。如斯而已，则理（天机运化）无所隐矣！（列子从师，九年修炼，通达大道，真知感应，言出法随，道有所显。）

〖列子之游〗

初，子列子好游。壶丘子曰："御寇好游，游何所好？"

列子曰："游之乐所玩无故（观赏不相同）。人之游也，观其所见（万物之形）；我之游也，观其所变（事物不同变化）。游乎，游乎！未有能辩（通辨，区别）其游者。"（列子言游而不知游。）

壶丘子曰："御寇之游固（本来）与人同欤，而曰固（已经）与人异欤？凡所见，亦恒见（他人亦能经常看见）其变。玩彼物之无故（不固定，故通固），不知我亦无故。（人与万物，随时变化。）务外游，不知务内观（清静守神）。外游者，求备于物；内观者，取足于身。取足于身，游之至也；求备于物，游之不至也。（外游在物，眼花缭乱；真游内观，别有天地。）"

于是，列子终身不出，自以为不知游。（一语点化，即改前非。）

壶丘子曰："游其至乎！至游者，不知所适（无所不适）；至观者，不知所视（无所不视）。物（感）物皆游矣，物（应）物皆观矣，是我之所谓游，是我之所谓观也。故曰：游其至矣乎！游其至矣乎！"（常人之游，观物无故，精疲力尽，不识根本；至极之游，清静守神，物我感应，通天达地。）

〖龙叔求医〗

龙叔（宋国人）谓文挚（宋国良医）曰："子之术微（精湛）矣！吾有疾，子能已（治愈）乎？"

文挚曰："唯命所听（听从）。然先言子所病之证（同症，症状）。"

龙叔曰："吾乡誉不以为荣，国毁不以为辱；得而不喜，失而弗忧；视生如死，视富如贫；视人如豕，视吾如人。（贤与愚，或如是。）处吾之家，如逆旅之舍（如住旅馆）；观吾之乡，如戎蛮（粗野）之国。（境界高妙，乃如此乎！）凡此众疾，爵赏不能劝（使努力），刑罚不能威（威慑），盛衰、利害不能易（更改），哀乐不能移。固（通故，所以），不可事（服从）国君、交亲友、御（管理）妻子、制仆隶。此奚疾哉？奚方能已之乎？"（龙叔似圣人，而不识圣心圣行，以圣智为疾。）

文挚乃命龙叔背明（背光）而立，文挚自后向明而望之，既而曰："嘻！吾见子之心矣，方寸之地虚（无心）矣！（虚无近道。）几圣人也！子心六孔流通，一孔不达（不通）。今以圣智为疾者，或由此乎！非吾浅术所能已也。"

（龙叔心有一窍未灵通，乃以圣为疾。人心有七窍，世人普通眼、耳、口、鼻七窍，生活世俗人间；圣人则灵通七窍，超凡脱俗。文挚能见龙叔之心窍，而不能全通，亦是大医。）

〖因识轮转〗

无所由而常生（生化）者，道也。由生而生，故虽终而不亡，常（真炁长存）也。由生而亡（沦为物），不幸也！有所由而常死者，亦道也；由死而死，故虽未终而自亡者，亦常也。（万物之生灭。）由死而生（升为人），幸也！故，无用（无为）而生谓之道，用道得终谓之常（神焄常存）；有所用而死者亦谓之道，用道而得死者亦谓之常（众人生死）。（由生而亡，由死而生，生死轮转，人物之生死；无所由而常生，用道得终，终而不亡，神焄常存。）

季梁（随国大夫，或为魏国人）之死，杨朱望其门而歌。随梧（人名）之死，杨朱抚其尸而哭。隶人（众人）之生，隶人之死，众人且歌，众人且哭。（人之死，贤能者歌诵为赞，赞其来世更优；平民则痛哭示哀，哀其来生更苦；歌哭不同，因人而异。）

目将眇（音秒，瞎）者，先睹秋毫（秋天动物生细毛）；耳将聋者，先闻蚋（音芮，蚊类害虫）飞；口将爽（败伤）者，先辩淄、渑（两河水味）；鼻将窒（窒息）者，先觉焦朽（通殠，臭味）；体将僵者，先呕奔佚（放荡奔驰）；心将迷者，先识是非。（明是非者，心迷智惑，不识根本。）故，物不至者则不反。（骄横放荡，必遭其殃；积德行善，后世获福；物极必反，否极泰来。）

〖政为贤用〗

郑之圃泽（约在今河南省中牟县域）多贤（隐士），东里多才（才士）。圃泽之役（地方）有伯丰子者（列子弟子），行过东里，遇邓析（郑国大夫）。

邓析（名家、法家人物）顾其徒而笑曰："为若舞（为你们嘲弄）彼来者，奚若（怎么样）？"

其徒曰："所愿知也。"（诸子百家，自以为是，相互嘲弄，习以为常。）

邓析谓伯丰子曰："汝知养养（被养育）之义乎？受人养而不能自养者，犬豕（猪狗）之类也；养物而物为我用者，人之力也。使汝之徒食而饱，衣而息，执政（大夫邓析）之功也。长幼群聚而为牢藉（畜圈垫草）、庖厨之物（家畜），奚异犬豕之类乎？"伯丰子不应。（讥讽之言，不言作答，恰到好处；应答，有失道家风骨。）

伯丰子之从者，越次（出序列向前）而进曰："大夫不闻齐、鲁之多机（机巧能人）乎？有善治土木者，有善治金革者，有善治声乐者，有善治书数（六艺之书、九数之学）者，有善治军旅者，有善治宗庙（祭祀）者，群才备也。而无相位（统属）者，无能相使（不能相互驱使）者。而位（统治）之者无知，使之者无能，而知（同智）之与能为之使焉。执政者，乃吾之所使，子奚矜（自夸）焉？"邓析无以应，目（目视）其徒而退。（执政无能，驭使有能；贤者无能，执政为使。）

〖力为智使〗

公仪伯以力闻（闻名）诸侯，堂谿公言之于周宣王（公元前827年—前782年在位），王备礼以聘之。

公仪伯至，观形，懦夫也。宣王心惑而疑，曰："女（同汝）之力何如？"

公仪伯曰："臣之力能折春螽之股（小蚱蜢大腿，螽音钟），堪（负荷）秋蝉之翼。"（如此说法，谦虚过度。）

王作色（脸色变严肃，作通怍）曰："吾之力能裂犀兕之革，曳九牛之尾，犹憾（嫌弃）其弱。女（汝）折春螽之股，堪秋蝉之翼，而力闻天下，何也？"（公仪伯以能用有力者而闻名于诸侯。）

公仪伯长息（叹息）退席（表示郑重），曰："善哉！王之问也！臣敢以实对。臣之师有商丘子者，力无敌于天下，而六亲不知，以未尝用其力故也。臣以死事（忠心不二侍从）之，乃告臣曰：人欲见其所不见，视人所不窥，欲得其所不得，修人所不为。（静心守神，别有天地。）

"故，学眜（当为视）者先见舆薪，学听者先闻撞钟。夫有易于内（心通理）者，无难于外（技能）；于外无难，故名不出其一道（或为家）。（理明心通，名满天下。）今臣之名闻于诸侯，是臣违师之教，显臣之能者也。然则，臣之名不以负其力者也，以能用其力者也，不犹愈（胜）于负其力者乎？"（用有力者，实为智者；力者有力，为智者用。）

〖名家诡辩〗

中山公子牟者，魏国（约在今河南省中北部地域）之贤公子（封地中山）也。好与贤人游，不恤（不关心）国事，而悦（悦服）赵人公孙龙（名家主要人物）。乐正子舆之徒（儒家人物）笑之。

公子牟曰："子何笑牟之悦公孙龙也？"

子舆曰："公孙龙之为人也，行无师，学无友，佞给而不中（善辩却不合道理），漫衍而无家（思想散漫无流派），好怪而妄言。欲惑人之心，屈人之口，与韩檀（赵国人）等肄（音益，研习）之。"

公子牟变容曰："何子状（陈述）公孙龙之过欤？请闻其实。"

子舆曰："吾笑龙之诒孔穿（欺骗孔子六世孙，诒音待），言：'善射者能令后镞中前括（后箭头连前箭末），发发相及，矢矢相属（相连）；前矢造准（中靶）而无绝落，后矢之括犹衔弦（连接搭弦），视之若一焉。'孔穿骇之。龙曰：'此未其妙者。逢（音旁）蒙之弟子曰鸿超，怒其妻而怖（恐吓）之。引乌号之弓，綦卫（淇卫）之箭，射其目。矢来注（击射）眸子而眶不睫（不眨眼），矢坠地而尘不扬。'是岂智者之言欤？（世间有此高手？似乎妄言狂语！）"

公子牟曰："智者之言固（当然）非愚者之所晓（明白）。后镞中前括，钧（均匀）后于前。矢注眸子而眶不睫，尽矢之势也。子何疑焉？"（理虽如此，而实难企及。）

乐正子舆曰："子，龙之徒，焉得不饰其阙（掩饰其缺点，阙同缺）？吾又言其尤（大话）者，龙诳魏王曰：'有意不心。有指不至。有物不尽。有影不移。发引千钧。白马非马。孤犊未尝有母。'其负类反伦（违背常规道理），不可胜言也。"

公子牟曰："子不谕至言，而以为尤（特异）也，尤（过失）其在子矣。夫无意则心同。无指则皆至。尽物者常有。影不移者，说在改也。发引千钧，势至等也。白马非马，形名离也。孤犊未尝有母，非孤犊也。"（名家诡辩，能屈人之口，而难服人心。）

乐正子舆曰："子以公孙龙之鸣皆条（论调相通）也。设令发于余窍（号令发于肛门），子亦将承之。"（古人争论，辱人至深！）

公子牟默然良久，告退，曰："请待余日（闲暇日子），更谒（再请教）子论。"（名家狡辩势弱，不敢与儒家争锋。）

〖功成身退〗

尧治（治理）天下五十年，不知天下治（安定）欤，不治欤？不知亿兆（民众）之愿戴（拥护）己欤，不愿戴己欤？顾问左右（辅臣），左右不知。问外朝（地方官），外朝不知。问在野（百姓），在野不知。（不知非不知，不言代所言。）

尧乃微服（便服）游于康衢（四通八达之处），闻儿童谣曰："立我蒸民（养育民众；立通粒，食；蒸同烝，众多），莫匪尔极（莫非尔功德，匪同非）。不识不知（同智），顺帝之则（顺从天帝规则）。"

尧喜问曰："谁教尔为此言？"（古代社会，童谣喻政，或以为谶。）

童儿曰："我闻之大夫。"（教童谣者，当世高人，能变革社会。）

大夫曰："古诗也。"

尧还宫，召舜，因禅（让位）以天下。舜不辞而受之。（尧帝自知，功成身退；舜帝自明，顺势而承。）

〖默而从道〗

关（函谷关关令）尹喜曰："在己无居（不偏执、无我），形物其箸（万物形状各自显著，箸同著）。其动若水（顺形势），其静若镜（应物接），其应若响（如回声）。故，其道若（顺从）物者也。物自违道，道不违物。（违逆道者，自取灭亡，道则从其愿。）

"善若（遵守）道者，亦不用耳，亦不用目，亦不用力，亦不用心。（清静无为，因循自然而已。）欲若道而用视听、形智以求之，弗当矣。（视听智慧，仅得小道。）瞻（视）之在前，忽焉在后；用之弥满六虚（六合，东西南北上下），废（不用）之莫知其所。（大道无所不在。）亦非有心者所能得远（疏远），亦非无心者所能得近（亲近）。唯默（清静守神）而得之，而性成（恢复自然本性）之者得之。

"知而亡情（无欲，亡通无），能而不为，真知真能也。发（启迪）无知，何能情？（不能有情！）发不能，何能为？（不能有为！）聚块也，积尘也，虽无为而非理（不是道）也？（万物无为，皆在道中。）"（大道无为，无所不在；有情无情，莫不受其功。）

汤 问

（愚公移山，诚心感神；物有穷尽，艺无止境。）

殷汤问于夏革（音急，汤臣）曰："古初有物乎？"

夏革曰："古初无物，今恶（怎么）得物？后之人将谓今之无物，可乎？"（古初有物，不同今物。）

殷汤曰："然则，物无先后乎？"

夏革曰："物之终始，初无极已（本来无穷极）。始或为终，终或为始，恶知其纪（头绪）？（万物演化，循环往复。）然自物之外，自事（演化）之先，朕（先秦之我）所不知也。"（物外有物，化前有化。）

殷汤曰："然则，上下、八方有极尽乎？"

革曰："不知也。"（上下八方，无穷无尽。）

汤固（坚持）问。革曰："无则无极，有则有尽；朕何以知之？然无极之外复无无极，无尽之中复无无尽；无极复无无极，无尽复无无尽。朕以是知其无极无尽也，而不知其有极有尽也。"

汤又问曰："四海之外（世界）奚有？"

革曰："犹齐州（中州；齐，中央）也。（中州之外，有其他州。）"

汤曰："汝奚以实（证实）之？"

革曰："朕东行至营（疑在今辽宁境内），人民犹是也；问营之东，复犹营也。西行至豳（音宾，约在今陕西旬邑县地域），人民犹是也；问豳之西，复犹豳也。朕以是知四海（东西南北四海，北海疑似贝加尔湖，西海疑似青海湖）、四荒、四极（四方荒远之地）之不异是也。

"故，大小相含，无穷极也。含万物者，亦如含天地；含万物也故不穷，含天地也故无极。朕亦焉知天地之表（外）不有大天地者乎？亦吾所不知也。（天地之外，别有天地。）然则，天地亦物也，物（天地）有不足。

"故，昔者，女娲氏练五色石以补其阙（同缺，缺口），断鳌（神鳌）之足以立四极（四角）。其后共工氏（部落首领）与颛顼争为帝，怒而触（头撞）不周之山（神山），折天柱，绝地维（连接大地横线断绝）。故，天倾（倾斜）西北，日月辰星就（就位）焉；地不满东南，故百川水潦（大水）归焉。"（因此造就中国地势，西北高，东南低。）

汤又问："物有巨细（大小）乎？有修短（长短）乎？有同异乎？"

革曰："渤海之东不知几亿万里，有大壑（大海沟，千岛、日本海沟）焉，实惟（是为）无底之谷，其下无底，名曰归墟。八纮九野之水，天汉（天河）之流，莫不注之，而无增无减焉。（九州亦称九野，其外有八殥，八殥之外有八纮。）

"其中有五山焉：一曰岱舆，二曰员峤，三曰方壶，四曰瀛洲，五曰蓬莱。其山高下、周旋（周围）三万里，其顶平处九千里。山之中间相去七万里，以为邻居焉。其上台观皆金玉，其上禽兽皆纯缟（白色）。珠玕（珠玉）之树皆丛生，华实（鲜果）皆有滋味，（平常人）食之皆不老不死。所居之人皆仙圣之种（类别），一日一夕飞相往来者，不可数（计量）焉。

"而五山之根无所连著（着陆），常随潮波上下往还，不得暂峙（固定）焉。仙圣毒（苦脑）之，诉之于帝（天帝）。帝恐流于西极，失群仙圣之居，乃命禺彊（北方神）使巨鳌十五举首而戴（顶持）之。迭为三番（轮流为三班），六万岁一交（替换）焉。（每次五鳌顶五山。）五山始峙而不动。

"而龙伯之国有大人，举足不盈数步而暨（到达）五山之所，一钓而连六鳌，合负而趣（同趋），归其国，灼其骨以数（占卜）焉。于是，岱舆、员峤二山流于北极，沉于大海，仙圣之播迁（迁徙）者巨亿（数量多）计。帝凭怒（盛怒；凭通冯，盛），侵（慢慢）减龙伯之国使阨（通隘，狭小），侵小龙伯之民使短（矮小）。至伏羲、神农时，其国人犹数十丈。从中州以东四十万里得僬侥（音焦尧）国，人长（身高）一尺五寸。东北极有人名曰诤人，长九寸。

"荆（荆州或荆山）之南有冥灵者，以五百岁为春，五百岁为秋。上古有大椿者，以八千岁为春，八千岁为秋。朽壤之上有菌芝者，生于朝，死于晦（黄昏）。春夏之月有蠓蚋者，因雨而生，见阳而死。终北之北有溟海者，天池也；有鱼焉，其广数千里，其长称（相符）焉，其名为鲲；有鸟焉，其名为鹏，翼若垂（通陲，边境）天之云，其体称焉。世岂知有此物哉？大禹行而见之，伯益（嬴姓祖先）知而名（命名）之，夷坚（博识之人）闻而志（记载）之。

"江浦（江滨）之间生麼虫，其名曰焦螟，群飞而集于蚊睫（睫毛），弗相触也；栖宿去来，蚊弗觉也。离朱、子羽（善视者）方昼拭眦（眼角）扬眉而望之，弗见其形；𩵋俞（音至书）、师旷（善听者）方夜擿（音至，挠）耳俯首而听之，弗闻其声。唯黄帝与容成子（传说中的得道仙人）居空桐（崆峒山，在今甘肃省平凉市西部地域）之上，同斋三月，心死形废（心寂静、形放松）；徐以神视，块然（形大）见之，若嵩山（在今河南省登封市地域）之阿（高大）；徐以气听（真气、精神感应），砰然（声大）闻之，若雷霆之声。

"吴（吴国，约在今江苏省及安徽省中东部地域）、楚之国有大木焉，其名为櫾（同柚），碧树而冬生（冬天常青），实丹而味酸；食其皮汁，已愤厥（治疗气郁结）之疾；齐州（中州；齐，中央）珍之，渡淮而北而化为枳（枸橘树结枳实）焉。鸜鹆（音瞿浴，八哥）不逾济（济水），貉（音合，狗獾）逾汶（汶水）则死矣，地气使然（气候造就）也。虽然，形气异也，性钧已（通矣），无相易（改变）已。生（同性）皆全已，分（天分）皆足已。吾何以识其巨细（大小）？何以识其修短？何以识其同异哉？"（万物之始终、大小、长短、远近、寿夭，世俗人不能知，得道者尽知。）

〖愚公移山〗

太形（通行，音杭）、王屋二山，方（方圆）七百里，高万仞；本在冀州之南，河阳之北（约在今河南省济源市地域）。北山愚公者，年且（年龄将近）九十，面山而居。惩（苦于）山北之塞（阻塞），出入之迂（绕行）也。

聚室而谋曰："吾与汝毕力（尽力）平险，指通（直通）豫南（约今河南省南阳市地域），达于汉阴（汉水之南，此当指今湖北省襄阳市地域），可乎？"（九十岁发大愿，贵在有志。）杂然相许。（合家人等，纷纷表示赞同。）

其妻献疑曰："以君之力，曾不能损魁父（土山）之丘，如太形（太行）、王屋何？且焉置（怎么放置）土石？"（妻提醒，有道理。）

杂曰："投诸（之于）渤海之尾（边界），隐土（中原东北薄州）之北。"

遂率子孙，荷担（挑担）者三夫（愚公及其子、孙），叩石垦壤（掘石挖土），箕畚（音本，箩筐）运于渤海之尾。邻人京城氏之孀妻有遗男（遗腹子），始龀（音趁，换牙），跳往助之。寒暑易节，始一反（同返）焉。（孤儿寡母，精神可嘉！）

河曲智叟（老者）笑而止之曰："甚矣（真笨啊）！汝之不惠（通慧，聪明），以残年余力，曾不能毁山之一毛（草木），其（你们）如土石何？"（智叟小智，河湾生活。）

北山愚公长息（长叹）曰："汝心之固（固执），固不可彻（鄙陋不能明白），曾不若孀妻弱子。虽我之死，有子存焉；子又生孙，孙又生子；子又有子，子又有孙：子子孙孙，无穷匮（无穷尽）也，而山不加增，何苦（何患）而不平？（道理确实如此，但不知年月要几许！子孙有多少？）"河曲智叟亡（通无）以应。

操蛇之神（山神）闻之，惧其不已（不停止）也，告之于帝（天帝）。帝感其诚，命夸蛾氏二子（大力天神）负二山，一厝（通措，安置）朔东（约在今山西省东部地域），一厝雍南（约在今陕西、甘肃地域）。自此，冀之南、汉之阴无陇断（无阻隔，陇通垄）焉。（愚公不愚，诚心而为；至诚感神，最终实现宏图大愿。）

〖夸父追日〗

夸父（远古神人）不量力，欲追日影，逐之于隅谷（日落之地）之际。渴欲得饮，赴饮河、渭（黄河、渭水）。河、渭不足，将走北饮大泽（或为贝加尔湖）。未至，道（中途）渴而死。弃其杖，尸膏肉所浸（滋润），生邓林。邓林弥广（辽阔）数千里焉。（夸父心愿未及，膏肉滋润千里，精神传续万载。）

〖神尊同道〗

大禹曰："六合之间，四海（中国九州）之内，照之以日月，经（测度，罗列）之以星辰，纪（次序）之以四时，要（约定）之以太岁（木星）。神灵所生，其物异形；或夭或寿，唯圣人能通其道。"（四海之内，神灵所生，惟圣人能明其道。）

夏革曰："然则，亦有不待神灵而生，不待阴阳而形，不待日月而明，不待杀戮而夭，不待将迎（保养）而寿，不待五谷而食，不待缯纩（丝绵）而衣，不待舟车而行。其道自然，非圣人之所通也。"（六合之间，不待神灵而生，不待阴阳而形，唯独尊神能通其道。）

〖终北之国〗

禹之治（开挖疏通）水土也，迷而失涂（同途），谬之（误入）一国。滨（濒临、临近）北海之北，不知距齐州（中州）几千万里，其国名曰终北，不知际畔之所齐限（不知界限）。

无风雨霜露，不生鸟兽、虫鱼、草木之类。四方悉平，周以乔陟（四周高山层叠环绕）。当国之中有山，山名壶领，状若甔甀（音担坠，水瓮）。顶有口，状若员（同圆）环，名曰滋穴。有水涌出，名曰神瀵（音奋，涌泉），臭过兰椒（香气超过兰草香），味过醴醴（淳酒）。一源分为四埒（音列，水道），注于山下。经营（滋润）一国，亡（通无）不悉遍。（如此宝地，天造地设，世间难寻，真乃仙境。）

土气和，亡札厉（无瘟病，厉同疠）。人性婉（柔弱）而从物，不竞不争；柔心而弱骨，不骄不忌；长幼侪（音柴，同）居，不君不臣；男女杂游（合处），不媒不聘；缘水而居，不耕不稼；土气温适，不织不衣；百年而死，不夭不病。其民孳阜亡数（繁殖无数），有喜乐，亡（通无）衰老哀苦。其俗好声，相携而迭谣（轮流歌唱），终日不辍音。饥倦（同倦）则饮神瀵，力志和平。过（多饮）则醉，经旬（十日）乃醒。沐浴神瀵，肤色脂泽，香气经旬乃歇（尽散）。（不冷不热，不耕不作；无忧无虑，歌舞为常；无疾而终，不是神仙胜似神仙。好不令人羡慕！）

周穆王北游过其国，三年忘归。既反（同返）周室，慕其国，惝然（恍惚状）自失。不进酒肉，不召嫔御者，数月乃复。（穆王经历仙境，留恋难奈俗物。）

管仲（齐国相）勉（鼓励）齐桓公因（寻机）游辽口（约在今辽河流域），俱之（同去）其国，几克举（希望尽快行动，几通冀）。

隰朋（齐大夫，隰音习）谏曰："君舍齐国之广，人民之众，山川之观（壮丽），殖物之阜（植物丰富，殖同植），礼义之盛（隆重），章服（绣有纹饰、区别等级的礼服）之美，妖靡（美女）盈庭，忠良满朝。肆咤（极力吼叫、号令）则徒卒百万，视挦（指挥）则诸侯从命，亦奚羡于彼而弃齐国之社稷，从戎夷之国乎？此仲父之耄（老而昏聩），奈何从之？"（隰朋之智慧，仅限于齐国。）

桓公乃止，以隰朋之言告管仲。仲曰："此固（本来）非朋之所及也，臣恐彼国之（隰朋）不可知之也，齐国之富奚恋？隰朋之言奚顾（顾忌）？"（终北之国，洞天福地，逍遥之民，远非齐国之可比也！）

〖异国异俗〗

南国之人被发而裸（披发、裸露臂膀，被同披），北国之人鞨（音末）巾而裘（裹头巾、穿兽皮衣），中国（中原）之人冠冕而裳（戴帽子、穿衣裳）。九土所资（九州土地所供给），或农或商，或田或渔；如冬裘夏葛（夏穿葛衣），水舟陆车，默而得（慢慢掌握）之，性而成之（习性乃形成）。（南北中，各行业，形不同，渐成性。）

越之东有辄休（当为沐）之国，其长子生，则鲜（趁新鲜）而食之，谓之宜弟。其大父（爷爷）死，负其大母（奶奶）而弃之，曰：鬼妻不可与同居处。（古代秦巴山区曾有恶俗：父母年逾六十，子女将其送至偏远山洞，任其自生自灭。山洞名曰祭祀窑。）

楚之南有炎人之国，其亲戚（父母）死，歼（同剐）其肉而弃之，然后埋其骨，乃成为孝子。

秦之西有仪渠之国者，其亲戚死，聚柴积而焚之。燻则烟上，（灵魂随烟上天。）谓之登遐，然后成为孝子。（古今之火葬，或沿袭此俗。）

此上（国君）以为政，下（百姓）以为俗，而未足为异（不足为怪）也。（既是恶俗，亦不足为怪。）

〖两小儿辩日〗

孔子东游，见两小儿辩斗（争论），问其故。

一儿曰："我以日始出时去人近，而日中时远也。"

一儿："以日初出远，而日中时近也。"

一儿曰："日初出大如车盖，及日中，则如盘盂。此不为远者小而近者大乎？"

一儿曰："日初出沧沧凉凉，及其日中如探汤（炽热）。此不为近者热而远者凉乎？"

孔子不能决（断决）也。两小儿笑曰："孰谓（称道）汝多知（同智）乎？"（两小儿辩日，孔子不能决，或为终身遗憾。）

（上天造就，自然规律；知之明理，不知不伤。太阳因斜射、直射而显形有大小，又因斜射、直射而阳光穿透空气有厚薄，再因空气厚薄导致反射热量不同而显凉热。）

〖均平天下〗

均（平衡），天下之至理也，连于形物（归属于物体）亦然。均发（同样头发）均县（都悬空，县同悬），轻重（不均）而发绝，发（发动、力量）不均也。均也，其绝也莫绝（断而丝不绝）。人以为不然，自有知其然者也。（事物平衡之力、之理，世间少有人知。）

詹何（楚国人，道家人物）以独茧丝为纶（钓线），芒针（芒草细针）为钩，荆蓧（同条）为竿，剖粒（谷粒）为饵，引盈车（如车大小）之鱼于百仞之渊、汩流（激流）之中；纶不绝，钩不伸，竿不桡（不弯曲）。楚王闻而异之，召问其故。（修行之人，常行精微之事，平常人岂能明晓。）

詹何曰："臣闻先大夫（詹何亡故之父）之言，蒲且子（楚国贤人）之弋（以绳箭射鸟）也，弱弓纤缴（音浊，丝线），乘风振（顺风发射）之，连双鸧（音仓）于青云之际（串连两只黄鹂于蓝天白云之间）。用心专，动手均（发力均衡）也。臣因（依据）其事，放（同仿）而学钓，五年始尽（完全掌握）其道。当臣之临河持竿，心无杂虑，唯鱼之念；投纶沉钩，手无轻重（失衡），物莫能乱（不能影响）。鱼见臣之钩饵，犹沉埃、聚沫，吞之不疑。所以能以弱制强，以轻致（施加）重也。大王治国诚能若此，则天下可运于一握（掌握机枢），将亦奚事哉？（帝王主机枢，群臣各分职，百姓顺教化，天下享太平。）"

楚王曰："善！"（治理天下，均衡无差。良臣辅佐，圣贤毕至，智能云集，百工敬业，君王何事！此乃无为而治也。）

〖换心之术〗

鲁公扈（音户）、赵齐婴二人有疾，同请扁鹊（战国时期名医，姓秦，名越人）求治。扁鹊治之，既同愈。

谓公扈、齐婴曰："汝曩（先前）之所疾，自外而干（外邪气侵蚀）府藏（腑脏）者，固（通故）药石之所已（治愈）。今有偕生（终生）之疾，与体偕长（同生长），今为汝攻（医治）之，何如？"

二人曰："愿先闻其验（征兆）。"

扁鹊谓公扈曰："汝志强而气弱，故足于谋而寡于断。齐婴志弱而气强，故少于虑而伤于专（固执）。若换汝（你们）之心，则均于善（相互补充、达到完美）矣！"（换心危险，二人迟疑默许。）

扁鹊遂饮二人毒酒（麻醉药），迷死三日，剖胸探心，易而置（移植）之；投以神药，既悟（通寤，睡醒）如初。（为人换心，非神医不能为也！）

二人辞归。于是，公扈反（同返）齐婴之室，而有其妻子，妻子弗识。齐婴亦反（返）公扈之室，而有其妻子，妻子亦弗识。（良久乃识。）二室因（因为换心）相与讼（争论），求辩（通辨，辨别）于扁鹊。扁鹊辩（解释）其所由，讼乃已。（形体不变，心思随外境而变。）

〖师文学琴〗

匏（音刨）巴鼓琴而鸟舞鱼跃。（鸟鱼能感应琴声。）郑师文闻之，弃家从师襄游（跟从鲁国乐官师襄游学）。柱指钧弦（调音调弦），三年不成章（不成曲）。

师襄曰："子可以归矣！（三年不开窍。）"

师文舍（舍弃、放置）其琴，叹曰："文非弦之不能钧，非章之不能成。文所存（存神）者不在弦，所志（意志）者不在声。内不得于心，外不应于器（琴），故不敢发手（抬手）而动弦。且小假（稍宽容）之，以观其后（以观后效）。"

无几何（没过多久），复见师襄。师襄曰："子之琴（琴艺）何如？"

师文曰："得之矣！请尝试之。"（勤奋努力，过程渐进；日积月累，顷刻顿悟。）

于是，当春而叩商弦（金音），以召（奏）南吕（第十律），凉风忽至，草木成实（果实成熟）。及秋而叩角弦（木音，角音决），以激（奏）夹钟（第四律），温风徐回，草木发荣（开花）。当夏而叩羽弦（水音），以召黄钟（第一律），霜雪交下，川池暴沍（迅速冰冻）。及冬而叩徵弦（火音，徵音止），以激蕤宾（第七律），阳光炽烈，坚冰立散。将终，命宫（土音）而总四弦，则景风翔（起祥和之风），庆云浮，甘露降，醴泉涌。（师文抚琴，叩动五音：宫、商、角、徵、羽，奏十二律，反转季节，感应万物。）

师襄乃抚心高蹈（拍打胸脯跳跃，抚通拊）曰："微（精妙）矣！子之弹（技艺）也。虽师旷之清角（奏清角，致干旱），邹衍（齐国人，阴阳家）之吹律（吹六律，地变暖），亡以加（无法超越）之。彼（师襄）将挟琴执管而从子之后耳！（技艺超绝，师从徒学。）"

（远古时代，音乐本初乃祭祀、通神之用，其音即能感应万物。上古之乐师，乃沟通人天之巫觋；今道观内有道乐，古曲传承不绝，实质或有不及。）

〖余音绕梁〗

薛谭学讴（歌唱）于秦青，未穷青之技，自谓尽之，遂辞归。秦青弗止，饯于郊衢（送行于郊外大道）。抚节（拍打竹制打击乐器）悲歌，声振林木，响遏（回音阻止）行云。薛谭乃谢求反（道歉求返回，反同返），终身不敢言归。（秦青高音，响过行云，古今无人能及。）

秦青顾（回头）谓其友曰："昔，韩娥东之齐，匮粮（缺乏食物），过雍门（经过齐都西门），鬻歌假食（卖唱乞食）。既去而余音绕梁欐（音利，屋梁），三日不绝，左右以其人弗去。过逆旅（住旅馆），逆旅人辱之。韩娥因曼声（于是长声）哀哭，一里老幼悲愁，垂涕相对，三日不食。遽（急速）而追之。娥还，复为曼声长歌，一里长幼喜跃抃（音变，拍手）舞，弗能自禁，忘向之悲也。乃厚赂发（多赠财物并遣送）之。故，雍门之人至今善歌哭，效娥之遗声。"（韩娥之歌声，响彻乡里，余音绕梁，感动人心。）

〖高山流水〗

伯牙善鼓琴（弹琴），钟子期善听。

伯牙鼓琴，志（意思）在登高山。钟子期曰："善哉！峨峨兮（高大啊）！若泰山。"

志在流水。钟子期曰："善哉！洋洋兮（浩大啊）！若江河。"伯牙所念（表达），钟子期必得（领会）之。（高山流水，世为知音。）

伯牙游于泰山之阴（北坡），卒逢（忽然遭遇，卒同猝）暴雨，止于岩下；心悲，乃援琴而鼓（抚琴弹奏）之。初为霖雨之操（连绵大雨之曲调），更造（再弹）崩山之音。

曲每奏，钟子期辄穷其趣（总是全部领会其旨意）。伯牙乃舍琴而叹曰："善哉，善哉，子之听夫！志想象犹吾心也，吾于何逃声（我心思如何能脱离声音）哉？"（琴声传情达意，能听懂者即为知音，亦能知心。）

〖人造倡人〗

周穆王西巡狩（视察西域之地），越昆仑，不至弇（音淹）山。反（同返）还，未及中国（中原），道有献工人（艺人）名偃师，穆王荐

（召见）之，问曰："若有何能？"

偃师曰："臣唯命（任由）所试。然臣已有所造（倡人），愿王先观之。"

穆王曰："日以俱来（明日一起带来），吾与若俱观之。"

越日（至第二日），偃师谒见王。

王荐之（令之入席），曰："若与偕来者何人邪？"

对曰："臣之所造能倡者（能歌善舞之人）。"

穆王惊视之，趣（同趋）步俯仰，信人（真人）也。巧夫（偃师）颔（通撼，音沁，按）其颐，则歌合律；捧其手，则舞应节。千变万化，惟意所适（随人意而动）。王以为实人也，与盛姬（宠妃）内御并观之。技将终，倡者瞬其目而招（眨眼而勾引）王之左右侍妾。王大怒，立欲诛偃师。偃师大慑，立剖散倡者以示王，皆傅会（拼凑）革木、胶漆、白黑、丹青之所为。（人造倡者，具备真人意识。）

王谛料（仔细翻看）之，内则肝胆、心肺、脾肾、肠胃，外则筋骨、支（同肢）节、皮毛、齿发，皆假物也，而无不毕具（全都具备）者。合会复如初见。王试废（拿去）其心，则口不能言；废其肝，则目不能视；废其肾，则足不能步。（倡人似真人，巧夺天工。）

穆王始悦而叹曰："人之巧乃可与造化者（造物主）同功乎？"诏贰车（从车）载之以归。

夫班输（姓公输，名班，鲁国人，木工祖师）之云梯，墨翟（墨家重要人物）之飞鸢（似鹰），自谓能之极也。弟子东门贾（鲁班弟子）、禽滑釐（墨翟弟子）闻偃师之巧，以告二子；二子终身不敢语艺，而时（时常）执规矩。（艺无止境，天外有天，人外有人，谨慎从事，免自献丑。）

〖飞卫师箭〗

甘蝇，古之善射者，彀（音够，拉）弓而兽伏鸟下。（技艺精妙，箭无虚发。）弟子名飞卫，学射于甘蝇，而巧过其师。

纪昌者，又学射于飞卫。飞卫曰："尔先学不瞬（不眨眼），而后可言射矣。"

纪昌归，偃卧妻之机（织布机）下，以目承牵挺（上下随看织布机踏板连杆）。二年之后，虽锥末倒眦（锥尖到眼眶，倒同到），而不瞬也。

以告飞卫。飞卫曰："未也，必学视而后可。视小如大，视微如著（明显），而后告我。"

昌以牦（牛马尾毛）悬虱于牖，南面而望之。旬日之间，浸（慢慢）大也；三年之后，如车轮焉。以睹余物，皆丘山也。乃以燕角之弧（以燕国兽角为弓），朔蓬之簳（蓬杆为箭杆）射之，贯（贯穿）虱之心，而悬（尾毛）不绝。

以告飞卫。飞卫高蹈拊膺（拍打胸）曰："汝得之矣！"

纪昌既尽（全部掌握）卫之术，计（核算）天下之敌（匹敌）己者，一人而已；乃谋杀飞卫。（绝技灭师，后人重戒！）相遇于野，二人交射；中路矢锋相触，而坠于地，而尘不扬。飞卫之矢先穷，纪昌遗一矢；既发，飞卫以棘刺之端扞（同捍，防卫）之，而无差焉。于是，二子泣而投弓，相拜于涂（同途），请为父子。克臂以誓，不得告术于人。（后人用此法，射当能至精乎？尔不妨一试！）

〖造父习御〗

造父之师曰泰豆氏。造父之始从习御也，执礼甚卑，泰豆三年不告。（古人从师学艺者，三年做苦役，以为考验。）

造父执礼愈谨，乃告之曰："古诗言：'良弓之子，必先为箕（箕具挡箭）；良冶之子，必先为裘（皮袍隔热）。'（学艺必先学防卫本领。）汝先观吾趣（同趋，快步走）。趣（趋）如吾，然后六辔（缰绳）可持，六马可御。"

造父曰："唯命所从。"

泰豆乃立木为涂（同途），仅可容足；计步而置，履之而行。趣（趋）走往还，无跌失也。造父学之，三日尽其巧。（自行险途，轻松自如，再施行于马车。后人习武，亦有仿效而作八卦梅花桩者。）

泰豆叹曰："子何其敏（聪明）也？得之捷（迅速）乎！凡所御者，亦如此也。曩（方才）汝之行，得之于足，应之于心。推于御也，齐辑乎辔衔（协调于缰绳、嚼子）之际，而急缓乎唇吻（吆喝）之和，正度（适度）乎胸臆之中，而执节（节制）乎掌握之间。内得于中心，而外合于马志。是故，能进退履绳而旋曲（旋转）中规矩，取道致远而气力有余，诚得其术也。

"得之于衔，应之于辔；得之于辔，应之于手；得之于手，应之于心。则不以目视，不以策（马鞭）驱；心闲体正，六辔不乱，而二十四蹄所投（六匹马蹄放置）无差；回旋进退，莫不中节（合节拍）。然后，舆轮之外可使无余辙，马蹄之外可使无余地。（马、车之行，恰到好处。）未尝觉山谷之崄，原隰（平洼）之夷，视之一也。吾术穷矣。汝其识（记）之！"（协调辔衔之际，唇吻吆喝之和，心合马志，马知人意，人马默契，畅通无阻。）

〖借剑复仇〗

魏黑卵以昵嫌（私愤）杀丘邴章，丘邴章之子来丹谋（筹划）报父之仇。丹气（胆识）甚猛，形甚露（身体很瘦弱），计粒而食，顺风而趋（风吹即跑）。虽怒，不能称兵（举兵器）以报之。耻假（耻于假借）力于人，誓手剑以屠黑卵。

黑卵悍志（勇猛之气）绝众，力抗百夫。筋骨皮肉，非人类（可比）也。延颈承刀（伸脖受刀），披（敞开）胸受矢，铠锷摧屈（刀刃卷曲），而体无痕挞（伤痕）。负其材力（凭借勇力），视来丹犹雏㲉（音叩，幼鸟）也。（来丹体弱，百身不敌黑卵，报仇无望。）

来丹之友申他（音砣）曰："子怨（痛恨）黑卵至矣！黑卵之易（蔑视）子过矣！将奚谋（打算）焉？"

来丹垂涕曰："愿子为我谋（谋划）。"

申他曰："吾闻卫孔周其祖得殷帝之宝剑，一童子服（佩戴）之，却三军（能退却步、骑、车三兵种）之众，奚不请（求取）焉？"

来丹遂适卫，见孔周，执仆御（行奴仆）之礼，请先纳（请求先抵押）妻子，后言所欲。（依约，来丹阖家当抵押为孔周家仆役。）

孔周曰："吾有三剑，唯子所择；皆不能杀人，且先言其状。一曰含光。视之不可见，运之不知有。其所触（入体）也，泯然无际（无伤痕），经物（刺伤）而物不觉。二曰承影。将旦昧爽（昏明）之交，日夕（日落）昏明之际，（拂晓及黄昏，阴阳交错之际。）北面而察之，淡淡焉若有物存，莫识其状。其所触也，窃窃然有声，经物而物不疾（不疼）也。三曰宵练。方昼则见影而不见光，方夜见光而不见形。其触物也，骑（音攉）然而过，随过随合，觉疾而不血刃焉。此三宝者，传之十三世矣，而无施（无用）于事。匣而藏之，未尝启封。"

来丹曰："虽然，吾必请其下者（宵练）。"

孔周乃归其妻子，与斋七日。晏阴（晴阴）之间，跪而授其下剑，来丹再拜，受之以归。（无形之剑，非常之人佩之，来丹用之何能行？）

来丹遂执剑从（跟踪）黑卵。时（正好）黑卵之醉偃（仰卧）于牖下，自颈至腰三斩之。黑卵不觉。来丹以黑卵之死，趣（同趋，急走）而退。

遇黑卵之子于门，击之三下，如投虚（空）。黑卵之子方笑曰："汝何蚩（通嗤，讥笑）而三招予？"来丹知剑之不能杀人也，叹而归。（孔周曾明言：三剑皆不能杀人。）

黑卵既醒，怒（责备）其妻曰："醉而露（暴露）我，使我嗌疾而腰急（咽喉痛、腰也疼）。"（年代虽久远，而宝剑灵性尚存。）

其子曰："畴昔（方才）来丹之来，遇我于门，三招我，亦使我体疾而支强（通肢僵），彼其厌（巫术伤害）我哉！"（剑虽无形，来丹心诚，亦有所伤。）

〖锟铻剑、火浣布〗

周穆王大征西戎（西方少数民族），西戎献锟铻之剑、火浣（音涣）之布。其剑长尺有（通又）咫，（剑长一尺八寸。）练钢赤刃，用之切玉如切泥焉。火浣之布，浣（洗）之必投于火；布则火色，垢则布色；出火而振（通震）之，皓然疑乎雪（洁白如雪）。

皇子（告敖，齐桓公时人）以为无此物，传之者妄。萧叔（宋国人）曰："皇子果（果然妄断）于自信，果于诬（不相信）理哉！"（此二宝物，方今乃有！）

力　命

（穷通祸福，力不能及；生死由命，富贵在天。）

力谓命曰："若（你）之功奚若（怎么能等同）我哉？"

命曰："汝奚功于物（人）而欲比朕（先秦之我）？"

力曰："寿夭、穷达、贵贱、贫富，我力之所能也。"

命曰："彭祖（姓篯名铿，传说中的长寿仙人）之智不出（不超越）尧、舜之上，而寿八百；颜渊（孔门弟子）之才不出（不在）众人之下，而寿四八；仲尼之德不出诸侯之下，而困于陈、蔡（约在今河南周口、驻马店部分地域）；殷纣之行不出三仁（比干、箕子、微子）之上，而居君位。季札（吴国公子）无爵（数让君位）于吴，田恒（齐国相）专有齐国；夷、齐（伯夷、叔齐）饿（饿死）于首阳，季氏（季孙氏，鲁国贵族）富于展禽（柳下惠，道德楷模）。若（如果）是汝力之所能，奈何寿彼而夭此，穷圣而达逆（逆贼），贱贤而贵愚，贫善而富恶邪（同耶，语气助词）？"

力曰："若（果然）如若（你）言，我固（或许）无功于物，而物若此（如此）邪，此则若（你）之所制邪？"

命曰："既谓之命，奈何有制之者邪？朕直而推（直行）之，曲而任之。（随方就圆，顺应自然。）自寿自夭，自穷自达，自贵自贱，自富自贫，朕岂能识（知道）之哉？朕岂能识（辨别）之哉？"（人由母生，命乃天定，力不能捍。）

〖厚德薄命〗

北宫子谓西门子曰："朕与子并世（同辈）也，而人子达（通达）；并族也，而人子敬（人敬你）；并貌也，而人子爱；并言也，而人子庸（通用，用其言）；并行也，而人子诚（诚待你）；并仕也，而人子贵；并农也，而人子富；并商也，而人子利。朕衣则裋（音树）褐（音贺，粗布麻衣），食则粢粝（粗糙食物），居则蓬室（草屋），出则徒行。子衣则文锦，食则粱肉，居则连栭（连栋大房），出则结驷（四乘所驾之车）。在家熙（通嬉）然有弃（蔑视）朕之心，在朝谔然（直言状）有傲朕之色。请谒（邀请、拜访）不相及，遨游不同行，固有年（已经有几年）矣！子自以德过朕邪？"（命运不同，境况相异，杜绝往来，勉生是非。）

西门子曰："予无以知其实（根本）。汝造事（遇事）而穷，予造事而达，此厚薄之验（德行多少之应验）欤？而皆谓与予并，汝之颜厚（脸厚不知羞耻）矣！"（人勿与人比：不比则富贵不骄，不自鸣得意；不比即贫贱不愧，不自取其辱。）

北宫子无以应，自失（情绪低落）而归。中途遇东郭先生。

先生曰："汝奚往而反（同返），偊偊（独行状，音雨）而步，有深愧（特别愧疚）之色邪？"北宫子言其状。

东郭先生曰："吾将舍（通释，消除）汝之愧，与汝更之（再到）西门氏而问之（讨个说法）。（打抱不平，古今不乏其人。）"

曰："汝奚辱北宫子之深（过分）乎？固且（姑且，固通姑）言之。"

西门子曰："北宫子言世族、年貌、言行与予并，而贱贵、贫富与予异。予语之曰：'予无以知其实。汝造事而穷，予造事而达，此将（或是）厚薄之验欤？而皆谓与予并，汝之颜厚矣！'"

东郭先生曰："汝之言厚薄不过言才德之差（差别），吾之言厚薄异于是（才德之差）矣。夫北宫子厚于德，薄于命；汝厚于命，薄于德。汝之达，非智得也；北宫子之穷，非愚失也。皆天（天命造就）也，非人（人力导致）也；而汝以命厚自矜（自夸），北宫子以德厚自愧，皆不识夫固然（本来、自然）之理！"（东郭先生实乃通达之人。）

西门子曰："先生止矣（别说了）！予不敢复言（我不会再说）。（富贵知不足，更增加富贵。）"

北宫子既归，衣其裋褐，有狐貉（音合，狐貉皮裘）之温；进（进食）其茇菽（音戎叔，大豆），有稻粱之味；庇（居住）其蓬室，若广厦之荫；乘其筚辂（音路，柴车），若文轩（彩车）之饰。终身逌（通悠）然，不知荣辱之在彼也，在我也。（明理之人，不计较荣辱，何论利害、得失。）

东郭先生闻之曰："北宫子之寐（迷糊）久矣，一言而能寤（清醒），易怛（当为悟，觉悟）也哉！"（同名同出生，承负有不同，命运悬殊。北宫子知命达生，乐得其所。）

〖管鲍命运〗

管夷吾、鲍叔牙二人相友甚戚（亲近），同处于齐。管夷吾事（事奉）公子纠，鲍叔牙事公子小白。（管、鲍有先见之明，各保一主，其必有一成。）

齐公族多宠（纵容公子），嫡庶（正旁支系）并行，国人惧乱。管仲与召忽奉公子纠奔鲁，鲍叔奉公子小白奔莒（音举，莒国，约在今山东莒县地域）。既而，公孙无知（齐国公族）作乱，齐无君，二公子争入（为君）。管夷吾与小白战于莒，道（半路）射中小白带钩（铜制饰品）。（争夺王位，各为其主，兵戎相见。）

小白既立（继位），胁（威逼）鲁杀子纠，召忽死之（自杀而死），管夷吾被囚。（政治斗争，你死我活，毫无情义可言。）

鲍叔牙谓桓公曰："管夷吾能，可以治国。"

桓公曰："我仇（仇人）也，愿（希望）杀之。"（齐桓公于公元前685年—前643年在位。）

鲍叔牙曰："吾闻贤君无私怨，且人能为其主，亦必能为人君。如欲霸王，非夷吾其弗可。君必舍（通赦，赦免）之！"遂召管仲。（成事之臣力保失势之人，相互关照。）

鲁归之（管夷吾）齐，鲍叔牙郊迎，释其囚（枷锁）。桓公礼（厚待）之，而位于高、国（齐国两大夫）之上，鲍叔牙以身下（官位处下）之，任以国政，号曰仲父。桓公遂霸。（管仲相齐，鲍叔牙辅助，成就桓公小白春秋第一霸主地位。）

管仲尝叹曰："吾少穷困时，尝与鲍叔贾（做买卖），分财多自与；鲍叔不以我为贪，知我贫也。吾尝为鲍叔谋事而大穷困，鲍叔不以我为愚，知时（时运）有利、不利也。吾尝三仕，三见逐（被免职）于君；鲍叔不以我为不肖（没出息），知我不遭（不逢）时也。吾尝三战三北（三败），鲍叔不以我为怯，知我有老母也。（老母在堂，生当尽孝，不敢舍身。）公子纠败，召忽死之，吾幽囚受辱；鲍叔不以我为无耻，知我不羞小节，而耻名不显于天下也。生我者父母，知我者鲍叔也！"（管鲍之交，知心朋友，千古流传。）

此世称管、鲍善交者，小白善用能者。然实（实质）无善交，实无用能也。实无善交、实无用能者，非更（不是本来）有善交、更有善用能也。召忽非能死，不得不死；鲍叔非能举贤，不得不举；小白非能用仇，不得不用。（时势使然，意不由己，不得不为。）

及管夷吾有病，小白问之，曰："仲父之病病（病情严重）矣，可不讳（不用忌讳）。云（若）至于大病（死亡），则寡人恶乎属（通嘱，托付）国而可？（国事托付给谁才可以？）"

夷吾曰："公谁欲欤（公欲起用谁）？"

小白曰："鲍叔牙可。"

曰："不可！其为人也，洁廉善士也。其于不己若者不比（不具备）之人，一闻人之过，终身不忘。使之理国，上且钩（求全责备）乎君，下且逆（逆私欲而获怨）乎民。其得罪于君也，将弗久矣。"（过于清正廉洁不能相国，事实确实如此！俗语亦云：不聋不瞎，不能当家。）

小白曰："然则，孰可？"

对曰："勿已（不得已），则隰（音习）朋可。其为人也，上忘（忘爵位）而下不叛（不骄横），愧其不若黄帝而哀不己若者。以德分人谓之圣人，以财分人谓之贤人。以贤临人，未有得人者也；以贤下人者，未有不得人者也。其于国（国事）有不闻也，其于家（家事）有不见也。（小事糊涂，大事精明；明其当明，轻其当轻。）勿已，则隰朋可。"

然则，管夷吾非薄（轻视）鲍叔也，不得不薄；非厚（重视）隰朋也，不得不厚。厚之于始，或薄之于终；薄之于终，或厚之于始。厚薄之去来，弗由我也。（管子以国家利益为重，其二人实际情况也确实如此。老臣谋国，君民之福。）

邓析（郑国大夫，法家、名家先驱）操两可之说（正反皆通），设无穷（开创巧言）之辞，当（适逢）子产（郑国卿）执政，作《竹刑》。郑国用之，数难（多次为难）子产之治。子产屈之（强迫邓析），子产执而戮（关押侮辱）之，俄而诛之。然则，子产非能用《竹刑》，不得不用；邓析非能屈（屈服于）子产，不得不屈（屈服）；子产非能诛邓析，不得不诛也。（形势所至，不得不为，身不由己。）

〔生死因缘〕

可以生而生，（应时而生，适逢治世。）天福也；可以死而死，（体智健全，寿终正寝。）天福也。可以生而不生，（胎死腹中，不见天日。）天罚也；可以死而不死，（病痛折磨，生不如死。）天罚也。可以生，可以死，得生得死（自然生死），有矣；不可以生，不可以死，或死或生（非常生死），有矣。然而，生生死死，非物非我（物我无关），皆命也，智之所无奈何。（生死由命，无关智力。）（可以生而不生，可以死而不死，生而残疾，穷困潦倒，历尽苦难，先前因缘，此时了债。）

故曰，窈然（幽深状）无际，天道自会（融通）；漠（寂静）然无分（无分别），天道自运。天地不能犯（违犯），圣智不能干（干扰），鬼魅不能欺。（鬼魅作怪，必有因缘。）自然者，默之成之，平之宁之，将（顺从）之迎之。（天道自然，自然而然。）

〖三医会诊〗

杨朱之友曰季梁（随国大夫）。季梁得疾，七日大渐（恶化将死）。其子环而泣之（当环而歌诵前功），请医。

季梁谓杨朱曰："吾子不肖（不知事务）如此之甚，汝奚不为我歌以晓（明示）之？"

杨朱歌曰："天其（岂）弗识，人胡（怎么）能觉？匪（同非）祐自天（福非天佑），弗孽（罪）由人（罪不由人）。我乎汝乎！其（天）弗知乎！医乎巫乎！其（岂）知之乎？（大病大难，因非在我；医巫不知，病岂能治。小灾小恙，己当自省。）"

其子弗晓（不明白），终谒（邀请）三医。一曰矫氏，二曰俞氏，三曰卢氏，诊其所疾。（人生在世，吉凶祸福，自有定数。其子不明，请医治病。）

矫氏谓季梁曰："汝寒温不节，虚实失度，病由饥饱色欲；精虑烦散，非天非鬼。虽渐（病情加剧），可攻（可治）也。"

季梁曰："众医也。呕屏（屏退）之！"（众医论表里虚实、温凉寒热，使用药石，仅治小病。）

俞氏曰："汝始（出生时）则胎气不足，乳湩（音洞，乳汁）有余；病非一朝一夕之故，其所由来渐（长久）矣，弗可已（治不好）也。"

季梁曰："良医也！且食之。"（良医识后天不足，渐次调理，平衡阴阳。）

卢氏曰："汝疾不由天，亦不由人，亦不由鬼；禀生受形，既有制之者（前世因缘）矣，亦有知之者（鬼神）矣！药石其如汝何？”

季梁曰："神医也！重贶遣之（赠送财物送回家，贶音况）。"（神医知前因后果，不用药石而治。）

俄而，季梁之疾自瘳（自愈）。

〖随缘处世〗

生非贵（重视）之所能存（长久），身非爱之所能厚（健壮）；生亦非贱之所能夭（短寿），身亦非轻之所能薄（羸弱）。故，贵之或不生，贱之或不死；爱之或不厚，轻之或不薄。此似反也，（其实）非反也；此自生自死，自厚自薄。或贵之而生，或贱之而死；或爱之而厚，或轻之而薄。此似顺也，非顺也；此亦自生自死，自厚自薄。（生死有命，上天造就，各不相同。）

鬻熊语文王曰："自长非所增，自短非所损，算（谋划）之所亡（通无）若何？（随缘！）"（鬻熊乃楚国先祖，时为周文王辅臣。）

老聃语关尹曰："天之所恶（厌弃），孰知其故？（自然演化，自我消亡。）"言迎（迎合）天意，揣（揣测）利害，不如其已（停止）。（人生在世，祸福利害，不用谋划，因循自然。）

〖同生异命〗

杨布问曰："有人于此，年（出生时间）兄弟也，言兄弟（相当）也，才兄弟也，貌兄弟也；而寿夭父子（悬殊）也，贵贱父子也，名誉父子也，爱憎父子也。吾惑之。"（同父同母孪生兄弟，生活各不相同；同年、月、日、时生者千万，命运相差悬殊。）

杨子曰："古之人有言，吾尝识（铭记）之，将以告若。不知所以然而然（万物各有定数），命也。今昏昏昧昧，纷纷若若（纷繁），随所为，随所不为。日去日来，孰知其故？皆命也。（世俗百姓，昏昏昧昧，生死相继，代代如此。）"

〖都无所谓〗

夫信命者（天注定），亡（通忘，下同）寿夭；信理者（明道理），亡是非；信心者（心静定），亡逆顺；信性（通生）者（明生死），亡安危。则谓之都亡（通无）所信，亡（无）所不信。（信与不信，顺与不顺而已。）真矣愨（音却，诚实）矣，奚去奚就（何去何从）？奚哀奚乐？奚为奚不为？（从天信命，无论是非、安危、生死。）

黄帝之书云："'至人居若死（活死人），动若械（木偶）。'亦不知所以居，亦不知所以不居；亦不知所以动，亦不知所以不动。亦不以众人之观（注意），易其情貌；亦不谓众人之不观，不易其情貌。独往独来，独出独入，孰能碍之？"（至人无心，保神守真，似愚若痴，独来独往。）

〖世间俗态〗

墨尿（音梅赤，狡诈，无赖）、单至（音战叠，轻举妄动状）、啴咺（音产选，迂缓貌）、憋憋（音夫，急速貌），四人相与游于世，胥如志（皆如愿）也；穷年不相知情，自以智之深（广大）也。

巧佞、愚直、婵砒（倔强、高傲）、便辟（献媚），四人相与游于世，胥如志也；穷年而不相语术，自以巧之微（精妙）也。

獠伢（音悄亚，狡狯）、情露、謰极（口吃，謰音减）、凌谇（辱骂），四人相与游于世，胥如志也；穷年而不相晓悟（教诲），自以为才之得（出色）也。

眠娗（音舔，腼腆）、諈诿（烦重）、勇敢、怯疑，四人相与游于世，胥如志也；穷年不相谪发（责备），自以行无戾（无违逆）也。

多偶（活泼）、自专、乘权、只立，四人相与游于世，胥如志也；穷年不相顾眄（照应），自以时之适也。

此众态也。貌不一，而咸之（尽符合）于道，命所归也。（人世间善恶美丑、忠奸廉贪、智能愚痴等等形象，命运不同，皆符合于道。）

〖万事随缘〗

佹佹（音规，几乎、将要）成者，俏（通肖，似）成也，初非成也。佹佹败者，俏（似乎）败者也，初非败也。故，迷（迷惑）生于俏（似成不成），俏（相似）之际昧然（迹象不明）。于俏而不昧然，则不骇外祸，不喜内福（心不祈福）；随时动，随时止，智不能知也。（斋戒静心，灵性感知。）

信命者，于彼我无二心（内心不受外物影响）。于彼我而有二心者，不若掩目（即使掩目）塞耳，（不如顺其自然。）背坂面隍（背靠山坡面向城壕）亦不坠仆也。（尽人事，听天命，无论成败穷通、祸福得失。）

故曰：死生，自命也；贫富（或为穷），自时也。（生死贫富，命运造就。）怨夭折者，不知命者也；怨贫穷者，不知时者也。当死不惧，在穷不戚（不忧伤），知命安时也。

其使多智之人量（衡量）利害，料（分析）虚实，度（测度）人情，得亦中，亡（失）亦中。（承负恶报，在劫难逃。）其少智之人不量利害，不料虚实，不度人情，得亦中，亡（失）亦中。（承负善报，富贵绵长。）量与不量，料与不料，度与不度，奚以异（区别）？唯亡（通无）所量，亡（无）所不量，则全而亡（无）丧。亦非知（同智）全，亦非知（同智）丧；自全也，自亡（失）也，自丧也。（不计量，随自然，何得何失。）

〖生死相继〗

齐景公（公元前547年—前490年在位）游于牛山（约在今山东省淄博市临淄区南部地域），北临其国城（临淄为齐国都城）而流涕曰："美哉国乎！郁郁芊芊（草木茂盛），若何滴滴（流逝）去此国而死乎？（有生有死，不得不死。）使（假使）古无死者，寡人将去斯而之何（死后将去往何处）？"

史孔、梁丘据（辅臣）皆从而泣曰："臣赖君之赐，跪（当为疏）食恶肉可得而食，驽马棱车（简陋马车）可得而乘也，且犹不欲死，而况吾君乎！"（拍马溜须，恰到好处。）

晏子（齐国相）独笑于旁。公雪涕（擦拭眼泪）而顾晏子曰："寡人今日之游悲，孔与据皆从寡人而泣，子之独笑，何也？（景公及二谀臣贪生怕死而欲长享富贵。）"

晏子对曰："使（假使）贤者常守之，则太公（姜尚，齐国首君）、桓公将常守之矣；使（即使）有勇者而常守之，则灵公（公元前581年—前554年在位）、庄公（灵公之子，仅在位6年）将常守之矣。数君者将守之，吾君方将被蓑笠（披蓑衣戴斗笠，被同披）而立乎畎亩之中，唯事之恤（只有耕耘操劳），行假（当为何暇）念死乎？则吾君又安得此位而立焉？以其迭（更迭）处之，迭去之，至于君也，而独为之流涕，是不仁也。见不仁之君，见谄谀之臣。臣见此二者，臣之所为独窃笑也。（忠臣直言，难得善终。）"景公惭焉，举觞（音伤，酒器）自罚，罚二臣者各二觞焉。（知错就改，齐景公或是明君。）

〖子死不忧〗

魏人有东门吴者，其子死而不忧。其相室（管家）曰："公之爱子，天下无有。今子死不忧，何也？"

东门吴曰："吾常（通尝，曾经）无子，无子之时不忧。今子死，乃与向（先前）无子同，臣（为父自称）奚忧焉？"（明道者，遵从自然，乐天知命，与俗无情。）

〖仕农工商〗

农赴时（赶节气），商趣（同趋）利，工追术（追求技能），仕逐势（追逐权势），势（形势）使然也。然农有水旱，商有得失，工有成败，仕有遇否（音痞，不遇），命使然也。（富贵贫贱，悲欢甘苦；自历其生，适得其所；人力弗及，各由天命。）

杨　朱

（名利累生，善恶同死；生当逸乐，兼顾死后。）

杨朱游于鲁，舍（寄宿）于孟氏。

孟氏问曰："人而已矣（平常生活罢了），奚以名为（为何图名）？"

曰："以名者为富！（名能致富。）"

"既富矣，奚不已（不停止）焉？"

曰："为贵！（富贵常相随。）"

"既贵矣，奚不已焉？"

曰："为死！（死后事，得祭祀。）"

"既死矣，奚为焉？"

曰："为子孙！（富贵则荫及子孙。）"

"名奚益于子孙？"

曰："名乃苦其身，燋（通焦，烦躁）其心。乘（趁）其名者，泽及宗族，利兼乡党，况子孙乎？"（本人为名，苦身焦心；他人趁名，不劳而获，坐收渔翁之利。）

"凡为名者必廉，廉斯（乃）贫；为名者必让，让斯（则）贱。"

曰："管仲之相齐也，君淫亦淫，君奢亦奢；志合言从，道行国霸；（顺君行事，个人留名。）死之后，管氏而已。（一代名相，家族衰落。）田氏（田恒）之相齐也，君盈则己降（君奢靡则自己节俭），君敛则己施；民皆归之，因有齐国；（笼络人心，名利双收。）子孙享之，至今不绝。"（管仲未谋后世留清誉，田氏代齐千古有骂名。）

"若实名（为何真名）贫，伪名富？"

曰："实（则）无名，名（则）无实。名者，伪（虚幻）而已矣！昔者，尧舜伪以天下让许由、善卷（隐士）而不失天下，享祚（国统）百年。伯夷、叔齐实以孤竹君让而终亡其国（孤竹国，约在今河北省秦皇岛市卢龙县东南），饿死于首阳之山（一说在今山西省运城市永济市南）。实伪之辩（通辨，区别），如此其省（明了）也。"（所以然者，从古至今，众人弃实求虚。）

杨朱曰："百年，寿之大齐（大限）；得百年者，千无一焉。设（假设）有一者，孩抱以逮（至）昏老，几居其半（将近占据终身一半）矣；夜眠之所弭（止息），昼觉之所遗（消逝），又几居其半矣；痛疾哀苦，亡失忧惧，又几居其半矣；量十数年之中，逌（通悠）然而自得亡介（无细微；亡通无，介通芥）焉之虑者，亦亡（无）一时之中（半）尔。（人生至死，悠然自得，少之又少，当多珍惜。）

"则人之生也奚为哉？奚乐哉？为美厚（美服厚味）尔，为声色尔（而已）；而美厚复（又）不可常厌足，声色不可常玩闻。乃复为刑赏之所禁劝，名法之所进退（束缚）。遑遑尔（匆忙如此）竞一时之虚誉，规（谋划）死后之余荣；偶偶（音雨，独行）尔顺（通慎）耳目之观听，惜（顾忌）身意之是非。徒失当年之至乐，不能自肆（自我放松）于一时。重囚累梏（严禁、大手铐），何以异哉？（确实如此！然而，社会主流意识推崇。）

"太古之人，知生之暂来，知死之暂往。故，从心而动，不违自然所好。当身之娱非所去也，故不为名所观（通劝，诱惑）。从（同纵）性而游，不逆万物所好。死后之名非所取也，故不为刑所及。（不求名利，不获刑罚。）名誉先后（有或无），年命（寿命）多少，非所量（思量）也。"（人生在世，不违自然，从心而动，纵性而游。）

杨朱曰："万物所异者，生也；所同者，死也。生则有贤愚、贵贱，是所异也；死则有臭腐、消灭（物质相互转化），是所同也。虽然，贤愚、贵贱，非所能（不能主导）也；臭腐、消灭，亦非所能也。故，生非（我能）所生，死非所死；贤非所贤，愚非所愚；贵非所贵，贱非所贱。（人生在世，不能自主。）然而，万物齐（齐同）生齐死，齐贤齐愚，齐贵齐贱。十年亦死，百年亦死；仁圣亦死，凶愚亦死。生则尧舜，死则腐骨；生则桀纣，死则腐骨。腐骨一矣！孰知其异？且趣（同趋，追求）当生，奚遑（通惶，恐惧）死后？"（生异死同，追求当生，无论死后。道家贵今生，佛家重死后。）

杨朱曰："伯夷非亡（通无）欲，矜清之邮（自恃守清高之甚，邮通尤），以放（通方，正当）饿死。展季非亡情（柳下惠并非无情，亡通无），矜贞之邮（过分怜惜贞节，邮通尤），以放寡宗（正当子孙稀少，放通方）。清、贞之误，善（通缮，修身）之若此！"（追求清誉虚名，遭致丧生败性；古今多有奉行，意志各不相同。）

杨朱曰："原宪（孔门弟子）窭（音拒，贫寒）于鲁，子贡殖（经商）于卫。原宪之窭损生，子贡之殖（富足）累身。"

"然则，窭亦不可，殖亦不可，其可焉在？"

曰："可在乐生，可在逸身。故，善乐生者不窭，善逸身者不殖。"（中产阶级，不穷不富，乐生逸身。）

杨朱曰："古语有之：'生相怜，死相捐（弃）。'此语至矣！相怜之道，非唯（并非只有）情也（人生须合作，合作适人生）；勤（劳苦）能使逸，饥能使饱，寒能使温，穷能使达也。相捐之道，非不相哀也；不含珠玉（死者口中），不服文锦，不陈牺牲，不设明器（冥器，殉葬物品）也。（人生有情，相互合作；死则简葬，后代祭祀。）"

〖管晏论生死〗

晏平仲（齐国大夫）问养生于管夷吾。管夷吾曰："肆（放任无拘束）之而已，勿壅勿阏（音扼，阻塞）。"

晏平仲曰："其目（具体条目）奈何？"

夷吾曰："恣（任凭）耳之所欲听，恣目之所欲视，恣鼻之所欲向（临近），恣口之所欲言，恣体之所欲安，恣意之所欲行。夫耳之所欲闻者音声，而不得听，谓之阏聪（听觉）；目之所欲见者美色，而不得视，谓之阏明（视觉）；鼻之所欲向者椒兰（芳香），而不得嗅，谓之阏颤（味觉）；口之所欲道者是非，而不得言，谓之阏智；体之所欲安者美厚（衣食），而不得从，谓之阏适；意之所欲为者放逸，而不得行，谓之阏性（自然性情）。凡此诸阏，废虐（大害）之主。去废虐之主，熙熙然以俟（和乐以等待）死，一日、一月、一年、十年，吾所谓养。拘（拘束）此废虐之主，录（惦记）而不舍，戚戚然（忧虑状）以至久生，百年、千年、万年，非吾所谓养。"（大众养生，凭天由命；道家养生，逆俗延寿。）

管夷吾曰："吾既告子养生矣，送死（送葬）奈何？"

晏平仲曰："送死略（简略）矣，将何以告焉？"

管夷吾曰："吾固（确实）欲闻之。"

晏平仲曰："既死，岂在我哉？焚之亦可，沉（沉水）之亦可，瘗（音异，埋葬）之亦可，露（暴露）之亦可，衣薪（柴草遮盖）而弃诸沟壑亦可，衮（音滚）文绣裳（华丽之盛服）而纳诸石椁（石制外棺）亦可，唯所遇（对待）焉。（自古有火葬、水葬、土葬、天葬。）"

管夷吾顾谓鲍叔、黄子（齐国大夫）曰："生死之道，吾二人进

（通尽，完全明白）之矣。"（生死不自主，何论死后事！及时享逸乐，莫负己生身！）

〖子产教兄弟〗

子产相郑，专（独揽）国之政；三年，善者服其化（教化），恶者畏其禁（禁令、刑罚）；郑国以（通已）治，诸侯惮（畏惧）之。（治国如此，百年难遇。）而有兄曰公孙朝，有弟曰公孙穆；朝好酒，穆好色。

朝之室也，聚酒千钟（贮酒器），积曲成封（积曲成堆），望（距离）门百步，糟浆之气逆（冲逆）于人鼻；方其荒（正当沉湎）于酒也，不知世道（社会）之安危，人理之悔吝（人事祸福），室内之有亡（通无），九族（上下姻亲大家族）之亲疏，存亡之哀乐也；虽水火、兵刃交于前，弗知也。（人生难如意，有酒须尽欢。）

穆之后庭比房（连房）数十，皆择稚齿婑媠（音我妥，美貌）者以盈之；方其耽（沉溺）于色也，屏（屏弃）亲昵，绝交游，逃（藏匿）于后庭，以昼足夜；三月一出，意犹未惬（未尽兴）；乡有处子之娥姣（美貌）者，必贿（出资）而招之，媒而挑之，弗（当为必）获而后已（止）。（子产善治，兄好酒，弟好色，国相与酒色之徒，各尽其性。）

子产日夜以为戚（忧戚），密造（私下造访）邓析（名家、法家人物）而谋之，曰："侨（子产名）闻治身以及家，治家以及国，此言自于近、至于远也。侨为国则治矣，而家则乱矣！其道逆（相反）邪？将奚方（什么方法）以救二子？子其诏之（告诉我）！"

邓析曰："吾怪（疑惑）之久矣，未敢先言。子奚不时其治（不及时管教）也，喻（说明）以性命之重，诱以礼义之尊乎？"（儒之道：修身，齐家，治国，平天下，汲汲有为。子产奉行儒家思想路线。）

子产用邓析之言，因间以谒（因空闲邀请）其兄弟，而告之曰："人之所以贵于禽兽者（道德），智虑（等而下之）；智虑之所将（扶持）者，礼义；礼义成，则名位至矣！若触情而动，耽于嗜欲，则性命危矣！子纳侨之言，则朝自悔（反省）而夕食禄矣！"（子产之言，对于世俗之人，极具诱惑。）

朝、穆曰："吾知之久矣，择（选择生活）之亦久矣，岂待若言而后识之哉？凡生之难遇而死之易及，以难遇之生，俟易及之死，可孰念（孰可牵挂）哉？而欲尊礼义以夸（炫耀）人，矫（勉强）情性以招名，吾以此为弗若死矣！为欲尽一生之欢，穷当年之乐。唯患腹溢而不得恣口之饮，力惫而不得肆情（纵情）于色；不遑（通惶）忧名声之丑，性命之危也。且若以治国之能夸物（自大于人），欲以说（音税）辞乱我之心，荣禄喜我之意，不亦鄙（浅薄）而可怜哉？

"我又欲与若别（分辨）之。夫善治外（名利）者，物（身躯）未必治，而身交苦（俱苦）；善治内（心性）者，物未必乱，而性交逸（俱逸）。以若之治外，其法可暂行于一国，未合于人心；以我之治内，可推之于天下，君臣之道息（终止）矣！吾常欲以此术而喻（开导）之，若反以彼术而教我哉？（五帝之后，人心不古，无治则乱，非治不可。）"

子产忙（通茫）然无以应之，他日以告邓析。邓析曰："子与真人（率直之人）居而不知也，孰谓子智者乎？郑国之治偶（偶然）耳，非子之功也。（子产执政二十一年，使郑国富强，确实有功绩。）"（礼义法度，治国之常；率性而为，人道之本；本常兼顾，从本顺常。）

〔达人端木叔〕

卫端木叔者，子贡之世（端木赐之后代）也。藉（凭借）其先资（祖上财产），家累（积累）万金。不治世故（不谋生计），放意（纵情）所好。其生民（人民）之所欲为，人意之所欲玩者，无不为也，无不玩也。墙屋台榭，园囿池沼，饮食车服，声乐嫔御，拟（效仿）齐、楚之君焉。（享乐比君王，终身无遗憾。）

至（极尽）其情所欲好，耳所欲听，目所欲视，口所欲尝，虽殊方（异域）偏国，非齐土（中土；齐，中央）之所产育者，无不必致（得到）之，犹藩墙（外墙）之物也。及其游也，虽山川阻险，涂（同途）径修远，无不必之，犹人之行咫步也。宾客在庭者日百住（百数），庖厨之下，不绝烟火；堂庑之上，不绝声乐。（贵族生活，大致如此。）

奉养之余，先散之宗族；宗族之余，次散之邑里（乡里）；邑里之余，乃散之一国。行年（年龄）六十，气干（精神、躯体）将衰，弃其家事（经营），都散其库藏、珍宝、车服、姜媵（音映，陪嫁侍女）。一年之中尽焉，不为子孙留财。及其病也，无药石之储（积蓄）；及其死也，无瘗埋（埋葬，瘗音异）之资。一国之人受其施（恩惠）者，相与赋而藏（相约按人头出钱埋葬，藏同葬）之，反（同返）其子孙之财焉。（端木叔者，从古至今，绝无仅有。）

禽骨釐（墨翟弟子）闻之，曰："端木叔，狂人也，辱其祖矣！"（普通人认知！）

段干生（魏国隐士）闻之，曰："端木叔，达人也，德过其祖矣！其所行也，其所为也，众意所惊（难理解），而诚理所取（确实是道理趋向，取同趋）。卫之君子多以礼教自持（自我克制），固未足以（所以不能够，固通故）得此人之心（境界）也。"（固守礼教之俗徒，岂识达人之真性！）

〖生死随机〗

孟孙阳问杨子曰："有人于此，贵生爱身，以蕲（通祈，求）不死，可乎？”

曰：“理无不死！（杨子未知道家不死之道。）”

“以蕲（祈求）久生，可乎？”

曰：“理无久生。生非贵之所能存（长存），身非爱之所能厚（健康）。且久生奚为？五情（喜怒哀乐怨）好恶，古犹今也（都一样）；四体（四肢）安危，古犹今也；世事苦乐，古犹今也；变易治乱，古犹今也。既闻之矣，既见之矣，既更（经历）之矣，百年犹厌（嫌弃）其多，况久生之苦也乎？（久生成仙，逍遥自在，何苦之有？）”

孟孙阳曰：“若然，速亡愈（胜）于久生；则践锋刃，入汤火，得所志（意愿）矣！”（为民族大义，赴汤蹈火，在所不惜！）

杨子曰：“不然！既生，则废（随便）而任之，究（穷尽）其所欲，以俟（等待）于死。将死，则废（衰败）而任之，究其所之（探求所往），以放于尽（以解脱于死）。无不废（放下），无不任，何遽（惶恐）迟速于其间乎？”（不求长生，不趋速死，任其自生自灭，此乃大众之生死观。）

〖损体济世〗

杨朱曰：“伯成子高（伯益）不以一毫利物，舍国而隐耕。大禹不以一身自利，一体偏枯（干瘦羸弱）。古之人损一毫利天下不与也，悉（全）天下奉一身不取也。人人不损一毫，人人不利天下，天下治矣！（人不妄为，因循自然。）”

禽子（禽骨釐）问杨朱曰：“去子体之一毛以济（救济）一世，汝为之乎？”

杨子曰：“世固（本来）非一毛之所济。”

禽子曰：“假（假设）济，为之乎？”

杨子弗应。（弗应作答：不可为也。）

禽子出，语孟孙阳（杨朱弟子）。孟孙阳曰："子不达夫子（杨朱）之心，吾请言之。有侵若肌肤获万金者，若为之乎？"

曰："为之。"（害小而利大，可为！）

孟孙阳曰："有断若一节（肢节）得一国，子为之乎？"禽子默然有间。（害大利巨，两可之间，犹豫不决。）

孟孙阳曰："一毛微于肌肤，肌肤微于一节，省（明了）矣。然则，积一毛以成肌肤，积肌肤以成一节。一毛固（本来属于）一体万分中之一物，奈何轻之乎？"

禽子曰："吾不能所以答子。然则，以子之言问老聃、关尹，则子言当矣；以吾言问大禹、墨翟，则吾言当矣。"（道家顺自然，墨家愿济世。）

孟孙阳因（禽子不可教）顾与其徒说他事。（人生在世，境界不同，各自生活，不可强求。）

〖善恶同死〗

杨朱曰："天下之美（美誉）归之舜、禹、周（周公旦）、孔，天下之恶（坏名声）归之桀、纣。然而，舜耕于河阳（约在今河南省洛阳市孟津区地域），陶（做陶）于雷泽（约在今山东省鄄城东南、菏泽市东北），四体不得暂安，口腹不得美厚（美食厚味）；父母之所不爱，弟妹之所不亲；行年三十，不告（不请示父母）而娶。及受尧之禅，年已长，智已衰；商钧不才（舜长子不成器），禅位于禹；戚戚然（忧伤状）以至于死，此天人之穷毒（天下人之大苦难）者也。

"鲧（同鲧，音滚，禹父）治水土，绩用（功绩）不就，殛诸（诛杀之于）羽山（约在今山东郯城东北）；禹纂（通缵，继承）业事仇（舜），惟荒（专心）土功，子产不字（产子不起名字），过门不入；身体偏枯，手足胼胝（音骈知，生茧）。及受舜禅，卑宫室，美绂（同黻，音扶）冕（丧服，重祭祀）；戚戚然以至于死，此天人之忧苦者也。

"武王既终，成王幼弱，周公摄（代理）天子之政。邵公（燕国始祖）不悦，四国流言（周公篡政）；居东（洛阳）三年，诛兄（管叔，即姬鲜）放弟（蔡叔，即姬度），仅免（保全）其身；戚戚然以至于死，此天人之危惧者也。

"孔子明帝王之道，应时君（当世君主）之聘，伐树于宋（伐树驱逐孔子），削迹于卫（先遭围困，又离开卫国），穷于商（地名，约在今河南商丘境内）、周，围于陈、蔡，受屈于季氏（孔子曾在季孙氏治下担任畜牧小官），见辱于阳虎（季氏家臣，拒孔子入堂进食）；戚戚然以至于死，此天民之遑遽（天下人民惊恐不安）者也。

"凡彼四圣者，生无一日之欢，死有万世之名。名者，固非实（本来不是自然生活）之所取也。虽称（称赞）之弗知，虽赏（赞赏）之不知，与株块（树根土块）无以异矣。（名誉苦生，流芳后世。）

"桀藉（依赖）累世之资（功德），居南面（君王）之尊；智足以距（通拒，掌控）群下，威足以震海内；恣耳目之所娱，穷意虑之所为；熙熙然（和乐状）以至于死，此天民之逸荡（放荡不羁）者也。

"纣亦藉累世之资，居南面之尊；威无不行，志无不从；肆情于倾宫（高耸之宫），纵欲于长夜；不以礼义自苦；熙熙然以至于诛（被杀），此天民之放纵者也。

"彼（桀纣）二凶也，生有从（同纵）欲之欢，死被（同披，背负）愚暴之名。实者（尽情享乐），固非名之所与也。虽毁（毁誉）之不知，虽称之弗知，此与株块奚以异矣？（纵欲行恶事，死后落骂名，九泉之下亦能知。）

"彼四圣虽美之所归（归属），苦以至终，同归于死矣！彼二凶虽恶之所归，乐以至终，亦同归于死矣！"（善者善名，恶人恶名；善恶同死，死后亦知。）

〖治如运掌〗

杨朱见梁王（魏国君，亦称梁惠王，公元前369年—前319年在位），言治天下如运诸掌。（开口说话，言过其实。）

梁王曰："先生有一妻一妾而不能治，三亩之园而不能芸（通耘，除草）；而言治天下如运诸掌，何也？（名家虚妄，脱离实际。）"

对曰："君见其牧羊者乎？百羊而群，使五尺童子荷棰（鞭子）而随之，欲东而东，欲西而西。使尧牵一羊，舜荷棰而随之，则不能前矣！（前后不一，羊无所从。）且臣闻之：吞舟之鱼，不游枝流；鸿鹄高飞，不集污池。何则？其（志向）极远也。黄钟、大吕（古十二律之一、二律）不可从烦奏（快速伴奏）之舞，何则？其音疏（缓慢）也。将治大者不治细，成大功者不成小，此之谓矣。"（小事糊涂，大事精明，杨朱善辩，自以为有经天纬地之才！）

〖去名无忧〗

杨朱曰："太古（原始社会）之事灭（消失）矣，孰志（记载）之哉？三皇之事若存若亡，五帝之事若觉若梦，三王之事或隐或显，亿不识一。（往事久远，缥缈未知。）当身之事，或闻或见，万不识一。目前之事，或存或废（灭失），千不识一。（现世繁杂，恍惚难识。）

"太古至于今日，年数固不可胜纪（固然是记载不尽清晰）。但（仅）伏羲以来三十余万岁，贤愚，好丑，成败，是非，无不消灭；但迟速之间耳。矜（顾忌）一时之毁誉，以焦苦其神形，要（同邀，追求）死后数百年中余名（空名），岂足润枯骨？何生之乐哉？"

杨朱曰："人肖（相似）天地之类（阴阳平衡），怀五常（仁义礼智信）之性，有生（所有生物）之最灵者也。人者，爪牙不足以供

（从事）守卫，肌肤不足以自捍御（防护），趋走不足以从利逃害，无毛羽以御寒暑，必将资（凭借）物以为养（供养），任智而不恃力。故，智之所贵，存我为贵；力之所贱（低次），侵（占有）物为贱（拙劣）。

"然身非我有也，既生，不得不全（保全）之；物非我有也，既有，不得不去之。身固生（守护生命）之主，物亦养（养生命）之主。虽全生，不可有（长期拥有）其身；虽不去物，不可有其物。有其物，有其身，是横私（强制占有）天下之身，横私天下之物。不横私天下之身，不横私天下物者，其唯（难道只有，其通岂）圣人乎？公天下之身，公天下之物，其唯（大概只有）至人矣！此之谓至至（最高境界）者也。"（至人无我，因循自然，乃可公天下之身、物。）

杨朱曰："生民之不得休息，为四事故：一为寿，二为名（名誉），三为位（爵位），四为货；有此四者，畏鬼，畏人，畏威，畏刑。此谓之遁民（违本性之民）也。可杀（可死）可活，制命在外（外因）。不逆命，何羡寿？不矜（不崇尚）贵，何羡名？不要（同邀，追求）势，何羡位？不贪富，何羡货？此之谓顺民也。天下无对（无敌），制命在内（在我）。（无欲则刚，无私则强；无我则真，无形则天。）

"故，语有之曰：'人不婚宦（不结婚、不为官），情欲失半（减半）；人不衣食，君臣道息。'周谚曰：'田父可坐杀（坐至病死）。'晨出夜入，自以性之恒（平常生活）；啜菽茹藿（吃大豆、食豆叶），自以味之极；肌肉粗厚，筋节䐴急（结实，䐴音愧）；一朝处以柔毛绨幕（丝织幕帐），荐以粱肉兰橘（进献饭肉香果），心㾓（音冤，忧郁）体烦，内热生病矣。（穷人难享富贵。）商（宋国）、鲁之君与田父侔地（同样耕地），则亦不盈一时（一个时辰，即两小时）而惫矣。故，野人（农夫）之所安，野人之所美，谓天下无过（没有比得过）者。

"昔者，宋国有田夫，常衣缊黂（麻衣，黂音焚），仅以过冬。暨春东作（耕作），自曝（暴晒）于日，不知天下之有广厦隩（通燠，音育，暖和）室，绵纩狐貉（棉絮、狐貉之皮衣）。顾谓其妻曰：'负日之暄（暖和），人莫知者；以献吾君，将有重赏。'里之富室告之曰：'昔人，有美戎菽（大豆，戎通莪），甘枲（音喜，胡麻）茎、芹萍子（藾蒿）者，对乡豪（乡绅）称之。乡豪取而尝之，蜇（刺伤）于口，惨（痛）于腹，众哂（音沈，讥笑）而怨之，其人大惭。子，此类也。'"

杨朱曰："丰屋，美服，厚味，姣色，有此四者，何求于外？有此而求外者，无厌（不满足）之性。无厌之性，阴阳之蠹（音度，侵蚀）也。忠不足以安君，适（恰好）足以危身；义不足以利物，适足以害生（害自己）。安上不由于忠，而忠名灭焉；利物不由于义，而义名绝焉。君臣皆安，物我兼利，古之道也。鬻子曰：'去名者无忧。'老子曰：'名者实之宾（皮毛）。'而悠悠者（众多人）趋名不已。（世俗多迷惑，不识生本末。）

"名固（通胡，怎么）不可去？名固（胡）不可宾（弃绝）邪？今有名则尊荣，亡（无）名则卑辱；尊荣则逸乐，卑辱则忧苦。忧苦，犯（违逆）性者也；逸乐，顺性者也。斯实（此乃本性）之所系矣。名胡可去？名胡可宾（排斥）？但恶（只是忌讳）夫守名而累实。守名而累实，将恤（忧虑）危亡之不救，岂徒（难道只是）逸乐、忧苦之间哉？"（名者实之宾，趋名者忧苦，重名者危亡，去名则逸乐。）

说　符

（世事纷挠，难识根本；心合于道，天理自明。）

子列子学于壶丘子林。

壶丘子林曰："子知持后，则可言持身矣！"

列子曰："愿闻持后。"

曰："顾若影（回头看你自己的影子），则知之。"

列子顾而观影：形枉则影曲，形直则影正。然则，枉直随形而不在影，屈申任物（屈伸由外物，申同伸）而不在我。此之谓：持后而处先。（影随形而动静，身应物而屈伸，无为不争而常存。）

〖修己正人〗

关尹谓子列子曰："言美则响（回应）美，言恶则响恶；身长则影长，身短则影短。名（名誉）也者，响（回声）也；身（行为回应）也者，影也。故曰：慎尔言（合意之言），将有和之；慎尔行（顺势之行），将有随之。是故，圣人见出以知入，（见出生，知入死。）观往以知来，此其所以先知之理也。（清静感应，见微知著。）

"度（标准）在身，稽（验证）在人。人爱我，我必爱之；人恶我，我必恶之。汤、武（周武王）爱天下，故王；桀、纣恶（厌弃）天下，故亡。此所稽也。稽、度皆明而不道（不遵守）也，譬之出不由门，行不从径也。（行邪道，不常存。）以是求利，不亦难乎？（君子爱财，取之有道。）

"尝观之神农、有炎（炎帝）之德，稽（考证）之虞（舜）、夏、商、周之书，度（音夺，推测）诸法士（行业精英）、贤人之言，所以存亡、废兴而非由此道者，未之有也。（存亡之道：尊道贵德，修己正人，兼济天下。）"

〖持德自尊〗

严恢曰："所为问道（学道）者为富（精神富有），今得珠亦富（物质富有）矣，安用道？"

子列子曰："桀、纣唯重利而轻道，是以亡。幸哉！余未汝语也。（万幸！我没有提前告诉你。）人而无义，唯食而已，是鸡狗也；强（通抢）食靡角（角斗），胜者为制（操纵），是禽兽也。为鸡狗、禽兽矣，而欲人之尊己，不可得也。人不尊己，则危辱及之（临身）矣！"（为人在世，道德仁义，须臾不可失也。）

〖尊本从末〗

列子学射中（中的）矣，请（告诉）于关尹子。

尹子曰："子知子之所以中者乎？"

对曰："弗知也。"

关尹子曰："未可！"

退而习（反复练习）之。三年，又以报关尹子。

尹子曰："子知子之所以中乎？"

列子曰："知之矣！（心清静，射通道。）"

关尹子曰："可矣，守而勿失也。非独射也，为国与身（治国与修身），亦皆如之。故，圣人不察存亡（表面现象），而察其所以然（根本原因）。"（道本术末，心本射末。）

〖虚己任贤〗

列子曰："色（精神）盛者骄（骄狂），力盛者奋（强悍），未可以语道也。（年少轻狂，不知事务，更不向道。）故，不斑白（头发黑白相杂，谓年老）语道，失（失本意），而况行（奉行）之乎？（知天命，乃信道。）

"故，自奋（逞强自专）则人莫之告（交流）；人莫之告，则孤而无辅矣！贤者（善于）任人，故年老而（事业）不衰，智尽而（事业）不乱。故，治国之难，在于知贤而不在自贤。"（自贤无辅，误国误民；知贤善任，万事随顺。）

〖三年一叶〗

宋人有为其君以玉为楮叶（雕刻构树叶，楮音楚）者，三年而成。锋杀茎柯（粗细叶脉），毫芒繁泽（密布），乱（混淆）之楮叶中而不可别也。此人遂以巧食（得俸禄）宋国。

子列子闻之，曰："使（假使）天地之生物，三年而成一叶，则物之有叶者寡矣！故，圣人恃道化（遵循自然运化）而不恃智巧。"（学为智，工求巧，政求治；圣人无为，化育天下。）

〖辞粟避难〗

子列子穷，容貌有饥色（面黄肌瘦）。客（谋士）有言之郑子阳（郑国相）者，曰："列御寇盖（大概）有道之士也，居君之国而穷。君无乃为（难道是）不好士乎？"郑子阳即令官遗（赠送）之粟。

子列子出，见使者，再拜而辞。使者去，子列子入，其妻望（埋怨）之而拊心（拍打胸脯），曰："妾闻为有道者之妻子，皆得佚乐（享受安乐，佚通逸）。今有饥色，君过（过问）而遗先生食。先生不受，岂不命也哉？"

子列子笑谓之曰："君非自知我也。以人之言而遗我粟，至其罪我也，又且以人之言，此吾所以不受也。"

其卒（后来），民果作难，而杀子阳。（列子辞粟，免受牵连。）

〖时势无常〗

鲁施氏有二子，其一好学（学儒），其一好兵。好学者以术干（以儒学求取）齐侯，齐侯纳（接受）之，以为诸公子之傅（老师）。好兵者之楚，以法（兵法）干楚王；王悦之，以为军正（军队主事）。禄富其家，爵荣其亲。

施氏之邻人孟氏，同有二子，所业（所从事学业）亦同，而窘（窘迫）于贫。羡施氏之有（爵禄），因从请进趣（谋取）之方。二子以实告孟氏。

孟氏之一子之秦，以术（儒术）干秦王。秦王曰："当今诸侯力争，所务兵、食而已。若用仁义治吾国，是灭亡之道。"遂宫（宫刑，阉割）而放之。

其一子之卫，以法（兵法）干卫侯。卫侯曰："吾弱国也，而摄（夹迫）乎大国之间；大国吾事（听从）之，小国吾抚之，是求安之道；若赖（倚仗）兵权，灭亡可待矣；若全而归之，适（投奔）于他国，为吾之患不轻矣。"遂刖（刖刑，断足）之，而还诸（之于）鲁。（孟氏二子，以兵入秦，以儒干卫，或能见赏。）

既反（同返），孟氏之父子叩胸而让（捶胸而指责）施氏。

施氏曰："凡得时者昌，失时者亡。子道与吾同，而功与吾异，失时者也，非行之谬（错误）也。且天下理无常是，事无常非；先日所用，今或弃之；今之所弃，后或用之。此用与不用，无定是非也。投隙抵时（抓住时机），应事无方（不固定），属乎智。智苟（姑且）不足，使若博（即使你博学）如孔丘，术（兵法）如吕尚（姜子牙，辅佐周武王灭商纣王，被后世尊为武圣），焉往而不穷哉？"

孟氏父子舍（通释）然无愠（音运，怒）容，曰："吾知之矣，子勿重言（再说）！"（确定目标，审时度势，把握机遇，积极进取。）

〖前行后患〗

晋文公（公元前636年—前628年在位）出会（出师会盟），欲伐卫。公子锄仰天而笑，公问何笑。

曰："臣笑邻之人有送其妻，适私家（前往姐夫或妹夫家）者，道

（半路上）见桑妇，悦而与言。然顾视其妻，亦有招（调戏）之者矣。臣窃笑此也。"

公寤（通悟，明白）其言，乃止。引师而还，未至，而有伐其北鄙（北部边疆）者矣。（螳螂捕蝉，黄雀在后；立身处世，居安思危。）

〖举贤止盗〗

晋国苦盗（被盗贼祸害）。有郄（音细）雍者，能视盗之貌，察其眉睫之间而得其情（盗窃行为）。晋侯使视盗，千百无遗一焉。

晋侯大喜，告赵文子（晋国卿）曰："吾得一人，而一国盗为尽矣！奚用多为（用人多干什么）？"

文子曰："吾君恃伺察而得盗，盗不尽矣！（弃治缉盗，舍本逐末。）且郄雍必不得其死（不得好死）焉。"

俄而，群盗谋（商讨）曰："吾所穷（不如意）者郄雍也。"遂共盗而残之（于是盗贼一起杀害他）。

晋侯闻而大骇，立召文子而告之曰："果如子言，郄雍死矣！然取（治理）盗何方？"

文子曰："周谚有言：'察见渊鱼者不祥，智料隐匿者有殃。（知而不言则昌！）'且君欲无盗，莫若举贤而任之；使教明于上，化行于下；民有耻心，则何盗之为（何为盗）？"

于是，用随会知政（用晋国贤人随会主政），而群盗奔秦焉。（政乱出奸盗，治通显圣贤。）

〖水服忠信〗

孔子自卫反（同返）鲁，息驾乎河梁（休息于河桥）而观焉。有悬水（瀑布）三十仞，圜流（旋涡激流）九十里，鱼鳖弗能游，鼋鼍（鳄鱼类）弗能居，有一丈夫方将厉（冒险涉渡）之。

孔子使人并涯止（顺河岸劝阻）之，曰："此悬水三十仞，圜流九十里，鱼鳖弗能游，鼋鼍弗能居也。意者（恐怕）难可以济乎？"丈夫不以错（杂入）意，遂度（通渡）而出。

孔子问之曰："巧乎？有道术乎？所以能入而出者，何也？"

丈夫对曰："始吾之入也，先以忠信（尽心竭力，坚定不移）；及吾之出也，又从以忠信。忠信错（通措，放置）吾躯于波流，而吾不敢用私（逆水性），所以能入而复出者，以此也。"

孔子谓弟子曰："二三子识之（大家记住）！水且犹可以忠信诚身亲之，而况人乎？（尽忠守信，以诚相待，人人可亲，儒业可成。）"

〖微言必泄〗

白公（楚国大夫）问孔子曰："人可与微言（密语）乎？"孔子不应。（知其意，不便应。）

白公问曰："若以石投水，何如？"

孔子曰："吴之善没（潜水）者能取之。"

曰："若以水投水，何如？"

孔子曰："淄、渑（两条河）之合，易牙（齐国大夫）尝而知之。"

白公曰："人故不可与微言乎？"

孔子曰："何为不可？唯知言之谓（内在含义）者乎！夫知言之谓者，不以言言（语言表达）也。争鱼者濡（沾湿），逐兽者趋（奔波），非乐之也。（人性欲望驱使！）故，至言去言，至为无为。夫浅知（同智）之所争者，末矣。（智愈浅而争愈烈，大智者随方就圆，顺应自然。）"

白公不得已，（势在必行，发动政变，结果失败。）遂（被迫）死（自缢）于浴室。（白公失败，或有人告密。附耳之言，流传千里。）

〖守成之难〗

赵襄子（晋国大夫）使新稚穆子（襄子家臣）攻翟（同狄，北方少数民族），胜之，取左人、中人（地名）；使遽人来谒（派遣信使呈报）之。襄子方食而有忧色。

左右曰："一朝而两城下（攻克），此人之所喜也；今君有忧色，何也？"

襄子曰："夫江河之大（涨潮）也，不过三日；飘风暴雨不终朝，日中不（不过）须臾。今赵氏之德行，无所施于积，一朝而两城下，亡（失败）其（通岂）及我哉！"（未积德，获巨财，将有灾。）

孔子闻之曰："赵氏其昌乎！夫忧（谨慎）者所以为昌也，喜（放纵）者所以为亡也。胜，非其难者也；持之（长期保持），其（尤其）难者也。贤主以此持胜，故其福及后世。齐、楚、吴、越（越国，约在今浙江、江苏、江西部分地域）皆尝胜矣，然卒取（最终导致）亡焉，不达乎持胜也。唯有道之主为能持胜（长治久安）。"

孔子之劲，能拓（托举）国门之关（横门栓），而不肯（不愿）以力闻（闻名）。墨子为守攻，公输般服，（公输般善造攻守器械，被后人奉为木工祖师。）而不肯以兵知（以武力知名）。故，善持胜者，以强为弱。（柔胜刚，弱胜强；刚强难久，柔弱长存。）

〖仁得善报〗

宋人有好行仁义者，三世不懈。家无故黑牛生白犊，以问孔子。孔子曰："此吉祥也，以荐（献祭）上帝。"

居（经过）一年，其父无故而盲，其牛又复生白犊。其父又复令其子问孔子。其子曰："前问之而失明，又何问乎？"

父曰："圣人之言先迕后合。其事未究（未出结果），姑（姑且）复问之。"（父年长，有见识，信圣贤。）

其子又复问孔子。孔子曰："吉祥也。"复教以祭。

其子归致命（回报孔子言）。其父曰："行孔子之言也。"

居（又过）一年，其子又无故而盲。其后（公元前594年秋）楚攻宋，围其城；民易子而食之，析骸而炊之（破开骨头当柴烧）；丁壮者皆乘城（登城）而战，死者大半。此人以父子有疾皆免。及围解而疾俱复。（天道无亲，常与善人。）

〖偶然之事〗

宋有兰子（玩杂技）者，以技干宋元（求见宋元君）。宋元召而使见（同现）其技，以双枝（木杆）长倍其身，属（连接）其胫，（疑似踩高跷。）并趋并驰；弄（舞弄）七剑，迭（接连不断）而跃之，五剑常在空中。元君大惊，立赐金帛。

又有兰子又能燕戏（钻火圈）者，闻之，复以干元君。元君大怒曰："昔，有异技干寡人者，技无庸（通用），适值寡人有欢心，故赐金帛。彼必闻此而进，复望吾赏。"拘而拟戮（关押准备惩罚）之，经月（整月）乃放。（偶然之事，不可为常。）

〖相马忘形〗

秦穆公（公元前659年—前621年在位）谓伯乐曰："子之年长矣，子姓（子孙）有可使求（寻找）马者乎？"

伯乐对曰："良马可形容筋骨相也。天下之马者，若灭若没，若亡若失，（天下马罕见，外形普通，难以识别。）若此者绝尘弭辙（消除蹄印，辙同辙）。臣之子皆下才也，可告（传授）以良马，不可告以天下之马也。臣有所与共担纆薪菜者（一起挑绳砍柴之穷朋友，菜通采），有九方皋，比其于马（相马之术），非臣之下也。请见之。"

穆公见之，使行求马。三月而反（同返），报曰："已得之矣，在沙丘（约在今河北省北部地域）。"

穆公曰："何马也？"

对曰："牝而黄（黄色母马）。"使人往取之，牡而骊（黑色公马）。

穆公不说（同悦），召伯乐而谓之曰："败矣（坏事了），子所使求马者，色物（外表颜色）、牝牡（母公）尚弗能知，又何马之能知也？"

伯乐喟（音愧）然太息（长叹）曰："一（绝妙）至于此乎！是乃其所以千万臣（超越千万个伯乐）而无数者也。若皋之所观，天机也；得其精，忘其粗，在其内而忘其外；见其所见（天机），不见其所不见（外形）；视其所视，而遗其所不视。若皋之相者，乃有贵乎马者也。"

马至，果天下之马也。（九方皋相术，观其天机而忘其外形。后世之相者，终身难以企及。）

〖治身及国〗

楚庄王（公元前613年—前591年在位）问詹何曰："治国奈何？"

詹何对曰："臣明于治身而不明于治国也。"

楚庄王曰："寡人得奉宗庙社稷，愿学所以守之。"

詹何对曰："臣未尝闻身治而国乱者也，又未尝闻身乱而国治者也。故，本在身（修养身心），不敢对以末（治国）。"

楚王曰："善（知道了）。"（圣贤修身，君王治国，两者融合，国家大治。）

〖楚王封赐〗

狐丘丈人谓孙叔敖（楚国令尹）曰："人有三怨，子知之乎？"

孙叔敖曰："何谓也？"

对曰："爵高者，人妒之；官大者，主恶之；禄厚者，怨逮（追随）之。（为官三忌，古今相同。）"

孙叔敖曰："吾爵益（更加）高，吾志益下；吾官益大，吾心益小；吾禄益厚，吾施益博。以是免于三怨，可乎？（当然可以！）"

孙叔敖疾将死，戒其子曰："王亟（多次）封我矣，吾不受也，为

（若）我死，王则封汝，汝必无（通毋）受利（肥沃）地。楚、越之间有寝丘（约当今河南固始、沈丘两县之间地域）者，此地不利而名甚恶。楚人鬼（信鬼）而越人礼（音机，祈福禳灾），可长有者，唯此也。（祭祀、偏僻之地，无人侵占。）"

孙叔敖死，王果以美地封其子。子辞而不受，请寝丘。与之，至今不失。（薄田传家，丑妻为宝。）

〖时事难辨〗

牛缺（秦国人）者，上地（秦国地势高）之大儒也，下之邯郸（地势西高东低）；遇盗于耦沙之中，尽取其衣装、车牛，步（慢行）而去，视之欢然无忧恡（同吝，怨恨）之色。

盗追而问其故。曰："君子不以所养（财物）害其所养（生命）。"

盗曰："嘻！贤矣夫！"

既而相谓曰："以彼之贤，往见赵君；使以我为（盗事），必困我，不如杀之。"乃相与追而杀之。

燕人闻之，聚族相戒曰："遇盗，莫如上地之牛缺也！"皆受教。

俄而，其弟适秦，至关（函谷关，在今河南省灵宝市境）下，果遇盗；忆其兄之戒，因与盗力争；既而不如（争不过），又追而以卑辞请（乞讨）物。

盗怒曰："吾活汝弘（宽大）矣！而追吾不已，迹将著（告发）焉。既为盗矣，仁将焉在？"

遂杀之，傍（连带）害其党（同伙）四五人焉。（时事不同，因势利导，免招杀身。）

〖富狂招灾〗

虞氏者，梁（约在今河南省开封市地域）之富人也，家充（富足）殷盛，钱帛无量，财货无訾（无法计量）。登高楼，临大路，设乐陈酒，击博（游戏）楼上。侠客相随而行（路过）。楼上博者射，明琼张中（投骰中彩），反两㯲鱼（赢两局，㯲音㯲）而笑。

飞鸢（老鹰）适坠其腐鼠而中之（砸中侠客）。侠客相与言曰："虞氏富乐之日久矣，而常有轻易人之志（蔑视人之意）。吾不侵犯之，而乃（竟然）辱我以腐鼠！此而（如果）不报，无以立㦃（音秦，勇名）于天下。请与若等勠力（合力）一志，率徒属，必灭其家为等伦（及亲戚）。"

皆许诺。至期（约定）日之夜，聚众积兵，以攻虞氏，大（彻底）灭其家。（虞氏奢靡，鸢坠腐鼠，侠客误会，大灭其家。为富不仁，招致灾祸！）

〖盗食污名〗

东方（砀山东部）有人焉，曰爰旌目，将有适（往某地）也，而饿（饿倒）于道。狐父（约在今安徽砀山）之盗曰丘，见而下壶餐（用壶盛汤饭或熟食）以铺（同哺）之。

爰旌目三铺而后能视，曰："子何为（干什么）者也？"

曰："我狐父之人，丘也。"

爰旌目曰："嘻！汝非盗邪？胡为而餐（喂食）我？吾义（正义）不食（不吃）子之食（食物）也。"两手据（撑、按）地而欧（同呕）之，不出，喀喀然（呕吐状）遂伏而死。

狐父之人则盗矣，而食非盗也。以人之盗，因谓食为盗而不敢食，是失名实者也。（爰旌目，持虚名，以致殒！）

〖效死丑主〗

柱厉叔事莒（音举）敖公，自为（自认为）不知己，去，居海（海岛）上。夏日则食菱芰（菱角，芰音技），冬日则食橡栗。

莒敖公有难，柱厉叔辞其友而往死（效忠赴死）之。其友曰："子自以为不知己，故去；今往死之，是知与不知无辩（无区别，辩通辨）也。”

柱厉叔曰："不然。自以为不知，故去；今死，是果（真实）不知我也；吾将死之，以丑（羞辱）后世之人主，不知其臣者也。"

凡知则死之，不知则弗死，此直道（德怨相报）而行者也。柱厉叔可谓怼（怨恨）以忘其身者也。（柱厉叔，反常行，乃留名。）

杨朱曰："利出者实及，怨往者害来。发于此（内心）而应于外者（他人）唯请（通情）。是故，贤者慎所出（言行）。"

〖歧路亡羊〗

杨子之邻人亡羊，既率其党（家人、邻居），又请杨子之竖（童仆）追之。

杨子曰："嘻！亡一羊何追者之众？"

邻人曰："多歧路。"

既反（返），问："获羊乎？"

曰："亡之矣！"

曰："奚亡之？"

曰："歧路之中又有歧焉。吾不知所之（往），所以反（返）也。"

杨子戚然（忧戚状）变容，不言者移时（两个时辰），不笑者竟日（整日）。门人（弟子）怪之，请曰："羊贱畜，又非夫子之有，而损（减少）言笑者何哉？"杨子不答，门人不获所命（不得所问）。

弟子孟孙阳出，以告心都子（学者）。心都子他日与孟孙阳偕入，而问曰："昔，有昆弟（兄弟）三人，游齐鲁之间，同师而学，进（通尽，学完）仁义之道而归。其父曰：'仁义之道若何？'伯（老大）曰：'仁义使我爱身而后名。'仲（老二）曰：'仁义使我杀身以成名。'叔（老三）曰：'仁义使我身名并全。'彼三术相反，而同出于儒。孰是孰非邪？"

杨子曰："人有滨河而居者，习于水，勇于泅，操舟鬻渡，利供百口。裹粮就学者成徒（众多），而溺死者几（将近）半。本学泅，不学溺，而利害如此。若以为孰是孰非？"心都子嘿（同默）然而出。

孟孙阳让（责备）之曰："何吾子问之迂（委婉），夫子答之僻（古怪）？吾惑愈甚！"（大道庞博，本同末异，如树分枝；盲人摸象，心盲智少，异像万千。）

心都子曰："大道以多歧亡羊，学者以多方丧生（迷失本性，生同性）。学非本不同，非本不一（不一致），而末异若是。唯归同反一（只有归根返本于清静，反同返），为亡得丧（才是不丧身失性，亡通无）。子长先生之门（你排行第一为大师兄），习先生之道，而不达先生之况（心境）也，哀哉！"（歧路亡羊，迷途失道。）

〖衣更狗吠〗

杨朱之弟曰布，衣素衣（穿白色衣服）而出。天雨，解素衣，衣缁（音资，黑色）衣而反（返）。其狗不知（不认识），迎而吠之。杨布怒，将扑（扑打）之。

杨朱曰："子无扑矣！子亦犹是也。向者，使汝狗白而往，黑而来，岂能无怪哉？"（换位思考，忧怨自解。）

〖谨慎行善〗

杨朱曰："行善不以为名，而名从之；名不与利期（约期），而利归之；利不与争期，而争及之。故，君子必慎为善。"（行善者未必得善终！名利纷争，连锁反应。）

〖秘诀不虚〗

昔人，言有知不死之道者，燕君使人受（学习）之，不捷（没有成功），而言者死。燕君甚怒其使者，将加诛焉。

幸臣谏曰（宠臣劝说）："人所忧者，莫急（迫近）乎死；己所重者，莫过乎生。彼自丧其生，安能令君不死也？"乃不诛。

有齐子亦欲学其道，闻言者之死，乃抚膺而恨（拍胸悔恨）。富子闻而笑之曰："夫所欲学不死，其人已死而犹恨之，是不知所以为学（长生）。"（明不死之道者终将死，不明死之道者亦将死；明与不明，死不同死。）

胡子曰："富子之言非也。凡人有术不能行者有矣，能行而无其术者亦有矣。卫人有善数（计算）者，临死，以决（通诀）喻其子；其子志（记）其言而不能行也。他人问之，以其父所言告之；问者用其言而行其术，与其父无差焉。若然，死者奚为不能言生术哉？"（古人秘诀，不欺后人，诚心奉行，必有所成。）

〖放生致杀〗

邯郸之民，以正月之旦（大年初一）献鸠于简子（晋国卿），简子大悦，厚赏之。客问其故，简子曰："正旦放生，示有恩也。"

客曰："民知君之欲放之，竞而捕之，死者众矣！君如欲生之，不若禁民勿捕。捕而放之，恩过不相补矣。（捕多放少，其中有失。）"

简子曰："然！"（放生之行，早已有之；放生之理，古人早知；放生恶俗，沿袭至今。）

〖弱肉强食〗

齐田氏祖（祭祖）于庭，食客千人。中坐有献（供奉）鱼、雁（鹅）者，田氏视之，乃叹曰："天之于民厚矣！殖（生长繁殖）五谷，生鱼鸟，以为之用。"众客和之如响（应和如回声）。

鲍氏之子，年十二，预于次（参加坐于次位），进曰："不如君言。天地万物与我并生，类（各成其类）也。类（万物）无贵贱，徒（各种类）以小大、智力而相制，迭（依次）相食；非相为而生之。人取可食者而食之，岂天本为人生之？且蚊蚋噆（音攒，叮咬）肤，虎狼食肉，非天本为蚊蚋生人、虎狼生肉者哉？"（弱肉强食，优胜劣汰；物竞天择，自然而然。）

〖行乞不辱〗

齐有贫者，常乞于城市（城中之市）。城市患其呕（经常）也，众莫之与（施舍）。遂适（送往）田氏之厩（牲口棚），从马医（马夫）作役，而假食（寄食）。

郭（外城）中人戏之曰："从马医而食，不以辱乎？"

乞儿曰："天下之辱莫过于乞。乞犹不辱，岂辱马医哉？"（乞乃大辱，而至不辱。佛、道家弟子为磨炼心性而托钵行乞，并美其名曰化缘。）

〖拾契求富〗

宋人有游于道，得人遗契（契据）者，归而藏之，密数其齿（印痕，木制契据）。告邻人曰："吾富可待矣！"（梦中得宝，虽似海市蜃楼，依然欢喜异常！）

〖好意成拙〗

人有枯梧树者，其邻父（老者）言枯梧之树不祥。其邻人遽（惶恐）而伐之，邻人父因请以为薪。

其人乃不悦，曰："邻人之父徒（仅）欲为薪，而教吾伐之也。与我邻，若此其险，岂可哉？"（善言中恶事，乃成真恶人。）

〖疑邻盗斧〗

人有亡鈇（通斧，下同）者，意（怀疑）其邻之子。视其步，窃鈇也；颜色（面色），窃鈇也；言语，窃鈇也；作动态度，无为而不（无不似）窃鈇也。俄而，抇（音胡，掘）其谷（沟渠）而得鈇，他日复见其邻人之子，动作态度，无似窃鈇者。（主观意识决定认知，常有误导，误人误己。）

〖图名忘颐〗

白公胜虑乱（谋划作乱），罢朝（退朝）而立，倒仗策（倒持仪仗用似戟兵器），镦（音坚，策上刺）上贯颐，血流至地而弗知也。

郑人闻之曰："颐之忘，将何不忘哉？"意之所属著（专注），其行足踬（音治，绊倒）株坎（树桩、土坎），头抵植木，而不自知也。（争名忘身，终失其生。）

〖衣冠攫金〗

昔，齐人有欲金者，清旦，衣冠而之市，适鬻（前往卖）金者之所，因攫（抢夺）其金而去。

吏捕得之，问曰："人皆在焉，子攫人之金何？"

对曰："取金之时，不见人，徒见金。"（财迷心窍，见利忘义，衣冠禽兽！）

庄子

内　篇

逍遥游

（鲲鹏之志，意向高远；乘云御风，逍遥四海。）

北冥（通溟，大海；下同）有鱼，其名为鲲。鲲之大，不知其几千里也。化（变化）而为鸟，其名为鹏。鹏之背，不知其几千里也。怒（奋力）而飞，其翼若垂（同陲，边境）天之云。是鸟也，海运（海流）则将徙于南冥。南冥者，天池也。（鲲化为鹏，展翅高飞；大物灵识，远徙天池。其非人间之物也！）

《齐谐》者，志怪者（记录奇怪事物之书籍）也。《谐》之言曰："鹏之徙于南冥也，水击三千里，抟（盘旋）扶摇（旋风）而上者九万里，去（离开、飞行）以六月息（休息）者也。"

野马也，尘埃也，生物（天地）之以息（风）相吹也。天之苍苍（深蓝色），其正色邪（同耶，语气助词）！其（或是）远而无所至极（无边无际）邪？其视下也，亦若是（野马、尘埃）则已矣！（大鹏抟扶摇而上者九万里，其视下也：天之苍苍，虚无缥缈；大地茶茶，物似尘埃。）

且夫，水之积（聚集）也不厚（不深），则其负（承载）大舟也无力。覆（倾倒）杯水于坳堂（室内洼处）之上，则芥（小草）为之舟；置杯焉则胶（搁浅），水浅而舟大也。风之积（积蓄）也不厚（不强大），则其负大翼（大鹏）也无力。故九万里，则风斯（乃）在下矣，而后乃今培（凭借）风；背负青天而莫之夭阏（折止、阻碍，阏音扼）者，而后乃今（方才）将图南（准备飞向远方之目标）。

蜩（蝉，音条）与鷽鸠（斑鸠，鷽音学）笑之曰："我决起（奋力跃起）而飞，枪（冲抵）榆枋（榆枋树枝）而止，时则（可能）不至，而控（投落）于地而已矣，奚以之九万里而南为（往南飞九万里干什么）？"

适莽苍（游郊野）者，三餐而反（同返），腹犹果然（饱食状）；适百里者，宿（夜晚）舂（音冲，捣去皮）粮；适千里者，三月聚粮。之二虫又何知！（蝉与鷽鸠，受智力拘限，而境界不同，多言有害无益。）

小知（同智）不及大知（智），小年（寿命）不及大年。奚以知其然也（怎么知道是那样呢）？朝菌不知晦朔（农历每月末一日及初一日），蟪蛄（寒蝉）不知春秋，此小年也。楚（楚国，约在今鄂、湘全境及豫、皖、赣等部分地域）之南有冥灵（神树名）者，以五百岁为春，五百岁为秋；上古（伏羲、女娲、神农，三皇时期）有大椿者，以八千岁为春，八千岁为秋。（此大年大寿命也。）而彭祖（篯铿，夏、商时期长寿仙人）乃今以久特闻（以长寿独自著名），众人匹之（与彭祖相比），不亦悲乎！（寿命有长短，境界有高低，相互不可比。）

汤之问棘（商汤之臣）也，是已（是这样；已，如此）：穷发（无草木之地）之北，有冥海者，天池也。有鱼焉，其广数千里，未有知其修（长度）者，其名为鲲；有鸟焉，其名为鹏，背若太（同泰）山，翼若垂天（天边际）之云，抟扶摇羊角（旋转）而上者九万里，绝（超越）云气，负（背负）青天，然后图南，且适（飞往）南溟也。（鲲鹏之志，逍遥万里，意向高远，孰人可比！）

斥鷃（泽中小雀）笑之曰："彼且奚适也（你为什么飞往南溟）？我腾跃而上，不过数仞（七尺）而下，翱翔于蓬蒿之间，此亦飞之至（极限）也，而彼且奚适也？"此小大之辩（通辨，区别）也。

故，夫知（同智）效（胜任）一官，行比（投合）一乡，德合（合意）一君，而征（取信）一国者，其自视也，亦若此（斥鴳跳跃蓬蒿之间）矣！而宋荣子（道家人物）犹然（微笑状）笑之。且举世而誉（全世称赞）之而不加劝（勉励），举世而非（非誉、诽谤）之而不加沮（沮丧），定乎内外（主、客观意识）之分，辩（游说）乎荣辱之境，斯已矣（则如此而已）！彼其于世，未数数然（急促营求状）也。虽然，犹有未树（还没有树立品行）也。（智博，理明，德就，通达天地之间，如此方可成就。否则，徒劳无功。）

夫列子御风而行（腾云驾雾），泠（音灵）然善（轻飘巧妙）也，旬（十日）有（通又）五日而后反（同返）。彼于致福（列子追求完美）者，未数数然也。此虽免乎行，犹有所待者（风云）也。若夫乘（遵循）天地之正（运行规律），而御（顺从）六气（阴阳、风雨、晦明）之辩（通变，变化），以游无穷者，彼且恶乎待（怎么会有依凭）哉！

故曰：至人无己（忘我），神人无功（不居功），圣人无名（不求名）。（神人无形，至人无为，世人少知；圣人通达，教化万民，为天下人所尊崇。）

〖尧让天下〗

尧（五帝之一）让天下于许由（隐士），曰："日月出矣，而爝火不息（火把不熄灭），其于光（日月）也，不亦难（为难、微弱）乎！时雨降矣，而犹浸灌，其于泽（洼地）也，不亦劳（徒劳）乎！夫子（许由）立而天下治，而我犹尸之（徒居帝位），吾自视缺然（惭愧状）。请致（接纳）天下。"（尧乃真心让天下，后世多虚情假意而让，实则沽名钓誉，蒙骗天下之人。）

许由曰："子（你）治天下，天下既已治也，而我犹代子，吾将为名乎？名者，实之宾（自然禀性之附属物）也，吾将为宾乎？鹪鹩（音焦潦）巢（居处）于深林，不过一枝；偃鼠（鼹鼠）饮河，不过满腹。归休乎君（你回去休息吧）！予无所用天下为（我要天下没有用处）。庖人（厨工）虽不治庖（厨事），尸祝（祭祀者）不越樽俎（酒具、肉具）而代之矣！（越樽代俎，多余又多事。）"（圣人视天下为无用之物，治理天下乃无用之事；许由不为名利所动，力辞不受天下，尽显隐士之风骨。）

〖藐姑射之山〗

肩吾（隐士）问于连叔（得道者）曰："吾闻言于接舆（有道者），大而无当，往而不反（同返）。（大话不切合实际。）吾惊怖其言（大话使我惊恐），犹河汉（银河）而无极（漫无边际）也，大有径庭，（小路大院，比喻浮夸离谱。）不近人情（不合情理）焉。"

连叔曰："其言谓何（说什么）哉？"

曰："'藐姑射（音夜）之山，有神人居焉。肌肤若冰雪，绰约（柔美）若处子；不食五谷（麦，稻，黍，稷，菽），吸风饮露；乘（升腾）云气，御飞龙，而游乎四海（中国九州）之外；其神凝（内敛），使物不疵疠（无灾害）而年谷熟。'吾以是狂（通诳，荒诞）而不信也。（洞天福地，神仙云集，腾云驾雾，逍遥自在。世人岂识？）"

（姑射山或有三处：藐姑射山或在今山西省神池县南部、吕梁山主峰、汾河源头地域，北姑射山或在今汾阳市北部、吕梁山中段，南姑射山或在今临汾市西部、吕梁山南段。）

连叔曰："然！瞽者（盲人）无以与（看见）乎文章（文彩）之观（景象），聋者无以与（听见）乎钟鼓之声。岂唯（难道只有）形骸有聋、盲哉？夫知（同智）亦有之。是其言也，犹时女（时同是，女同汝）也。之（接舆）人也，之德也，将旁礴（混同，旁当为磅）万物以为一（齐同），世蕲（通祈，求）乎乱（治理），孰弊弊焉（疲困状）以天下为事！之人也，物莫之伤，大浸稽天（大水至天）而不溺，大旱金石流、土山焦而不热。是其尘垢、秕糠（无用之物），将犹陶铸（造就）尧舜者也，孰肯以物（谁愿意以世务）为事！"（隐士享自在，无意世俗事；神人超凡脱俗，感化世间众生。）

宋人资章甫（宋国人贩卖礼帽）而适诸越（前往越国，约在今江苏省、浙江省、江西省部分地域），越人断发文身（短发纹身），无所用之。（越民纯朴，不受约束。）

尧治天下之民，平海内之政，往见四子（王倪、齧缺、被衣、许由）藐姑射之山，汾水之阳，（或为汾阳市北部之北姑射山。）窅然（惘怅状，窅音杳）丧（遗忘）其天下焉。（帝王尊圣人，圣人慕神人。）

〖无用之辩〗

惠子（名家人物）谓庄子曰："魏王贻（音移，赠）我大瓠（音户，葫芦）之种，我树（种植）之成（成熟）而实五石（音但）；以盛水浆，其坚不能自举也；剖之以为瓢，则瓠落（空廓）无所容。非不呺然（巨大状，呺音消）大也，吾为其无用而掊（击碎）之。"（惠子虽多才善辩，却不识无用之用。）

庄子曰："夫子固拙于（确实不善于）用大矣！宋人有善为不龟（也作皲，冻裂）手之药者，世世以洴澼（漂洗）絖（同纩，棉絮）为事。客（外地人）闻之，请买其方百金。聚族而谋曰：'我世世为洴澼絖（音屏僻矿），不过数金。今一朝而鬻（音玉，卖）技（制药技能）百金，请与之。'客得之，以说（游说）吴王。

越有难，吴王使之将（为将）。冬，与越人水战，大败越人，裂地（分割土地）而封之。能不龟手，一也，或以封，或不免于洴澼絖，则所用之异也。今子有五石之瓠，何不虑（音疏，拟）以为大樽（盛酒器）而浮乎江湖，而忧其瓠落无所容？则夫子犹有蓬之心（茅塞不开窍）也夫！（庄子与惠子为友，常讽趣惠子，而喻示他人。）"

惠子谓庄子曰："吾有大树，人谓之樗（音出，臭椿，后喻无用之材）。其大本（主干）拥（亦作臃）肿而不中（不合）绳墨，其小枝卷曲而不中规矩（画圆方之工具）。立之涂（同途，道路），匠者不顾（木匠不在意）。今子之言，大而无用，众所同去（抛弃）也。"（众人以为无用，致其长大，而有他用。）

庄子曰："子独（你难道）不见狸狌（野猫、黄鼠狼）乎？卑身而伏（隐藏），以候敖者（等待出游之小动物）；东西跳梁（跳踉、跳跃），不避高下；中于机辟（机关），死于罔罟（渔猎网具，罔同网）。今夫斄（音离）牛，其大若垂天（天边际）之云。此能为大矣，而不能执鼠。（大才不可小用。）

今子有大树，患其无用，何不树（移植）之于无何有之乡（空荡之处），广莫（广大）之野，彷徨（悠游）乎无为其侧，逍遥乎寝卧其下。不夭斤斧（不被斧头砍伐），物无害者，无所可用，安所困苦哉！"（逍遥乎无何有之乡、广莫之野，安所困苦哉？此乃无为之用、人间之地仙者也！庄子即是。）

齐物论

（物我两化，万物齐同；是非生死，梦中解梦。）

南郭子綦（道家人物，綦音齐）隐几（依靠几案）而坐，仰天而嘘（慢吐气），嗒焉（死寂状，嗒音踏）似丧其耦（丢失魂魄）。

颜成子游（子綦弟子）立侍乎前，曰："何居乎？（何故？居，语气助词。）形固（本来）可使如槁木，而心固（通胡，怎么）可使如死灰乎？今之隐几者，非昔之隐几者也！（今之状况不同往常！）"

子綦曰："偃（子游名），不亦善乎（这样不好吗）？而问之也！今者吾丧我（忘我），汝知之乎？汝闻人籁（人为之声音）而未闻地籁，汝闻地籁而未闻天籁夫！"（子綦隐几，清静身心，忘我返朴，偶然感受天籁之音。）

子游曰："敢问其方（地籁形成之道理）？"

子綦曰："夫大块噫气（大地吐气），其名为风。是唯无作（日常没有发动），作则万窍怒呺（同号）。而独（你难道）不闻之翏翏（亦作飂，音六）乎？山林（或为山陵）之畏佳（参差；畏同嵔，佳同崔），大木百围之窍穴，似鼻，似口，似耳，似枅（音机，柱上横木），似圈（杯盂），似臼（石臼），似洼（大深坑）者，似污（小泥坑）者；激（激流）者，謞（音笑，响箭声）者，叱者，吸者，叫者，譹（同号）者，宎（音咬，风吹孔声）者，咬（凄惨声）者，前者唱于（应）而随者唱喁（音余，和），泠风（小风）则小和，飘风（大风）则大和，厉风济（暴风吹过）则众窍为虚（无声）。而（通尔）独不见之调调（枝大动）、之刁刁（枝小动）乎？"（风吹大地万物，声音杂乱无章，此为地籁。）

子游曰："地籁则众窍是已（孔洞混合发出声音），人籁则比竹（多种器乐组合）是已，敢问天籁？"

子綦曰："夫天籁者，吹万不同（空气动、发出不同声音），而使其自已（自止）也，咸（感应）其自取（万物各自感应），怒（发动）者其谁邪（同耶，语气助词）？"（天籁之音，出于自然，源于大道。寻常之人，心烦意乱，感知不到。）

〖人间百态〗

大知（同智）闲闲（广博状），小知（智）间间（细分状）；大言炎炎（气盛状），小言詹詹（啰嗦状）。其寐也魂交（入睡也精神错乱），其觉也形开（四体不安）。与接为构（事物交集），日以心斗（身心疲惫）。缦（柔奸）者、窖（深藏）者、密者。小恐惴惴（不安状），大恐缦缦（落魄状）。

其发若机栝（扣动扳机，迅猛状，栝音括），其司（同伺，留意）是非之谓也；其留如诅盟（闭口如盟誓），其守（等待）胜之谓也；其杀（衰败）如秋冬，以言其日消也。其溺之所为之（沉溺于争名逐利），不可使复之（恢复自然禀性）也；其厌也如缄（封闭、隐藏如绳捆索绑），以言其老洫（表现其年老昏聩）也；近死之心，莫使复阳（恢复生机）也。喜怒哀乐，虑叹变蛰（音执），（思虑、感叹、反复、忧惧。）姚佚启态（浮躁放纵、张狂作态）。

乐出虚（虚空），蒸（细木）成菌。（喜乐出于无心，细心导致烦恼。）日夜相代乎前（眼前、当下），而莫知其所萌。（悲伤苦恼，根在自心。）已乎，已乎！旦暮得此（道理），其所由以生（产生之根源）乎！（人间百态，艰难困苦，垂死挣扎；缘由在己，心不清静，妄生欲念。）

〖物有主宰〗

非彼（没有客观事物）无我，非我无所取（无我就不会显现主观意识）。是亦近（亲近、依存）矣，而不知其所为使（不知谁在主使）。若有真宰（真神主宰），而特（只）不得其眹（音朕，迹象）。可行已信（验证），而不见其形，有情（实有）而无形。（大道无形，神明同道，主宰万物。真我通神，清静至诚，乃显真我。）

百骸（骨节）、九窍、六藏（心、肝、脾、肺、二肾，藏同脏），赅（音该，齐备）而存焉，吾谁与为亲？汝皆悦之乎？其（或是）有私（偏爱）焉？如是，皆有为臣妾（附属）乎？其（通岂，难道）臣妾不足以相治（相互制衡）乎？其递相（还是轮流）为君臣（相从属）乎？其（大概）有真君（真我）存焉！如求得其情与（与真我感应）不得，无益、损乎其真（天性）。（天地万物，人乃至灵；神主真我，真我主人生。）

一受其（道受精炁）成形，（阴阳平衡，化生成人。）不亡以待尽（终结）。与物相刃相靡（相伤害相交集），其行尽如驰（皆如奔跑）而莫之能止，不亦悲乎？（可悲！）终身役役（劳碌）而不见其成功（成就），苶然（困顿状）疲役（疲于劳碌）而不知其所归（归宿），可不哀邪？（悲哀！）人谓之不死，奚益（有什么好处）！其形化（身体逐渐衰败），其心与之然（相同），可不谓大哀乎？（真悲哀！）人之生也，固（确实）若是芒（如此迷惑，芒同茫）乎？其（通岂）我独芒（茫）而人亦有不芒（茫）者乎？（受形成人，灵小智少，是以茫然无知；灵大智博，根基深厚，是为真圣，无所不知。修行可得灵识，通达天地，灵通神明，安有烦恼？）

〖是非无定〗

夫随其成心（成见）而师（师从）之，谁独且（一个）无师（标准）乎？（俗人常师从自己成见。）奚必知代（怎么明白事物更替变化）而心自取（确定认知）者有之，愚者与（同样）有焉！未成乎心而有是非（是非定论），是今日适越而昔至（虚妄梦想）也，是以无有为有（妄念迭起）。无有为有，虽有神禹且不能知，吾独且（独自）奈何哉！（夏禹是大巫觋，所以称神禹。当今道门科仪中有禹步，或是沿袭大禹之步法。）

夫言非吹（不是吹气那么简单）也，言者有言，其所言者特未定（思想没有定论）也。果（果然）有言邪？其（还是）未尝有言邪？其以为异于鷇（音叩，幼鸟）音，亦有辩（通辨，区别）乎？其无辩

（辨）乎？道恶乎隐（道理怎么幽深）而有真伪？言恶乎隐（真理怎么堵塞）而有是非？道（道理）恶乎往（消失）而不存？言（真理）恶乎存（定论）而不可（不可为标准）？道隐于小成（道理隐没于短见），言（真理）隐于荣华（花言巧语）。故，有儒、墨之是非，以是其所非，而非其所是。欲是其所非，而非其所是，则莫若以明（明彻、通达）。（当其时也，儒、墨两家势力强大，争论不休，各是其所非，而非其所是，使人无所适从。）

〖混同彼此、是非〗

物无非（不要排斥，无通毋）彼，物无非是（不要排斥此）。（事物有彼此，相互常依存。）自彼则不见（自我排斥则不明），自知则知之。故曰：彼出于是（此），是亦因彼。彼是方生（彼此相对而生）之说也。虽然，方（将）生方死，方死方生；方（又）可方不可，方不可方可；因（依从）是因非，因非因是。是以，圣人不由而照之于天（不自主而观察于天道、自然），亦因是（凭借观察）也。是亦彼也，彼亦是也。（彼此相对，而又相互转化。）

彼亦一是非，此亦一是非，果且有彼是乎哉？果且无彼是乎哉？彼是莫得其偶，（彼此虽相对，相互必依存。）谓之道枢（相互转化，循环往复）。枢始得其环中（循环转化），以应无穷。是亦一无穷，非亦一无穷也。（无穷可以磨灭是非！）故曰：莫若以明（明彻、通达）。（是非彼此，因人而分；彼此对立，因是因非。不分彼此，无是无非；总而为一，因循自然。）

〖和乎天钧〗

以指（手指）喻指之（手指事物）非指（不是手指），不若以非指（不是手指事物）喻指之（手指事物）非指（不是手指）也；以马喻马之（白马）非马，不若以非马（不是白马）喻马之（白马）非马也。天地一指（一指而括）也，万物一马（一马而代）也。（名家辩士公孙龙等，其白马、指物二论，意在区别；庄周旨在混同。）

可乎可（肯定就是肯定），不可乎不可（否定）。道（道路）行之而成，物谓（称谓）之而然。恶乎然？然于然（是这样就是这样）。恶乎不然？不然于不然。物固（本来）有所然，物固有所可（万物本来可以存在）；无物不然，无物不可。

故，为是举（举例）：莛与楹（草茎与屋柱，小与大），厉与西施（丑与美），恢恑憰（音决）怪（诙谐、诡秘、欺诈、奇异），道（道德）通为一（德）。其分（化生）也，成（生成）也；其成也，毁也。（万物化生，有成有毁；成之当成，毁也当毁。）

凡物无成与毁，复通为一（终归于道）。唯达者知通为一，为是不用而寓诸庸（不用寄托于事物功用）。庸也者，用（无所不用）也；用也者，通（无所不通）也；通也者，得（无所不得）也；适得而几（常化则近道）矣，因是已（原因就是这样）。已（循环演化）而不知其然，谓之道。（物无常形，随时转化；应势变通，通而为一；一复通道，道化万有。）

劳神明为一，（执着偏见，劳累心神。）而不知其同也，谓之"朝三"。何谓"朝三"？

狙公赋芋（养猴老翁分发橡子，芋音序），曰："朝三而暮四？"众狙皆怒。

曰："然则，朝四而暮三？"众狙皆悦。

名实未亏（不变），而喜怒为用（表现不同效果），亦因是也。是以，圣人和之以是非而休乎天钧（终止于自然平衡），是之谓两行（相对又相依之两方面）。（三四颠倒，名实不变，而喜怒表现不同。岂狙是然哉？世俗皆然也！）

〖事成有亏〗

古之人，其知（同智）有所至（局限）矣！恶乎至？有以为未始有物者（无物），至矣，尽矣，不可以加（超越）矣！其次，以为有物矣，而未始有封（无界限）也。其次，以为有封（有界限）焉，而未始有是非（无是无非）也。是非之彰（彰显）也，道（道理）之所以亏（缺失）也。道之所以亏（因为道理缺失），爱（私欲）之所以成。（道理亏缺，成就私欲，而私欲不容道理，世间大多是如此；修行者求真，必与世俗相反。）

果且有成（成就）与亏（亏失）乎哉？果且无成与亏乎哉？有成与亏，故昭氏（昭文）之鼓琴也（有为娱乐）；无成与亏，故昭氏之不鼓琴也（清静无为）。昭文之鼓琴也，师旷（晋国乐师）之枝策（拄持鼓棒）也，惠子之据（依靠）梧也，（琴声玄妙，令人陶醉。）三子之知（智）几（高至顶）乎！皆其盛（技艺精湛）者也，故载（从事）之末年（终年）。唯其（只有惠子）好之（弹琴、辩论）也，以异于彼（他人）；其好之也，欲以明（显示）之。彼非所明（不当显示）而明之，故以坚白之昧终。（惠子终身执着于名家坚白论，乐此不疲，丧失天性。）而其子（惠子之子）又以文之纶（鼓琴）终，终身无成。（子仅能鼓琴，智不如其父。）

若是而可谓成乎，虽我亦成也；若是而不可谓成乎，物与我无成也。（说成即成，不成亦不成。）是故，滑（音骨）疑（惑乱）之耀（炫耀），圣人之所图（摈弃）也。为是不用而寓诸庸（不寄托于众人），此之谓以明（明彻）。（成与不成，智之所至。亏道而成，圣人不取。）

今且有言于此，不知其与是类（他们相互是同类）乎？其与是不类乎？类与不类，相与为类，则与彼（普通人）无以异矣！虽然，请尝言之：有始也者（太始状态），有未始有始也者（太初状态），有未始有夫、未始有始也者（太易状态）；有有也者、有无也者（太极状态），有未始有无也者（无极状态），有未始有夫、未始有无也者（混沌状态）。俄而有无（万物生化）矣，而未知有无之、果孰有孰无也。（万物化生，可有可无。）今我则已有谓（称谓）矣，而未知吾所谓之、其果有谓乎？其果无谓乎？（有与无有，无与有无；类与不类，有谓无谓；万物变化，皆无所谓！）

〖齐一不辩〗

天下莫大于秋毫（秋季毫毛）之末，而太（也作泰）山为小；莫寿乎殇子（夭折之小孩），而彭祖为夭（短寿）。天地与我并生，而万物与我为一（齐同）。既已为一矣，且得（还能）有言乎？既已谓之一矣，且得无言乎？（万物齐同，无需再言！）一与言（解释）为二，二（有言、无言）与一为三。自此以往（多言多虑），巧历（巧妙计算）不能得（得到结果），而况其凡（凡夫）乎！故，自无适（演化）有，以至于三，而况自有适有（生化万物）乎！无适（不用推理，无通毋）焉，因是已（就是这样）！（道生一，一生无，无生有，有生万物；万物反复，再化为一。）

夫道未始有封（无界限），言未始有常（无准则），为是（因语言）而有畛（音诊，界限）也。请言其畛（区别）：有左有右（激进与消极），有伦（道德）有义（同仪，礼教次序），有分（粗分、大略）有辩（细辩），有竞有争（动口与动手），此之谓八德。

六合（东西南北上下）之外（未知领域），圣人存（保留）而不论（不谈论）；六合之内，圣人论而不议（不品议）；《春秋》经世（记述）先王之志，圣人议而不辩（不下定论）。故，分也者，有不分也；辩也者，有不辩也。曰："何也？""圣人怀之（涵养而不分不辩），众人辩之以相示也。故曰：辩也者，有不见（不明了）也。"（未知世界，存而不论；已知事物，知而不辩。)

夫大道不称（不彰显），大辩不言，大仁不仁（不行仁义），大廉不嗛（通慊，快意），大勇不忮（不凶狠，忮音至）。道昭而不道，言辩而不及（不足），仁常（常仁爱即偏爱）而不成（当为周），廉清而不信（不真实），勇忮而不成（不成功）。五者园（当为圆，全备）而几向方（向正道）矣！

故，知止其所不知，至矣！（知道自己有不足，那就足够了！）孰知不言之辩，不道（不言）之道？（清静无为，不言而教。）若有能知，此之谓天府（大胸怀）。注焉而不满，酌（舀取）焉而不竭，而不知其所由来，此之谓葆光（守神）。（圣人明达，常清常静；清静通灵，不闻而知。)

故昔者，尧问于舜曰："吾欲伐宗、脍、胥敖（三小国），南面而不释然（不开心，释通怿，喜悦），其故何也？"

舜曰："夫三子者，犹存乎蓬艾之间。（不值得计较！）若不释（怿，音译）然，何哉？昔者，十日并出，万物皆照，而况德之进（胜过）乎日者乎！（尧德远胜于三子，三子无过，伐之损德，故不释然。视三国如己国，即可释怀。)"

〖至人无知〗

齧（音啮）缺问乎王倪（尧时贤人）曰："子知物之所同是（万物等同）乎？"

曰："吾恶乎（怎么）知之！"

"子知子之所不知邪？"

曰："吾恶乎知之！"

"然则，物无知（万物不能够认知）邪？"

曰："吾恶乎知之！虽然，尝试言之：庸讵（何以）知吾所谓知之非不知邪？庸讵知吾所谓不知之非不知邪？（王倪知而不言，他人及齧缺意为不知。）

"且吾（王倪）尝试问乎汝（齧缺）：民湿寝则腰疾偏死（半身不遂），鰍然乎哉？木处则惴栗恂惧（恐惧颤抖），猨猴然乎哉？三者孰知正处（适当居处）？民食刍豢（音除唤，牛羊犬猪等家畜），麋鹿食荐（细草），蝍蛆甘带（蜈蚣嗜蛇），鸱（音吃，猫头鹰）鸦嗜鼠，四者孰知正味（纯正味道）？猨、猵狙（猿猴类）以为雌；麋与鹿交，鰍与鱼游（交合）。毛嫱、丽姬（春秋时代美女），人之所美也；鱼见之深入，鸟见之高飞，麋鹿见之决骤（飞奔），四者孰知天下之正色哉？自我观之，仁义之端（原委），是非之涂（同途，途径），樊然殽乱（繁杂错乱，殽同淆），吾恶能知其辩（通辨，区别）！"（天地万物，各因其理，自处其宜，互不相干，何需其辨。）

齧缺曰："子不知利害，则至人固（通胡，难道）不知利害乎？（齧缺不明至人。）"

王倪曰："至人神矣！大泽焚而不能热，河汉沍（黄河、汉水冻结）而不能寒，疾雷破山、风振（通震）海而不能惊。若然者，乘云气（腾云驾雾），骑日月（乘日月之光），而游乎四海之外（世界各地），死生无变于己（有生无死），而况利害之端（起始）乎！"（至人通神，视天地为一体，无为自然，生而不死，何论利害。）

（明生继死）

瞿鹊子问乎长梧子曰："吾闻诸夫子（贤人）：圣人不从事于务（世俗事物），不就（不趋近）利，不违（不避）害，不喜求（不妄求），不缘（不凭借）道，无谓有谓，有谓无谓，（都无所谓！）而游乎尘垢（是非）之外。夫子（孔丘）以为孟浪（荒诞）之言，而我以为妙道之行也。吾子（你）以为奚若（怎么样）？"（孔子乃后世尊奉而成圣人，其不知真圣人。）

长梧子曰："是黄帝之所听荧（惑于听）也，而丘（孔子）也何足以知之（不完全明白）！且汝亦大（通太）早计，（你品行距离圣人标准还很远呢！）见卵而求时夜（公鸡，时通司），见弹（弹弓）而求鸮炙（枭鸟烤肉）。予尝为汝妄言（随便说说）之，汝以妄（姑且）听之。（世间人事，妄言妄听，不必在意。）

"奚旁（何不依凭）日月，挟（倚仗）宇宙，为其吻合，置其滑涽（任其杂乱、混合），以隶相尊（卑身相尊从）。众人役役（劳碌），圣人愚芚（大智若愚；芚，浑沌无知），参万岁（糅合一切事物）而一成纯（混为一团）。万物尽然，而以是相蕴（运化）。予恶乎知悦生之非惑邪！予恶乎知恶死之非弱丧（少年失家）而不知归者邪！（方生方死，生死相化；万物尽然，何必执着。）"

丽之姬（晋献公夫人），艾封人之子也。晋国之始得之也，涕泣沾襟。及其至于王所，与王同匡床（方正大床），食刍豢（牛羊犬猪等家畜），而后悔其泣也。予恶乎知夫、死者不悔其始之蕲（通祈）生乎？（死后方自在，悔恨曾为人。）

〖梦中解梦〗

梦饮酒者，旦而哭泣；梦哭泣者，旦而田猎（狩猎）。（梦觉之境，大多相反！）方（正当）其梦也，不知其梦也；梦之中又占其梦焉，觉而后知其梦也。且有大觉而后知此其大梦也，而愚者自以为觉（觉悟），窃窃然（明察状）知之。（愚者自以为聪明，不知己常在梦中。）

君（尊贵）乎！牧（贫贱）乎！固（浅陋）哉！丘（孔丘）也与汝皆梦也，予谓汝梦，亦梦（在梦中）也。是其言（那样说话）也，其名为吊诡（怪论）。万世之后，而一遇大圣，知其解（解脱）者，是旦暮遇之（或是偶然现象）也。（人生如梦，不能自主；宰之在天，顺其自然。）

〖化声曼衍〗

既使我与若辩（辩论）矣，若（你）胜我，我不若胜，若果是也（你是），我果非也邪？我胜若，若不吾胜，我果是也（我是），而果非也邪？其或是也（其他人是），其或非也邪？其俱是也（全部都是），其俱非也邪？我与若不能相知也，则人固（已经）受其黮暗（昏暗，黮音探），吾谁使正（评定）之？（你我辩论，孰是孰非？谁能评定？）

使同乎若者正之，既与若同矣（正人同于你），恶能正之？使同乎我者正之，既同乎我矣（正人同于我），恶能正之？使异乎我与若者正之，既异乎我与若矣（正人异于你我），恶能正之？使同乎我与若者正之，既同乎我与若矣（正人同于你我），恶能正之？然则，我与若与人俱不能相知也，而待彼（自然演变）也邪？（是非变化，评定无准；身在其中，焉知对错！）

化声之相待（妄语相对应、交流），若其不相待，和之以天倪（融和于自然），因之以曼衍（散漫流行），所以穷年（相伴终生）也。

何谓："和之以天倪？"

曰："是不是，然不然。（混同是非。）是若果是也，则是之异乎不是也亦无辩（通辨，区别）；然若果然也，则然之异乎不然也亦无辩（辨）。忘年忘义（忘却时间、是非），振于无竟（无限流传；竟同境，界限），故寓诸无竟（寄托于将来）。（是非对错，无人评定，存而不论，随时而逝。）"

〖不由自主〗

罔两（影子之影）问景（同影）曰："曩（先前）子行，今子止；曩子坐，今子起。何其无特操与（怎么无独立行为，与同欤）？"

景曰："吾有待而然者邪！（依凭于人或物。）吾所待又有待而然者邪!（主宰人及物者。）吾待蛇蚹（蛇鳞）、蜩翼邪!（我连躯壳都不如。）恶识（怎么知道）所以然？恶识所以不然？"（罔两随影，影随物动，物不由己；应化而生，顺势而动，亡则有时。）

〖庄周梦蝶〗

昔（通夕，夜晚）者，庄周梦为胡蝶，栩栩然（轻快状）胡蝶也，自喻适志（感觉得意）与!不知周（忘自身）也。俄然觉（觉醒），则蘧蘧然（惊疑状，蘧音渠）周也。不知周之梦为胡蝶与？胡蝶之梦为周与？周与胡蝶则必有分（区别）矣!此之谓物化（事物转化）。（人生如梦，似梦非梦；不知梦觉，何论是非对错、利害得失!）

养生主

（安时处顺，保身尽年；缘督为经，薪火相传。）

吾生也有涯（有时限），而知（知识）也无涯（无穷尽）；以有涯随（追求）无涯，殆已（危险了）!已而（然后）为知（追求智慧，知同智）者，殆而已矣（完了）!（通过学习知识，仅能获得普通智慧。大智灵识，另当别论。）

为善无近名（做好事不要出名，无通毋），为恶无近刑（干坏事不要触犯刑罚）。缘督（遵循中道）以为经（纲领），可以保身，可以全生（同性），可以养亲（养精神），可以尽年（寿终正寝）。（中和之道，常人难求；知养生，或可致。）

庖丁（厨工）为文惠君（魏国梁惠王，公元前369年—前319年在位）解（解剖）牛，手之所触，肩之所倚（依靠），足之所履，膝之所踦（抵顶），砉（音货）然响然，奏刀（进刀）騞（音擗）然，莫不中音（合节拍）。合于《桑林》之舞（动作），乃中《经首》之会（节奏）。（庖丁解牛，动作熟练，自然而然。）

文惠君曰："嘻，善哉！技盖（通盍，何以）至此乎？"

庖丁释（放下）刀对曰："臣之所好者，道也，进（融通）乎技矣！始，臣之解牛之时，所见无非牛者；三年之后，未尝见全牛也（明生理结构）；方今之时，臣以神遇（心感知）而不以目视，官（肢体）知止而神欲行（凭感觉行事）。依乎天理（牛体生理结构），批大郤（通隙，骨间隙），导（引进）大窾（骨间窾），因其固然（本来结构）；技经（肢解经脉管）、肯（骨上肉）、綮（音庆，骨连接）之未尝，（未尝不行。）而况大軱（音孤，大骨）乎！

"良庖岁（一年）更刀，割也；族（一般）庖月更刀，折（砍斫）也。今臣之刀十九年矣，所解数千牛矣，而刀刃若新发（磨利）于硎（磨石）。彼节者有间，而刀刃者无厚（很薄），以无厚入有间，恢恢乎（阔绰状）其于游刃必有余地矣！（熟能生巧，游刃有余。）是以，十九年而刀刃若新发于硎。

"虽然，每至于族（经骨聚集），吾见其难为，怵然（警惕状）为戒（小心谨慎），视为止（集中专注），行为迟（认真缓慢），动刀甚微（很轻），謋（音货）然已解，如土委（散落）地。提刀而立，为之四顾，为之踌躇满志（心满意足），善（通缮，擦拭）刀而藏之。"（庖丁解牛诀：道进乎技，依乎天理，因其固然，游刃有余，踌躇满志。）

文惠君曰："善哉（好啊）！吾闻庖丁之言，得养生焉。"（尊奉大道，因循自然，顺势而为，轻松自在。）

〖独脚天成〗

公文轩（宋国人）见右师（曾任右师官职之人）而惊曰："是何人也？恶乎介（独脚）也？天与（天生，与同欤）？其人与（还是人为）？"

曰："天（天生）也，非人（人为）也。天之生是使独（独脚）也，人之貌（身体）有与（有双脚）也。以是，知其天也，非人也。"（人乃天生，顺应天意。）

泽雉（音治，野鸡）十步一啄（啄食），百步一饮，不蕲（通祈，希望）畜乎樊（圈养于樊笼）中。神虽王（通旺，旺盛），不善（不高兴）也。（泽雉天性，崇尚自由。）

〖安时处顺〗

老聃死，秦失（音佚）吊之，三号（三声嚎哭）而出。

弟子曰："非夫子之友邪？"

曰："然！"

"然则，吊焉若此，（太简单了！）可乎？"

曰："然！始也，吾以为其人（为生人）也，而今非（死去、不是人）也。向（方才），吾入而吊焉，有老者哭之，如哭其子；少者哭之，如哭其母。彼其所以会（会聚）之，必有不蕲言（通祈唁）而言（唁），（不希望吊唁而安慰亡者家属。）不蕲（不祈求）哭而哭（情不自禁地哭）者。是遁天倍（同背）情，（逃避自然，违背生死之情。）忘其所受（禀性自然），古者谓之遁天（逆自然）之刑。

适来（曾经入世），夫子时（应时）也；适去（现在去世），夫子顺（顺势）也。安时而处顺，哀乐不能入也，古者谓是帝之县（存而无定；县，悬）解。"（通达人士，出生入死，哀乐不存，安时处顺，终得解脱。世俗之人，不明生死，贪生怕死，生死相恋，痛苦万分。）

指（当为脂）穷于为薪（脂被薪柴烧尽），火传也，不知其尽（无穷无尽）也。（生死相继，薪火相传：身体虽死，精神不绝；世代相传，传之无尽。）

人间世

（人事难适，忧心丧身；支离形德，颐养天年。）

颜回见仲尼，请行（辞行）。

曰："奚之（何往）？"

曰："将之卫（卫国，约在今河南省北部地域）。"

曰："奚为焉（去干什么呢）？"

曰："回闻卫君，其年壮（三十几岁），其行独（专断），轻用（随便治理）其国，而不见其过（罪过）；轻用民死（随意使民效死），死者以国量（填满）乎泽，若蕉（蕉类、草芥），民其无如（无依、无奈）矣！回尝闻之夫子曰：'治国去之，乱国就（担当）之，医门多疾（治病救人）。'愿以所闻（见闻、学识），思其则（谋划国家法则、国策），庶几（或许）其国有瘳（音抽，病愈、好转）乎！"（儒家经世，治国平天下，以报国救民为之愿。）

仲尼曰："嘻，若殆往而刑（你恐怕是去受刑）耳！夫道不欲杂（繁杂），杂则多（多事），多则扰（烦乱），扰则忧（滋生祸患），忧而不救。古之至人，先存诸己（自我修养）而后存诸人（教导他人）。所存于己（自己建树）者未定，何暇至于暴人（卫君）之所行！（孔子奉行：修身，齐家，治国，平天下。）

且若亦知（你要知道）夫德之所荡（荡失），而知（同智，下同）之所为出（显露）乎哉？德荡乎名，知出乎争。名也者，相轧（倾轧）也；知也者，争之器（工具）也。二者凶器，非所以尽行（不可以推行于世）也。（名智为凶器，孔子早知；却劝阻颜回而自我践行，其舍生取仁义乃为后世之人乎？）

"且德厚信矼（音控，诚实），未达人气（意气、情感）；名闻不争，未达人心（不能感动他人）。而强以仁义、绳墨（规矩制度）之言，术（通述，谋划）暴人之前者，是以人恶有（卖弄）其美（仁义）也，命（同名）之曰菑（同灾，下同）人。菑人者，人必反菑（伤害）之。若殆为人菑（你希望被人伤害）夫！（卖弄仁义，为人所灾；孔子明晓，己所难免；游历诸国，磨难重重。）

"且苟为（卫君姑且能够）悦贤而恶不肖（厌弃奸佞），恶用而（你）求有以异（怎么还需要你献策改变）？若唯无诏（如果不纳谏），王公（卫君）必将乘（凌驾）人而斗其捷（玩弄权术），而目将荧（眩惑）之，而色将平（和悦）之，口将营（附合）之，容将形（迎合）之，心且成（成全）之。（下属形态，一一展现。）是以火救火，以水救水，名之曰益多（多余），顺始无穷。（此无益于卫国。）若殆（卫君或许）以不信厚言（忠言），必死于暴人之前矣！（从古至今，昏君听信谗言，杀害忠臣良将为常事。）

"且昔者，桀杀关龙逢（夏末贤臣，逢音庞），纣杀王子比干（纣王叔父），是皆修其身（奉道德、行仁义），以下伛拊（音宇抚，爱护）人之民，以下拂（违逆）其上（桀、纣）者也。故，其君因其修（勤政爱民）以挤（排除、杀害）之。是好名（贪图虚名）者也。（君昏臣奸，忠臣良将必遭其害。）

昔者，尧攻丛枝、胥敖（两小诸侯国），禹攻有扈（约在今陕西户县北）。国为虚厉（田荒人亡，虚同墟），身（三国君）为刑戮。其用兵不止，其求实无已（贪求利益无休止），是皆求名、实者也。而独（你难道）不闻之乎？名、实者，圣人之所不能胜（控制）也，而况若乎（何况是你）！虽然，若必有以（有解决方法）也，尝（尝试）以语我来。"（名利凶器，迷之者灾；非常之人，方能驾驭。）

颜回曰："端而虚（端正且虚心），勉而一（勤勉又忠贞），则可乎？"

曰："恶（唉）！恶可（不可）！夫以阳（卫君正盛气）为充孔扬（大为彰显），采色不定（喜怒无常），常人之所不违（不敢违逆），因案人之所感（经常压抑臣民思想，案通按），以求容与（放纵）其心，名之曰日渐之德不成（寻常之德不能感化），而况大德乎！（大德更不能被卫君容纳。）将执（固执）而不化，外合（口头赞同）而内不訾（内心却不反省）。其庸讵（怎么）可乎！（常人常规之方法，不可行也。）"

"然则，我内直而外曲，成而上比（完整之思想、行为参照古人）。内直者，与天为徒（遵从天道）；与天为徒（同类）者，知天子（人君）之与己，皆天之所子（生），而独以己言蕲（通祈）乎而人善（其他人赞同）之，蕲（祈）乎而人不善之邪？（本应赞同，实则不会赞同。）若然者，人谓之童子（纯真之人），是之谓与天为徒。外曲者，与人为徒也；擎跽（执笏跪拜）、曲拳（鞠躬），人臣之礼也。人皆为之，吾敢不为邪？为人之所为者，人亦无疵（不诽谤）焉，是之谓与人为徒。成而上比者，与古为徒（遵从传统）。其言虽教（有道理），谪之实（责备之重）也，古之有也，非吾有也。若然者，虽直而不病（没有毛病），是之谓与古为徒。若是，则可乎？"

仲尼曰："恶！恶可！大多政法而不谍（政治手段隐秘、不公开）。虽固（坚持），亦无罪。（卫君不采纳，亦不予计较。）虽然，止是耳矣（而已）！（无济于事！）夫胡可以及化（感化）？犹师心（师出有为之心）者也。"（颜回内直外曲，成而上比；与天为徒，与人为徒，与古为徒，皆不可行。）

颜回曰："吾无以进（没有办法进奉、应对）矣！敢问其方（妙法高招）？"

仲尼曰："斋（斋戒），吾将语若。有而为之（有心而为），其易邪（容易入邪）；易（容易从事）之者，暤（音皓）天（白天）不宜。"（请教重要事情，当先斋戒。）

颜回曰："回之家贫，唯不饮酒、不茹荤（不吃荤）者数月矣！若此，则可以为斋乎？"（荤，特指：葱，蒜，韭菜，芫荽［香菜］，薤［野韭菜］。腥，特指动物肉类。）

曰："是祭祀之斋，非心斋也。（古人祭祀，斋戒甚严，违食荤腥者重惩罚。）"

回曰："敢问心斋？"

仲尼曰："若一志（专心致志），无（通毋）听之以耳，而听之以心（静心）；无（毋）听之以心，而听之以气（气息）。听止于耳，心止于符（合息）。气（气息）也者，虚而待物（功）者也。唯道集虚（虚无有道），虚者（寂静空灵），心斋也。"（籍丘之口，言道家事；有文于此，古今不绝。）

颜回曰："回之未始得使（教诲），实自（当为有）回也；得使之也，未始有回也，（明道忘我！）可谓虚乎？"

夫子曰："尽矣！吾语若：若能入游其樊（功境）而无感其名（忘我），入则鸣（假借为明，灵明），不入则止。无门无毒，（不执着，无杂念。）一宅而寓于不得已（真炁如体）则几矣！绝迹（俗境）易，无行地（虚无）难。为人使（有意识）易以伪（出幻象），为天使（自然无意识）难以伪。闻以有翼飞者矣，未闻以无翼飞者（缥缈）也；闻以有知（同智）知者（理性）矣，未闻以无知（同智）知者（灵性）也。瞻（内视）彼阕（止息）者，虚室生白（功像），吉祥止止（寂静至舒适）。夫且不止（起妄念），是之谓坐驰。夫徇耳目内通（内视听）而外（去除）于心知（同智），鬼神将来舍（归附），而况人乎！

（人亦来归附。）是万物之化也（感化万物），禹、舜之所纽（关键）也，伏羲、几蘧（古帝王）之所行终（始终遵循），而况散焉者（平常人）乎！"（此非常方法，须非常之人，有德有缘者得之。姑且得道，尊贵保持，勿轻示于人。）

〖使齐之患〗

叶公（封邑约在今河南叶县地域，姓沈，名诸梁，字子高）子高将使（出使）于齐（齐国，约在今山东省大部分地域），问于仲尼曰："王（楚王）使诸梁（以诸梁为使）也甚重。齐之待使者，盖将甚敬而不急（不应求）。匹夫（普通人）犹未可动（不容易感化）也，而况诸侯乎！（诸侯霸道，难于应对。）吾甚栗（恐惧）之。

子尝语诸梁也，曰：'凡事若（或）小若大，寡不道（很少不合道）以欢成。（事既成即合乎道！）事若不成，则必有人道（失败受惩罚）之患；事若成，则必有阴阳（操劳过度、阴阳失调）之患。若成若不成而后无患者，唯有德者能之。（德才兼备，应对万方。）'

"吾食也执粗而不臧（坚持吃不精美之粗粮），爨（音窜，烧火做饭、日常生活）无欲清（清静淡泊）之人。今吾朝受命（出使齐国）而夕饮冰（冰水），我其内热（或许焦急上火）与！（德才欠缺，不堪重任。）吾未至乎事之情（使齐实际情况），而既有阴阳之患矣！事若不成，必有人道之患，是两（两患）也。为人臣者不足以任之（不能够胜任事），子其有以语我来（你有什么好方法来告诉我）！"（叶公身为人臣，忠君任事，成与不成，皆有所患，不可避免，何其难也！叶公好龙，爱慕虚荣，口是心非，当为此君！）

仲尼曰："天下有大戒二：其一命也，其一义也。子之爱亲（父母），命也，不可解（解除）于心；臣之事（侍奉）君，义也，无适而非君（没有地方不受君王统治）也，无所逃于天地之间。是之谓大戒。

是以，夫事（孝敬）其亲者，不择地而安（安居）之，孝之至也；夫事（效力）其君者，不择事而安（安排、完成）之，忠之盛也。自事（自我调理）其心者，哀乐不易施（影响）乎前，知其不可奈何而安之若命（逆来顺受），德之至也。为人臣子者，固（确实）有所不得已，行事之情（实况）而忘其身，何暇至于（哪有时间顾忌）悦生而恶死？夫子其（通期，依约期）行，可矣！（普天之下，莫非王土；率土之滨，莫非王臣。忠君至专，尽心任事，不顾生死，何事不成？然而，忠心未必有善报，古今皆然！）

"丘请复（再）以所闻：凡交，近则必相靡（相亲）以信，远则必忠（表忠心）之以言。言必或（有人）传之。夫传两喜、两怒之言，天下之难者也。（传言者有私心！）夫两喜必多溢美之言，两怒必多溢恶之言。凡溢之类妄（夸大），妄则其信之也莫（疑惑），意（怀疑）则传言者殃。故，法言（格言）曰：'传其常情（实情），无（通毋）传其溢言，则几乎全。'

且以巧斗力者，始乎阳（喜悦），常卒乎阴（终止于愤怒），泰至（太过，泰通太）则多奇巧（异常巧诈行为）；以礼饮酒者，始乎治（规矩），常卒乎乱（混乱、热闹），泰至则多奇乐（异常开心）。凡事亦然，始乎谅（诚实），常卒乎鄙（险恶）；其作始也简，其将毕也必巨（复杂）。（人心不足，争名逐利；始简终巨，始谅卒鄙；世事皆然，慎之又慎！）

"言者，风波也（易散）；行者，实丧也（得失）。夫风波易以动，实丧易以危（忧惧）。故，忿设无由（怨恨发作无需理由），巧言偏辞。（趋利避害，假话狡辩。）兽死（将死之时）不择音，气息茀然（杂促，茀通勃）。于是，并生心厉（恶念、反抗攻击）。克核太至（限制太过分），则必有不肖（奸诈）之心应之，而不知其然也。（小人趋利，制其私欲，则心生憎恨，伺机报复。）苟为不知其然也，孰知其所终！（小人算计，时有生命危险。）

"故，法言曰：'无（毋）迁令（改令、变革），无劝成（不要强人所难）；过度，益（增加自身危害）也。'迁令、劝成，殆（危险）事。美成在久（日积月累），恶成不及改，（坏事降临，来不及悔改。）可不慎与！且夫，乘物（依托事物）以游心，托不得已以养中（寄托于自然、修养心性），至矣！何作为报（为何要顾虑传报后果）也！莫若为致命（如实传达），此其难者！"（凡从政执法者，为人苛责严厉，克核太甚，遭致怨恨，不得善终！官家诫勉。）

〖为傅之难〗

颜阖（鲁国贤人）将傅（为师教导）卫灵公太子，而问于蘧伯玉（卫国大夫）曰："有人于此，其德天杀（德性凶残）。与之为无方（无原则）则危吾国，与之为有方则危吾身。其知（同智）适足以知人之过，而不知其所以过。（政令严苛，教化不兴。）若然者，吾奈之何？"（伴君如伴虎，为王公之师，依然危险，为臣不易！）

蘧伯玉曰："善哉，问乎！戒之，慎之，正汝身哉！形莫若就（屈就），心莫若和（附和）。虽然，之二者有患（有困难）。就不欲入（深入），和不欲出（明显）。形就而入，且为颠（堕落）为灭（败坏），为崩为蹶（失败）；心和而出，且为声为名，为妖为孽（邪恶）。彼且为婴儿（幼稚），亦与之为婴儿；彼且为无町畦（无约束），亦与之为无町畦；彼且为无崖（无界限），亦与之为无崖（放纵）。达之（达到效果），入于无疵（没有危险）。（君昏臣明，趋炎附势，随波逐流；明哲保身，委曲求全。如若不然，性命难保，祸及子孙。）

"汝不知夫螳螂乎？怒（奋力）其臂以当（阻挡）车辙（代指车轮），不知其不胜任也，是其才之美（才智天真）者也。戒之，慎之！

积伐（经常夸耀）而美（自以为是）者以犯之（太子），几（危）矣！

"汝不知夫养虎者乎？不敢以生物（活物）与之，为其（通期，约期、限制）杀之（扑杀猎物）之怒（凶残）也；不敢以全物与之，为其决之（撕咬猎物）之怒也。时（通伺）其饥饱，达（通晓）其怒心。虎之与人异类，而媚养己者，顺也。故，其杀者，逆也。夫爱马者，以筐盛矢（通屎），以蜃（贝壳）盛溺（同尿）。适（偶然）有蚊虻仆缘（附攀叮咬），而拊之不时（马因拍打受惊吓），则缺衔（挣断勒口）、毁首（蠜头）、碎胸（胸络）。意（逆惊）有所至而爱有所亡（通忘）。可不慎邪？"（君无常情，虎无常性；伴君如虎，绝境求生；身家性命，置之度外！）

〖栎树成社〗

匠石之齐，至于曲辕，见栎社树。其大蔽（遮蔽）牛（或为数千牛），絜（音携，臂测）之百围；其高临山，千仞（一仞七尺）而后有枝，其可以为舟者旁（通方，将近）十数。观者如市（街市、人多），匠伯不顾，遂行不辍。（匠人老练，一看便知，故作不知。）

弟子厌观（仔细看）之，走及（跑步追上）匠石，曰："自吾执斧斤以随夫子，未尝见材如此之美（高大）也。先生不肯（不乐意）视，行不辍，何邪？"（弟子少见识，多问增智慧。）

曰："已矣，勿言之矣！散木（无用之木）也。以为舟则沉，以为棺椁（棺及外棺）则速腐，以为器（器具）则速毁，以为门户则液樠（外渗油脂），以为柱则蠹（生虫），是不材之木也。无所可用，故能若是之寿。（有问尽言，不知忌讳，或致灾祸。）"

匠石归（回家休息），栎社见梦（托梦，见同现）曰："汝将恶乎比予哉？若（你）将比予于文木（有用之木）邪？夫柤（同楂）、梨、橘、柚，果蓏（树生果、地生果）之属，实熟则剥（受打击）则辱

（被扭折）。大枝折，小枝泄（通曳，牵引、拽）。此以其（果实）能苦（连累）其生者也，故不终其天年（正寿）而中道夭（夭折），自掊击（遭受打击）于世俗者也。物（人及物）莫不若是。且予求无所可用久矣！几死（历尽艰险），乃今得之（为社树），为予大用。使（假使）予也而有用，且（还怎么）得有此大（大用）也邪？且也（况且），若与予也，皆物也，奈何哉其相物（相诋毁）也？而（尔）几死之散人（你这近死无用之人），又恶知散木！"（无用之散人，岂可亵渎社灵，自寻死路！）

匠石觉而诊（占验）其梦。弟子曰："趣取（追求，趣同趋）无用，则为社，何邪？"（匠石占梦无用，当祭拜栎社树。）

曰："密（闭口）！若无言（你别乱说）！彼亦直寄（栎社树特意寄托神灵）焉！以为不知己者诟（亵渎）厉（同疠，使得病）也。不为社者，且几（通岂）有翦（岂不等待砍伐）乎！且也，彼其所保（保生）与众异，而以义（常理）喻之，不亦远（偏差）乎！"（栎树先求无用，中则保生，大而为社，通达神灵，掌管一方，终致大用，尽其天年。）

〖大木不材〗

南伯子綦游乎商之丘（约在今河南省商丘地域），见大木焉，有异（特别高大），结驷（集结四马之车）千乘，隐将芘（通庇，遮蔽）其所藾（荫）。

子綦曰："此何木也哉！此必有异材夫！"

仰而视其细枝，则拳曲而不可以为栋梁；俯而视其大根，则轴解（扭曲又空心）而不可以为棺椁；咶（同舐，舔）其叶，则口烂而为伤；嗅之则使人狂酲（音呈，醉），三日而不已（不醒）。

子綦曰："此果不材（无用）之木也，以至于此其大也。嗟乎神人！

以此不材。（神人无为，因循自然，自然而然；大材不材，无用之用，终致大用。）"

〖小材小用〗

宋有荆氏（荆地）者，宜楸、柏、桑。其拱把（两手合把）而上者，求狙猴之杙（音弋，木桩）者斩之；三围、四围，求高名之丽（同槡，栋梁）者斩之；七围、八围，贵人富商之家求樿（音赡）傍（整板棺材）者斩之。故，未终其天年而中道（中寿）夭于斧斤，此材之患也。（小材小用，不成大用，各尽其用。）

〖不祥终天年〗

故，解（解除）之以牛之白颡（额头）者，与豚（小猪）之亢（高）鼻者，与人有痔病（痔疮）者，（彼时有活人祭。）不可以适河（祭祀河神入河）。此皆巫祝（先秦道士称谓）以（通已）知之矣，所以为不祥也。此（无用而致大用）乃神人之所以为大祥也。（神人大灵，感应世俗之人。常人艰苦磨砺，几生几死，蜕变而脱俗，或有大用。）

支离疏者，颐（面颊）隐于脐，肩高于顶（头顶），会撮（发髻）指天，五管（通五官之脉管）在上，两髀（大腿）为胁。挫针治繲（持针缝衣和洗衣服；繲音泄，洗衣服），足以糊口（维持生计）；鼓荚（鼓风吹瘪荚）播精（挑选满实），足以食（养活）十人。

上（国君）征武士，则支离攘臂于其间；上有大役（徭役，无偿劳动），则支离以有常疾（天生残疾）不受功（不服徭役）；上与病者粟，则受三钟（容量单位，一钟为十斛）与十束薪。夫支离（肢体错乱）其形（畸形）者，犹足以养其身，终其天年，又况支离其德（忘形去智）者乎！（形体残疾，国家照顾，终其天年；弃智忘形，俗为愚痴，上天眷顾，长生久视。）

〖乱世圣贤〗

孔子适楚（游历楚国），楚狂接舆（隐士）游其门（游访孔子）曰：“凤兮凤兮，何如（如何）德之衰也。来世不可待（期待），往世不可追也。天下有道，圣人成（成就）焉；天下无道，圣人生（求生）焉。方今之时，仅免刑焉！福轻乎羽，莫之知载（得到）；祸重乎地，莫之知避。（国家动乱，苟活于世，已是万幸。）已乎，已乎！临（教导）人以德（仁义）；殆乎，殆乎（危险啊）！画地而趋。（定规则，受拘限。）迷阳（多刺草名），迷阳，无伤（不要妨碍）吾行；吾行郤（却、退）曲，无（通毋）伤吾足。”（孔子生逢乱世，却推行忠孝、仁义，意虽在救世而自身遭受危难。）

山木，自寇（自招砍伐）也；膏火，自煎（自讨燃烧）也。桂可食，故伐之（砍伐桂树摘桂圆）；漆可用（漆家具），故割之（割漆树皮取漆）。人皆知有用之用，而莫知无用之用也。（有用多至祸，无用常保全。人生在世，艰难险阻，忍辱负重，至大用者，万不及一。）

德充符

（因任自然，无心而成；德充于中，符应于外。）

鲁（鲁国，约在今山东省西部地域）有兀（断一足）者王骀（道家人物），从之游（游学）者与仲尼相若（相等）。

常季（孔门弟子）问于仲尼曰：“王骀，兀者也，从之游者与夫子中分鲁（鲁国学者各占一半）。立不教（不教导），坐不议（不讲说）；虚（虚怀）而往，实（实意）而归。固（确实）有不言之教，无形（无为）而心成（感化人心）者邪？是何人也？（王骀虽不言，来者能受教。）"

仲尼曰："夫子（王骀），圣人也，丘也直后而未往（未能追随）耳！丘将以为师，而况不若丘者乎！奚假（何止）鲁国，丘将引天下而与从之。"（孔子已闻名，仍谦虚好学，乃至于大成。）

常季曰："彼兀者也，而王（超越）先生，其与庸（平常人）亦远矣。若然者，其用心（修养）也，独若之何（有什么特别之处）？"

仲尼曰："死生亦大矣，而不得与之变（不动心）；虽天地覆坠，亦将不与之遗（坠落）。审（悟道）乎无假（通暇，闲暇）而不与物迁（不随波逐流），命物之化（任凭万物变化）而守其宗（清静）也。（王骀修行，万变不惊，寂静守真。）"

常季曰："何谓（通为）也？"

仲尼曰："自其异者视之，肝胆（似近）楚越（且远）也；自其同者视之，万物皆一（等同）也。夫若然者，且不知耳目之所宜，而游心乎德之和。（轻视听，心清静。）物（从学者）视其所一（平静），而不见其所丧（动心），视丧其足犹遗土也。"（王骀之修为，乃道家之活计，胜于孔门伪行。是以，丘将以为师。）

常季曰："彼为己，以其知（同智）得其心（修养），以其心得其常心（信念）。物（从学者）何为最（尊崇）之哉？"

仲尼曰："人莫鉴（应照）于流水而鉴于止水，唯止（只有止水）能止（应照）众止（人影）。受命（生长）于地，唯松柏独也正（特别挺拔），在冬夏青青；受命于天，唯尧舜独也正（特别公道），幸能正（修正）生（同性，心性），以正众生（统领天下生物）。（众生，佛家常用）。夫保始之征（保持初始信念），不惧之实（气概），勇士一人，雄入于九军（千军万马）。

"将求名而能自要（自律）者而犹若是，而况官（主宰）天地、府（包裹）万物、直寓六骸（特寄身躯）、象（虚待）耳目，一（单独、自己）知之所知（明道），而心未尝死（求真修行）者乎！彼且择日而登假（白日升天，假通遐），人则从是（登遐）也，彼（王骀）且何肯以物（从学者）为事乎！"（孔子兴儒家，恭身历世，以济世为己任。道家重修行，感化动人心，境界高妙。）

〖执政争先〗

申徒嘉（郑国学者），兀者也，而与郑子产（郑国相）同师于伯昏无人。子产谓申徒嘉曰："我先出则子止，子先出则我止。（子产有身份，为人立规矩。）"

其（通期，时至）明日，又与合堂同席（同室同桌）而坐。子产谓申徒嘉曰："我先出则子止，子先出则我止。今我将出，子可以止乎？其（通岂，怎么）未邪？且子见执政（国相）而不违（不回避），子齐（齐平）执政乎？（子产显官威，质问于人。）"

申徒嘉曰："先生之门固（通胡，怎么）有执政焉如此哉！子而悦子之执政而后（急慢）人者也。闻之曰：'鉴（镜子）明则尘垢不止，止则不明也。久与贤人处则无过（无过错）乎！'今子之所取大（学大道）者，先生也，而犹出言若是，不亦过（有点过分）乎！"（郑国，约在今河南省中南部地域。子产为相，不明道理，重名轻人。）

子产曰："子既若是（断足）矣，犹与尧争善（美名）。计（计算）子之德，不足以自反（不值得自我反省）邪？"

申徒嘉曰："自状（陈述）其过，以不当亡（失足）者众；不状其过，以不当存（全体）者寡。（有过不认错者多，自我反省认错者少。）知不可奈何而安之若命，唯有德者能之。游于羿（善射者）之彀中（射程内，彀音够）；中央者，中地也；然而，不中者，命也。（人生在世，命运造就，无怨无悔。）人以其全足，笑吾不全足者众矣，我怫然（气愤之状）而怒，而适（往，离开）先生之所，则废然（沮丧状）而反（同返，返回）。不知先生之洗（教导）我以善（大道理）邪？吾与夫子游十九年矣，而未尝知（轻视）吾兀者也。今子与我游于形骸之内（学道修心），而子索（执意索取）我于形骸之外（礼仪虚名），不亦过乎（太过分了）！"

子产蹴然（惊异状）改容更貌，曰："子无（通毋）乃称（你不要再说了）！"（子产相国，闻过即悔，善莫大焉！）

〖自取桎梏〗

鲁有兀者叔山无趾，踵见（直接进见）仲尼。仲尼（不高兴）曰："子不谨（不守规矩），前既犯患（遭难）若是矣！虽今来，何及矣（如何来得及补救）！"

无趾曰："吾唯不知务（因为不知是非）而轻（随意）用吾身，吾是以亡足（失足）。今吾来也，犹有尊足者（孔子）存，吾是以务全之（求全德）也。夫天无不覆，地无不载，吾以夫子为天地，安知夫子之犹若是（鄙视人）也！"（叔山无趾因不知世务而失足，不顾他人鄙视，极力补救，弥足珍贵！）

孔子曰："丘则陋（浅薄）矣！夫子胡（怎么）不入乎？请讲以所闻（谈谈道理）。"无趾出（径直离开）。

孔子曰："弟子勉之！夫无趾，兀者也，犹务学（求学）以复补前行之恶（劣行），而况全德（体全）之人乎！"（孔子或因此事，引以为戒，方才主张：有教无类。）

无趾语老聃曰："孔丘之于至人，其未邪？（差得远！）彼何宾宾（恭敬）以学子（老聃）为？彼且蕲（通祈）以諔诡（奇异，諔音触）幻怪之名闻（闻名），不知至人之以是（名利）为己之桎梏（枷锁）

邪?"(孔子向老子学习推行道德仁义之事。)

老聃曰:"胡不直使(怎么不特别提醒)彼以死生为一条(一致),以可不可为一贯(上下贯通)者,解其桎梏,可乎?"

无趾曰:"天刑(上天惩罚)之,安可解!"(后世儒家不肖之徒,追名逐利,殚精竭虑,忧伤惊恐,乐此不疲。桎梏天刑,自作自受!)

〖全德不形〗

鲁哀公(公元前494年—前468年在位)问于仲尼曰:"卫有恶(丑陋)人焉,曰哀骀它。丈夫(男人)与之处者,思(思慕)而不能去(不愿离开)也;妇人见之,请于父母曰'与(与其)为人妻,宁为夫子(哀骀它)妾'者,十数而未止也。未尝有闻其唱(高谈阔论)者也,常和人而已矣!无君人(人君)之位以济(救济)乎人之死,无聚禄(过多粮食)以望(饱满)人之腹;又以恶骇(惊动)天下,和而不唱,知(通智)不出乎四域(卫国境),且而雌雄合(男女相聚)乎前,是必有异乎人者也。(丈夫思慕,妇人愿妾;男女聚乎前,和人而已矣?哀骀它当有异术!)

"寡人召而观之,果以恶骇天下。与寡人处,不至以月数,而寡人有意乎其为人(为友)也;不至乎期年(整年,期音机),而寡人信之(信服他)。国无宰(宰相),寡人传国(国事)焉。闷然(无心状)而后应,泛(不在意)若而辞。寡人丑(羞愧)乎,卒(终)授之国。无几何也,去寡人而行。寡人恤焉(郁闷状)若有亡也,若无与乐是国(全国无以为乐)也。是何人者也!(修行成就,和而不唱,感化王侯。)"

仲尼曰:"丘也尝使(出访)于楚矣,适见豚子(小猪)食(吃奶)于其死母者。少焉眴若(惊视状,眴音顺),皆弃之而走(逃跑)。不见己焉尔，（母猪无意识才如此。）不得类（生死不同）焉尔。所爱其母者，非爱其形也，爱使其形者（精神主宰）也。（人若相爱，精神主导，形体为次，乃可长久。）战而死者，其人之葬也不以翣资（不资助棺饰品，翣音煞）；刖（受断足刑）者之屦（音巨，麻鞋），无为（不值）爱之，皆无其本（棺或脚）矣。

"为天子之诸御（侍从），不爪翦（修剪），不穿耳（不戴耳饰品）；取（通娶）妻者止于外（离开），不得复使；形全犹足以为（童子之身才有资格为天子侍从）尔，而况全德（高尚）之人乎！今哀骀它未言而信，无功而亲，使人授己国，唯恐其不受也，是必才全而德不形（道德高尚而不显露）者也。"（君王虽贵为天子，而全德之人，仍圣于君王，可以为帝王之师。）

哀公曰："何谓才全？"

仲尼曰："死生、存亡、穷达、贫富、贤与不肖（少德）、毁誉、饥渴、寒暑，是事之变，命（命运）之行也。日夜相代（更替变化）乎前，而知（通智）不能规（通窥，窥测）乎其始（根本）者也。故，不足以滑和（影响心性），不可入于灵府（内心）。使之和（和顺）、豫（舒适）、通（通畅）而不失于兑（通悦）。使日夜无郤（通隙），而与物为春（与万物相融合），是接（融通万物）而生时（顺应四时）乎心者也。是之谓才全。"（先有德，后则才全，万事随缘。）

"何谓德不形？"

曰："平者，水停之盛（水静而至极稳定之状态）也。其可以为法（平面标准）也，内保（聚集）之而外不荡（不波动）也。德者，成和之修（保全平和之品行）也。德不形（不显露）者，物不能离（万物亲服）也。"（德全不形，内守精神，感应万物。）

哀公异日以告闵子（孔门弟子）曰："始也，吾以南面而君天下，执民之纪（纲纪）而忧其死，吾自以为至通（明治）矣。今吾闻至人之言，恐吾无其实（德不全），轻用吾身而亡（危亡）其国。吾与孔丘非君臣也，德友而已矣！"（哀公知孔丘之道无益，而不推行于鲁国，仅以德友相待。）

　　阐跂（音阴企）支离无脤（同唇）说（音税）卫灵公，灵公悦之而视全人：其脰肩肩（颈脖细长）。瓮㿈太瘿说（游说）齐桓公，桓公悦之而视全人：其脰肩肩。故，德有所长（道德增加至深厚）而形有所忘。人不忘其所忘（大道），而忘其所不忘（名利），此谓诚忘（真忘）。（明君重德才，轻形体，方有奇人异士论于庙堂之上。）

　　〖无情益生〗

　　故，圣人有所游（精神自由），而知（同智）为孽（做怪），约为胶（礼仪为禁锢），德为接（施德即接触），工为商。（等而下之。）圣人不谋，恶用知（智）？不斫（不离散），恶用胶？无丧（没有丧失品行），恶用德？不货，恶用商？四者，天鬻（上天养育）也。天鬻者，天食也。既受食于天，又恶用（依靠）人！（既已为人，天生地养，何必营营。）

　　有人之形，无人之情（禀性自然）。有人之形，故群于人；无人之情，故是非不得（不落）于身。眇（渺小）乎小哉，所以属于人也；謷（音敖，高大）乎大哉，独成其天（通达大道）。（圣人去智弃俗，乃能通于大道。）

　　惠子谓庄子曰："人故（本来）无情乎？"

　　庄子曰："然！"

　　惠子曰："人而无情，何以谓之人？"

　　庄子曰："道与之貌，天与之形，恶得（怎么）不谓之人？（人禀天道自然之性。）"

惠子曰："既谓之人，恶得无情？"

庄子曰："是非吾所谓情也。吾所谓无情者，言人之不以好恶内伤其身，常因自然而不益生（不贪求生存）也。（无好恶、不知是非之人，于俗无情，近似仙人！）"

惠子曰："不益生，何以有（生存）其身？"

庄子曰："道与之貌，天与之形，无以好恶内伤其身。今子外（放纵）乎子之神，劳（耗费）乎子之精（精力），倚树而吟（唠叨），据（依靠）槁梧而瞑（闭目休息）。天选（天帝赋予）子之形，子以坚白鸣（以坚白论与人争辩）。"（惠子有奇才，以善辩为荣；不知清静养性、无情益生，终至耳顺之年而逝。岂不可惜！）

大宗师

（天地造化，生劳死息；离形去智，同于大通。）

知天之所为（自然演化），知人之所为（顺天而行）者，至（境界高妙）矣！（《阴符经》曰：观天之道，执天之行，尽矣！）知天之所为者，天而生（天之精炁化生）也；知人之所为者，以其知（同智）之所知（名利是非），以养其知（智）之所不知（自然演化），终其天年而不中道夭（不夭折）者，是知（智）之盛（聪明人最高境界）也。（顺天而行，大智若愚。）虽然，有患（有困难）。夫知（智）有所待而后当（明彻），其所待者特（只是）未定也。（人能开悟，在于自性根基及明师点化。）庸讵（怎么）知吾所谓天（具备天性之人）之非人（不同于普通人）乎？所谓人之非天乎？（人难于定，智待乎静，静极生慧，久而通灵。）

〖真人真行〗

且有真人（仙人）而后有真知（灵识）。何谓真人？

古之真人，不逆寡（不拒孤独），不雄成（不强求成功），不谟士（不谋事；谟，谋；士通事）。若然者，过（过失）而弗悔，当（适当）而不自得也；若然者，登高不栗（不恐惧），入水不濡（不沾湿），入火不热，是知之能登假（通遐，飞升化合）于道者也，若此。（仙真在世，济度众生，功德成就，飞升合道。）

古之真人，其寝不梦，其觉无忧，其食不甘（不精美），其息深深。真人之息以踵（呼吸深缓），众人之息以喉（呼吸浅促）。屈服者，其嗌言（咽塞在喉之言，嗌音爱）若哇（咽喉堵塞）。（勉强从事，徒劳无功，有害无益。）其嗜欲深者，其天机（灵性）浅。（肉食者鄙，修行人蔬食而清静，真人食气则灵而神。）

古之真人，不知悦生，不知恶死；其出（通达）不欣（欢喜），其入（穷困）不距（通拒，抗拒）。翛然（自在状）而往，翛（音消）然而来而已矣！不忘其所始（来处），不求其所终（去处）；受（得生）而喜（顺应）之，忘（通亡）而复（回归）之。是之谓不以心捐（当为损）道，不以人助天（不汲汲有为、改变自然），是之谓真人。若然者，其心志（专一），其容寂（安闲），其颡頯（额头高、颧骨宽，頯音葵）。凄然（冷严）似秋，煖（和煦）然似春，喜怒通（调和）四时，与物有宜（融合万物）而莫知其极（无迹象）。（其后部分，疑似错简内容，置于篇后。）

古之真人，其状义（形象高大，义通峨）而不朋（无缺失，朋通崩，毁坏），若不足而不承（不承接、迎合）；与乎其觚（音孤，剑柄）而不坚（不逞强）也，张乎其虚（同墟，大土丘）而不华（不荣华、显耀）乎；邴邴乎（精神焕发状）其似喜乎，崔乎（运动状）其不得已乎；滀（蓄聚、满意）乎进我色（亲近我容颜）也，与（跟随）乎止（归依）我德也；厉（庄严）乎其似世（通太，高大）乎，謷（通傲，高尚）乎其未可制（限量）也；连乎（连绵貌）其似好闭（经常默默无言）也，悗（音悗，无心）乎忘其言也。（真人自然无为，形象虽高大，而和蔼可亲。）

以刑为体（体量、准则），以礼为翼（辅助），以知（同智）为时（变机），以德为循（顺应）。以刑为体者，绰（宽松）乎其杀（不至于受惩罚）也；以礼为翼者，所以行于世也（以礼相待）；以知（智）为时者，不得已于事（应事而用智）也；以德为循者，言其与有足者至于丘也，而人真以为勤行者也。（为人随和，而他人误以为世故。）

故，其好之也一（等同），其弗好之也一。其一（一样）也一，其不一也一。其一（混同）与天为徒（顺应自然），其不一与人为徒（积极有为），天与人不相胜（无为与有为协调而不相抵触）也，是之谓真人。（真人在世，和光同尘；真不显异，俗不识真。）

〖死生为常〗

死生，命（天命）也；其有（犹，好像）夜旦之常（变化），天（自然）也。人之有所不得与（参与、干预），皆物之情（生死规律）也。彼特（人单单）以天为父（以天帝为主宰），而身犹爱（更加尊崇）之，而况其卓（卓越大道）乎！人特以有君为愈（以君王之天命超越）乎己，而身犹死之（还以身效死命于君王），而况其真（真道）乎！（众人因道而生，自当奉道而终。）

泉涸，鱼相与（共同）处于陆（干河床），相呴以湿（相互慢吐以湿气），相濡以沫（沾湿以口沫），不如相忘于江湖。与其誉尧而非桀也，不如两忘而化其道（仁德、暴虐）。（鱼处于陆，相濡以沫，临别相恋；相忘江湖，临终遗愿；奄奄一息，何论是非对错！后之俗人，以为恩爱，长相厮守；其情若真，其形相似，呜呼哀哉！）

夫大块载（大道造就）我以形，劳我以生，佚（通逸）我以老，息我以死。故，善（妥善安排）吾生者，乃所以善吾死也。（生则有时，死亦有处；大道平衡，不亏万物。）

夫藏舟于壑（河谷），藏山（当为舢，小船）于泽，谓之固（稳妥）矣！然而，夜半有力者负（拖拉）之而走，昧（或为寐）者不知也。藏小大有宜（便利），犹有所遁（遗失）。若夫藏天下于天下而不得所遁，是恒物之大情（常道之基本道理）也。（胸怀容天下，万物顺自然。）

特犯（一旦造就，犯通范）人之形，而犹喜之。若人之形者，万化（身体、情感变化）之未始有极（无穷尽）也，其为乐（欢乐）可胜计邪？（人生在世，忧多乐少。）故，圣人将游于物之所不得遁而皆存（与大自然融和共存）。善夭（小）善老，善始善终，人犹效之（顺从天道、命运），又况万物之所系（依恃、从属），而一化之所待（一切变化依赖大道）乎！（修行至真，有生无死；吾身融于天下，则天下无处不容我也。）

〖大道神化〗

夫道，有情（化生、主宰万物）有信（证实），无为无形；可传而不可受，可得而不可见；自本自根（道为根本），未有天地（天地未成之前），自古以固存（永恒常存）；神鬼神帝（沟通帝、鬼以神性），生天生地；在太极之先（阴阳合和之上）而不为高，在六极（东西南北上下）之下而不为深，先天地生而不为久，长于上古而不为老。（若欲认知大道，须要修行通真。道可传而不可受者，乃是不诚少德之人；大德精诚之人，机缘巧合，得承大道。）

狶（音希）韦氏（古帝王）得之，以挈（开辟）天地；伏羲（伏羲）氏得之，以袭气母（合阴阳）；维斗（北斗）得之，终古不忒（无差错）；日月得之，终古不息（运行不止）；勘坏（音培，山神）得之，以袭（承继）昆仑；冯夷（河伯）得之，以游大川（黄河）；肩吾（泰山神）得之，以处太（泰）山；黄帝得之，以登云天（白日飞升）；颛顼得之，以处玄宫（镇守北方）；禺强（北方水神）得之，立乎北极；西王母（昆仑之神）得之，坐乎少广（山名），莫知其始，莫知其终；彭祖（长寿仙人）得之，上及有虞（舜时代），下及五伯（通霸，春秋五霸：齐桓公、秦穆公、宋襄公、楚庄王、晋文公）；傅说（音悦）得之，以相武丁（约公元前1250年—前1192年在位），奄有（属有）天下，乘东维、骑箕尾，（同列于东方之星。）而比于列星。（道生天地，大神同道，神通天下；奉道之人，尊神护佑，无往不利。）

〖真道传承〗

南伯子葵问乎女偊（得道大巫，偊音禹）曰："子之年长矣，而色若孺子（面容好像七八岁小孩），何也？"

曰："吾闻道（我得道）矣！（有道之人，精神充盈，和颜悦色，面若童子。）"

南伯子葵曰："道可得学邪？"

曰："恶（不）！恶可！子非其人也。（真道，非俗人可学也！）夫卜梁倚有圣人之才而无圣人之道，我有圣人之道而无圣人之才。吾欲以教之，庶几其果（或许可以）为圣人乎！（有圣人之才而无圣人之道，非真圣也！）不然，以圣人之道告（教导）圣人之才，亦易矣。（有德才者学道容易。）

"吾犹守而告（遵循）之，参（同三）日而后能外天下（淡漠天下事）；已外天下矣，吾又守（清静守神）之，七日而后能外物（忘物）；已外物矣，吾又守之，九日而后能外生（忘我）；已外生矣，而后能朝彻（开悟）；朝彻而后能见独（体合道）；见独而后能无古今（虚无）；无古今而后能入于不死不生（长生）。（此三、七、九日，喻三、七、九年，或许更久。）

"杀生者不死，生生者不生。（主宰、生化生命者，大道常存。）其为物（成道）无不将也，无不迎也，无不毁也，无不成也。（修行得道，无所不能。）其名为撄宁。撄宁也者，撄（艰难磨砺）而后成者也。"（道生万物，万物撄人，磨炼人性；性能清静，守神奉行，九九得道。）

南伯子葵曰："子独恶乎闻之（你用什么特别方法、又是怎么得道）？"

曰："闻诸（之于）副墨之子（书册），副墨之子闻诸洛（通络）诵之孙（传颂），洛诵之孙闻之瞻明（明见），瞻明闻之聂许（听闻），聂许闻之需役（行为），需役闻之于讴（感悟），于讴闻之玄冥（缥缈），玄冥闻之参寥（虚无），参寥闻之疑始（大道）。"

（大道永恒，虚无缥缈；真人感悟，化诸行为；智者视听，传颂于俗；志之书册，世代传承。不得其人，得非其真；既得其人，真道传承。）

〖生劳死息〗

子祀、子舆、子犁、子来，四人相与语曰："孰能以无（虚无大道）为首，以生为脊，以死为尻（末端）；孰知死生、存亡之一体者，吾与之友矣！"四人相视而笑，莫逆（合意）于心，遂相与为友。（能知死生、存亡之一体者，方为莫逆之交。）

俄而，子舆有病，子祀往问（探望）之。曰（子舆）："伟哉！夫造物者将以予为此拘拘（驼背）也。"

曲偻发背（露背），上有五管（通五官之脉管），颐隐于齐（面颊隐蔽于脐下，齐通脐），肩高于顶，句（音勾）赘（音坠，颈椎）指天，阴阳之气有沴（音厉，错乱）。

其心闲而无事，跰𨇠（音骈先，蹒跚）而鉴（应照）于井，曰："嗟乎（唉呀）！夫造物者又将以予为此拘拘也。"（造化弄人，畸形怪状，皆有缘由。）

子祀曰："汝恶（羞）之乎？"

曰（子舆）："亡（通无），予何恶（丑）！（子舆忘形，不羞己丑。）浸假（假如）而化予之左臂以为鸡，予因以求时夜（为公鸡，时通司）；浸假而化予之右臂以为弹（弹弓），予因以求鸮炙（鸮鸟烤肉）；浸假而化予之尻（臀部）以为轮，以神（精神）为马，予因而乘之，岂更（更换）驾哉！且夫，得（得生）者，时也；失（失生）者，顺也。安时而处顺，哀乐不能入也，此古之所谓县（存而无定；县，悬）解也，而不能自解者，物有结之（人受造化控制）。且夫，物不胜天久矣（人永远胜不了天命），吾又何恶焉！"（勿意虚像，看淡生死，自我解脱。）

俄而，子来有病，喘喘然（呼吸急促状）将死，其妻子环（环绕）而泣之。子犁往问之曰："叱（呵斥）！避（走开）！无（通毋）怛化！（不要惊动，让他安逝吧！）"

倚其户，与之语曰："伟哉！造化又将奚以汝为？将奚以汝适？（造化会将你怎么样、又将你安排到什么地方去？）以汝为鼠肝乎？以汝为虫臂乎？"

子来曰："父母于子（子女），东西南北（无论在何方），唯命之从。阴阳（自然造化）于人，不翅（不异，翅通啻）于父母。（必须绝对顺从！）彼近（造化逼迫）吾死而我不听（不遵从），我则捍（通悍，勇悍、愚顽）矣，彼何罪（罪过）焉？（寿限到，人该死！）夫大块载（大道化生）我以形，劳我以生，佚（通逸）我以老，息我以死。故，善（善待）吾生者，乃所以善吾死也。（既然如此，何惧之有？）

"今之大冶（大铁匠）铸金，金踊跃曰：'我且必为镆铘（著名宝剑）！'大冶必以为不祥之金。今一犯（通范，铸造）人之形而曰：'人耳！人耳！'夫造化者必以为不祥之人。（人、物之生死、成灭，不能自主，取决于造物主。）今一（平衡）以天地为大炉，以造化为大冶，恶乎往而不可哉？（往生哪里都行！）"（天地为大炉，造化为大冶，生死如反复回炉；形体有异，灵性常存。昼生夜死，习以为常，何必在意！）

成然寐，蘧然觉。（安静地睡下，忽然间醒悟。一死一生，如此而已！愚昧之人，贪得无厌，放心不下，死不瞑目，负债而去，来回偿还。）

〖临尸而歌〗

子桑户、孟子反、子琴张，三人相与语曰："孰能相与（相交往）于无相与，相为（相处）于无相为；孰能登天游雾（腾云驾雾），挑挑无极（傲游太虚），相忘以生（不恋世俗红尘），无所终穷！"（得道之人，忘我忘物，无为相处。）

三人相视而笑，莫逆于心，遂相与友。（莫逆之友，在于精神相通，而非形影不离、朝夕相处。）

莫然（寂静，莫通漠）有间，而子桑户死，未葬。孔子闻之，使子贡往待事（处理后事）焉。（子贡承袭孔子，善于处理丧事。）

或（有人）编曲，或鼓琴，相和而歌曰："嗟来桑户乎！嗟来桑户乎！（桑户，归来吧！）而（尔）已反（同返）其真，而我犹为人猗（猗相当于啊）！"

子贡趋而进曰："敢问，临尸而歌，礼乎（合丧礼吗）？"

二人相视而笑曰："是（子贡）恶知礼意（本意）！"

子贡反（同返），以告孔子，曰："彼何人者邪？修行无有而外（超脱生死而轻视）其形骸，临尸而歌，颜色不变（不悲伤），无以命（形容）之。彼何人者邪？"（孔子早年主祭祀，更善于料理丧祀，子贡继承。临尸而歌，歌死者功绩，以便回归。道门及民间沿袭至今。）

孔子曰："彼游方（世俗）之外者（方外人士）也，而丘游方之内者（世俗人士）也。外内不相及（不相干），而丘使汝往吊（吊唁）之，丘则陋（浅薄、俗气）矣！彼方且与造物者为人（为友），而游乎天地之一气（和气）。（通达造化，练度阴阳。）彼以生为附赘县（悬）疣（赘肉瘤），以死为决（挑破）疣溃痈。（他们以生为患病状态，以死为病愈健康状态。）

"夫若然者，又恶知死生先后之所在！假于异物，托于同体；（身躯异形，精神相通。）忘其肝胆，遗其耳目（轻视听）；反复终始（生死循环），不知端倪（迹象、边际）；芒（同茫）然彷徨乎尘垢（世俗）之外，逍遥乎无为之业。彼又恶能愦愦然（昏聩状）为世俗之礼，以观（炫耀）众人之耳目哉！"（方外人士，逍遥无为，不拘形式。世俗之人，专注人情，固守常礼。外、内不相及，高低不相干。）

子贡曰："然则，夫子何方（标准）之依？"

孔子曰："丘，天之戮民（受天刑之人）也。虽然，吾与汝共之（共同受刑）。"（孔丘戮民，求道不得，终身磨难，至死方名。）

子贡曰："敢问其方（解决方法）？"

孔子曰："鱼相造（依存）乎水，人相造（生存）乎道。相造乎水者，穿（挖掘）池而养给（生活满足）；相造乎道者，无事（无为）而生（同性）定。故曰：鱼相忘乎江湖，人相忘乎道术（清静无为）。"（超脱世俗方法：明理尽性，奉道精诚，因循自然，清静无为。）

子贡曰："敢问畸（音激，形体奇异）人？"

曰："畸人者，畸于人而侔（音牟，合）于天（天道）。（畸人怪形，当有异术。）故曰：天之小人（天性不足之人），人之君子；人之君子，天之小人也。"（天性具足之人，即有根基，非真则圣。）

〖居丧不哀〗

颜回问仲尼曰："孟孙才（鲁国人），其母死，哭泣无涕（哭无泪），中心不戚（不悲戚），居丧（守丧）不哀。无是（不符合丧礼）三者，以善丧盖（名声遍布）鲁国，固有（怎么有，固通胡）无其实（居丧不悲哀）而得其名（善处丧事之名誉）者乎？回壹怪之（一直想不通）。"（颜回或亦善处理丧事，而不知生死相化之道。）

仲尼曰："夫孟孙氏尽之（尽心丧事）矣，进（超越）于知（普通人认知）矣！唯简（希望简从）之而不得，夫已有所简矣（丧事从简）。孟孙氏不知所以生，不知所以死；不知就先，不知就后。（生死由命，不趋生避死。）若（顺从）化为物（化生为人），以待其所不知之化（死亡日期）。已乎（罢了）！且方将化，恶知不化哉？方将不化，恶知已化哉？（生死互化，循环往复，不用顾忌。）

"吾特与汝（仅我与你），其梦未始觉者邪！（孔子自言，迷而不识生死相化之道。）且彼有骇形而无损心（形体变化而不动心），有旦宅（躯体变动）而无情死（不伤感）。孟孙氏特觉（仅自己觉悟），人哭亦哭，是自其所以宜也（自随其宜）。且也相与（对人说）'吾之（我就是这样）'耳矣（而已），庸讵知吾所谓'吾之'乎？（淡漠生死，就是这样。）

"且汝梦为鸟而厉（奋飞）乎天，梦为鱼而没于渊。（化育万方，随化而行。）不识今之言者（我本来就是这样，因循自然而已），其（通岂，难道）觉者乎？其（或许）梦者乎？造适（突然感到舒适）不及笑，献（表露）笑不及排（宣泄）；安排而去化（安逸舒畅渐入化境），乃入于寥天一（与自然融为一体）。"（平常之人，不识其本，机缘巧合，偶入化境，适意舒畅，回味无穷。）

〖君、圣之异〗

意而子见许由，许由曰："尧何以资（勉励、教导）汝？"

意而子曰："尧谓我：汝必躬服（身体力行）仁义而明言（明辩）是非。"（躬服仁义而辨明是非，实乃君王可行之道也。）

许由曰："而（尔）奚来为轵（同只）？（你怎么只为这来？）夫尧既已黥（音情，深刻）汝以仁义，而劓（音抑，割鼻、深闻）汝以是非矣！汝将何以游夫遥荡、恣睢、转徙（逍遥、从容、婉转变化）之涂（同途）乎？"

意而子曰："虽然，吾愿游于其藩（从容、逍遥之地域）。"

许由曰："不然！夫盲（睁眼瞎）者无以与（不能看见）乎眉目颜色之好（美貌），瞽（闭眼瞎）者无以与乎青黄黼黻（音抚符，衣花纹）之观（华美）。"（意而子或已盲瞽，许由似乎不愿相教。）

意而子曰："夫无庄（古美人）之失其美，据梁（古力士）之失其力，黄帝之亡其知（同智），皆在炉锤之间（自然造化之时）耳！庸讵知夫造物者之不息（不复原）我黥而补我劓（去除我的偏见、毛病），使我乘成（体全）以随先生邪？（意而子卑身谦辞以求教。）"

许由曰："噫！未可知也（你不一定能领悟）！我为汝言其大略：吾师乎（大道啊）！吾师乎！齑（音机，调和）万物而不为义，泽及万世而不为仁，长于上古而不为老，覆载天地、刻雕众形而不为巧。此所游已！（师从大道，顺应自然。）"（意而子虚心学道，许由言其本而不即其细，虽有教而难以领受，有待意而子参悟。）

〖颜回坐忘〗

颜回曰："回益（受益、有感悟）矣！"

仲尼曰："何谓也（什么说法）？"

曰："回忘仁义矣！"（儒者能忘仁义？）

曰："可矣！犹未也。（勉强可以，还是不行。）"

他日，复见，曰："回益（有进步）矣！"

曰："何谓也？"

曰："回忘礼乐矣！"（儒者能忘礼乐？）

曰："可矣！犹未也。（比较接近，还差一点。）"

他日，复见，曰："回益（又进步）矣！"

曰："何谓也？"

曰："回坐忘矣（通达妙化之境）！"

仲尼蹴然（惊异状）曰："何谓坐忘？"

颜回曰："堕（通惰，放松）肢体，黜（音触，去除）聪明，离形（失知觉）去智，同于大通（合于大道），此谓坐忘。"（颜回不愧为儒家之复圣，真有悟性，得坐忘精髓，却似未见传承。）

仲尼曰："同则无好（通道则无偏好）也，化则无常（忘我则无定、不执着）也。而果其贤（你确实如此贤能）乎！丘也请从而后（跟从你身后学习）也。"

（佛家高人早习老庄，颜回坐忘真旨，疑似为禅者借用，或未知其详，而至枯禅、口头禅遍天下。大道玄妙，根在道家，延续千载，至今不绝；有缘者闻，心诚者得，至诚通灵，合于大道。）

〖听天由命〗

子舆与子桑友。而淋雨（连绵雨）十日，子舆曰："子桑殆病（大概受饥饿）矣！"

裹饭而往食之。至子桑之门，则若歌若哭（悲声吟唱），鼓琴曰："父邪！母邪！天乎！人乎！（是上天还是人为造就，为什么会是这样？）"有不任其声（微弱），而趋举其诗（急促吐出歌词）焉。（危难时刻，祸患已成；呼天喊地，无济于事！）

子舆入，曰："子之歌诗（吟咏诗歌），何故若是（凄凉而又有气无力）？"

曰："吾思夫使我至此极（如此绝境）者而弗得也。父母岂欲吾贫哉？天无私覆，地无私载，天地岂私贫我哉？求其为（造就）之者而不得也！然而至此极者，命也夫？（毋庸置疑，正是命运造就！）"（当前富贵，承继前德；先前失德，当下贫贱。承负因果，平衡三界。听天由命，何怨于天！）

故，圣人之用兵也，亡国而不失人心；利泽施乎万世，不为爱人。故，乐通物，非圣人也；有亲，非仁也；天时，非贤也；利害不通，非君子也；行名失己，非士也；亡身不真，非役人也。若狐不偕、务光、伯夷、叔齐、箕子、胥余、纪他（音驼）、申徒狄，是役人之役，适人之适，而不自适其适者也。（此段为错简内容，不知其处。）

应帝王

（应物无私，天下自治；至人无为，用心若镜。）

啮（音啮）缺问于王倪，四问而四不知。啮缺因跃而大喜，行以告蒲衣子（尧时贤人）。

蒲衣子曰："而（尔）乃今知之乎？有虞氏（舜帝）不及泰氏（太昊帝）。有虞氏其犹藏（尚且心怀）仁以要（要挟、笼络）人，亦得人（得到民众拥护）矣，而未始出于非人（不曾超出于圣人）。泰氏，其卧徐徐（安闲状），其觉于于（自在状）。一（乃）以己为马，一（或）以己为牛。其知情（通智诚）信，其德甚真，而未始入于非人（未曾企及真人）。"（仁爱不出于圣人，圣人重仁；真德不入于真人，真人不德，因循自然而已。）

〖正己任能〗

肩吾见狂接舆。狂接舆曰："日中始何以语汝？"

肩吾曰："告我：君人者以己出经式义度（君王以自己意志出台、公布典章制度，义通仪），人孰敢不听而化诸（谁敢不听从而归化呢）！（君王出令，民众不听，有司惩罚，不敢不从。）"

狂接舆曰："是欺德（伪德）也。其于治天下也，犹涉海凿河（多余）、而使蚊负山（不及）也。夫圣人之治也，治外（典章制度）乎？正而后行（正己行公道），确（确定）乎能其事者而已矣！且鸟高飞以避矰弋（绳箭）之害，鼷（音溪）鼠深穴乎神丘（神坛）之下，以避熏凿之患，而曾（更增加、显示，曾通增）二虫之无知！"（明君之治也，正己而后行，知人善任，何其简单！然而，不能行者，君王之私欲不能去也！）

〖顺物无私〗

天根游于殷阳，至蓼（音廖）水之上，适遭（恰逢）无名人而问焉，曰："请问为（治理）天下？"

无名人曰："去（走开）！汝鄙人（庸人）也，何问之不豫（不愉快）也！予方将与造物者为人（为友），厌（满足）则又乘夫莽眇之鸟

（清虚之气），以出六极之外，而游（精神翱翔）无何有之乡，以处圹埌（空旷）之野。汝又何帠（何为，帠音异）以治天下感（惑乱）予之心为（干什么）？（治理天下，劳心费力，无益于身心。）"

又复问，无名人曰："汝游心于淡（内心淡泊），合气于漠（寂静无为），顺物自然而无容私焉，而天下治矣！"（君心淡，顺自然，无容私，天下治。简单易行，君王不为，私欲作怪。老子曰：吾言甚易知，甚易行，而天下莫能行。此之谓也！）

〖功成身退〗

阳子居（即杨朱，魏国人）见老聃，曰："有人于此，向（通响）疾强梁（敏捷强悍），物彻疏明（洞彻万物），学道（儒家学问）不倦，如是者，可比明王（英明君王）乎？"

老聃曰："是于（是何）圣人也？胥（小吏）易技系（束缚），（小吏更换职事，继续遭受束缚。）劳形怵（音触，惊扰）心者也。且也，虎豹之文来田（皮毛花纹遭致猎杀，田同畋），猨狙之便（敏捷）、执斄（围堵斄牛，斄音狸）之狗来藉（拘系）。（多余无用，迷乱人心，遭致祸患。）如是者，可比明王乎？"（英明君王，正己化民，无为而治。）

阳子居蹴然（惊诧状）曰："敢问明王之治？"

老聃曰："明王之治，功盖（功德、恩泽遍布）天下而似不（不归功）自己，化贷（教化布施）万物而民弗恃（不依赖）。有莫举名（有功不显名），使物（民众）自喜。立乎不测（玄妙境），而游于无有（虚无境）者也。"（无为之功，泽被苍生，民众富足，功成身退。如轩辕黄帝，功成名就，得道高升。）

〖小巫见大巫〗

郑（郑国）有神巫曰季咸，知人之死生、存亡、祸福、寿夭，期

（预言）以岁、月、旬、日，若神（灵若神明）。郑人见之，皆弃而走（转身逃避）。（季咸虽神，众人逃避，以为不祥。世人各有因缘，生死由命，富贵在天，自有定数。）

列子见之而心醉（心服），归，以告壶子（列子师），曰："始吾以夫子之道为至（高尚）矣，则又有至（更高妙）焉者矣！"

壶子曰："吾与（教授）汝既其文（尽在表面），未既其实（没有触及核心）。而固（你怎么）得道与（通欤）？众雌而无雄，而又奚卵焉！（列子心不诚，壶子未授真道。）而（尔）以道与世亢（通抗，争辩、交流），必信（通伸，表白、显露）夫，故使人得（洞悉）而相汝。尝试与来（一起同来），以予示之。"（己心不诚，师不授真道，反意为师无道行。此为学徒之通病！）

明日，列子与之见壶子。出而谓列子曰："嘻！子之先生，死矣！弗活矣！不以旬数矣（不超过十天了）！吾见怪（坏征兆）焉，见湿灰（毫无生机）焉。"

列子入，泣涕沾襟以告壶子。壶子曰："乡（通向，方才）吾示之以地文（寂静之貌），萌乎不震不止（生命迹象微弱），是殆（大概）见吾杜德机（封闭生机）也。尝又与来。"

明曰，又与之见壶子。出而谓列子曰："幸矣！子之先生遇我也，有瘳（音抽，病情好转）矣！全然有生矣！吾见其杜权（生机活力）矣！"（后世常用之，成为江湖行话。）

列子入，以告壶子。壶子曰："乡（向）吾示之以天壤（虚像），名实（名利）不入，而机发于踵。是殆见吾善者机（好转迹象）也。尝又与来。"

明日，又与之见壶子。出而谓列子曰："子之先生不齐（不讲究、有劣行，齐同斋），吾无得而相（相不准）焉。试齐（斋戒），且复相之。"

列子入，以告壶子。壶子曰："吾乡（向）示之以太冲莫胜（阴阳调和），是殆见吾衡气机（心气平稳）也。鲵桓（盘旋）之审（通潘，旋涡）为渊，止水之审为渊，流水之审为渊。渊有九名，此处三焉。尝又与来。（壶子仅显三象，尚有六象未示。）"

明日，又与之见壶子。立未定，自失而走（惊吓逃跑）。壶子曰："追之！"

列子追之不及。反（同返），以报壶子曰："已灭（无踪影）矣，已失矣，吾弗及已。（列子暗示不及季咸。）"

壶子曰："乡（向）吾示之以未始出吾宗（不显露真面目）。吾与之虚而委蛇（音逶迤，恍惚不定），不知其谁何；因以为弟靡（茅草起伏，弟当为茅），因以为波流（连绵不断），故逃也。"（季咸虽神，再三方知：小巫见大巫，班门敢弄斧，后果几严重。故逃之不及。）

然后，列子自以为未始学而归。三年不出，为其妻爨（音窜，烧火做饭），食豕如食人，于事无与亲，（事无亲疏，不辨人猪。）雕琢复朴，块然（静止无知状）独以其形立（形如枯木）。纷而封（闹中守静）哉，一以（一直保持）是终。（列子知不足，精进修行，终有所成，能御风而行。）

〖用心若镜〗

无为名尸（为祭祀对象），无为谋府（生灵识）；无为事任（事无不成），无为知主（通达根本）。体尽（身体融于）无穷，而游无朕（无迹）；尽其所受乎天（尽情释放自然禀性），而无见得（不有为，见通现，得通德），亦虚（虚无）而已！至人之用心若镜，不将不迎，应而不藏（应对事物而不回避），故能胜物而不伤（超脱物外而不伤身心）。（至人无为，用心若镜，顺应自然，超脱世外。）

〖儵忽报恩〗

南海之帝为儵（音疏），北海（疑似今之俄罗斯境内贝加尔湖）之帝为忽，中央之帝为浑沌。儵与忽时（时常）相与遇于浑沌之地，浑沌待之甚善（周全）。

儵与忽谋（商量）报浑沌之德（恩情），曰："人皆有七窍以视听、食息，此独（只有浑沌）无有，尝试凿之。"

日凿一窍，七日而浑沌死。（自作聪明，违背自然，劳心费力，害人损己。）

外 篇

骈 拇

（骈仁枝义，惑乱天下；身殉名利，去正失性。）

骈拇枝指出乎性（拇指并生出于天然）哉，而侈于德（多余于容貌）；附赘县疣（寄生肉瘤悬疣；县，悬）出乎形哉，而侈于性（形体）。多方（多余）乎仁义而用之者，列于五藏（比列五脏，藏同脏）哉，而非道德之正（根本）也。是故，骈于足者，连无用之肉也；枝于手者，树（树立）无用之指也。多方骈枝于五藏（五脏）之情者（仁义礼智信），淫僻（邪僻）于仁义之行，而多方于聪明之用也。（仁义如骈拇枝指、附赘悬疣，多余而无用，非道德之正也。）

是故，骈于明（过多观看）者，乱五色（青红白黑黄），淫文章（混乱杂色），青黄黼黻之煌煌（纷繁炫目，黼黻音抚服）。非乎？而离朱是已（就是离朱）！多于聪（听闻）者，乱五声（宫商角徵羽），淫六律（黄钟、大吕、姑洗、蕤宾、无射、夹钟），金石（钟磬）、丝竹，黄钟、大吕之声。非乎？而师旷（善音乐者）是已（相当于矣）！

枝于仁者，擢（音卓，标榜）德塞性以收（聚拢）名声，使天下簧鼓（喧嚣）以奉不及之法（法式）。非乎？而曾、史（曾参、史鱼，儒家人物）是已！骈于辩者，累瓦、结绳（古代两种记事方法），棰辞窜句，游心于坚白、同异之间，而敝跬誉（操劳于暂时荣誉；敝，疲困；跬音傀）无用之言。非乎？而杨（杨朱，名家人物）、墨（墨翟，墨家人物）是已！故，此皆多骈（多余）旁枝之道，非天下之至正也。（儒、名、墨三家，皆多余旁枝之道，非天下之至正也。）

彼正正（天下至正）者，不失其性命之情（保持淳朴自然）。故，合者不为骈，而枝者不为跂（多出之脚趾）；长者不为有余，短者不为不足。是故，凫胫（野鸭腿）虽短，续之则忧；鹤胫虽长，断之则悲。故，性长（原本长）非所断，性短（本来短）非所续，无所去忧也（不能取长补短）。意仁义其非（猜想仁义或许不是）人情乎，彼仁人何其多忧也！（儒家行仁义，多余且多忧。）

且夫，骈于拇者，决之则泣（折断它则悲泣）；枝于手者，龁之则啼（咬掉它则痛哭，龁音合）。二者或有余于数（五个之数），或不足于数，其于忧（有余、不足）一也。今世之仁人，蒿目（目光忧愁）而忧世之患（苦难）；不仁之人，决性命之情而饕贵富（破坏淳朴性情而贪求富贵，饕音掏）。故意（是以猜测）仁义其非人情乎！自三代（夏、商、西周）以下者，天下何其嚣嚣（喧嚣闹腾）也。（春秋战国时期，百家争鸣，声嘶力竭，各显其能，令天下人无所适从。）

且夫，待钩绳、规矩（画圆方工具）而正者，是削其性（削减自然之性）者也；待绳约、胶漆而固者，是侵其德（侵蚀自然之德）者也；屈折（顺从）礼乐，呴俞（顺合）仁义，以慰（安抚）天下之心者，此失其常然也。天下有常然（自然状态）。常然者，曲者不以钩（画曲线工具），直者不以绳（墨线），圆者不以规，方者不以矩，附离（依附，离通丽）不以胶漆，约束不以缪索（绳索）。

故，天下诱然皆生（油然而生万物），而不知其所以生；同焉皆得（得生存），而不知其所以得。（万物自然化生，自生自灭。）故，古今不二，不可亏（缺失）也。则仁义又奚连连（连续）如胶漆、缪索，而游乎道德之间为（发挥作用）哉！使天下惑也！（仁义智巧，削性侵德，使天下人迷惑，导致纷争连绵不断。）

夫小惑易方（改变志向），大惑易性（颠倒本性）。何以知其然邪？自虞氏招仁义（舜帝举仁义）以挠（扰乱）天下也，天下莫不奔命于仁义，是非（是不是）以仁义易其性与？

故，尝试论之：自三代以下者，天下莫不以物（名利）易其性矣！小人则以身殉利（百姓贪求利益），士（智能之人）则以身殉名，大夫则以身殉家（家族），圣人则以身殉天下。故，此数子者（这几类人），事业不同，名声异号，其于伤性以身为殉（牺牲），一也（一样）。（以身殉利是小人，以身殉天下为圣人，名分虽异而殉身则相同。）

臧与穀（奴隶臧与奴仆穀），二人相与牧羊而俱亡（通忘）其羊。问臧奚事，则挟策读书；问穀奚事，则博塞（博同簙，塞同簺；棋具）以游。二人者，事业不同，其于亡羊均（相同）也。（此二人，身份虽低，而境界超常。）

伯夷（商汤义臣）死名于首阳之下，盗跖（春秋大盗）死利于东陵之上。二人者，所死不同，其于残生伤性，均也。奚必（怎么认定）伯夷之是而盗跖之非乎？天下尽殉也！彼其所殉仁义也，则俗谓之君子；其所殉货财也，则俗谓之小人。其殉一也，则有君子焉，有小人焉。若（至于）其残生损性，则盗跖亦（如同）伯夷已（矣），又恶取（怎么选择、区分）君子、小人于其间哉！（伯夷、盗跖，于殉则同；而于仁义，伯夷为义士，盗跖为恶人。世俗社会，是非自有定论。）

且夫，属（从属）其性乎仁义者，虽通（精通）如曾、史（二人以仁孝闻名），非吾所谓臧（善、好）也；属其性于五味，虽通如俞儿（善味者），非吾所谓臧也；属其性乎五声，虽通如师旷，非吾所谓聪也；属其性乎五色，虽通如离朱，非吾所谓明也。吾所谓臧者，非仁义之谓也，臧于其德而已矣；吾所谓臧者，非所谓仁义之谓也，任其性命之情（自然）而已矣；吾所谓聪者，非谓其闻彼也，自闻（内听）

而已矣；吾所谓明者，非谓其见彼也，自见（内视）而已矣。

夫不自见而见彼（外物），不自得而得彼（仁义）者，是得人之得（虚名）而不自得其得（自在）者也，适人之适（屈服）而不自适其适（逍遥）者也。夫适人之适而不自适其适，虽盗跖与伯夷，是同为淫僻也。余愧乎道德（羞于仁义），是以，上不敢（不愿）为仁义之操（节操），而下不敢为淫僻之行（品行）也。（仁义者，是适人之适而不自适其适者也。庄周真人不敢为仁义，奉道者亦不敢为；为之者即难得自在逍遥矣！）

马　蹄

（鞭马至盗，伯乐之罪；推举仁义，圣人之过。）

马，蹄可以践霜雪，毛可以御风寒；龁（啃食）草饮水，翘足而陆（同踛，跳跃），此马之真性也。虽有义台（观礼台，义同仪）、路寝（大棚），无所用之。（马之真性，跨河奔川，何其自由！）

及至伯乐（秦国人），曰：“我善治马。”

烧之（烙印记），剔之（剪马毛），刻之（削马蹄），洛（通络，戴笼头）之。连之以羁絷（笼头及前蹄连绳，絷音执），编之以皂栈（马槽、棚），马之死者十（有）二三矣！饥之渴之，驰之骤之，整之齐之，前有橛饰（嚼子、头缨）之患，而后有鞭策（马鞭）之威，而马之死者，已过半矣！（人治手段，何其残忍！美其名曰：善治马！）

陶者曰：“我善治埴（黏土）。”圆者中规，方者中矩。

匠人曰：“我善治木。”曲者中钩，直者应绳（合直线）。夫埴、木之性，岂欲中（符合）规矩、钩绳哉！

然且（然而），世世称之曰："伯乐善治马，而陶、匠善治埴、木。"此亦治天下者之过也。（人欲无止，强行有为，而逆万物自然之性。）

吾意（我猜想）善治天下者，不然！彼民有常性（常规生活习性），织而衣，耕而食，是谓同德（共同本性）。一而不党（中正而不偏私），命曰天放（生活自然奔放）。

故，至德之世，其行填填（脚步迟缓），其视颠颠（目光专注）。当是时也，山无蹊隧（小路、隧洞），泽无舟梁（桥梁）；万物群生，连属（连绵）其乡；禽兽成群，草木遂长（茂长）。是故，禽兽可系羁（束缚）而游，鸟鹊之巢可攀援而窥。（至德之世，或为三皇时期，天覆地载，皇、民同居，无私无欲，纯朴自然。）

夫至德之世，同（混杂）与禽兽居，族（聚集）与万物并（共处）。恶乎知君子、小人哉！同（同样）乎无知，其德不离（不失）；同乎无欲，是谓素朴。素朴而民性（自然之性）得矣！及至圣人（君王出现），蹩躠（音别谢，勉强）为仁，踶跂（音智启，强勉）为义，而天下始疑（疑惑）矣！澶漫（放纵，澶音蝉）为乐，摘僻（繁琐）为礼，而天下始分（区别）矣！

故，纯朴不残（不被破坏），孰为牺樽（酒器）？白玉不毁，孰为珪璋（玉器）？道德不废，安取（怎么会采用）仁义？性情不离（不离失），安用礼乐？五色不乱，孰为文采（修饰花纹）？五声不乱，孰应（响应）六律？夫残朴以为器（器具），工匠之罪也；毁道德以为仁义，圣人之过也。（工匠为器，济民之需；圣为仁义，应世之势。若论罪过，君民同等。）

夫马，陆居则食草饮水，喜则交颈相靡（相亲抚，靡通摩），怒则分背相踶（背向弹踢）。马知（同智）已此矣！夫加之以衡扼（套住马脖之横木，扼通轭），齐之以月题（头缨），而马知介倪（不服约束）、阐扼（屈头退轭，阐音因）、鸷曼（猛突挣脱）、诡衔（吐嚼子）、窃辔（咬缰绳）。故，马之知而能至盗者（马智情状能够逃避驾驭者，能或为态），伯乐之罪也。（伯乐治马，马能至盗；官能治民，而民更甚！）

夫赫胥氏（远古首领）之时，民居不知所为，行不知所之，含哺而熙（吃食物又嬉闹，熙通嬉），鼓腹（饱腹）而游。民能已（止于）此矣！及至圣人，屈折（固定）礼乐以匡（匡正）天下之形，县跂（高悬令企望，跂通企）仁义以慰（安抚）天下之心，而民乃始踶跂好知（强勉、企求好智），争归于利，不可止也。此亦圣人之过也。

（圣人举仁义，推礼乐，而民好智，争名逐利，天下动乱。乱而复治，治而又乱，循环往复，恶性循环，不可止也。乱则圣人之过，治则帝王之功。乱治功过，不可妄言！）

胠　箧

（窃钩者诛，窃国者侯；智乱天下，圣亡盗止。）

将为胠箧（音区窃，撬小箱）、探囊（掏储物袋）、发匮（同柜）之盗而为守备（防守戒备），则必摄缄縢（绑紧绳索），固扃鐍（坚固环纽锁钥），此世俗之所谓知（智）也。

然而巨盗至，则负匮（柜）、揭（提）箧、担囊而趋（逃跑），唯恐（只担心）缄縢、扃镉之不固也。然则，向（先前）之所谓知（智）者，不乃（不正是）为大盗积（积累、准备）者也？（小智防小盗，难抵大盗；制大盗，须大智。）

〖田氏代齐〗

故，尝试论之：世俗之所谓知（智）者，有不为大盗积者乎？所谓圣者，有不为大盗守（看守）者乎？何以知其然邪？

昔者，齐国邻邑相望，鸡犬之音相闻，罔罟（渔猎网具，罔同网）之所布，耒耨之所刺（挖土、除草农具耕耘土地），方（方圆周长）二千余里。阖四境（总和四境）之内，所以立宗庙、社稷（土、谷神庙），治邑屋、州闾（二十五家聚居）、乡曲（乡里）者，曷尝不法（何尝不遵从）圣人哉？

然而，田成子（田常，齐国大夫）一旦杀齐君而盗其国，所盗者岂独其国邪？并与其圣知之法（圣智仁义道德教化之法）而盗之。故，田成子有乎盗贼之名，而身处尧舜之安。小国不敢非（非议），大国不敢诛（讨伐），十二世有齐国，则是不乃（岂不是）窃齐国，并与其圣知（圣智）之法，以守（保护）其盗贼之身乎？（周室丧鼎，姜吕失德，田氏代齐，乱世盗国。）

〖盗亦有道〗

尝试论之：世俗之所谓至知（大智）者，有不为大盗积者乎？所谓至圣者，有不为大盗守（准备）者乎？何以知其然邪？

昔者，龙逢斩（贤臣关龙逢被夏桀斩杀，逢音旁），比干剖（比干被纣王破腹掏心），苌弘胣（西周大夫苌弘破腹而死，胣音齿），子胥靡（吴国大夫伍子胥尸体烂于江，靡通縻）。故，四子之贤而身不免乎戮。（君王失道，忠臣殉难，国家将亡。）

故，跖之徒（盗跖弟子）问于跖曰："盗亦有道乎？"

跖曰："何适（哪里）而无有道邪？夫妄意（猜测）室中之藏（财宝），圣也；入先，勇也；出后，义也；知可否，知（智）也；分均，仁也。五者不备而能成大盗者，天下未之有也！"

由是观之，善人不得圣人之道不立（不显现），跖不得圣人之道不行。天下之善人少而不善人多，则圣人之利天下也少而害天下也多。（圣人之道，通达天下，善人行之为正道，不善人用之为邪道。是以，盗亦有道或道者无道！）

〖窃国者侯〗

故曰：唇竭（亡失）则齿寒，鲁酒薄而邯郸围。（历史事件，列国关系错综复杂。）圣人生而大盗起。掊击（打倒）圣人，纵舍（释放）盗贼，而天下始治矣！夫川竭（干涸）而谷虚，丘夷而渊实。（山丘平，土入渊。）圣人已死，则大盗不起，天下平而无故（无变故）矣！

圣人不死，大盗不止。虽重（尊重）圣人而治天下，则是重（增加）利盗跖也。为之斗斛（计粮容器）以量之，则并与斗斛而窃之；为之权衡（秤砣、秤杆，计重量器具）以称之，则并与权衡而窃之；为之符玺（兵符、玺印，军政信物）以信之，则并与符玺而窃之；为之仁义以矫（矫正）之，则并与仁义而窃之。（圣人应世兴教化，民众为大盗所用。）

何以知其然邪？彼窃钩（盗贼盗窃带钩）者诛，窃国者为诸侯，诸侯之门而仁义存焉！（窃国非为窃，时势常造就。）则是非（是不是）窃仁义、圣知（圣智）邪？故，逐（追随）于大盗，揭（攻取）诸侯，窃仁义并斗斛、权衡、符玺之利者，虽有轩冕之赏弗能劝（官爵不能勉励），斧钺（刑罚）之威弗能禁。此重利（大利）盗跖而使不可禁者，是乃圣人之过也。（适逢乱世，智能者起为大盗，盗国盗天下而为义举；承继国统，圣法为之用，圣人为之使。革故图新，改朝换代，千古如是！）

〖圣智为器〗

故曰："鱼不可脱于渊，国之利器不可以示人。"（《老子·第三十六章》）彼圣人者，天下之利器也，非所以明（昭示）天下也。

故，绝圣弃知（智），大盗乃止；擿（同掷，抛弃）玉毁珠，小盗不起；焚符破玺，而民朴鄙（质朴）；掊斗折衡，而民不争；殚残（尽毁）天下之圣法，而民始可与论议（畅所欲言）；擢乱（搅乱）六律，铄绝（烧断）竽瑟，塞瞽旷（善听者）之耳，而天下始人含其聪矣！

灭文章（花纹），散五采（五色，采同彩），胶（粘合）离朱（善视者）之目，而天下始人含其明矣！毁绝钩绳而弃规矩，攦（音丽，折断）工倕（尧时巧工）之指，而天下始人有其巧矣！故曰："大巧若拙。"削（消除）曾、史之行（伪行），（曾参、史鱼以仁孝闻名。）钳（封闭）杨、墨之口，攘弃仁义，而天下之德始玄同（大同）矣！

彼人（天下人）含其明（原始之明），则天下不铄（同烁，炫耀）矣；人含其聪（原始之聪），则天下不累（不忧患）矣；人含其知（真智），则天下不惑矣；人含其德（淳朴），则天下不僻（不邪恶）矣！彼曾、史、杨、墨、师旷、工倕、离朱者，皆外立（表面树立）其德而以爚乱（惑乱；爚音跃，眩目）其天下者也，法（圣法）之所无用也。（圣智为器，用之在人。是非功过，世俗岂知。）

〖上智下乱〗

子独（你难道）不知至德之世乎？昔者，容成氏、大庭氏、伯皇氏、中央氏、栗陆氏、骊畜氏、轩辕氏、赫胥氏、尊卢氏、祝融氏、伏牺（伏羲）氏、神农氏，当是时也，民结绳而用之。甘其食，美其服，乐其俗，安其居，邻国相望，鸡犬之音相闻，民至老死而不相往来。若此之时，则至治已。（原始社会，人性淳朴，无欲无求。）

今遂（竟然）至使民延颈举踵（伸脖跷脚盼望），曰"某所有贤者"，赢（背负）粮而趣（同趋）之，则内弃其亲而外去其主之事，足迹接乎诸侯之境，车轨结乎千里之外。则是上好知（君王好智）之过也！（贤者真贤，遵贤诚尊，则有利于国家、社会，尚不足为过也。）

上诚好知（同智，本段同）而无道，则天下大乱矣！何以知其然邪？夫弓弩、毕弋（柄网绳箭），机变之知多，则鸟乱于上（天空）矣；钩饵、罔（同网）罟、罾笱（音增苟，捕鱼竹篓）之知多，则鱼乱于水矣；削格（捕兽木笼）、罗落（罗网，落通络）、罝罘（音拘服，捕兽网）之知多，则兽乱于泽矣；知诈渐毒（智诈潜伏毒害，渐通潜）、颉滑（错乱）坚白、解垢（诡辩）同异之变多，则俗惑于辩矣！故，天下每每大乱，罪在于好知。（上贪婪穷智，百姓应对生奸诈之心，恶性循环，天下大乱，飞禽、走兽、鱼鳖，亦遭其殃。）

故，天下皆知求其所不知（名利致乱），而莫知求其所已知者（纯朴）；皆知非其所不善（窃国大盗），而莫知非其所已善者（君王伪善），是以大乱。故，上悖（亏蚀）日月之明，下烁山川之精（熔化山川精华），中堕四时之施（破坏四时运行，堕同隳）；惴耎（蠕动，耎音软）之虫，肖（细微）翘之物，莫不失其性。（人心混乱，祸及万物，或有回报。）

甚矣！夫好知（智）之乱天下也，自三代（夏、商、西周）以下者是已！舍夫种种（纯朴）之民，而悦夫役役之佞（奸猾之佞人）；释（废弃）夫恬淡无为，而悦夫啍啍之意（谆谆教导，啍同谆），啍啍（多言、假惺惺）已乱天下矣！（君王失德，平地起盗，窃钩者诛，窃国者为诸侯，诸侯之门而仁义存焉！古今如此，循环往复。）

在 宥

（有土之君，勿撄人心；黄帝受道，鸿蒙示尊。）

闻在宥（听说有善待）天下，不闻治（统治）天下也。在之也者，恐天下之淫（扰乱）其性也；宥之也者，恐天下之迁（改变）其德也。天下不淫其性，不迁其德，有（有意）治天下者哉？

昔，尧之治天下也，使天下欣欣焉（欢喜状）人乐其性，是不恬（不安逸）也；桀之治天下也，使天下瘁瘁焉（疲困状）人苦其性，是不愉也。夫不恬不愉，非德也；非德也而可长久者，天下无之。（圣人当位，在宥天下，随民之性，轻松自在。）

人大喜邪（语助词，下同），毗（音皮，损伤）于阳；大怒邪，毗于阴。阴阳并毗，四时不至（不顺节气），寒暑之和不成，其反伤人之形乎！使人喜怒失位（失调），居处无常，思虑不自得，中道不成章。（思想混乱，不成条理。）于是乎，天下始乔诘（苛责）、卓鸷（独厉），而后有盗跖、曾、史之行（作恶、行善）。

故，举天下以赏其善者不足，举天下以罚其恶者不给（不够）。故，天下之大，不足以赏罚。自三代（夏、商、西周）以下者，匈匈焉（喧嚣状）终以赏罚为事，彼（统治者）何暇安其性命之情哉！（赏善罚恶，民尚得安。若阴阳失调，赏罚错乱，民则困苦不堪，国家亦将动乱。）

而且，悦明邪（悦于视觉），是淫（惑乱）于色也；悦聪（听觉）邪，是淫于声也；悦仁邪，是乱于德（自然之德）也；悦义邪，是悖于理（逆于自然之理）也；悦礼邪，是相于技（辅助于机巧）也；悦乐邪，是相于淫（辅助于淫乱）也；悦圣邪，是相于艺（教导于才能）也；悦知（智）邪，是相于疵（治理于是非）也。

天下将安其性命之情，之八者（聪明、仁义、礼乐、圣智），存可也，亡可也。天下将不安其性命之情，之八者，乃始脔卷伧囊（拘束又专横）而乱天下也。而天下乃始尊之惜之。甚矣！天下之惑也。岂直过也而去（难道仅是过分向往）之邪！乃斋戒以言之，跪坐以进（呈奉）之，鼓歌以儛（同舞）之。吾若是何（怎么对待）哉！（性命之本在于清静，圣智、聪明、仁义、礼乐，实为性命之情，宜为性命之用，而不可专任。）

故，君子不得已而临莅（顺势当位统治）天下，莫若无为。无为也，而后安（稳定）其性命之情。故：贵以身于为天下，则可以托天下；爱以身于为天下，则可以寄天下。（《老子·第十三章》）

故，君子苟能无解其五藏（姑且能够不放纵五脏之性情：仁义礼智信，藏同脏），无擢（不滥用，擢音卓）其聪明，尸居而龙见（静处而神采奕奕），渊默而雷声（寂静而感人深切），神动而天随（合于自然），从容无为而万物炊累（自然生长）焉。吾又何暇治天下哉！（君王治理天下，苟能静处养神，顺应自然，虽无意于治天下而天下自治矣！）

〖勿撄人心〗

崔瞿（音渠）问于老聃曰："不治天下，安臧（怎么归善、净化）人心？"

老聃曰："汝慎，无撄（不要扰乱，无通毋）人心。人心排下而进上（人心压抑贫贱而推崇富贵），上下囚杀（相互矛盾）；淖约柔乎刚强（刚柔并济），廉刿雕琢（锋芒乍现）；其热焦火（热情似火），其寒凝冰（冷酷如冰）；其疾俯仰之间（思虑迅疾），而再抚四海（思虑、谋划九州）之外。其居也，渊而静（寂静）；其动也，县（通悬）而天。（天马行空，狂荡不羁。）偾骄（散乱，偾同愤）而不可系者，其唯（恐怕只有）人心乎！（人心本好静，事物常牵连；心猿意马，放荡难收。）

"昔者，黄帝始以仁义撄人之心，尧、舜于是乎股无胈（大腿无肉，胈音拔），胫（小腿）无毛，以养天下之形（以效力于天下之人）。愁其五藏（搜求五脏）以为仁义，矜（耗费）其血气以规（谋划）法度。然犹有不胜（不胜任）也。尧于是放讙兜（流放前臣讙兜）于崇山（或在今湖南省张家界市地域），投（驱逐）三苗于三峗（或在今甘肃省敦煌市地域），流共工（部落）于幽都（或在今北京市密云区），此不胜天下也。

"夫施及三王（延续至夏禹、商汤、周文王时期）而天下大骇（惑乱骚动）矣！下有桀、跖，上有曾、史，而儒、墨毕起（皆兴）。于是乎，喜怒相疑，愚知（智）相欺，善否（不善）相非，诞（荒诞）信相讥，而天下衰矣！大德不同，而性命烂漫（性情自由）矣！天下好知（智），而百姓求（通赇，财货）竭矣！于是乎，钘锯制（法律制裁）焉，绳墨杀（礼法伤害）焉，椎凿决（刑具裁决）焉！天下脊脊（相互践踏）大乱，罪在撄人心。故，贤者伏处（隐居）大山嵁岩（高岩，嵁音堪）之下，而万乘之君忧栗乎庙堂（忧虑恐惧于朝廷）之上。

（五帝时期，人心失淳，智在便民；及至三王而乱，智诈并起，春秋滋盛，盗贼蜂拥，君王忧栗，百姓苦难，而贤者隐居：无人领教，不得不隐。）

"今世，殊死者相枕（受斩首刑者成堆）也，桁（音横）杨者相推（戴枷锁者成群）也，刑戮者相望（受刑之人遍野）也，而儒、墨乃始离跂（踮脚）、攘臂乎桎梏（挽袖振奋于施、受刑之人）之间。意（同噫），甚矣哉！其无愧而不知耻也，甚矣！吾未知圣知（智）之不为桁杨、椄槢（音揭习，枷中横木）也，仁义之不为桎梏（似脚镣手铐）、凿枘（固定足桎手梏之榫、眼，枘音芮）也，焉知曾、史之不为桀、跖嚆矢（响箭，嚆音蒿）也！故曰：'绝圣弃知（智），而天下大治。'"（儒、墨之旨，本在治世；然而，儒、墨之徒，或为名利，为君王所用。）

〖黄帝问道〗

黄帝立（即位）为天子十九年，令行天下，闻广成子（得道真人）在于空同（崆峒，在今甘肃省平凉市西部地域）之上，故往见（专门去拜访）之，曰："我闻吾子达于至道（得到至道），敢问至道之精（精髓）；吾欲取天地之精（精气），以佐（辅助生长）五谷，以养民人；吾又欲官阴阳以遂（掌控阴阳以成就）群生，为之奈何？"

广成子曰："而（尔）所欲问者，物（大道）之质也；而所欲官（你欲掌控）者，物之残（残余）也。自而治天下，云气不待族（聚集）而雨，草木不待黄而落，日月之光益以荒（逐渐昏暗）矣，而佞人之心翦翦者（你是贪婪、狭隘之人），又奚足以语（求教）至道！"（黄帝为天子，自以为尊，心高气傲，且贪心不足，如此则难求至道。）

黄帝退（回宫），捐天下（舍弃权柄），筑特（单独）室，席白茅（示洁净），间居（独居）三月，复往邀（拜访）之。广成子南首而卧，黄帝顺下风膝行而进，再拜稽首（五体投地）而问曰："闻吾子达于至道，敢问治身奈何而可以长久？"（黄帝诚心，静室斋戒，再见广成子，五体投地，行稽首之礼。稽首礼仪，道门沿用至今。）

广成子蹶然（忽然）而起，曰："善哉，问乎！来，吾语汝至道：至道之精，窈窈冥冥（幽玄）；至道之极，昏昏默默（虚无）。无（通毋）视无（毋）听，抱（持守）神以静，形将自正；必静必清，无（毋）劳汝形，无摇汝精（毋消耗精神），乃可以长生。目无所见，耳无所闻，心无所知，汝神将守形，形乃长生。慎汝内（精神），闭汝外（耳目鼻口），多知为败（损害）。

"我为汝遂（通达）于大明（大道）之上矣！至彼（至上）至阳之原也；为汝入于窈冥之门（玄妙境）矣，至彼（至下）至阴之原也。（至阴至阳，极下极上，通天彻地。）天地有官（有主宰），阴阳有藏。（阴中有阳，阳中有阴，阴阳平衡。）慎守汝身，物（身体）将自壮。我守其一，以处其和。故，我修身（修行）千二百岁矣，吾形未常（通尝）衰。"

（广成子崆峒修真，清静守神，无视无听；昏默窈冥，虚无缥缈；至阴至阳，千二百岁而形未尝衰。感应黄帝，不远万里，虔诚学道。）

黄帝再拜稽首，曰："广成子之谓天（至尊神人）矣！"

广成子曰："来！余语汝：彼其物（道）无穷，而人皆以为有终；彼其物无测（大道神化莫测），而人皆以为有极（有穷尽）。得吾道者，（遵循自然，清静无为，保神养形。）上为皇（天神）而下为王；失吾道者，上见光（日月）而下为（化为）土。（日夜操劳，短命而亡。）今夫百昌（万物）皆生于土而反（同返）于土。故，余将去汝，入无穷之门，以游无极之野（逍遥于虚无之境）。吾与日月参光（同光），吾与天地为常（相伴）。当我（奉道），缗乎（默契而不知其来，缗通冥）；远我（离道），昏乎（糊涂而不知其去）！人其尽死，而我独存乎！"（黄帝师广成子，以治天下为外功，内则精诚修炼，功满德就。）

〖鸿蒙传道〗

云将东游，过扶摇之枝而适遭（偶遇）鸿蒙。鸿蒙方将拊髀（正当拍打大腿）爵跃（雀跃，爵通雀）而游。云将见之，倘然（惊异状）止，贽然（肃立状）立，曰："叟（老人家）何人邪？叟何为此？"

鸿蒙拊髀爵跃（雀跃）不辍，对云将曰："游（游玩）！"

云将曰："朕（先秦之我）愿有问也。"

鸿蒙仰而视云将曰："吁（音嘘）！（不以为然！）"

云将曰："天气不和，地气郁结，六气（阴阳、风雨、晦明）不调，四时不节（不顺节气）。今我愿合六气之精以育群生，为之奈何？"

鸿蒙拊髀爵跃（雀跃）掉头曰："吾弗知，吾弗知！"云将不得问（得不到回答）。

又三年，东游，过有宋（经过宋国）之野，而适遭鸿蒙。云将大喜，行趋（快步）而进曰："天（神人）忘朕邪？天忘朕邪？"再拜稽首，愿闻（受教）于鸿蒙。

鸿蒙曰："浮游（游荡）不知所求，猖狂（随心所欲）不知所往，游者鞅掌（众多），以观无妄（感悟真相）。朕又何知！"

云将曰："朕也自以为猖狂，而民随予所往；朕也不得已于民（为民君主），今则民之放（效仿学习，放通仿）也！愿闻一言。"

鸿蒙曰："乱天之经（规律），逆物之情（本性），玄天弗成（苍天大帝不会成全）。解（分解）兽之群而鸟皆夜鸣，灾及草木，祸及昆虫。噫！治人之过（统治者之罪过）也！"

云将曰："然则，吾奈何？"

鸿蒙曰："噫！毒哉（中毒太深）！仙仙乎归矣（轻松自在地回去吧）！"

云将曰："吾遇天难，愿闻一言。"

鸿蒙曰："噫！心养！汝徒处（只奉行）无为，而物（百姓）自化。堕（通惰，放松）尔形体，吐（唾弃）尔聪明，伦与物忘（伦理道德、名利得失，尽忘），大同乎涬溟（混沌，涬音幸）。解心释神（弃思虑），莫然无魂（寂静无我）。万物云云（通芸芸，众多），各复其根

（遵循道、顺自然），各复其根而不知。浑浑沌沌，终身不离；若彼知之，乃是离之。（无智无心，忘我合道。）无（通毋）问其名，无窥其情（不要用心于自然变化），物固自生（大道所以自来）。"

云将曰："天降朕以德（神人赐我自然天道），示朕以默（开化我以清静无为）。躬身求之，乃今也得。"再拜稽首，起辞而行。（不得已，为民主；守清静，任自然；去智巧，民效仿；天下宁，尔何为！）

〖人道顺天〗

世俗之人，皆喜人之同乎己，而恶人之异于己也。同于己而欲（喜爱）之，异于己而不欲者，以出乎众为心（追求）也。夫以出乎众为心（想出人头地）者，曷常（何尝）出乎众哉？因众（依凭大众）以宁（坚信）所闻，不如众技众（不及大众之智能众多）矣。（己有智能，大众认同，方能出众。）

而欲为人之国者（用有为之心治国），此揽（通览，关注）乎三王之利而不见其患（祸患）者也。此以人之国侥幸也，（安而忘危，侥幸存身。）几何侥幸而不丧（不危害）人之国乎？其存人之国也，无万分之一；而丧人之国也，一不成而万有余丧（余害）矣！悲夫，有土（有国）者之不知也！（天道自然，人道尚均；法制礼仪，非治国之本。）

夫有土者，有大物（拥有天下）也。有大物者，不可以物（控制）物而不物（不主宰），故能物物（主宰天下万物）。明乎物（主宰）物者之非物也（大道），岂独治天下百姓而已哉！出入六合（东西南北上下），游乎九州（冀、兖、青、徐、扬、荆、豫、梁、雍州），独往独来，是谓独有（真命天子）。独有之人，是之谓至贵。（区别异同，不用众智，难于出众而为诸侯；有土之君，委命于国，必尊天道，顺从人道，国乃长久。）

大人之教（明君之教化），若形之于影，声之于响；有问而应之，尽其所怀（智能），为天下配（响应）。处乎无响（清静），行乎无方（无迹）。挈汝适复之（领导民众适当恢复本性），挠挠（自在纷纷）以游无端（无限），出入无旁（通傍，依靠），与日无始（终始）。颂论（言谈）形躯，合乎大同（自然），大同（通道）而无己。无己，恶乎得有有（有人间事物）？睹有者，昔之君子；睹无者（感受虚无者至人），天地之友。（至人尚虚无，明君统纲领，君子常有为，民众紧跟随。）

贱而不可不任（凭借）者，物也；卑而不可不因（依靠）者，民也；匿（隐幽）而不可不为者，事也；粗而不可不陈（施行）者，法也；远（长久）而不可不居（担当）者，义也；亲（亲爱）而不可不广（推广）者，仁也；节（仪式）而不可不积（增加）者，礼也。中（通仲，次位）而不可不高（发扬）者，德也；一（总和）而不可不易（演化）者，道也；神而不可不为（尊崇）者，天（天帝）也。

故，圣人观于天而不助（不妄为），成于德而不累（不繁杂），出于道而不谋（无为），会（合）于仁而不恃（不怜悯），薄（近）于义而不积（不长久），应于礼而不讳（不拘束），接于事而不让，齐于法而不乱，恃（倚仗）于民而不轻（不轻视），因于物而不去（不拒）。物者，莫足为也，而不可不为。不明于天（自然）者，不纯于德；不通于道者，无自而可（没有什么行得通）；不明于道者，悲夫！（不通于道，不明于德，执着名利，放纵私欲，终至败丧，悲悔不及。）

何谓道？有天道，有人道。无为而尊者，天道也；有为而累（繁杂）者，人道也。主（君王）者，天道也；臣者，人道也。天道之与人道也，相去远矣，不可不察（明显分辨，必须认真对待）也。（天道地道，君道臣道，各行其道，各得其适；风调雨顺，天下太平。）

天　地

（明道立德，成教易俗；机巧去胸，存形穷性。）

天地虽大，其化均（均匀生化）也；万物虽多，其治一（生、存一样）也；人卒（百姓）虽众，其主君也。君原（本）于德而成于天（上天之子），故曰：玄古之君（远古之君统治）天下，无为也，天德（自然）而已矣。以道观言（名称），而天下之君正（正统）；以道观分（名分），而君臣之义明（明确）；以道观能，而天下之官治（称职）；以道泛观，而万物之应备（齐备）。

故，通于天地者，德（至德）也；行（运化）于万物者，道也；上（君王）治人者，事也；能有所艺（展现）者，技也。技兼（统属）于事，事兼于义，义兼于德，德兼于道，道兼于天（天道本性自然）。故曰：古之畜（畜养、治理）天下者，无欲而天下足，无为而万物化（生长），渊静而百姓定（安宁）。

《记》曰：通于一而万事毕（通达大道则万事顺利圆满），无心得（无为之德，得通德）而鬼神服。（《西升经》曰：通道而万事毕，无为而鬼神服，清静而天下定。道祖老子西行之前，传授文始真人尹喜修行之密旨也。）

〖先贤论道〗

夫子（先贤）曰："夫道，覆载（容纳）万物者也，洋洋乎大哉！君子不可以不刳心（去欲）焉。（去欲至清静，方能感悟大道。）无为为之之谓天（自然），无为言之之谓德（感化），爱人利物之谓仁，不同同之之谓大，行不崖异（不突出）之谓宽，有万不同（涵养万物）之谓富。故，执德之谓纪（纲纪），德成之谓立（立德），循于道之谓备（德行齐备），不以物挫志（不以名利干扰清静）之谓完（成就全德）。

　　"君子明于此十者，则韬（剑弓套、包容）乎其事、心之大也，沛（德广）乎其为万物逝（同行）也。若然者，藏金于山，藏珠于渊；不利（不谋）货财，不近（不求）贵富；不乐寿，不哀夭；不荣通，不丑穷。（不以通为荣，不以穷为辱。）不拘（不取）一世之利以为己私分（私有），不以王天下为己处显（显尊贵），显则明（同名，称说、有名誉）。万物一府（齐同一体），死生同状。（生劳死息，视死如归。）"（君子明十事，富贵不能淫，贫贱不能移，威武不能屈，为天下尊崇，非贤即圣，名垂青史。）

　　夫子曰："夫道，渊乎其居（寂静安稳）也，滼（音辽，澈）乎其清也。金石不得（钟磬不被敲击）无以鸣，故金石有声，不考（不击）不鸣。万物孰能定之？（万物岂能？唯有道者！）夫王德（盛德）之人，素逝而耻通于事（抱真而行、耻融通于人事），立之本原（奉大道）而知（智）通于神，故其德广。其心之出，有物采（影响、感应）之。

　　"故，形非道不生，生（同性）非德不明。存形穷生（养身尽性），立德明道，非王德者邪！荡荡乎，忽然出，勃然动，而万物从之（民众归附）乎！此谓王德之人。视乎冥冥（幽玄），听乎无声（静寂）。冥冥之中，独见晓（灵光闪烁）焉；无声之中，独闻和（阴阳运化）焉。故，深之又深而能物（感应万物）焉，神之又神而能精（灵通）焉。故，其与万物接（交接）也，至无而供其求（无为顺应万物），时骋而要其宿。（应时运化，聚合、归宿于大道。）大小，长短，修（长、久）远。（万物尽归于大道。）"（王德之人，灵性通达；万民相从，以为归宿；无论时空转化，道德经久不衰，国家长治久安。）

　　〖黄帝遗玄珠〗

　　黄帝游乎赤水之北，登乎昆仑之丘而南望（欲望统领天下）。还归，遗其玄珠（清静真道）。使知（智慧）索之而不得，使离朱（明视）索之而不得，使喫诟（善辩者，喫音吃）索之而不得也。

乃使象罔（无相），象罔得之。黄帝曰："异哉，象罔乃可以得之乎?"（智慧、明视、巧辩，难觅真道；无相无形，无私无欲，与道相通。）

〖许由喻尧〗

尧之师曰许由，许由之师曰齧（音啮）缺，齧缺之师曰王倪，王倪之师曰被衣。（尧学道，有传承。）尧问于许由曰："齧缺可以配天（合自然）乎? 吾藉（借）王倪以要（通邀）之。"

许由曰："殆（危）哉，圾（同岌，险）乎天下! 齧缺之为人也，聪明睿知（智），给数以敏（急速敏捷），其性（智能）过人，而又乃以人受天（强加于自然，受同授）。彼审（明察）乎禁过，而不知过之所由生。（任智能，违自然，生罪过。）

"与之配天乎? 彼且乘人而无天（恃才智而不顺自然）。方且本身而异形（方才自是而不合众），方且尊知（智）而火驰，方且为绪使（琐事驱使），方且为物絯（音该，束缚），方且四顾而物应，方且应众宜（和光同尘），方且与物化而未始有恒（偶行无为）。夫何足以配天乎!

"虽然，有族有祖（奉道有人拥护），可以为众父（可为臣）而不可以为众父父（不可为君）。治乱之率（政治动乱之先导）也，北面（臣民）之祸也，南面之贼（君王之祸害）也。"（智能者宜为臣，上能辅君，下能教民，上下安宁。君任智能，臣民难安，国家乃乱。许由借齧缺以喻尧，尧知而后禅位于舜。）

〖福患之异〗

尧观（视察）乎华（约在今陕西省华阴市地域），华封（守疆）人曰："嘻（好）！圣人。请祝（祝福）圣人，使圣人寿。"

尧曰："辞（不要）！"

"使圣人富。"

尧曰："辞！"

"使圣人多男子。"

尧曰："辞！"

封人曰："寿、富、多男子，人之所欲也。汝独不欲（只有你不喜好），何邪？"

尧曰："多男子则多惧，富则多事，寿则多辱。是三者，非所以养德也，故辞。"（寿、富、多男子，世俗之欲望；富裕多男子，修行则为累赘。）

封人曰："始也我以汝（原来以为你）为圣人邪，今然（今天看来乃只是）君子也。天生万民，必授之职（事业）。多男子而授之职，则何惧之有？富而使人分之，则何事之有？夫圣人，鹑居而鷇食（居无定所而由他人供养），鸟行而无彰（无踪影）。天下有道，则与物皆昌；天下无道，则修德就闲。千岁厌世，去而上仙，乘彼白云，至于帝乡。三患莫至，身常无殃，则何辱之有？"（向道之人：结婚生子，养育成人；散尽家财，出世修行。前代师祖，多是如此。）

封人去之，尧随之，曰："请问（请教）。"

封人曰："退已！"

（道人云游四海，来无踪，去无影；天下无道则入世，有道则出尘修行；千岁厌世，去而上仙；俯视万物，任其自然。）

〖诸侯辞政〗

尧治天下，伯成子高立（登位）为诸侯。尧授舜，舜授禹，伯成子高辞为诸侯而耕。禹往见之，则耕在野。禹趋就下风，（表示尊重。）立而问焉，曰："昔，尧治天下，吾子立为诸侯。尧授舜，舜授予，而吾子辞为诸侯而耕。敢问，其故何也？"（诸侯爵位世袭不可辞，可辞诸侯之政。）

子高曰："昔，尧治天下，不赏而民劝（勤勉），不罚而民畏（敬服）。今子赏罚而民且不仁，德自此衰，刑自此立，后世之乱自此始矣！夫子阖（通盍，何不）行邪？无落（不要妨碍，无通毋）吾事！"偈偈乎（用力状，偈音邑）耕而不顾。（子高长寿，历经三世，见禹德衰，隐居耕种。国家自禹始，刑法由夏立，治乱常往复。大禹为中国奴隶制社会第一任君王。）

〖大道循环〗

泰（同太）初有无，无有无名。一（道）之所起，有一而未形（混沌状态），物得以生谓之德；未形者有分（即将分化），且然无间（演化不间断）谓之命；留动（静动、阴阳转化）而生物，物成生理（阴阳平衡）谓之形；形体保神（存神），各有仪则（思想、行为）谓之性；性修反（同返）德，德至同于初（清静回归初始、自然）。

同乃虚（虚无），虚乃大。合喙鸣，喙鸣合，（上下交流、混合阴阳之气。）与天地为合。其合缗缗（无心无欲；缗，愚昧），若愚若昏，是谓玄德，同乎大顺（大道）。（大道生有无，无则为无极，无极生太极，太极有阴阳，阴阳平衡而成万物；万物演化，反至虚无，通于天地，同于大道。修炼若此，反常合道。）

〖忘物忘己〗

夫子（孔子）问于老聃曰："有人治道若相放（做学问模糊，放通仿），可不可，然不然。（模棱两可，左右逢缘。）辩者（公孙龙之徒）有言曰：'离坚白（分析坚白论），若县寓（似天马行空；县，悬；寓通宇）。'若是（名家人物），则可谓圣人乎？"

老聃曰："是胥易技系，（小吏调动，拘束于技能。）劳形怵心（忧心）者也。执留（捕竹鼠）之狗成思（忧愁），猿狙之便（敏捷）自山林来。（多智，多能，多是非，自寻烦恼。）丘，予告若，而（尔）所不能闻（高深或没有听说过）与而所不能言（你不懂、说不出的道理）。凡有首有趾、无心无耳者（百姓）众，有形者与无形无状（万物与大道）而皆存者尽无（终归于虚无）。其动止（动静）也，其死生也，其废起（败兴）也，此又非其所以（自主）也。有治（修行）在人，忘乎物，忘乎天，其名为忘己（忘我）。忘己之人，是之谓入于天（自然）。"（名家善辩，浮夸无用；儒主仁义，劳形忧心；莫若遵道，奉道忘我，忘我即仙，仙家因循自然，逍遥自在。）

〖成教易俗〗

蒋闾葂见季彻曰："鲁君谓葂也，曰：'请受（同授）教。'辞，不获命，（就传授了！）既已告矣，未知中（合适）否？请尝荐（陈述）之。吾（蒋闾葂）谓鲁君曰：'必服恭俭（奉行恭谨俭约），拔（选拔）出公忠之属而无阿私（不要偏私，无通毋），民孰敢不辑（不臣服）！'"

季彻局局然（大笑状）笑曰："若夫子之言，于帝王之德（私欲），犹螳螂之怒臂以当车轶（奋力举前臂以挡车轮，轶同辙，代指车轮），则必不胜任矣！且若是，则其自为处危，其观台多物（朝廷多有名利），将往投迹（投奔）者众。（诸侯纵欲，合堂尽皆追名逐利之徒，贤臣以公俭犯上，是自行履险，或致杀身之祸。）"

蒋闾葂觋觋然（疑惑状，觋音去）惊曰："葂也汒若（茫然，模糊，汒同茫）于夫子之所言矣！虽然，愿先生之言其风（大略）也。"

季彻曰："大圣之治天下也，摇荡（鼓舞）民心，使之成教易俗（改变恶俗而归教化），举灭其贼心而皆进其独志（尽去其妄心而引导向正道）。若性之自为，而民不知其所由然。若然者，岂兄（尊崇）尧、舜之教民，溟涬然弟（浑然追随）之哉？欲同乎德而心居（安心）矣！"（大圣之治，导人向善，浑然同化，百姓安居乐业，天下太平无事。）

〖浑沌之术〗

子贡南游于楚，反（同返）于晋（晋国，约在今山西省及周边地域），过汉阴（汉水之阴，约在今湖北省襄阳市地域），见一丈人（老者）方将为圃畦（正在整理菜园），凿隧而入井，抱瓮（瓦罐）而出灌，搰搰然（努力状，搰音哭）用力甚多而见功寡。

子贡曰："有械（机械设备）于此，一日浸（灌溉）百畦，用力甚寡而见功多，夫子不欲乎？"

为圃者仰而视之，曰："奈何？"

曰："凿木为机（机械），后重前轻，挈水若抽（抽水），数如泆汤（迅速如泼水；数通速；泆，溢），其名为槔（汲水工具）。"

为圃者忿然作色（生气变脸色），而（转而）笑曰："吾闻之吾师，有机械者必有机事（投机取巧），有机事者必有机心（心存伪诈）。机心存于胸中则纯白不备（有失纯朴），纯白不备则神生（同性）不定，神生（性）不定者，道之所不载（不相助）也。吾非不知，羞而不为也。"子贡瞒然（无神气状）惭，俯而不对（躬身不应答）。

有间，为圃者曰："子奚为者邪？"

曰："孔丘之徒（弟子）也。"

为圃者曰："子非夫博学以拟（类比）圣，於于（自夸，於音乌）以盖众，独弦（弹唱）哀歌以卖名声于天下者乎？汝方将忘汝神气，堕（通惰，放松）汝形骸，而庶几（你或许可能近道）乎！而（通尔）身之不能治，而何暇（你哪有资格）治天下乎！子往矣，无乏（不要防碍，无通毋）吾事。"（子贡自作聪明，反取其辱，而得受教。）

子贡卑陬（惭愧；陬音邹，角落）失色，顼顼然（自失状，顼音须）不自得，行三十里而后愈（恢复常态）。

其弟子曰："向（方才）之人，何为者邪？夫子何故见之变容失色，终日不自反（不正常）邪？"（孔子在世，子贡再传弟子，已然有三代传承。）

曰："始吾以为天下一人（孔子是天下第一人）耳，不知复有夫人（高人）也。吾闻之夫子：事求可（可行），功求成，用力少，见功多者，圣人之道。今徒（而今却）不然。执道（奉道）者德全，德全者形全，形全者神全。神全者，圣人之道也。托生（寄生）与民并行而不知其所之，汒乎淳备哉（貌似无知而真炁充足，汒同茫）！功利机巧必忘夫人之心。

"若夫人者，非其志不之（不往），非其心不为。（不合心愿则不往、不为。）虽以天下誉之，得其所谓（名誉），謷然不顾（高傲不在意，謷通傲）；以天下非之，失其所谓（名誉），傥然不受（无意状、不受影响）。天下之非誉无益损焉，是谓全德之人哉！我之谓风波之民。"（通道者谓全德之人，非誉无损益，精神自由，行为奔放；行儒者谓风波之民，随波逐流，身心疲惫，内外交困，不能自主。）

反（通返）于鲁，以告孔子。孔子曰："彼假（寄托）修浑沌氏之术者也。识其一（道），不知其二（名利）；治其内（心神），而不治其外（世务）。夫明白入素，无为复朴，体性抱（通保）神，以游世俗之间者，汝将固（通胡，何故）惊邪？且浑沌氏之术，予与汝何足以识之哉（浑沌之术不是我们能够认知的）！"（浑沌之术，体性保神，治内轻外，放荡自我，游历世俗。孔子有自知之明而不识，子贡无纯朴之心且留恋。）

〖临别受教〗

谆芒将东之大壑（大海），适遇苑风于东海之滨。

苑风曰："子将奚之（何往）？"

曰："将之大壑。"

曰："奚为焉？"

曰（谆芒）："夫大壑之为物也，注焉而不满，酌（取）焉而不竭。吾将游（参观）焉！"（谆芒将游大海，苑风临别求教。）

苑风曰："夫子无意于横目之民（百姓）乎？愿闻圣治。"

谆芒曰："圣治乎？官施（行政令）而不失其宜，拔举（选拔）而不失其能；毕见其情事而行其所为，（清楚自己情况，做好本职事情。）行言自为（自然）而天下化；手挠顾指（顾盼指挥），四方之民莫不俱至，此之谓圣治。"（君王以身作则，身体力行，民众受感化，百姓则诚心归附。）

（苑风曰：）"愿闻德人（无为之人）。"

曰："德人者，居无思，行无虑，不藏（不存）是非、美恶。四海（中国）之内共利之之为悦，共给（供养，共通供）之之为安；怊（音抄，惆怅）乎若婴儿之失其母也（一心向道），傥乎（无心状）若行而失其道（道路）也；财用有余而不知其所自来，（清静无为，道德感化。）饮食取足而不知其所从（来），此谓德人之容。（德人尊道贵德，自然有人供养。）"

"愿闻神人。"

（谆芒）曰："上神乘光，与形灭亡（与日月终始），（至极尊神，光芒四射，与日月同辉。）此谓照旷（普照万物）；致命尽情（命同自然生化），天地乐（和同）而万事销亡（消亡，销同消），万物复情（回归自然），（至极尊神，和同天地，因循自然。）此之谓混冥（混沌，冥同溟）。"

〖天性渐失〗

门无鬼与赤张满稽观于武王（周武王）之师，赤张满稽曰："不及有虞氏（帝舜）乎！故罹（遭受）此患也。"

门无鬼曰："天下均治（太平）而有虞氏治之邪？其乱而后治之与（同欤，反问语气助词）？（从古至今，治、乱由人，循环往复。）"

赤张满稽曰："天下均治之为愿，而何计以有虞氏为（为何特意于有虞氏）！有虞氏之药疡（医治头疮，疡音杨）也，秃而施髢（音迪，假发）。（舍本逐末，画蛇添足！）病而求医，孝子操药以修（调理）慈父，其色燋然（憔悴状，燋通憔），圣人羞之。（病而后求医，不若防患于未然。）

至德之世，不尚贤，不使能，上如标枝，（君主如树枝梢，自然随风飘舞。）民如野鹿（纯朴无拘无束）；端正而不知以为义，相爱而不知以为仁，实而不知以为忠，当（适当）而不知以为信，蠢动而相使不以为赐（自然天性出现，并相助而不以为恩赐）。是故，行而无迹，事而无传。（至德之世，大同社会；人民淳朴，自然无欲；事过即忘，无文无载；少有传说，后世不知。）

〖迷不知觉〗

孝子不谀（不奉承）其亲，忠臣不谄（不献媚）其君，臣、子之盛（高尚）也。亲（父母）之所言而然，所行而善（赞许），则世俗谓之不肖子（不孝之子）；君之所言而然，所行而善，则世俗谓之不肖臣（不忠之臣）。而未知此其必然邪！（忠君孝亲，不从其私欲。）世俗之所谓然而然之，所谓善而善（善待）之，则不谓之导谀之人也！

然则，俗故（本来）严于亲而尊于君邪！谓己导人（引诱人），则勃然作色（突然气愤）；谓己谀人，则怫然（愤怒状）作色。而终身导人也，终身谀人也，合譬饰辞（多方比喻、说好话）聚众也，是终始、本末不相坐（不相关联）。垂衣裳，设采色，动容貌，以媚一世，而不自谓导谀；与夫（谄谀）人之为徒（同类），通（同）是非，而不自谓众人（世俗之人），愚之至也。（众人忠君、孝亲、媚俗，而失于大义，乐在其中。世俗本如此，乃所以愚也！）

知其（自己）愚者，非大愚也；知其惑者，非大惑也。大惑者，终身不解（不觉悟）；大愚者，终身不灵。三人行而一人惑，所适（往）者，犹可致（到达目的地）也，惑者少也；二人惑，则劳（徒劳）而不至，惑者胜也。而今也以天下惑，予虽有祈向（理想追求），不可得也。不亦悲乎！

大声（雅乐）不入于里（乡里百姓）耳，《折杨》《皇华》（通俗小调），则嗑然（得意状）而笑。（世俗无知，常笑贤德者迂腐。）是故，高言不止（不留）于众人之心，至言不出，俗言胜也。（普通百姓仅知小道理，而自以为了不起。）以二缶踵惑（普通人踮脚跟随迷惑之人），而所适不得矣！而今也以天下惑，予虽有祈向，其庸（怎么）可得邪！知其不可得也而强之，又一惑也！故，莫若释之而不推（舍弃不纠缠）；不推，谁其比（同与）忧？（无忧无愁！）

厉（同疠，长恶疮）之人，夜半生其子，遽（急速）取火而视之，汲汲然（紧张状）唯恐其似己也。（疠人知己丑，生子恐似己；世俗迷不知觉，反而乐在其中。天下皆惑矣，智者不言，和光同尘，混迹江湖。）

〖笼中作乐〗

百年之木，破为牺樽（盛酒供器），青黄而文（彩绘）之，其断（无用部分）在沟中。比牺樽于沟中之断，则美恶有间（贵贱有区别）矣！其于失性（自然）一也。跖（盗跖）与曾、史，行义有间（品行有区别）矣，然其失性均（同样失去淳朴）也。

且夫，失性有五：一曰五色乱目，使目不明；二曰五声乱耳，使耳不聪；三曰五臭（膻熏香腥腐）熏鼻，困惾（音宗，冲逆）中颡（伤脑）；四曰五味浊口，使口厉爽（病伤，厉同疠）；五曰趣（同取）舍滑（通溷，扰乱）心，使性飞扬。此五者，皆生（同性）之害也。而杨（名家杨朱）、墨（墨家墨翟）乃始离跂（踮脚走路）自以为得，非吾所谓得也。

夫得者困，可以为得乎？则鸠鸮（音消，猫头鹰）之在于笼也，亦可以为得矣！且夫，趣（取）舍、声色以柴（塞）其内，皮弁、鹬（音玉，鸟）冠、搢（音晋，执）笏、绅修（长带）以约其外。（繁文缛节，官位约束。）内支盈（塞满）于柴栅，外重缫缴（绳索缠绕）、睆睆然（目光呆滞状，睆音缓）在缫缴之中，而自以为得，则是罪人交臂（被捆缚）、历指（夹指刑，历同枥），而虎豹在于囊槛（围栏，槛音件），亦可以为得矣！

（世俗之人，争名逐利；诱至于笼，困中作乐；利欲熏心，不知笼困；长此以往，习以为常。一朝失势，临难受刑；不知悔改，死不瞑目！愚钝之极！）

天　道

（无为而尊，帝王之德；先后之序，顺天应人。）

天道运（运化）而无所积（无积滞），故万物成（生存）；帝道运（运用）而无所积，故天下归；圣道运（运行）而无所积，故海内服。

明于天，通于圣，六通四辟（上下四方、春夏秋冬）于帝王之德者，其自为也，（顺天道，通圣道，从帝道。）昧然无不静者矣！

圣人之静也，非曰静也善，故（本来）静也；万物无足以铙（通挠，扰乱）心者，故静也。水静则明烛（清晰应照）须眉，平中准（平衡器），大匠取法焉。水静犹明，而况精神？圣人之心静乎！天地之鉴（镜子）也，万物之镜也。（天道运化，生存万物；圣人无为，通天彻地；帝王尊崇，清心寡欲，百姓归化，天下太平。）

〖无为而尊〗

夫虚静恬淡、寂漠无为者，天地之平（准则）而道德之至（高尚），故帝王、圣人休（无欲）焉。休则虚（虚心），虚则实（合于至德），实则伦（循环、周备）矣；虚则静，静则动（顺应而动），动则得（天下治）矣！静则无为，无为也则任事者责（守职）矣；无为则俞俞（音余，恬淡），俞俞者忧患不能处，年寿长矣！夫虚静恬淡、寂漠无为者，万物之本也。

明此以南乡（君位，乡同向），尧之为君也；明此以北面（臣位），舜之为臣也。以此处上，帝王、天子之德也；以此处下，玄圣（宗师）、素王（帝师）之道也。以此退居（出世）而闲游江海，山林之士服；以此进为而抚世（入仕从政治世），则功大名显而天下一（大同）也。静而圣，动而王，无为也而尊，朴素而天下莫能与之争美（无为之功）。（恬淡无为，玄圣之道；朴素而尊，帝王之德；天下大治，万民福祉。）

〖天乐王天下〗

夫明白于天地之德（无为之道）者，此之谓大本大宗，与天和者也；所以均调（融和）天下，与人和者也。与人和者，谓之人乐；与天和者，谓之天乐。

庄子曰："吾师乎！吾师乎！（以道为师，尊崇大道！）鳌（音机，粉碎）万物而不为戾（暴戾），泽及万世而不为仁，长于上古而不为寿，覆载（包容）天地、刻雕（造就）众形而不为巧，此之谓天乐。故曰：'知天乐者，其生也天行（自然运化），其死也物化。静而与阴同德，动而与阳同波（起伏）。'故，知天乐者，无天怨，无人非，无物累，无鬼责（鬼不敢近身）。

"故曰：'其动也天（顺自然），其静也地，（动静随自然，通天又彻地！）一心定而王天下（天下万民尊崇）；其鬼不祟（不作怪），其魂不疲，一心定而万物服。'言以虚静推（推行）于天地，通于万物，此之谓天乐。天乐者，圣人之心，以畜（畜养、教化）天下也。"（圣人、君王心静定，行无为，至天乐，万物服，天下安。）

〖帝王之德〗

夫帝王之德，以天地为宗，以道德为主，以无为为常（长久不变）。无为也，则用天下而有余；有为也，则为天下用而不足。（有为则有欲，贪求天下万物而不满足。）故，古之人贵（尊崇）夫无为也。上无为也，下亦无为也，是下与上同德（顺自然），下与上同德则不臣（下不媚上，各尽其职）；下有为也，上亦有为也，是上与下同道（尽人事），上与下同道则不主（君不临下，各行其事）。上必无为而用（掌控）天下，下必有为为天下用（服务），此不易之道也。（君臣之道，几人能知。）

故，古之王天下者，知虽落天地（智慧周遍天地；知同智，落通络），不自虑也；辩虽雕万物（口才粉饰万物），不自说也；能虽穷（通达）海内，不自为也。天不产而万物化，地不长而万物育，帝王无为而天下功（太平、大治）。故曰：莫神于天，莫富于地，莫大于帝王。故曰：帝王之德配天地。（合天地，通神明。）此乘（利用）天地、驰（驱使）万物，而用人群（人才）之道也。（帝王无为也无欲，无欲则掌控天下而有余；有为则有欲，有欲则为天下服务而不足。）

本在于上（君王），末在于下（民众）；要（方略纲领）在于主，详（具体措施）在于臣。三军（步、骑、车三兵种）、五兵（长矛、戈、戟、短矛、殳）之运（出动），德之末也；赏罚利害，五刑之辟（劓、墨、刖、宫、大辟之严酷惩罚），教之末也；礼法度数（制度），形名比详（名实考核），治之末也；钟鼓之音，羽旄（军舞阵列）之容，乐之末也；哭泣衰绖（音崔迭，披丧服、系丧带），隆杀（增减）之服，哀之末也。此五末者，须精神之运，心术之动，然后从之者也。（五种情况，须众心感动，百姓遵从，然后施行，方不伪而顺于治。）

〖治道先后〗

末学者，古人有之，而非所以先（起始）也。君先（先行）而臣从，父先而子从，兄先而弟从，长先而少从，男先而女从，夫先而妇从。夫尊卑、先后，天地之行也，故圣人取象（效法）焉。天尊地卑，神明之位（天神在天，地祇处地）也；春夏先，秋冬后，四时之序也。万物化作，萌区（通句，苗曲）有状，盛衰之杀（更替），变化之流（进行）也。

夫天地至神，而有尊卑、先后之序，而况人道乎！宗庙尚亲（崇尚凝聚），朝廷尚尊（尊贵），乡党尚齿（序列），行事尚贤（人伦道德），大道（人伦之道）之序也。语道而非（不遵守）其序者，非其道（不是人道）也；语道而非（不遵从）其道者，安取道（怎么得道）！（人伦道德，尊卑有别，先后有序，当效法天地四时之行。）

是故，古之明大道者，先明天（天道）而道德次之，道德已明而仁义次之，仁义已明而分守（功能）次之，分守已明而形名（名实）次之，形名已明而因任（职事）次之，因任已明而原省（考察）次之，原省已明而是非次之，是非已明而赏罚次之。

赏罚已明而愚知（同智）处宜（得当），贵贱履位（当位），仁、贤、不肖袭情（发挥各自作用）。必分其能，必由其名（顺名分）。以此事上，以此畜下（培养下属），以此治物（人及物），以此修身；知（智）谋不用，必归其天（顺自然），此之谓太平，治之至（大同社会）也。（道德仁义，形名赏罚，依次而行；贵贱履位，贤愚袭情，分能由名；顺其自然，天下太平。）

故，书曰："有形有名。"形名者（实体与名称），古人有之，而非所以先（起始）也。古之语大道（政治）者，五变（五个阶段、过程）而形名可举（推崇），九变而赏罚可言也。骤（突然）而语形名，不知其本也；骤而语赏罚，不知其始（原因）也。倒道（反道）而言，迕道而说者，（抛弃政治过程，直论是非赏罚。）人之所治也，安能治人！

骤而语形名、赏罚，此有知治之具，非知治之道；可用（施行）于天下，不足以用（治理）天下。（勉强能施行而不能治理。）此之谓辩士，一曲（短见）之人也。礼法数度，形名比详（考核审察），古人有之。此下之所以事（顺从）上，非上之所以畜下也。（治道之九变：一、大道，二、道德，三、仁义，四、分守，五、形名，六、因任，七、原省，八、是非，九、赏罚。必依次而行。）

〔顺天应人〕

昔者，舜问于尧曰："天王之用心（政治思想、方针）何如？"

尧曰："吾不敖无告（不轻视鳏寡孤独者，敖同傲），不废（不弃）穷民，苦（哀怜）死者，嘉（善待）孺子而哀（怜悯）妇人。此吾所以用心已（矣）。"

舜曰："美则美矣，而未大（大全）也。"

尧曰："然则，何如？"

舜曰："天德而出宁，（自然演化，天高地厚。）日月照而四时行，若昼夜之有经（规律），云行而雨施矣。（天道运化，自然而然。）"

尧曰："胶胶扰扰乎（天道、人道分不清）！子，天之合也；我，人之合也。"

夫天地者，古之所大（尊崇）也，而黄帝、尧、舜之所共美（遵从）也。故，古之王（统领）天下者，奚为哉？天地（因循自然生化）而已矣。（古之王天下者，顺应自然、合乎人情而已矣！后世之君王，有欲有为则民怨国乱。）

〖儒要在仁义〗

孔子西（西行），藏书于周室。

子路谋曰："由闻周之征藏史（掌管图书之官）有老聃者，免（辞官）而归居，夫子欲藏书，则试往因（依靠）焉。"

孔子曰："善（好）！"

往见老聃，而老聃不许。于是，翻（反复演绎）十二经（《诗》《书》《礼》《乐》《易》《春秋》六经，及《左传》《公羊传》《榖梁传》《论语》《孝经》《尔雅》六经）以说。（十二经之后六经，疑似后人增补。）

老聃中（打断）其说，曰："大谩（大通太，谩通漫），愿闻其要。"

孔子曰："要在仁义。"

老聃曰："请问仁义，人之性邪？"

孔子曰："然！君子不仁则不成（不能生成），不义则不生（不能生存）。仁义，真（真实）人之性也，又将奚为矣？（没有其他了！）"

老聃曰："请问，何谓仁义？"

孔子曰："中心（正心）物恺（和悦），（中正身心，和悦于物。）兼爱无私，此仁义之情也。"（天生地养，万物随长；天地无私，人岂比天？）

老聃曰："噫！几乎后言（浅言）。夫兼爱，不亦迂（不切实际）乎！无私焉，乃私（私欲于天下）也。夫子若欲使天下无失其牧（养育）乎？则天地固有常（天地本来天高地厚）矣，日月固有明矣，星辰固有列（罗列）矣，禽兽固有群矣，树木固有立矣。夫子亦放（依据、遵从）德而行，循道而趋，已而至矣；又何偈偈乎揭仁义（何必用力高举仁义，偈音节），若击鼓而求亡子（逃亡之人）焉！（招摇过市，适得其反！）意（噫）！夫子乱人之性也。"

（孔子言儒，要在仁义，兼爱无私。老聃教导，仁义逆自然之性，兼爱无私乃私博天下之名也。然孔子不从，坚持仁义，弟子继承，艰难推举，终至汉武帝而兴。忠孝、仁义乃合乎帝王之治也！）

〖剽道之人〗

士成绮见老子而问曰："吾闻夫子圣人也，吾固（通故）不辞远道而来愿见，百舍（三十里为一舍）重趼（脚磨出老茧）而不敢息。今吾观子，非圣人也。鼠壤有余蔬，而弃妹（通昧，蒙昧百姓），（食物有余而不周济穷人。）不仁也；生熟不尽于前，而积敛无崖（无限）。"老子漠然不应。（不愿应！）

士成绮明日复见，曰："昔者，吾有刺（讽刺）于子，今吾心正郤（隔阂、矛盾）矣，何故也？"

老子曰："夫巧知（大智）神圣之人，吾自以为脱（脱离、比不上）焉。昔者，子呼我牛也而谓之牛，呼我马也而谓之马。苟有其实，人与之名而弗受，再受其殃。（知错不改，必受其殃。）吾服也恒服（顺从也心甘情愿），吾非以服有服（服从不是被迫服从）。"（任人非誉，我无所谓。)

士成绮雁行（侧步）避影，履行遂进（轻脚跟进）而问："修身若何？"

老子曰："而容崖然（你仪容伟岸），而目冲然（尔目光突视），而颡頯然（尔额头、颧骨宽扩，頯音葵），而口阚然（尔口大吼；阚音喊，口张大貌），而状义然（尔身形高大；义通峨，高大），似系马而止（意志飞扬）也。动而持（行动强制），发也机，察而审，（审时度势，伺机而动。）知巧而睹于泰（智巧则表现出骄横；知同智），凡以为不信（凡此类以为不诚信）。边境有人（未开化地方有剽道之人）焉，其名为窃（盗贼）。"（士成绮先贬后恭，假行尊敬，意在剽道。剽道之人，古今常有，是为窃贼。岂可授耶！）

〖静心守本〗

夫子（老子）曰："夫道，于大不终（不穷尽），于小不遗（遗漏），故万物备。广广（广大）乎其无不容也，渊乎（幽深）其不可测也。形（显示）德、仁义，神（自然灵通本性）之末也，非至人孰能定（稳定）之！夫至人有世（圣君拥有天下），不亦大（伟大）乎！而不足以为之累（不会被天下拖累）。

"天下奋棅（追逐权力，棅同柄）而不与之偕（同行），审乎无假（谨慎无瑕疵，假通瑕）而不与利迁（不逐利），极物之真（穷尽自我本性），能守其本（清静）。故，外（忘却）天地，遗万物，而神未尝有所困（不受束缚）也。通乎道，合乎德；退仁义，宾（摈弃）礼乐，至人之心有所定（寂静）矣。"（圣君拥有天下，因循自然而已，何用仁义礼乐！）

〖书有真意〗

世（世俗人）之所贵道者，书也；书不过语（书意不超过语言之意），语有（通又）贵也。语之所贵者，意也，意有所随（寄寓、言外之意）；意之所随者（真意），不可以言传也，而世因（沿袭）贵言、传书。（书有真意，隐于书语之中。）世虽贵之哉，犹不足贵也，为其贵非其贵也。（世人贵名实而非贵大道。）

故，视而可见者，形与色也；听而可闻者，名与声也。悲夫，世人以形色、名声为足以得彼之情（真道之实）！（无缘之人，仅得皮毛。）夫形色、名声果（确实）不足以得彼之情，则知者不言，言者不知，而世岂识之哉？（道依书语传，不可明言，更不可妄传也。是以，真传一句话，口传心授；假传万卷书，华而不实。）

〖轮艺失传〗

桓公（齐桓公，公元前685年—前643年在位）读书于堂上（正房）。轮扁斫轮于堂下（偏院），释椎、凿而上（进见），问桓公曰："敢问，公之所读者何言邪？"

公曰："圣人之言也。"

曰："圣人在（在世）乎？"

公曰："已死矣！"

曰："然则，君之所读者，古人之糟魄（垃圾，魄通粕）已矣！"

桓公曰："寡人读书，轮人安得议（评论）乎！有说（讲出道理）则可，无说则死。"（桓公讲道理，春秋首称霸。）

轮扁曰："臣（家臣、仆役）也以臣之事观之。（轮扁斫轮，在其中感悟道理。）斫轮，徐则甘（宽大即松滑）而不固，疾则苦（紧小则涩滞）而不入；不徐不疾，得之于手而应于心，口不能言，有数（机巧）存焉于其间。臣不能以喻（明示）臣之子，臣之子亦不能受之于臣。（两人有缘，技巧可授，机巧能受。）是以，行年七十而老（一直）斫轮。古之人与其不可传也，死（消失）矣！然则，君之所读者，古人之糟魄（粕）已矣！"（技艺在于实践，熟能生巧；书文传承意理，道理通天下。以技论理，两不相及。况且，机巧可以授受。）

天 运

（礼义法度，应时而变；老子授丘，朴风化人。）

"天其运（难道在运动，其通岂）乎？地其处（难道是静止）乎？日月其争于所（难道争行于轨道）乎？孰主张（主宰）是？孰维纲（主导）是？孰居（闲居）无事而推行是？意者（或者）其有机缄（机关控制）而不得已邪？意者其运转而不能自止邪？

云者为雨乎？雨者为云乎？孰隆弛（兴云布雨，弛通施）是？孰居无事淫乐而劝（助长）是？（古人认为云雨乃天地阴阳之气交媾而成。）风起北方，一西一东（或西或东），有（当为在）上彷徨（盘旋），孰嘘吸（呼吸）是？孰居无事而披拂（扇动）是？敢问何故？"（道生天地，主宰万物。）

巫咸䄂曰："来，吾语汝。天有六极（六气：阴阳、风雨、晦明）五常（五行：金、木、水、火、土），帝王顺之则治，逆之则凶。九洛（洛书九畴言治理天下）之事，治成德备，监照下土（临照天下），天下载（同戴，尊崇）之，此谓上皇。（上皇主宰天下万物。）"（殷商太戊时期，巫咸䄂官居太宰，为商大巫，通达灵性，无所不知。）

〖至仁无亲〗

商太宰（商后裔、宋太宰，掌管典籍，辅助王治）荡问仁于庄子。

庄子曰："虎狼，仁也。"

曰："何谓也?"

庄子曰："父子相亲，何为不仁!"

曰："请问至仁。"

庄子曰："至仁无亲!"

太宰曰："荡闻之，无亲则不爱，不爱则不孝。谓至仁不孝，可乎?"

庄子曰："不然，夫至仁尚（高尚）矣，孝固（确实）不足以言之。此非过（责备）孝之言也，不及（不涉及）孝之言也。夫南行者至于郢（音影，楚都，约在今湖北省荆州市荆州区西北），北面而不见冥山（约在今河南省信阳市地域），是何也? 则去之远也。故曰：以敬孝易，以爱孝难；以爱孝易，而忘亲难；忘亲易，使亲忘我难；使亲忘我易，兼忘天下难；兼忘天下易，使天下兼忘我难。（世事尽忘，乃至虚无。）

"夫德遗（漏留）尧、舜而不为（不妄为）也，利泽施于万世，天下莫知也（天下人不知尊道贵德），岂直太息（感叹）而言仁孝乎哉! 夫孝悌仁义，忠信贞廉，此皆自勉以役（连累）其德者也，不足多（不值得过多推崇）也。故曰：至贵，国爵并（通屏，弃）焉；至富，国财并（屏弃）焉；至愿（大圣），名誉并（屏弃）焉。是以，道不渝（道不改变而常自然）。"（至仁者无亲无誉，忘亲忘我忘天下，乃至于圣而不事于治；帝王不及，奉行忠孝仁义而从事于治，则自累其德。）

〔音乐通道〕

北门成问于黄帝曰："帝张（设置演奏）《咸池》之乐（祭祀地神之乐舞）于洞庭（广阔）之野，吾始闻之惧（惊疑），复闻之怠（倦怠），卒闻之而惑（终闻之有所悟），荡荡默默（恍惚），乃不自得（不舒适）。"（音乐通道，不明而惧，惧起妄念；念起即惑，惑又生怠；

怠去杂念，无虑而愚；愚痴近道，道与之俱。）

帝曰："汝殆其然（大概是这样）哉！吾奏之以人（人之思想意识），征（印证）之以天，行之以礼义，建之以太清（建立于极高境界）。四时迭起，万物循生；一盛一衰（或强或弱），文武伦经（缓急有条理）；一清一浊（或高或低），阴阳调和，流光（传扬）其声；蛰虫始作，吾惊之以雷霆；其卒无尾（终无穷尽），其始无首（起始无端）；一死一生（或静或动），一偾（音奋，落）一起；所常无穷，而一不可待。（变化无穷，连绵不断。）汝故惧也。（不明其道，不知其情，故有所惧。）

"吾又奏之以阴阳之和，烛（照耀）之以日月之明。其声能短能长，能柔能刚，变化齐一，不主故常（不拘一调）；在谷满谷，在坑满坑（声满天地）；涂郤（塞隙，郤通隙）守神，以物（当为和）为量；其声挥绰（悠扬有余韵），其名高明（节奏高亢明快）。是故，鬼神守其幽（幽冥），日月星辰行其纪（轨道）。吾止之于有穷，流（传扬）之于无止。予（当为子）欲虑之而不能知也，望之而不能见也，逐之而不能及也。傥然立于四虚之道（恍惚立于虚无之境），倚于槁梧而吟（感叹）：'目知穷乎所欲见，力屈（勉强）乎所欲逐，吾既不及已矣！'形充空虚（形体虚空），乃至委蛇（音逶迤，恍惚）。汝委蛇（捉摸不定），故怠。（似有所悟，而又捉摸不透，故有所怠。）

"吾又奏之以无怠（庄重）之声，调之以自然之命（音调）。故，若混逐丛生（万物生长），林乐而无形（合奏则浑然一体），布挥而不曳（飘散飞扬而不牵强），幽昏而无声。动于无方（声音满虚空），居（寂静）于窈冥。或谓之死，或谓之生；或谓之实（结果），或谓之荣（开花）。行流散徙（婉转悠扬），不主常声。世疑之，稽（求证）于圣人。圣也者，达于情而遂（通于自然而顺从）于命也。天机不张而五官（天机不设置而五声之主司）皆备。此之谓天乐，无言而心悦。

"故，有焱氏（神农氏，焱同炎）为之颂曰：'听之不闻其声，视之不见其形，充满天地，苞裹六极（包裹上下四方，苞通包）。（或似天籁之音！）'汝欲听之而无接（无法把握）焉，而故惑（你所以迷惑）也。乐也者，始于惧，惧故祟（起妄念）；吾又次之以怠（怠惰松懈），怠故遁（去杂念）；卒之于惑（有所悟），惑故愚（无思虑）；愚故道（近道），道可载（拥有）而与之俱（相合）也。"（音乐通道，亦能通神；闻之明者，亦非凡夫。古代乐师，非凡之人。）

〖师金论孔子〗

孔子西游于卫，颜渊问师金（鲁国太师，名金）曰："以夫子之行为，奚如（如何）？"

师金曰："惜乎！而夫子其穷（尔夫子极其穷困）哉！"（师金通达，事物了然。）

颜渊曰："何也？"

师金曰："夫刍狗之未陈（草扎祭祀物尚未供祭）也，盛以箧衍（竹箱），巾（覆盖）以文绣，尸祝斋戒以将之（先秦道士们斋戒后双手捧奉它）。及其已陈（祭祀完毕）也，行者践其首脊，苏者取而爨之（割草人拿来烧掉它，爨音窜）而已。将复取而盛以箧衍，巾以文绣，游居寝卧其下，彼不得梦，必且数眯（迅速梦魇，数通速）焉。

"今而（尔，你们）夫子亦取先王（周文王、武王）已陈刍狗，取（通聚）弟子游居寝卧其下。（你们现在仍然传承先王当时思想主张。）故，伐树于宋（在宋国遇伐树去荫而遭驱逐），削迹于卫（先遭围困又逃出卫国），穷于商（约在今河南省商丘市境内）周（约在今河南省洛阳市地域），是非其梦邪？围于陈、蔡之间（约在今河南省东南部地域），七日不火食，死生相与邻，是非其眯邪？（师金知孔子之道，不合时宜，似梦而眯于世，常自取其辱。）

"夫水行莫如用舟，而陆行莫如用车。以舟之可行于水也，而求推之于陆，则没世（终身）不行寻常（路程短、走不远）。古今非水陆与？周、鲁非舟车与？今蕲（通祈）行周于鲁，是犹推舟于陆也！劳而无功，身必有殃。彼未知夫无方之传（孔子不知随机应变），应物而不穷者也。且子独（难道）不见夫桔槔（汲水工具）者乎？引（拉下）之则俯，舍（释放）之则仰。彼（桔槔），人之所引，非引人者也。故，俯仰（穷困通达）而不得罪于人。（圣明之人，洞彻时势，因时而动，顺势而为，为则必成，名留青史。）

"故，夫三皇（伏羲、女娲、神农）、五帝之礼义、法度，不矜（不崇尚）于同而矜于治（注重实用）。故，譬（比方）三皇、五帝（黄帝、颛顼、帝喾、唐尧、虞舜）之礼义法度，其犹柤（音楂）、梨、橘、柚邪！其味相反（异味）而皆可于口。故，礼义法度者，应时而变者也。今取猨狙而衣以周公之服，彼必龁啮挽裂（啃咬撕裂），尽去而后慊（满意）。观古今之异，犹猨狙之异乎周公也。

"故，西施（越国美女）病心而矉（同颦，皱眉；下同）其里，其里之丑人见而美之，归亦捧心而矉其里（乡里）。其里之富人见之，坚闭门而不出；贫人见之，挈妻子而去之走（逃跑）。（装腔作势，奇丑无比，令人难受。）彼知矉美而不知矉之所以美。（内心真诚，自然流露。）惜乎，而（尔）夫子其穷哉！"（师金论孔，奉已陈刍狗，如东施效颦。故，孔子之道，不通于鲁，穷困于天下。）

〖孔子问道〗

孔子行年五十有（通又）一而不闻道，乃南之沛（约在今江苏省沛县地域），见（拜访）老聃。

老聃曰："子来乎！吾闻子，北方之贤者也！子亦得道乎？"

孔子曰："未得也。"（孔子博识，天命之年，仍未得道。何况平常人！）

老子曰："子恶乎求之哉？"

曰："吾求之于度数（礼、乐、射、御、书、数），五年而未得也。"

老子曰："子又恶乎求之哉？"

曰："吾求之于阴阳（阴阳五行之学），十有（又）二年而未得。"

老子曰："然（确实）！使（假使）道而可献，则人莫不献之于其君；使道而可进（呈奉），则人莫不进之于其亲（父母）；使道而可以告人，则人莫不告其兄弟；使道而可以与人，则人莫不与其子孙。然而不可者，无他也，中无主而不止（内心不信奉即道不留存），外无正而不行（没有正确认知即不奉道）。由中（内心）出者，不受于外（不适合于外部事物），圣人不出（不显露）；由外入者（事物入心），无主（没有领悟）于中，圣人不隐（不保留）。（圣人有道，并非不传，不敢妄传也，等待机缘耳。大道玄妙，无缘者不可得，不诚者不可得。）

"名，公器也，不可多取。仁义，先王之蘧庐（旅舍）也，止（仅）可以一宿而不可久处，觏（音够，遇见）而多责（多求）。（行仁义者少，求取仁义者多。）古之至人，假道（借道）于仁，托宿（寄宿）于义，以游逍遥之墟（区域），食于苟简（苟草稀少、薄脊）之田，立于不贷（自给自足）之圃。逍遥，无为也；苟简，易养也；不贷，无出也。古者谓是采真之游。

"以富为是者，不能让禄；以显（显贵）为是者，不能让名。亲权（贪权）者，不能与人柄（权柄），操之则栗（恐惧），舍之则悲。而一无所鉴（察觉），以窥（通跬，小步、追逐）其所不休者，是天之戮民（受天刑之人）也。怨恩、取与、谏教（谏诤教化）、生杀八者，正（同政，治理）之器也，唯循大变无所湮（只有遵循自然变化而不滞塞）者，为（则）能用之。故曰：正（政治）者，正也。其心以为不然者，天门（天机之门）弗开矣。"（古人假托仁义以游世，今人用为治器以邀名利，追逐不休，是为天之戮民。孔子不明，推波助澜，岂开天门乎！）

孔子见老聃而语仁义。

老聃曰："夫播糠眯目，则天地四方易位矣！（自行颠倒天地四方。）蚊虻噆（音惨，叮咬）肤，则通昔（通夕）不寐矣！夫仁义憯然（使人难受；憯，惨），乃愦（充满）吾心，乱莫大焉。吾子使天下无（通毋）失其朴，吾子亦放（仿、随）风而动，总（秉持）德而立矣！又奚杰然（用力状）若负建鼓（大鼓）而求亡子者（逃亡之人）邪！（虚张声势，不求实际，劳心费力。）

"夫鹄（音胡，天鹅）不日浴而白，乌不日黔（染黑）而黑。黑白之朴（本然），不足以为辩（通辨，区别）；名誉之观（显露），不足以为广。泉涸，鱼相与处于陆，相呴以湿，相濡以沫，不若相忘于江湖。"（去质朴，执仁义，如鱼处陆，相呴以湿，相濡以沫，惺惺相惜，而苟活于世。）

〖子贡受教〗

孔子见老聃，归，三日不谈。

弟子问曰："夫子见老聃，亦将何规（教导）哉？"

孔子曰："吾乃今于是乎见龙。龙，合而成体，散而成章（文采），乘乎云气而养（调养）乎阴阳。予口张而不能嗋（音协，合拢），予又何规老聃哉？"（老聃无为而尊，孔子视老聃犹龙，后人为老聃作《犹龙传》。）

子贡曰："然则，人固（确实）有尸居而龙见（深居静处而有神彩、有声誉），雷声而渊默（静默而感人至深），发动如天地（自然运化）者乎？赐亦可得而观（见识）乎？"遂以孔子声（名誉声望）见老聃。（子贡不服，初生之犊，不知龙虎之威！）

老聃方将倨（通踞，伸腿坐）堂而应，微（小声）曰："予年运而往矣（我年纪老迈了）！子将何以戒（通诫，告诫）我乎？"

子贡曰："夫三皇、五帝之治天下不同，其系（维系、享誉）声名一也。而先生独以为非（唯独以为不是）圣人，如何哉？"

老聃曰："小子少进（小伙子，近前来）！子何以谓不同？"

对曰："尧授舜，舜授禹。禹用力而汤用兵，文王顺纣而不敢逆，武王逆纣而不肯顺，故曰不同。"

老聃曰："小子少进，余语汝三皇、五帝之治天下：黄帝之治天下，使民心一（平静），民有其亲死不哭而民不非也。（死者寿终正寝，生者不非不悲。）尧之治天下，使民心亲（和顺），民有为其亲杀其杀（限制其进献猎物）而民不非也。（亲疏有别，依照次序，民故不非。）舜之治天下，使民心竞（竞争），民孕妇十月生子，子生五月而能言（聪明），不至乎孩而始谁（不足三岁而能认人），则人始有夭（夭折）矣。（聪明过早、过分，多不长寿。）禹之治天下，使民心变（诈伪），人有心而兵有顺（统治者有贪心、用兵有理由），杀盗非杀人，自为种而天下（树立派别而横行天下）耳！是以，天下大骇，儒、墨皆起。

"其作始有伦（有次序），而今乎妇女（随意性大），何言哉！余语汝：三皇、五帝之治天下，名曰治之，而乱莫其焉。三皇之知（智），上悖（遮挡）日月之明，下睽（分离、损害）山川之精，中堕四时之施（中间影响四时运行，堕同隳）。其知憯（他们心智狠毒；憯，惨）于蛎虿（音历虿，长、短尾蝎）之尾，鲜规（小动物、未驯服）之兽，莫得安其性命之情者，而犹（依然）自以为圣人，不可耻乎？其（还是）无耻也？（此乃庄子之言，或非老聃之意。）"

子贡蹴蹴然（心神不宁状）立不安。（孔徒不服，子贡受教；前行后效，渐次低下。后世儒家弟子，一代不如一代。）

〖孔子明道〗

孔子谓老聃曰："丘治（研究）《诗》《书》《礼》《乐》《易》《春秋》六经，自以为久矣，孰知其故（已经熟知其要义，孰同熟）矣！以奸（诈伪手段得位）者七十二君，论先王（周文、武王）之道而明周、召（周公旦、召公奭，奭音是）之迹（功绩），一君无所钩用（取用）。甚矣！夫人之难说（说服、教化）也，道（仁义礼教）之难明邪？"（争名逐利者，欲壑难平，自掘坟墓，死不瞑目。岂能明道？）

老子曰："幸矣，子之不遇治世之君也！夫《六经》，先王之陈迹（过去功绩）也，岂其所以迹（为功绩）哉！（先王意在教化惠民，功绩乃是后人评定。）今子之所言，犹迹（脚印）也。夫迹（脚印），履之所出，而迹（脚印）岂履哉！夫白鹢（音益，水鸟）之相视，眸子不运而风化（相视而孕）；虫，雄鸣于上风，雌应于下风而风化；类（兽名）自为雌雄，故风化。（形式不同，皆能孕化。）性不可易，命不可变，时不可止，道不可壅（阻塞）。苟（姑且）得于道，无自而不可（无所不可）；失焉者，无自而可。"（儒家六经，乃先王之陈迹，非政治之本也，而孔子视为珍宝，并极力推行。）

孔子不出三月（三个月不出门），复见，曰："丘得之矣！乌鹊孺（孵化生子），鱼傅沫（口沫相濡而受孕），细要者化（蜂类自孕，要同腰）。有弟而兄啼。（兄失弟宠而哭，丘离造化乃愚。）久矣夫（大半辈子）！丘不与化为人（不能够与造物者为友）！不与化为人，（不通造化者，即不能灵通。）安能化（感化）人？"

老子曰："可，丘得之矣！"（人生在世，苟得于道，无所不可，通达天下；而失道者，无一能可，寸步难行。大道至尊玄妙，孔子谦虚好学，精诚相求，问道于老子。）

刻　意

（虚无恬惔，乃合天德；纯粹守一，谓之真人。）

刻意尚行（励志追求高尚品行），离世异俗（超脱世俗之外），高论怨诽（境界高而遭致怨恨诽谤），为亢（清高）而已矣！此山谷之士、非世（不世俗）之人、枯槁赴渊（守朴求静）者之所好也。（清高之士，励志超脱，淡漠世俗，无怨无非。）

语（谈论）仁义忠信，恭俭推让，为修（修身）而已矣！此平世（救世）之士、教诲之人、游居学者之所好也。（儒家早期，孔子及其弟子即是游居学者，常游历天下。）

语（追求）大功，立（成就）大名，礼君臣（制定朝廷尊卑礼仪），正上下（匡正等级），为治（政治）而已矣！此朝廷之士、尊主强国之人、致功并兼（建功立业、兼并他国）者之所好也。（朝廷之士、平世之士及工技之士，成就国家，奉献社会。功德无量！）

就薮泽（隐居草木茂盛之湖泽，薮音叟），处闲旷（空旷荒野），钓鱼闲处，无为而已矣！此江海之士、避世之人、闲暇者之所好也。（闲暇之人，隐居江湖，游山玩水，自由自在。）

吹呴（音许）呼吸，吐故纳新（吐纳呼吸），熊经鸟申（熊悬挂树枝、鸟伸展双翅，申同伸），为寿而已矣！此导引之士、养形之人、彭祖寿考（长寿）者之所好也。（山谷之士、江海之士、导引之士，后世通称隐士；修而有德，或成为贤人，引领一方。）

若夫不刻意而高（高尚），无仁义而修（修行提升），无功名而治，无江海而闲，不导引而寿，无不忘也（忘物忘我），无不有也（自来归附），澹然无极而众美从之（淡漠无为而好人、事、物相伴）。此天地之道（自然之道），圣人之德（无为之德）也。（圣人无为，感化人心，教化一方，人自向善。）

故曰：夫恬惔（淡泊）寂寞（寂静虚空），虚无无为，此天地之平（准则）而道德之质（根本）也。故曰：圣人休休焉（悠闲状），则平易（平和）矣，平易则恬惔矣。平易恬惔，则忧患不能入，邪气不能袭（侵袭）。故，其德全（无为自然）而神不亏。（平易恬惔，清静无为，久而久之，登真得道。）

故曰：圣人之生也天行（顺应自然），其死也物化；静而与阴同德，动而与阳同波（起伏）；不为福先（开始），不为祸始；（不祈福，不避祸。）感而后应，迫而后动，不得已而后起（方才开始行动）；去知与故（去除智慧、机巧，知同智），循天之理（自然）。（万里之内，六甲子年出一圣人；千里之内，一甲子年出一贤人。）

故，无天灾，无物累（拖累），无人非（非议），无鬼责（鬼不敢作祟）。其生若浮（悠游自在），其死若休（休息）；不思虑，不豫（通预）谋。光矣（德施）而不耀，信矣而不期（不约定）。其寝不梦，其觉无忧；其神纯粹（精纯），其魂不罢（同疲）。（神清气爽，阳气充足。）虚无恬淡，乃合天德（自然）。（虚无、恬惔之人，上天护佑，鬼怪回避，福寿绵长。）

故曰：悲乐者，德之邪（同斜，偏斜）；喜怒者，道（道德）之过（过度）；好恶者，德之失（偏失）。故，心不忧乐，德之至也；一而不变（平而不动），静之至也；无所于忤（不执事物），虚之至也；不与物交，淡之至也；无所于逆（不起妄念），粹（纯净）之至也。

故曰：形劳而不休则弊（疲困），精用而不已则劳（损耗），劳则竭（枯竭）。水之性，不杂则清，莫动则平；郁闭（郁积闭塞）而不流，亦不能清。天德之象（自然之现象）也。

故曰：纯粹而不杂，静一而不变，惔（淡泊）而无为，动而以天行（顺应自然），此养神之道也。夫有干、越（干溪、越山）之剑者，柙（通匣，装入匣）而藏之，不敢（不愿）用也，宝（珍贵）之至也。（淡泊无为，藏神如至宝！）

精神四达并流，无所不极（不至），上际（沟通）于天，下蟠（遍布）于地，化育万物，不可为象（迹象），其名为同帝（功用同天帝）。纯素之道，唯神是守；守而勿失，与神为一（融和）；一（神）之精通，合于天伦（天理）。野语（民间谚语）有之曰："众人重利，廉士重名，贤士尚志（追求理想境界），圣人贵精（精神）。"故，素也者，谓其无所与杂（无杂念）也；纯也者，谓其不亏其神也。能体（融和）纯素，谓之真人。

（真人通神，无为自然，超凡脱俗，感化人心，国家、社会不可缺少。万里之内，十甲子出一真人。真人非常人，通天彻地，无所不知。）

缮　性

（失性于俗，丧己于物；去俗返真，正己复性。）

缮性于俗学（修治心性于儒、墨、名、法等各家学问），以求复其初（本真）；滑欲于俗思（调理思想于争名逐利、兴家安邦；滑，治），以求致其明（明彻），谓之蔽蒙之民。（人世间，蒙蔽之民多，而觉悟之人少，则说法相反！）

古之治道（修道）者，以恬养知（恬淡以养智；知同智，下同）；生而无以知为（不用智）也，谓之以知养恬；知与恬交相养，而和理出其性（和顺）。夫德，和（和谐）也；道，理（顺应）也。德无不容，仁也；道无不理（治而合理），义也；义明而物亲（仁义彰显而他人依附），忠也；中纯实而反乎情（内心纯实反映于外表），乐也；信行容体而顺乎文（外表仪式），礼也。礼乐遍行，则天下乱矣！彼正而蒙己德（他人正道而感化自己），德则不冒（不勉强），冒则物（自己）必失其性也。（私欲膨胀，享乐遍行，失性致乱；乱则有法，惧罚守分，尚不失德。）

古之人，在混芒（蒙昧，芒同茫）之中，与（相处）一世而得澹漠（恬淡）焉。当是时也，阴阳和静，鬼神不扰（鬼怪不作祟），四时得节（合节气），万物不伤，群生不夭。人虽有知，无所用之，此之谓至一（纯真时代）。当是时也，莫之为（无为）而常自然。（远古时代，原始社会，人民蒙昧，纯真无知。）

逮（及至）德下衰，及燧人、伏羲始为（治理）天下，是故，顺而不一（不纯真）。德又下衰，及神农、黄帝始为天下，是故，安而不顺（虽安居而不顺自然）。德又下衰，及唐（尧帝）、虞（舜帝）始为天下，兴治化之流（兴起治理之风气），浇（薄）淳散朴，离道（脱离自然）以善（或是为），险（摧残）德以行，然后，去性而从于心（去纯朴而从智巧）。

心与心识（无欲与欲心相通），知而不足以定（安定）天下。然后，附之以文（粉饰），益之以博（增加学识）。文灭质（淹没纯朴），博溺心（湮灭纯真之心）。然后，民始惑乱（迷惑致乱），无以反其性情而复其初（不能够返清静而顺自然，反同返）。（从古至今，人心渐变；等而下之，越来越乱；智诈萌生，法令滋彰；治、智相制，恶性循环。）

由是观之，世丧（败坏）道矣，道丧（悲悯）世矣，世与道交相丧（影响）也。道（有道）之人何由兴（兴旺）乎世，世亦何由兴乎道哉！道无以兴（盛行）乎世，世无以兴乎道，虽圣人不在山林之中（在尘世），其德（德行）隐矣。隐，故不自隐。（道德沦丧，社会动乱；圣人在世，不得不隐！）

古之所谓隐士者，非伏（藏匿）其身而弗见（通现）也，非闭其言而不出也，非藏其知而不发（不显露）也，时命大谬（世运错乱）也。当时命而大行乎天下，则反一无迹；（处无为之事，行不言之教。）不当时命而大穷乎天下，则深根宁极而待，（稳扎根，守宁静。）此存身之道也。（世道丧，天下乱，多隐士；世道兴，才俊出，国富强。朝代更替，治乱有时。）

古之行身（修行）者，不以辩（口才）饰知，不以知穷（追逐）天下，不以知穷（影响）德，危然（端正状）处其所而反其性已（返于纯真自然矣），又何为哉！道固（本来）不小行，德固不小识（不浅陋）。小识伤（损伤）德，小行伤（影响）道。故曰：正己而已矣！（正定神全，感应万方。）乐全之谓得志（逍遥无为即得适意）。（古代之人，心静神定，自由自在，悠然适意。）

古之所谓得志者，非轩冕（高官厚禄）之谓也，谓其无以益其乐而已矣！（乐之至，至乐无乐！）今之所谓得志者，轩冕之谓也。轩冕在身，非（违逆）性命也，物之傥来（名利之偶然来），寄也。寄之，其来不可圉（通御，抵挡），其去不可止。（名利得失，身外寄物，来而不喜，去之无忧。）

故，不为轩冕肆志（恣意），不为穷约趋俗（不为穷困趋炎附势），其乐彼（轩冕）与此（穷困）同。故，无忧而已矣！今寄（轩冕）去则不乐。由是观之，虽乐，未尝不荒（空荡、失落）也。故曰：丧己于物（名利），失性于俗（尘世）者，谓之倒置之民。（高官厚禄，争名逐利，人乐其中，不知倒置；一朝失势，方知倒置，追悔莫及！）

秋　水

（智小穷大，迷惑难得；圣人大智，从物游乐。）

秋水时（季节性）至，百川灌（流注）河。泾流（流量）之大，两涘渚（音寺主，河岸、河心洲）崖之间，不辩（看不清楚，辩通辨）牛马。于是焉，河伯（河神）欣然自喜，以天下之美（宽阔、浩荡）为尽在己。顺流而东行，至于北海（或是渤海），东面而视，不见水端。

于是焉，河伯始旋（改变）其面目，望洋向若（北海神）而叹曰："野语（俗语）有之曰：'闻道百（见识广），以为莫己若（不若己）者。'（自以为博学多才。）我之谓（我这样人）也！且夫，我尝闻少仲尼之闻（曾经听说贬低孔子之学问），而轻伯夷（孤竹国君之子）之义者，始吾弗信。今我睹子之难穷（无穷）也，吾非至于子之门则殆（疲惫）矣，吾长见笑于大方之家（我长久被有成就有修养之人笑话）。"（河伯观海，见海之广大，望洋而兴叹；知己之渺小，尚有自知之明，未尝见笑于大方之家。）

北海若曰："井蛙不可以语于海者，拘于墟（空间）也；夏虫不可以语于冰者，笃（局限）于时也；曲士（浅识之士）不可以语于道者，束于教（教养学识）也。今尔出于崖涘（河谷），观于大海，乃知尔丑（浅陋），尔将可与语大理矣！

"天下之水，莫大于海，万川归之，不知何时止而不盈；尾闾（大海排水之处）泄之，不知何时已而不虚（不减少）；春秋不变，水旱不知（不增减）。此其过（超过）江河之流，不可为量数（计量）。而吾未尝以此自多者，自以比（通庇，寄托）形于天地，而受气于阴阳；吾在天地之间，犹小石、小木之在大山也。方存乎见少（才容纳即嫌少），又奚以自多！计（度量）四海（天下）之在天地之间也，不似礨空（石块孔洞；礨音磊，空，孔）之在大泽乎？计中国之在海内不似稊米之在大仓（小米处于太仓；稊音提，大通太）乎？

"号物之数谓之万（物数号称万类），人处一焉；人卒（人众、会聚）九州（冀、兖、青、徐、扬、荆、豫、梁、雍州），谷食之所生，舟车之所通，人处一焉。此其比万物也，不似毫（细毛）末之在于马体乎？五帝之所连（承继），三王之所争，仁人（儒家）之所忧，任士（墨家）之所劳，尽此矣！伯夷辞之（辞孤竹国之君位）以为名，仲尼语之以为博（孔子谈论帝王之事以为博学）。此其自多也，不似尔向（你方才）之自多于水乎？"（自知自谦，方可语至道。道化天地，天地生万物，人乃万类之一，何其渺小，岂可自大！）

河伯曰："然则，吾大天地而小毫末，可乎？"

北海若口："否（不可）！夫物，量（数量、体量）无穷，时无止，分无常（生化无定），终始无故（不固定，故同固）。是故，大知观于远近（大智慧者纵观全局，知同智），故小而不寡，大而不多，知量无穷。证向今故（明察古今），故遥而不闷（不倦怠），掇而不跂（多取而不企求，跂通企），知时无止。察乎盈虚（盛衰），故得而不喜，失而不忧，知分之无常（明晓得失分数无定）也。（无常，佛家常用。）

"明乎坦涂（人生之路，涂同途），故生而不悦，死而不祸（不痛苦），知终始之不可故（同固，固定）也。计（计量）人之所知，不若其所不知；其生之时，不若未生之时；以其至小，求穷其至大之域。是故，迷乱而不能自得也。由此观之，又何以知毫末之足以定至细之倪（界限），又何以知天地之足以穷至大之域！"（天地万物，不可穷极；毫末非至细，大域超天地。人生无常，难识端倪！）

河伯曰："世之议者皆曰：'至精（微小）无形，至大不可围（不可限量）。'是信情（实情）乎？"

北海若曰："夫自细（自小）视大者不尽，自大视细者不明（看不清）。夫精（精米），小之微也；垺（同郭，外城），大之殷也。故，异便，（物有不同，各处所宜。）此势（形势）之有也。夫精粗者，期（局限）于有形者也；无形者，数（称道）之所不能分（料想）也；不可围者，数（测量）之所不能穷也。可以言论者，物之粗也；可以意致（想象）者，物之精也；言之所不能论，意之所不能察致者（未认知之物），不期（不限）精粗焉。（言不及、意不至者，超越精粗之外。）

"是故，大人之行（圣人处世）：不出乎害人（不伤人），不多（不赞许）仁恩；动不为利，不贱门隶（家臣）；货财弗争，不多辞让；事焉不借人（人力），不多食乎力（不费力），不贱贪污（贪贱）；行殊乎俗，不多辟（邪僻）异；为（言行）在从众，不贱佞谄（虚伪之人）。世之爵禄不足以为劝（勉励），戮耻（受刑罚）不足以为辱。知是非之不可为分（区别），细大之不可为倪（区分、度量）。闻曰（听说）：'道人不闻（不闻名），至德不得（不执着于德，得通德），大人无己（忘我）。'约分（减少区别、混同）之至也。"（物之大小、精粗，平常人不可企及。）

河伯曰："若物之外，若物之内，恶至而倪（区分）贵贱？恶至（怎么可以）而倪小大？"

北海若曰："以道观之，物无贵贱。以物观之，自贵而相贱。以俗（众人）观之，贵贱不在己（在于众人评定）。以差（区别）观之，因其所大而大之，则万物莫不大；因其所小而小之，则万物莫不小；知天地之为稀米也，知毫末之为丘山也，则差数睹（区别之处看得清楚）矣。以功（功能）观之，因其所有而有之，则万物莫不有；因其所无而无之，则万物莫不无；知东西之相反而不可以相无，则功分（职能）定矣。以趣（意向）观之，因其所然而然之，则万物莫不然；因其所非而非之，则万物莫不非；知尧、桀之自然而相非，则趣操睹（操守显现）矣。（万物本自然，因差别、功能、意向有异，而各不相同。）

"昔者，尧、舜让（禅让）而帝，之、哙让（燕国相、燕国王礼让）而绝；汤、武争而王，白公（楚公子胜）争而灭。由此观之，争、让之礼，尧、桀之行，贵贱有时，未可以为常也。梁丽（同欐，屋栋）可以冲城（冲击城门）而不可以窒（堵塞）穴，言殊器（作用不同）也；骐骥、骅骝（良马）一日而驰千里，捕鼠不如狸狌（野猫、黄鼠狼），言殊技也；鸱鸺夜撮蚤（猫头鹰夜间抓跳蚤），察毫末，昼出瞋（音琛，睁大）目而不见丘山，言殊性也。

"故曰：盖（通盍，怎么）师是而无（通毋，弃）非，师（效法）治而无（毋）乱乎？是未明天地之理，万物之情者也！是犹师天而无（毋）地，师阴而无（毋）阳。其不可行，明矣！然且（然而）语而不舍，非愚则诬（欺骗）也！帝王（五帝）殊禅，三代殊继（夏、商、西周更替，承继不同）。差（错失）其时，逆其俗者，谓之篡夫；当其时，顺其俗者，谓之义徒。默默乎（静默吧）河伯，汝恶知贵贱之门（限度），小大之家（家门大小、不同区别）！"（事虽相同，时势有异，逆顺之变，名实相反。）

河伯曰："然则，我何为乎？何不为乎？吾辞受、趣（同取）舍，吾终奈何？"

北海若曰："以道观之，何贵何贱，是谓反衍（纵向转化）。无拘而志（毋拘尔志），与道大蹇（音捡，抵牾）。何少何多，是谓谢施（横向转化）。无一而行（不要固执尔行），与道参差（出入、融合）。严乎（庄重状）若国之有君，（国君胸怀天下万民、事物。）其无私德；繇繇乎（歌颂状，繇通谣）若祭之有社，（祭祀社神，其后均分祭祀品。）其无私福；泛泛乎（宽广状）其若四方之无穷，其无所畛域（没有界限）。兼怀万物，其孰承翼（得到庇护）？是谓无方（不偏向）。万物一齐，孰短孰长？

"道无终始，物有死生，不恃其成；一虚一满，（或小或大，或少或多。）不位乎位形（不固守于固定形式）。年不可举（追攀），时不可止。消息盈虚（消亡盛衰），终则有始。是所以语大义之方（原则），论万物之理也。物之生也，若骤若驰（变化无常）。无动而不变，无时而不移。何为乎，何不为乎？夫固将自化（万物本来自然运化）。"（道无终始，物有死生，无时不变，无刻不移。顺其自然，无为自化。）

河伯曰："然则，何贵于道邪？"

北海若曰："知道者必达于理，达于理者必明于权（权变），明于权者不以物（名利得失）害己。至德者，火弗能热，水弗能溺，寒暑弗能害，禽兽弗能贼（伤害）。非谓其薄之（迫近水火、寒暑、禽兽）也，言察乎安危，宁于祸福，谨于去就，莫之能害也。故曰：天在内

（天然为本），人在外（人为为末），德在乎天（顺自然）。知天人之行，本乎天，位乎得（奉行道德，得通德），蹢躅（音执竹，进退不定）而屈伸，反要（返回于机杼、大道，反同返）而语极（无话可说）。"（返于天性，遵从自然，则近于道矣！）

曰："何谓天（天然）？何谓人（人为）？"

北海若曰："牛马四足（自然生长），是谓天；落（通络）马首，穿牛鼻，是谓人。故曰：无以人灭天（不要以人欲湮灭天性，无通毋），无以故灭命（毋以主观意识淹没人性），无以得（毋以爵禄）殉名。谨守而勿失，是谓反（同返）其真。（勿贪婪而殉名利，勿恣意而灭天性，即返自然本真。）"

〖物秉天性〗

夔怜蚿（独脚虫羡慕百足虫，夔音奎），蚿怜（又羡慕）蛇，蛇怜风，风怜目，目怜心。（不知究竟，羡慕不已；智者知全，安身立命。）

夔谓蚿曰："吾以一足趻踔（音踥戳，跨跃）而行，予无如矣（我无奈何才这样）！今子之使万足，独（其又）奈何？"

蚿曰："不然！子不见夫唾（打喷嚏）者乎？喷则大者如珠，小者如雾，杂而下者不可胜数也。（谦虚，多足亦无用。）今予动吾天机（本能），而不知其所以然。"（一足不胜百足。）

蚿谓蛇曰："吾以众足而行，而不及子之无足，何也？"

蛇曰："夫天机（本性）之所动，何可易（改变）邪？吾安用足哉！"（百足不胜无足。）

蛇谓风曰："予动吾脊胁（脊柱收缩）而行，则有似（有行迹可见）也。今子蓬蓬然（尘土飞扬状）起于北海，蓬蓬然入于南海，而似无有（无行迹），何也？"

风曰："然！予蓬蓬然起于北海而入于南海也。然而，指我则胜我，蹴（音秋，踩踏）我亦胜我。（人，有手有足，有目有心，远胜于我。）虽然，夫折大木，蜚（通飞）大屋者，唯我能也。"（无足不胜风，风不胜目，目不胜心。随心所欲，无所限制。）

故，以众小不胜为（成就）大胜也。为大胜（大成就）者，唯圣人能之。（圣人无我，胸怀天下，大德大智乃至大成。）

〖临难弦歌〗

孔子游于匡（卫国邑，约在今河南省长垣市境内），宋人（当为卫人）围之数匝（好几层），而弦歌不辍（不停止）。

子路入见，曰："何夫子之娱也（排遣郁闷）？"（临难弦歌，多是悲歌；子路惶恐，不辨悲欢。）

孔子曰："来，吾语汝。我讳（忌讳）穷久矣，而不免，命也；求通久矣，而不得，时也。（孔子早有讳穷求通之行，而终身未成。）当尧、舜而天下无穷人，非知（智）得也；当桀、纣而天下无通人，非知（智）失也：时势适然（造就）。夫水行不避蛟龙者，渔父之勇也；陆行不避兕虎者，猎夫之勇也；白刃交于前，视死若生者，烈士之勇也；知穷之有命，知通之有时，临大难（死难）而不惧者，圣人之勇也。由，处（歇息）矣！吾命有所制（限制）矣！"

（孔子自夸：临难不惧，圣人之勇，即自称圣人。按：孔子于公元前479年去世，仅被鲁哀公尊称为尼父。北魏太和十六年即公元492年，孝文帝始敕封孔子为文圣尼父。嘉靖九年即公元1530年，明世宗敕封孔子为至圣先师。）

无几何，将甲（领兵）者进，辞（道歉）曰："以为阳虎（鲁国人）也，故围之；今非也，请辞而退。"（阳虎原为鲁国季孙氏家臣，后逐渐坐大且谋反，失败后潜逃。孔子貌似阳虎，故被围困。）

〖辩士之囿〗

公孙龙（名家主要人物）问于魏牟（魏国公子）曰："龙少学先王（文、武王）之道，长而明仁义之行；合（糅合）同异，离坚白（分析坚、白之论）；然不然，可不可；困（集合）百家之知（通智），穷（终结、完胜）众口之辩。吾自以为至达已。（如此，当时之奇才也！）今吾闻庄子之言，汒（同茫）焉异之（奇怪疑惑）。不知论（学术思想）之不及与？知（智）之弗若与？今吾无所开吾喙（嘴巴），敢问其方（其中道理）。"

公子牟隐机大息（伏在几案叹息，机通几），仰天而笑曰："子独不闻夫坎井（坑穴）之蛙乎？谓东海之鳖曰：'吾乐与！吾跳梁乎井干（跳跃于井坑穴岸）之上，入休乎缺甃（乱砖块，甃音宙）之崖；赴水则接腋持颐（承腋下、托面颊），蹶（踏）泥则没足灭跗（淹没脚背）；还（环顾，还通环）虷（音函，赤虫）蟹与科斗（蝌蚪），莫吾能若也（没有能与我相比）。且夫，擅（专有）一壑之水，而跨跱（盘踞，跱音制）坎井之乐，此亦至矣！夫子奚不时（随时）来入观乎？'（坐井观天，知足常乐！）东海之鳖左足未入，而右膝已絷（音执，绊住）矣。

"于是，逡巡（谨慎退却状）而却，告之（井蛙）海，曰：'夫千里之远，不足以举（谈论形容）其大；千仞之高，不足以极（量尽）其深。禹之时，十年九潦（同涝，雨大、洪灾），而水弗为加益；汤之时，八年七旱，而崖不为加损（崖岸、水位不减损）。夫不为顷、久推移（不以时间长短而发生变化），不以多少进退（不以雨量多少而有升降）者，此亦东海之大乐（无限容纳）也。'于是，坎井之蛙闻之，适适然（惊惧状）惊，规规然（局促状）自失也。（知己不足而后则不乐矣！）（公孙龙者，似坎井之蛙，坐井观天，自得其乐。遇庄子则知不足，顿失其乐。）

"且夫，知（智）不知是非之境（界限），而犹欲观于庄子之言，是犹使蚊负山、商蚷（小飞虫）驰河也，必不胜任矣。且夫，知（智）不知论（衡量）极妙之言（真言），而自适一时之利者，是非坎井之蛙与？且彼方蹠（音此，踩、入）黄泉而登大皇，（庄子能下入黄泉而上达皇天。）无南无北，奭然（消散状，奭音拭）四解（四面通畅），沦于不测（玄妙莫测之境）；无东无西，始于玄冥（混沌状态），反（返）于大通（大道）。子乃规规然（谨慎状）而求之以察（小聪明），索之以辩，是直（简直是）用管窥天，用锥指（测量）地也，不亦小（浅陋）乎？子往矣！

"且子独不闻夫寿陵余子（燕地少年）之学行于邯郸（赵国都邑，故址即今河北省邯郸市）与？未得国能（步法），又失其故行（原来步法）矣，直匍匐（竟然爬行，原文匍为锥）而归耳！今子不去，将忘子之故（本领），失子之业（事业）。"

公孙龙口呿（音屈，张）而不合，舌举而不下，乃逸而走（狂奔逃跑）。（庄子借魏牟之口，品论公孙龙求察索辩而欲求大道，似以管窥天、蠡测于海，欲观于庄子之言，是犹使蚊负山，必不胜任矣。）

〖庄子之乐〗

庄子钓于濮水（约在今河南省濮阳市地域）。

楚王使大夫二人往先（非正式聘请）焉，曰："愿以境内累（希望以国事相托付劳累）矣！"

庄子持竿不顾，曰："吾闻楚有神龟，死已三千岁矣。王巾笥（包裹放置于竹箱）而藏之庙堂之上。此龟者，宁其死为留骨而贵乎？宁其生而曳尾于涂中乎？"

二大夫曰："宁生而曳尾涂中。"

庄子曰："往矣！吾将曳尾于涂中。"（庄子明圣，无意富贵，曳尾涂中，逍遥江湖。）

〖惠子相梁〗

惠子相梁（魏国都城大梁），庄子往见之。

或谓惠子曰："庄子来，欲代子相（取代相国之位）。"于是，惠子恐，搜于国中三日三夜。

庄子往见之，曰："南方有鸟，其名为鹓鶵（音渊除，凤凰类），子知之乎？夫鹓鶵发于南海而飞于北海，非梧桐不止（栖息），非练实（竹实）不食，非醴泉（甘泉）不饮。于是，鸱（猫头鹰）得腐鼠，鹓鶵过之，仰而视之曰：'吓！（音贺，表示不满。）'今子欲以子之梁国（当是魏国）而吓（吓唬）我邪？"（惠子相梁，若鸱得腐鼠；庄子似凤凰，展翅高飞，俯视万物。）

〖濠上游乐〗

庄子与惠子游于濠（约在今安徽省凤阳县地域）梁之上。

庄子曰："鲦（音条）鱼出游从容，是鱼之乐也。"

惠子曰："子非鱼，安知鱼之乐？"

庄子曰："子非我，安知我不知鱼之乐？"

惠子曰"我非子，固（通故，所以）不知子矣；子固（本来）非鱼也，子之不知鱼之乐，全矣！"

庄子曰："请循（追溯）其本（庄子与鱼同乐）。子曰'汝安知鱼乐'云者，既已知吾知之而问我。我知之濠上也。"（惠子善辩，庄子智慧；濠上之游，即知鱼乐。从鱼之乐，庄子明志，惠子不及而不以为然。）

至 乐

（命有所成，乐有所适；昼生夜死，随机变化。）

天下有至乐无有哉？有可以活（养活）身者无有哉？今奚为（为什么作为）奚据（依凭什么）？奚避（逃避）奚处（安处）？奚就（停留）奚去？奚乐（喜好）奚恶（嫌弃）？

夫天下之所尊者，富贵、寿善（长寿善名）也；所乐者，身安厚（丰富）味、美服、好色、音声也；所下者，贫贱、夭恶（短寿恶名）也；所苦者，身不得安逸，口不得厚味，形不得美服，目不得好色，耳不得音声。若不得者，则大忧以惧（悲伤）。其为形（养活身）也，亦愚哉！（人间社会，世俗之人，尽皆如此。）

夫富者，苦身疾作（努力操作），多积财而不得尽用，（实为守财奴！）其为形（为身躯、生活）也亦外（拙劣妄为）矣！夫贵者，夜以继日，思虑善否（好坏，否音痞），其为形也亦疏（偏失远离）矣！人之生也，与忧俱生。（七情六欲，人生之常。）寿者惛惛（神志不清；惛惛，原文作惽惽），久忧不死，何之苦也！其为形也亦远矣！烈士为天下见善（奉献）矣，未足以活身。吾未知善之诚（确实）善邪？诚不善邪？若以为善矣，不足活身；以为不善矣，足以活人（他人）。（烈士舍身为天下，成就大功德；死而不亡，别有去处。）

故曰："忠谏不听，蹲循（逡巡、退却）勿争。"故，夫子胥争之，以残其形；不争，名亦不成。诚有善无有哉？（伍子胥，楚国人。其父伍奢为楚平王太师，因受谗言被杀。子胥奔吴，用为重臣，建立大功；后亦遭谗，愤极自尽。古之忠臣烈士，争则常丧生，不争不成名。）

今俗之所为，与其所乐，吾又未知乐之果乐邪？果不乐邪？吾观夫俗之所乐，举群趣者（追名逐利，趣同趋），誙誙然（奋求状，誙音坑）如将不得已，而皆曰乐者，吾未之乐也，亦未之不乐也。果有乐无有哉？吾以无为诚（真实）乐矣，又俗之所大苦也。（俗人境界不至，难享无为之乐。）

故曰："至乐（清静和悦）无乐，至誉无誉（无以为誉）。"（俗乐名利，孜孜以求，至死方休；至乐无为，无欲无求，逍遥自在。）

天下是非果（的确）未可定也。虽然，无为可以定是非。（无为顺自然，清静正天下。）至乐活身，唯无为几存（将近久存）。请尝试言之：天无为以之清，地无为以之宁。故，两无为相合（天地自然运化），万物皆化。芒（同茫）乎芴乎（恍惚），而无从出乎！芴（通忽）乎芒（茫）乎，而无有象（行迹）乎！（恍惚渺冥，循环演化。）万物职职（繁多），皆从无为殖（自然生长）。

故曰："天地无为也，而无不为也。"人也孰能得无为哉！（天地无为，化生万物；人无为既无是非，可以长久存身。）

〖生死形化〗

庄子妻死，惠子吊（吊唁）之。庄子则方箕踞（正当岔腿坐），鼓盆（敲击瓦缶）而歌。（古代凭吊，歌诵亡人生平事迹。）

惠子曰："与人居，长子（生儿育女）、老（偕老）、身死，不哭亦足（足够无情）矣，又鼓盆而歌，不亦甚（太过分）乎！"（惠子虽善辩，亦不免于俗，行世俗之情。）

庄子曰："不然！是其（当她）始死也，我独何（难道）能无概（通慨，伤感）！然察（思考）其始而本无生；非徒（不仅）无生也，而本无形；非徒无形也，而本无气。杂乎芒芴（融和于恍惚渺冥）之间，变而有气，气变而有形，形变而有生。今又变而之死，是相与为春秋冬夏，四时行（交替）也。人（庄子妻）且偃然（仰卧状）寝于巨室（天地间），而我嗷嗷然（号哭状，嗷音叫）随而哭之，自以为不通乎命，故止也。"（人之生死形变，如春夏秋冬四时更替，生则不喜，死亦不悲。通于命者，顺其自然，而不合乎人情。）

支离叔与滑介叔观于冥伯（游览于高玄）之丘，昆仑之虚（虚无之境），黄帝之所休（休止之处）。俄而，柳（通瘤）生其左肘，其意蹶蹶然恶（不安、忌讳）之。

支离叔曰："子恶（厌恶）之乎？"

滑介叔曰："亡（通无），予何恶！生者，假借也。假之而生生（长瘤）者，尘垢也。死生为昼夜！且吾与子观化而化及我，我又何恶焉！"（寄我而生，脱形而去，死生为昼夜，观化而化及我。生死，如此而已！何忧以惧？）

〖生苦死乐〗

庄子之楚，见空髑髅（音独娄，人头骨），髐然（空枯状，髐音消）有形。

撽以马捶（以马鞭敲击；撽音窍；捶，鞭），因而问之，曰："夫子贪生失理而为此（违反天理，死后身躯暴露于荒野）乎？将（或许）子有亡国之事、斧钺之诛而为此乎？将子有不善之行，愧遗（辜负遗留）父母、妻子之丑（耻辱）而为此乎？将子有冻馁（饥饿）之患而为此乎？将子之春秋故（衰老亡故）及此乎？"

于是，语卒（说完），援（拿来）髑髅，枕而卧。（庄子通达，途经荒野，遍地尸骨，视死如生，与之交谈，寝卧其间，不以为意。）

夜半，髑髅见梦（托梦）曰："子之谈者似辩士，诸子（于你）所言，皆生人之累也，死则无此矣！子欲闻死之说（说法、情况）乎？"

庄子曰："然！"（古人以为人之生死两界，可以梦中沟通。）

髑髅曰："死，无君于上，无臣于下，亦无四时之事（人间事务），从（通纵）然以天地为春秋（与天地同寿命），虽南面王（为王）乐，不能过（超过）也。"（死入其境，无生人之忧患、病痛、劳苦，乐胜帝王，悠哉悠哉，何其逍遥！）

庄子不信，曰："吾使司命（掌管生死之神）复生子形（身躯、性命），为（化生）子骨肉肌肤，反（同返，还原）子父母、妻子、间里、知识，子欲之乎？"

髑髅深矉蹙頞（深度皱眉收缩额头，頞同额）曰："吾安能弃南面王乐，而复为人间之劳（劳苦）乎！"（人间劳苦，阴间悠游；难得一死，宁死不生！）

〖为儒之难〗

颜渊东之齐，孔子有忧色。子贡下席（起来行礼）而问曰："小子敢问（晚辈请教）：回东之齐，夫子有忧色，何耶？"（孔子既为人师，或有先见之明。）

孔子曰："善哉！汝问。昔者，管子（管仲，齐国相）有言，丘甚善（非常赞许）之。曰：'褚小者不可以怀大（衣袋小装不下大物，褚音主），绠短者不可以汲深（井绳短取不到深井水）。（颜渊才浅德薄，不足以感化齐侯。）'夫若是者，以为命有所成（注定）而形有所适（适当作为）也，夫不可损益（减增）。（齐侯平生作为，皆是命运造就，难以改变。）吾恐（担心）回与齐侯言尧、舜、黄帝之道，而重（强调）以燧人、神农之言。彼将内求于己而不得（齐侯要求自己而做不到），不得则惑（怀疑颜渊），人惑则死（罪死于颜渊）。（孔子忧颜渊，智能不足以教化齐侯，祸及己身。习儒不易，行儒更难。）

"且汝独不闻（你难道没听说）邪？昔者，海鸟止于鲁郊，鲁侯御而觞之于庙（迎接而使其饮酒于宫室；御通迓，觞音伤），奏《九韶》以为乐，具太牢以为膳（备足猪牛羊肉以为食物）。鸟乃眩视（眼花）

忧悲，不敢食一脔（肉块），不敢饮一杯，三日而死。此以己养（人为方式）养鸟也，非以鸟养（自然方式）养鸟也。夫以鸟养养鸟者，宜栖之深林，游之坛陆（水中沙洲），浮之江湖，食之鳅鲦，随行列而止，委蛇（逶迤）而处（从容自得）。彼（海鸟）唯人言之恶闻，奚以夫诿诿（音挠，喧闹）为乎！

"《咸池》《九韶》之乐，张之洞庭（演奏于广阔）之野，鸟闻之而飞，兽闻之而走，鱼闻之而下入；人卒（众人）闻之，相与还（通环，围绕）而观之。鱼处水而生，人处水而死。彼（人、鱼）必相与异，其好恶（生活习性）故异也。故，先圣不一（不统一）其能，不同其事。名止于实（名停留、符合于实际），义设于适（道理存在于适宜），是之谓条达而福持（条理通达而幸福常驻）。"（天下万物，各有所适，而难以改变；宜互不相干，相干即有生命之失。孔子忧颜渊，恐其不通此理，力谏齐侯而遭杀身之祸。）

〖机生机死〗

列子行，食于道从（当为徒，通途），见百岁髑髅，攓蓬（拔取蓬蒿，攓音千）而指之曰："唯予与汝知而（通尔）未尝死、未尝生也。（生劳死息，生死如昼夜循环。）汝果养（你确实忧悲，养通恙）乎？予果欢（我果真开心）乎？"（出生入死，机生机死。生而何欢？死又何悲？）

种有几（种子转化微妙），得水则为𰲕（能延续生命），得水土之际，则为蛙蚍（音贫）之衣（青苔），生于陵屯（土堆）则为陵舄（音细），陵舄（车前草）得郁栖（粪壤）则为乌足，乌足之根为蛴螬（金龟子），其叶为胡蝶。胡蝶胥也（须臾）化而为虫，生于灶下，其状若脱（同蜕），其名为鸲掇（音渠多）。鸲掇千日为鸟，其名为乾余骨（山雀）。乾余骨之沫（口沫黏液）为斯弥，斯弥为食醯（音西，醋）。

颐辂（音路）生乎食醯，黄軦（音况）生乎九猷（通久酋，陈酒），瞀芮生乎腐蠸（音权），羊奚比（比连）乎不箰（同笋），久竹生青宁（竹根虫），青宁生程，程生马，马生人，人又反入于机。（虫相生，物互化，理不清，实不明。）

万物皆出于机（自然造化），皆入于机。（万物生化，机生机死，循环往复。）

达　生

（斋戒内守，外莫能伤；凝神应物，灵通天下。）

达生之情（通晓人生真谛）者，不务生之所无以为（不追求与生无益之事）；达命之情（命由天定）者，不务知（当为命）之所无奈何。（生不由己，无为顺命。）养形必先之（先具备）以物，物有余而形不养者有之矣；有生必先无离形（保有身躯，无通毋），形不离而生（同性）亡者有之矣。

生之来不能却（拒绝），其去不能止（挽留）。悲夫！世之人以为养形足以存生，而养形果不足以（果不能够）存生，则世奚足为（怎么值得奋斗）哉！虽不足（不值得）为而不可不为者，其为不免矣！（有生不足为而不可不为者，则不免于忧愁劳苦，是未通达性命之情也！）

夫欲免为形（避免身躯遭受生活拖累）者，莫如弃世（出世）。弃世则无累（无牵挂、拖累），无累则正平（身心和），正平则与彼更生（与自然同变化），更生则几矣（近于大道）！事奚足弃而生（人生）

奚足遗（忘怀）？弃事则形不劳，遗生（轻生内守）则精不亏。

夫形全精复（精神凝聚），与天为一（融和自然）。天地者，万物之父母也。合（合阴阳之气）则成体，散则成始（元炁）。形精不亏，是谓能移（自然更替）。精而又精，反以相天（与天帝相通）。（通达性命者，出世修道：弃事，养形，存性，正平，更生，相天；与天为一，行乎其灵，能乎其神！）

〖关尹之道〗

子（尊称）列子问关尹（函谷关关令尹喜，道祖老子嫡传弟子）曰："至人潜行不窒（潜水不窒息），蹈火不热，行乎万物之上而不栗（不恐惧）。请问，何以至于此？"（至人近神人，出入水火，腾云驾雾，无所不能。）

关尹曰："是纯气之守（阳气凝聚）也，非知（通智）巧、果敢（胆识）之列。居（坐），予语汝。凡有貌象、声色者，皆物也。物与物（道）何以相远（相离）？夫奚足以至乎先（什么能够回归初始状态）？是色而已！（都是化相而已，万物皆虚象。色，佛家常用。）则物之造乎不形（万物化生于无形），而止乎无所化（无形大道）。夫得是（相互化生）而穷（奉行）之者，物焉得而止焉（万物生生不息）！

"彼（至人）将处乎不淫之度（适度），而藏乎无端之纪（大道演化之机），游乎万物之所终始。壹（守一）其性，养其气，合其德，以通乎物之所造（造物主、大道）。夫若是者，其天（天性）守全，其神无郤（通隙），物奚自入（外物不能侵害）焉！（养形守神，纯气常存，融通万物；有形化无形，无形生有形，循环往复。）

"夫醉者之坠车，虽疾（受重伤）不死。骨节与人同而犯害（受害）与人异，其神全也。乘亦不知也，坠亦不知也，死生、惊惧不入乎其胸中。是故，遻（同逻，触）物而不慑（惧怕）。彼得全于酒（酒气充盈）而犹若是，而况得全于天（自然）乎？圣人藏于天（合于自然），故莫之能伤也。复仇者不折镆、干（名剑），虽有忮（忌恨）心者不怨飘（无端失落）瓦。（有欲有为而有倚仗，无心无为则无怨憎。）

"是以，天下平均，故无攻战之乱，无杀戮之刑者，（公道盛行，天下太平。）由此道（无为）也。不开（不开启）人之天（情欲），而开天之天（自然禀性）。开天（天性、自然）者德生，开人（人性、私欲）者贼（祸害）生。不厌（不满足）其天（追求自然天性），不忽（不忽略）于人（人之天然本性），民几乎（将近）以其真（纯真）。"（无欲无为，福禄自生；有欲有为，祸害丛生。）

〖凝神承蜩〗

仲尼适楚（前往楚国），出（经过）于林中，见痀偻者承蜩（驼背人捕蝉），犹掇（音多，拾取）之也。

仲尼曰："子巧乎，有道邪？"（仲尼博识，不耻下问。）

曰："我有道（有诀窍）也。五六月累（叠加）丸二而不坠，则失者锱铢（重量轻、数量少）；累三而不坠，则失者十一（十分之一）；累五而不坠，犹掇之也。吾处身也，若橛株拘（拴马木桩）；吾执臂（手臂执杆）也，若槁木之枝。虽天地之大，万物之多，而唯蜩翼之知（注意）。吾不反（不转）不侧，不以万物易（影响注意力）蜩之翼，何为而不得！"（痀偻丈人，专心致志，果然有道！）

孔子顾谓（回头向）弟子曰："用志不分，乃凝于神。其痀偻丈人之谓（大概是驼背老者陈述的意思）乎！"（用志不分，乃凝于神，孔子得是道。凝神致极，通达神灵，此亦道法、道术之精髓。）

〖重外拙内〗

颜渊问仲尼曰："吾尝济（济渡）乎觞深之渊，津人操舟若神（摆渡人撑船技艺很巧妙）。吾问焉曰：'操舟可学邪？'曰：'可！善游者数（通速）能。若乃夫没（潜水）人，则未尝见舟而便操之也。'吾问焉而不吾告（不告吾），敢问：何谓（什么说法）也？"

仲尼曰："善游者数（速）能，忘水也；若乃夫没人之未尝见舟而便操之也，彼视渊若陵（土山坡），视舟之覆犹其车却（退却）也。覆、却万方，陈乎前而不得入其舍（心胸），恶往而不暇（去哪里不自得）！

"以瓦注者巧（用陶器作赌注则灵巧随意），以钩注者惮（以带钩作赌注则有些紧张），以黄金注者殙（音昏，更紧张，致昏乱）。其巧一也，而有所矜（顾忌），则重外（事物）也。凡外重者内拙。"（重外者内拙，内灵者必轻外，心机深则天机浅。）

〖养生三戒〗

田开之（道家人物）见周威公（战国时期西周威公姬灶），威公（公元前414年—前367年在位）曰："吾闻祝肾（有道之人）学生（学习养生），吾子与祝肾游（交往），亦何闻焉？"

（公元前440年，东周又分裂出西周国，约在今河南省洛阳市西宜阳、洛宁县地域。首任国君桓公姬揭，公元前440年—前414年在位，威公为西周国第二任国君。）

田开之曰："开之操拔彗（音慧，扫帚）以侍门庭,（干苦役，学皮毛。谦虚！）亦何闻于夫子！"

威公曰："田子无让（不要谦让，无通毋），寡人愿闻之。"

开之曰："闻之夫子曰：'善养生者，若牧羊然，视其后者而鞭之。（祛毛病，补不足，求平衡。）'"（养生如牧羊，说来简单，实则不易。）

威公曰："何谓也？"

田开之曰："鲁有单豹者，岩居（住岩洞）而水饮，不与民共利

（争利），行年七十而犹有婴儿之色，不幸遇饿虎，饿虎杀而食之。有（通又）张毅者，高门（大门富户）、县薄（门帘，穷家小户；县通悬），无不走（交往）也，行年四十而有内热之病以（导致）死。豹养其内而虎食其外（身体），毅养其外而病攻其内。此二子者，皆不鞭其后者也。"（养生之人，调和精神，不入凶地。）

仲尼曰："无入而藏（不要深隐，无通毋），无（毋）出而阳（不要张扬），柴立其中央（无心而处中道）。三者若得，其名必极（高广）。（静心无欲，逍遥自得，若隐若现，乃如是乎！）夫畏涂（危途）者，十杀一人，则父子、兄弟相戒也，必盛卒徒（成群结队）而后敢出焉，不亦知（同智）乎！人之所取畏（自取其害）者，衽席（床榻）之上，饮食之间，（纵欲过度，饮食不节。）而不知为之戒者，过（过错）也！"（善养生者，当有三戒：衽席之上，饮食之间，柴立中央。）

〖人猪异谋〗

祝宗人玄端以临牢筴（祭祀官穿黑衣靠近猪圈，筴通栅），说彘曰（对猪说）："汝奚恶死！吾将三月豢（音换，圈养）汝，十日戒，三日斋，藉（铺垫）白茅，加汝肩尻（供奉猪前胛、后胯）乎雕俎（祭具）之上，则汝为之乎？"

（人）为彘谋曰："不如食以糠糟而错之牢筴（不如吃谷糠酒糟放养于栅栏，错通措）之中。"（世俗人认为：与其尊贵而死，不如卑贱、苟活于世！）

（人）自为谋，则苟生有轩冕（人生贪求有官位爵禄）之尊，死得于腞楯（音撰吮，有花纹之灵车）之上、聚偻（有雕饰之棺椁）之中则为之。（生前看不透，死后仍然追求尊荣！）为彘谋则去之，自为谋则取之，所异彘者何也（不如猪）！（贪图名利，何惧刑罚！身陷图圄，致死不悔！世俗之人，多是如此。）

〖鬼怪示祥〗

桓公田（同畋，狩猎）于泽，管仲御（驾车），见鬼焉！

公抚管仲之手曰："仲父何见？"

对曰："臣无所见！"

公反（同返），歒诒（音哀抬，丢魂失语）为病，数日不出。（齐桓公，公元前685年—前643年在位，"春秋五霸"之一。白日见鬼怪，有祥与不祥。）

齐士有皇子告敖者（贤人），曰："公则自伤，鬼恶能伤公！夫忿滀（郁结）之气，散而不反（同返），则为不足（精神萎靡）；上而不下，则使人善怒；下而不上，则使人善忘；不上不下，中身当心，则为病。（王侯将相，皆有天命，鬼怪不能加害！）"

桓公曰："然则，有鬼乎？"

曰："有！沈（污水潭）有履，灶有髻。户内之烦壤，雷霆处之。东北方之下者，倍阿、鲑蠪（音归龙）跃之。西北方之下者，则泆阳处之。水有罔象，丘有峷（音伸），山有夔（音奎），野有彷徨，泽有委蛇。"（家有灶神，监督家人善、恶事，计人功过。野外多精灵鬼怪，见之者多有不祥。）

公曰："请问委蛇（音逶迤）之状何如？"

皇子曰："委蛇，其大如毂（车轮），其长（身形）如辕，紫衣而朱冠。其为物（怪物）也，恶闻雷车之声，则捧其首而立，见之者殆（将近）乎霸。"（凡鬼怪作祟，能名之、识之、说之、安之，则邪祟当即离去。）

桓公辗然（转忧为喜状，辗音产）而笑曰："此寡人之所见者也。"

于是，正（通整，整理）衣冠与之坐，不终日而不知病之去也。（桓公称霸，有命于天；管仲为相，辅佐有贤。）

〖呆若木鸡〗

纪渻（音省）子为王（周宣王）养斗鸡。（斗鸡，历史悠久。）

十日而问："鸡已乎?"曰："未也，方虚憍（同骄）而恃气。（无经历，少见识。）"

十日又问，曰："未也，犹应向景（响、影，鸡声、形）。"

十日又问，曰："未也，犹疾视而盛气。（自以为能，盛气凌人。）"

十日又问，曰："几矣（差不多了）！鸡虽有鸣者，已无变（反应）矣，望之似木鸡矣，其德全（静智、勇力具备）矣！异鸡无敢应（应战）者，反走（返转逃跑）矣！"（盛气凌人，虚张声势；呆若木鸡，战无不胜。高人不露相，出手即无敌。）

〖出入激流〗

孔子观（游览）于吕梁（约在今江苏省徐州市铜山地域），县水（瀑布，县通悬）三十仞，流沫（气泡翻滚）四十里，鼋鼍（音元砣，大鳖与鳄鱼类）鱼鳖之所不能游也。见一丈夫（男子）游之，以为有苦而欲死（溺水自杀）也。使弟子并流而拯（顺流实施搭救）之。数百步而出，被（同披）发行歌而游于塘（堤岸）下。（孔子博学，读万卷书，行千里路。）

孔子从而问焉，曰："吾以子为鬼，察子则人也。请问：蹈水有道（有诀窍）乎?"（孔子游历，途遇高人，诚心求教。）

曰："亡（通无），吾无道。吾始乎故，长乎性，成乎命。与齐（通脐，漩涡）俱入，与汩（涌流）偕出，从水之道（水性）而不为私（不逆水性）焉。此吾所以蹈之（游水方法）也。"

孔子曰："何谓：'始乎故，长乎性，成乎命?'"

曰："吾生于陵（陆地）而安于陵，故也；长（生活）于水而安于水，性也；不知吾所以然而然，命也。"（山高水深，奇人异士，环境造就，自然而成。）

〖神器之密〗

梓（木工）庆削木为鐻（音具，钟鼓架），鐻成，见者惊犹鬼神（鬼斧神工造就）。

鲁侯见而问焉，曰："子何术以为焉？"

对曰："臣，工人，何术之有！虽然，有一焉（有一点）！臣将为鐻，未尝敢以耗气也（清静凝神），必齐（同斋，下同）以静心。齐三日，而不敢怀庆赏爵禄（去除名利之心）；齐五日，不敢怀非誉巧拙（去除是非之心）；齐七日，辄然（静止状）忘吾有四枝（通肢）形体也（忘我）。

"当是时也，无公朝（公事），其巧专（心智达到精妙）而外滑消（外界影响消除，滑通淈）；然后，入山林，观天性（木质自然形状），形躯至（外形具备）矣；然后，成见鐻（成就大体形状）；然后，加手（动手）焉；不然则已（达不到以上情况就停止），则以天合天（以人之天然灵性合于木之自然形状），器之所以疑神者，其是与（大概如此吧）！"（此为神器之密法也！道门书符及法器类亦如是！）

〖强求致败〗

东野稷以御（驾车技术）见庄公，（鲁庄公，公元前693年—前662年在位。东野稷，复姓东野，名稷，善御。今山东省多复姓东野者。）进退中绳，左右旋（旋转）中规。庄公以为文（赞美）弗过也，使之钩百而反（转百圈而返）。

颜阖（鲁国贤人）遇之，入见曰："稷之马将败。"公密而不应。

少焉，果败而反（通返）。公曰："子何以知之？"

曰："其马力竭矣，而犹求（驱使）焉，故曰败。"（精力不至而败，颜阖见微知著。）

〖忘适之适〗

工倕旋而盖（尧时巧工倕画圈超过）规矩，指与物化而不以心稽（思考验证），故其灵台壹而不桎（心专而不闭塞）。忘足，履之适（贴合）也；忘要（同腰），带之适也；知（通智）忘是非，心之适（契合）也；不内变（心不动），不外从（不受外物影响），事会（应事物）之适也。始乎适而未尝不适者，忘适之适也。（专心致志，忘乎所以而无所不适，与符之密相同！）

〖至言惑愚〗

有孙休（鲁国人）者，踵门而诧（直接登门求教）子扁庆子（鲁贤人），曰："休居乡不见（通现）谓不修（无德性），临难不见（不现）谓不勇。然而，田原不遇岁（耕作田地不丰收），事君不遇世（盛世明君），宾（通摈，排斥）于乡里，逐（放逐、浪荡）于州部（地方行政单位，部当为郡），则胡罪（怎么得罪）乎天哉？休恶遇（遭受）此命也？（生活困苦，己所不谨，得罪于人，获咎于天。）"

扁子曰："子独（难道）不闻夫至人之自行（自我修行）邪？忘其肝胆，遗其耳目，芒（同茫）然彷徨乎尘垢之外（轻松自在游荡于世俗之外），逍遥乎无事之业，是谓：为而不恃，长而不宰。（《老子·第十章》）（至人无我，无为自在。）

"今汝饰知以惊愚（持智惊动百姓），修身以明污（奸邪），昭昭乎若揭（高举）日月而行也。（上逼贤能，下欺愚痴；不遗余力，自我标榜。）汝得全而（通尔）形躯，具而（你）九窍，无中道夭于聋盲跛蹇（音简，跛足），而比于人数（同列于人类），亦幸矣！又何暇乎天之怨哉！（上天造就，怨天则不祥。）子往矣！（孙休遭遇困苦，本当自省，却怨天尤人，执迷不悟。）"

孙子出，扁子入。坐有间，仰天而叹。

弟子问曰："先生何为叹乎？"

扁子曰："向者休来，吾告之以至人之德，吾恐其惊而遂至于惑也。（言高，人愚，不能领悟，乃至于迷惑。）"

弟子曰："不然！孙子之所言是邪，先生之所言非邪，非固（本来）不能惑是；孙子所言非邪，先生所言是邪，被（当为彼）固（因为）惑而来矣，又奚罪（自责）焉！（扁子之过，在于向愚人明言至理。）"

扁子曰："不然！昔者，有鸟止于鲁郊，鲁君悦之，为具太牢以飨（准备牛羊猪肉招待）之，奏《九韶》以乐之。鸟乃始忧悲眩视（眼花缭乱），不敢饮食。此之谓以己养（人为方式）养鸟也。若夫以鸟养（自然方式）养鸟者，宜栖之深林，浮之江湖，食之以委蛇（小蛇类），则安平陆（安处原野）而已矣！（愚者固守成见，自以为是；智者心胸博大，从善如流。）

"今休，款启（短见）寡闻之民也，吾告以至人之德，譬之若载鼷（就好像运载鼠类，鼷音溪）以车马，乐鴳（麻雀类）以钟鼓也，彼又恶能无惊乎哉！"（大道至言，惊愚骇昧；言非其人，自取其辱。）

山　木

（人物相累，利害相随；形缘情率，虚己游世。）

庄子行于山中，见大木，枝叶盛茂，伐木者止其旁而不取也。

问其故，曰："无所可用！"

庄子曰："此木以不材（不中用）得终其天年（自然寿命）。"

夫子出于山，舍于故人（寄宿于老相识）之家。故人喜，命竖子杀雁（叫童仆杀大鹅）而烹之。

竖子请（请示）曰："其一能鸣，其一不能鸣，请奚杀（杀哪一只）？"

主人曰："杀不能鸣者。"

明日，弟子问于庄子曰："昨日，此中之木，以不材得终其天年；今主人之雁，以不材死。先生将何处（如何处世）？（时势变化无穷，因任自然无累。）"

庄子笑曰："周将处夫材与不材（可用与不可用）之间。材与不材之间，似之而非也，故未免乎累（忧患）。若夫乘（倚仗）道德而浮游（遨游）则不然，无誉无訾（无非议），一龙一蛇（时隐时现），与时俱化，而无肯专为（不妄为）；一上一下（阴阳转化），以和为量（度量），浮游乎万物之祖（自然）。物（驾驭）物而不物（不受制）于物，则胡可得而累（受连累）邪！此神农、黄帝之法则（处世方法）也。

"若夫万物之情（生长变化）、人伦之传（人际关系转变）则不然。合则离，成则毁，（先合后离，难成易败。）廉（刚正）则柱（当为挫，受挫折），尊则议（受非议；议，原文为荣），有为则亏（亏精神），贤则谋（受谋算），不肖则欺（受欺辱）。胡可得而必乎哉（怎么可以执意呢）？悲夫！弟子志（谨记）之，其唯道德之乡（同向，归向）乎！（尊道贵德，清静无为，可免忧患。）"（不材与材，不物于物，常人难为，庄子当能。）

〔鲁侯之忧〕

市南宜僚（楚国人）见鲁侯，鲁侯有忧色。

市南子曰："君有忧色，何也？"

鲁侯曰："吾学先王（周文、武王）之道，修（继承）先君（周公与伯禽；伯禽，鲁国首君）之业；吾敬鬼尊贤，亲（亲身）而行之，无须臾离居（时刻在心）。然不免于患（灾难），吾是以忧。"（周公旦受封鲁国为诸侯，因辅佐年幼成王而未至，遂令长子伯禽就国，是为鲁国首君。）

市南子曰："君之除患之术浅矣！夫丰狐文豹（大狐花豹），栖于山林，伏（隐藏）于岩穴，静也；夜行昼居，戒也；虽饥渴隐约（困苦），犹且胥疏（流浪、远避）于江湖之上而求食焉，定也。然且不免于网罗、机辟（机关）之患，是何罪之有哉？其皮为之灾也（人杀兽取皮为衣）。今鲁国独非（难道不是）君之皮邪？吾愿君刳（音枯，消除）形去皮（去除外在累赘），洒心（洗心）去欲，而游于无人之野。

"南越有邑焉，名为建德之国，其民愚而朴，少私寡欲；知作（耕作）而不知藏，与而不求其报；不知义之所适（适宜），不知礼之所将（顺从）；猖狂妄行（自由自在），乃蹈乎大方（游于天地之间）；其生可乐（尽情享欢乐），其死可葬（能够埋葬安息）。吾愿君去国捐俗（弃百姓），与道相辅（相伴）而行。"（建德之国，大同社会，令人向往。）

君曰："彼其道（路途）远而险，又有江、山（阻隔），我无舟车，奈何？"（君虽忧，理且明，贪富贵，难舍国。岂止鲁君！古今千载，又有几人能舍国而去？）

市南子曰："君无形倨（不要傲慢，无通毋），无留居（毋留恋王位），以为君车。"

君曰："彼其道（去那里道路）幽远而无人，君谁与为邻？吾无粮，我无食，安得（怎么能够）而至焉？"

市南子曰："少君之费（费用），寡君之欲，虽无粮而乃足。君其涉（济渡）于江而浮于海，望之而不见其崖（边际），愈往而不知其所穷。送君者皆自崖（崖岸）而反（同返）。君自此远（远离世俗）矣！故，有人者累（掌权管人者劳累），见有于人者忧（被人掌管者不自在）。故，尧非有人，非见有于人也。（尧为君王，因任自然。）吾愿去君之累（累赘），除君之忧，而独与道游于大莫之国（虚无之境）。

"方舟（两船并行）而济于河，有虚船（大船）来触舟，虽有褊（音贬，狭隘）心之人不怒（偶然、非人为之事）。有一人在其上，则呼张歙之（喊叫撑船躲开）；一呼而不闻，再呼而不闻，于是三呼邪，则必以恶声随之。（好意相劝，不听则怒。）向也不怒而今也怒，向也虚（隔空喊叫）而今也实（撞船受伤害）。人能虚己（忘我）以游世，其孰能害之！"（鲁君虽忧，尊贵难舍；己言虽善，听而不从；劝之再三，人岂耐烦！殊途异道，多言何益？）

〖随民敛赋〗

北宫奢（卫大夫）为卫灵公（公元前534年—前493年在位）赋敛以为钟（收税铸造礼乐器钟），为坛（筑土建坛）乎郭门之外。三月而成，上下之县（高架吊钟，县通悬）。王子庆忌见而问焉，曰："子何术之设（用什么方法实现）？（收税困难，铸钟更是艰难。）"

奢曰："一之间（诚心诚意），无敢设（筹划）也。奢闻之：'既雕既琢（去除私欲），复归于朴（纯朴自然）。'侗乎（愚痴状）其无识（无知），傥乎其怠疑（无心而呆滞）。萃乎芒（聚集于众多）乎，其送往而迎来（尊重民众）；来者勿禁，往者勿止。从其强梁（强悍），随其曲傅（曲附，傅通附），因其自穷（自便）。（民众从事，顺其自然。）故，朝夕赋敛而毫毛不挫（不伤折），而况有大涂（大道，涂同途）者乎！"（赋敛随意，从民所有；与民方便，民还其报。）

〖临难受教〗

孔子围于陈、蔡之间（两国大夫发动人马阻止孔子仕楚），七日不火食（无饭食）。

大公（尊长者）任往吊（慰问）之，曰："子几死乎（你饿极要死了）？"

曰："然！"（七日不火食而没有饿死，或有干粮。）

"子恶（惧怕）死乎？"

曰："然！"（临难问死，何来慰问？近似吊唁！）

任曰："予尝言不死之道（我曾经说过避死之方法）。东海有鸟焉，其名曰意怠。其为鸟也，翂翂翐翐（音分分至至，飞行迟缓），而似无能；引援（跟随）而飞，迫胁（依偎）而栖；进不敢为前，退不敢为后；食不敢先尝，必取其绪（剩余）。是故，其行列不斥（不受排斥），而外人卒不得害（众鸟始终不伤害它），是以免于患。（如此，只则保身，众则存群。）"

"直木先伐，甘井先竭。（有用乃致灾。）子其意者饰知（智）以惊愚（你有意显示智慧惊动百姓），修身以明污（奸邪），昭昭（明亮）乎如揭（高举）日月而行，故不免也。（君子与小人形成反差，君子将受小人报复。）昔，吾闻之大成之人（道祖老子）曰：'自伐（自我标榜）者无功，功成者隳（毁败），名成者亏（丧失真性）。'孰能去功与名而还与众人？（惟有至人！）"

"道流而不明居（有道者不显露道行），得（通德）行而不名处（不被称颂）；纯纯常常（纯朴平常），乃比于狂（无拘无束）；削迹捐势，（去名位，弃权势。）不为功名。是故，无责（不要要求，无通册）于人，人亦无责（没有责怪）焉。至人不闻（不闻名），子何喜（好虚名）哉！"（孔子博识，以智求名，上举昏君，下列奸佞，自我标榜，因而致祸。）

孔子曰："善哉！"

辞其交游（交际），去其弟子，逃（隐居）于大泽。衣裘褐（穿粗皮、麻布衣服），食杼（音住，橡子）栗。入兽不乱群，入鸟不乱行（行列）。鸟兽不恶，而况人乎！（孔子遭困，临难受教。辞其交游，入泽修行，离俗绝迹，鸟兽不恶。儒流可从！）

〖遭难领教〗

孔子问子桑雽（音户）曰："吾再逐于鲁，（孔子生在鲁国，却多次出走鲁国。）伐树于宋，（孔子游历到宋国，在大树下讲道，宋人伐树并驱离。）削迹于卫（孔子被卫国人围困），穷于商（地名，约在今河南省商丘市地域）、周，围于陈、蔡之间。吾犯（遭受）此数患，亲交益（愈）疏，徒友益散。何与（为何会这样）？"（孔子奔波流浪，坎坷困苦，历尽磨难。亲疏徒散，几至孤独一人。）

子桑雽（隐士）曰："子独（难道）不闻假（假国）人之亡（逃亡）与？林回弃千金之璧，负（背负）赤子而趋。或曰：'为其布（币）与？赤子之布寡（不值钱）矣；为其累（负担）与？赤子（婴儿）之累（拖累）多矣！弃千金之璧，负赤子而趋（快步走），何也？'

"林回曰：'彼（璧）以利合，此（子）以天属（天性相连）也。'夫以利合者，迫穷、祸、患、害相弃也；以天属者，迫穷、祸、患、害相收（相聚）也。夫相收之与相弃亦远矣！且君子之交淡若水，小人之交甘若醴（甜酒）；君子淡以亲，小人甘以绝。彼无故以合者，则无故以离。（君子好道，同道者亲，终身不弃；小人重利，聚散在财，无信无义。）"

孔子曰："敬闻命（敬受教诲）矣！"

徐行翔佯（徜徉）而归，绝学捐书，弟子无挹（不揖让，挹通揖）于前，其爱（敬爱）益加进（增加）。（孔丘门徒，不乏君子。小人者，合于名利，穷困相弃；君子者，与天性合，穷困相宜。）

异日，桑雽又曰："舜之将死，真泠（乃令、遗命）禹曰：'汝戒之哉！形莫若缘（顺应自然），情莫若率（遵循自然）。'缘则不离（不离散），率则不劳。不离不劳，则不求文以待形（不用文饰、礼节装扮身形）。不求文以待形，固不待物（所以不执着于事物）。"（情莫若率，形莫若缘。孔子早受教，至老方遵从。）

〖乱世而惫〗

庄子衣大布而补之（穿粗布长衫且缝有补丁），正緳（整理麻腰带；正通整，緳音协）、系履而过（拜访）魏王。

魏王曰："何先生之惫（穷困）邪？"（庄子修行，重内轻外。）

庄子曰："贫也，非惫也。士有道德不能行，惫（精神疲惫、伤感）也；衣弊履穿（衣服破旧、鞋破有洞），贫也，非惫也。此所谓非遭时（不逢时）也。

"王独不见夫腾猿乎？其得枏（同楠）、梓、豫章（樟树）也，揽蔓（捉牵）其枝而王长（任性跳跃）其间，虽羿、逢蒙（善射之人）不能睥睨（音僻逆，斜视）也。及其得柘、棘、枳、枸之间也，（树枝有刺，行动不便。）危行（谨慎行动）侧视，振动悼栗（颤栗），此筋骨非有加急（紧缩）而不柔也，处势不便，未足以逞其能也。

"今处昏上乱相（昏君乱臣）之间而欲无惫，奚可得（怎么能行）邪？此比干（商纣王叔父）之见（被）剖心，征（明证）也夫！"（魏王昏聩，国家混乱，庄子贫困，适遭其时也。）

〖孔子知命〗

孔子穷于陈、蔡之间，七日不火食（或有野果可食）。左据（依靠）槁木，右击槁枝，而歌焱氏之风（唱神农氏歌曲）。有其具（乐器）而无其数（无节奏），有其声而无宫角（无音律）。木声与人声，犁然有当（凄然回响）于人之心。（围困七日，断绝烟火，奄奄一息，绝望悲歌，有气无力，闻者伤心。）

颜回端拱还（正身扭头，还音旋）目而窥（暗中察看）之。仲尼恐其广己而造大（彰显自己、难于接受现实而出现大悲伤）也，爱己而造哀也。（如此绝境，颜回或难以承受。）

曰："回，无受天损易，无受人益难。无始而非卒（终结）也，人与天一也。夫今之歌者其谁乎！（明此大道理者，唯我孔丘是也！）"

回曰："敢问：'无受天损易？'"

仲尼曰："饥渴寒暑，穷桎不行（穷困不通达），天地之行也，运物之泄（推移）也，言与之偕逝（同变化）之谓也。为人臣者，不敢去之（脱离管制）。执（固守）臣之道犹若是，而况乎所以待天（顺应天道）乎？"（顺天应命，与世同行。天道平衡，不私人物。）

"何谓：'无受人益难？'"

仲尼曰："始用四达（初始顺利），爵禄并至而不穷。物之所利，乃非己也，吾命其在外（上天造就）者也。君子不为盗，贤人不为窃，吾若取之何哉？（取之若何？当取则取！）故曰：鸟莫知（通智）于鹢鹋（鸟类中燕子最聪明），目之所不宜处，不给视（不顾及），虽落其实（食物），弃之而走（飞离）。其畏人也而袭（寄居）诸人间，社稷存（鸟巢、子孙延续）焉尔！"（人间社会，相互依存，适量取舍，当有避让。）

"何谓：'无始而非卒？'"

仲尼曰："化其万物而不知其禅（蜕变）之者，（道化万物，各自生灭。）焉知其所终？焉知其所始？正而待之（顺应自然变化）而已耳！"（顺天应人，无论始终。）

"何谓：'人与天一（融合）邪？'"

仲尼曰："有人（有为），天（自然而生）也；有天（无为），亦天

（自然而成）也。人之不能有天（天性），性也（私欲作怪）。圣人晏然体逝而终（慢慢感悟自然而亡）矣！"（只有圣人明生死祸福，能够顺应自然而终。）

〖螳螂捕蝉〗

庄周游乎雕陵之樊（丘陵之茂林），睹（看见）一异鹊自南方来者。翼广七尺，目大运寸（直径过寸），感周之颡（感触庄周额头），而集（栖落）于栗林。

庄周曰："此何鸟哉？翼殷不逝（翅膀大不远飞），目大不睹（看不见人）。"（异鹊无视庄周，见利忘命，鸟为食亡。）

蹇（通褰，提撩）裳躩（音决，轻且快）步，执弹而留（持弹弓守候）之。睹一蝉方得美荫而忘其身，螳螂执翳（执爪隐蔽）而搏之，见得（蝉）而忘其形。异鹊从而利（占有）之，见利（蝉、螳螂）而忘其真（性命）。

庄周怵然（惊惧状）曰："噫！物固相累（万物本来相互牵连），二类相召（招引）也。"

捐弹而反走（丢弃弹弓往回跑，反同返），虞人逐（看守山林人追逐）而谇（音碎，责骂）之。

（事物相累：雕陵栗林，致庄周游林；睹一异鹊，致庄周执弹；螳螂执爪，致异鹊飞落；夏蝉美荫，致螳螂执爪；庄周执弹，致虞人疑盗、逐谇；雕陵栗林，致虞人看守。）

庄周反入（返家），三日不庭（不出庭院）。

蔺且（音吝居）从而（于是）问之："夫子何为顷间（近日）甚不庭乎？"

庄周曰："吾守形而忘身，观于浊水而迷于清渊。（迷惑外物，轻重颠倒。）且吾闻诸夫子曰：'入其俗（当为乡），从其俗。（擅入栗林，

遭虞人逐诤。)'今吾游于雕陵而忘吾身,异鹊感吾颡,游于栗林而忘
真。栗林虞人以吾为戮(羞辱、盗贼),吾所以不庭(闭门反省)也。"
(螳螂捕蝉,异雀在后;二类相召,物固相累。身造灾祸,事出有因;
毋怨天尤人,当自我反省。)

〖自美不美〗

阳子(杨朱)之宋,宿于逆旅(迎客旅馆)。逆旅人(主人)有妾
二人,其一人美,其一人恶(丑陋)。恶者贵(受宠爱)而美者贱(普
通对待)。阳子问其故。

逆旅小子(小伙子)对曰:"其美者自美,吾不知其美也;其恶者
自恶,吾不知其恶也。"

阳子曰:"弟子记之,行贤而去自贤之心,安往而不爱(受敬重)
哉!"(自为贤美,贤美不有,遭人厌弃;内贤外美,万民爱戴,无往
不利。)

田子方

(明礼陋心,亡我失真;至圣开悟,得失非我。)

田子方(道家人物)侍坐(陪坐)于魏文侯(公元前445年—前
396年在位),数称(接连称赞)豀工(魏国贤人)。

文侯曰:"豀工,子之师邪?"

子方曰:"非也,无择(田子方,名无择)之里人(同乡)也。称
道数当(言论合道),故无择称之。"

文侯曰:"然则,子无师邪?"

子方曰："有。"

曰："子之师谁邪？"

子方曰："东郭顺子。"（古人修行，各有师承。）

文侯曰："然则，夫子何故未尝称之？"

子方曰："其为人也真（真诚自然），人貌而天虚（超凡脱俗、虚怀若谷，貌通邈），缘而葆真（顺应而保神，葆通保），清（清静）而容物。物（有人）无道，正容以悟（感化）之，使人之意（邪念）也消。（如此高尚，确实称之不及。）无择何足以称之！"（修行有成，清静守神，合于自然，安坐不言即可以感化他人。）

子方出，文侯傥然（自失状），终日不言。

召前立臣（侍臣）而语之曰："远（高妙）矣，全德之君子！始吾以圣知（通智）之言、仁义之行为至矣！吾闻子方之师，吾形解（通懈，放松）而不欲动，口钳（合闭）而不欲言。（奉道虔诚，闻圣即受感化。）吾所学者，真土梗（泥偶）耳！夫魏，真为我累（累赘）耳！"（文侯崇圣，感慨深切；知魏为累，有意解脱。君王若此，列国少有。）

〖鲁之君子〗

温伯雪子（楚国有道之人）适齐，舍于鲁。

鲁人有请见之者，温伯雪子曰："不可！吾闻中国（鲁国及中原之国）之君子，明（表面讲究）乎礼义而陋（轻视）于知人心。吾不欲见也。（鲁国多儒，自谓君子，为人虚伪，闻名他国。）"

至于齐，反（同返），舍于鲁，是人（这个人）也又请见。

温伯雪子曰："往也蕲（通祈，求）见我，今也又蕲见我，是（肯定）必有以振（有道理启发教导）我也。"

出而见客，入而叹。明日见客，又入而叹。（鲁国君子，虚伪成性，确实令人失望。)

其仆曰："每见之客也，必入而叹，何耶？"

曰："吾固（已经）告子矣！中国之民，明乎礼义而陋乎知人心。昔之见我者，进退一成规、一成矩（讲究礼仪），从容一若龙、一若虎（高傲自大）。其谏（劝告）我也似子，其道我也似父（他们教导我好像长者），是以叹也。"（不肖之儒者，自以为能，好为人师，居高临下，锋芒毕露，锐气逼人，令人不适。)

仲尼见之而不言。子路曰："吾子欲见温伯雪子久矣，见之而不言，何邪？"

仲尼曰："若夫人者，目击而道存矣，（有道之人，目光即能传道受道。）亦不可以容声（说话即多余）矣！"（君子互访，心意容声；真圣相遇，目击道存；境界相同，灵识互通。)

〖失之交臂〗

颜渊问于仲尼曰："夫子步亦步（正常行走），夫子趋亦趋（快步走），夫子驰亦驰（快跑），夫子奔逸绝尘（极速狂奔），而回瞠若乎后（瞪眼直视却跟不上）矣！"（有弟子若此，为师之幸也！)

夫子曰："回，何谓邪（为何这样说）？"

曰："夫子步亦步也，夫子言亦言也，夫子趋亦趋也，夫子辩亦辩也，夫子驰亦驰也；夫子言道，回亦言道也。（尊师重道，亦步亦趋。）及奔逸绝尘而回瞠若乎后者，夫子不言而信，不比而周（不偏私而周遍），无器（无爵位）而民蹈（效力）乎前，而不知所以然而已矣！（德高才博，超凡脱俗；万民归附，自然感化！）"

仲尼曰："恶（唉）！可不察与（怎么不认真思考呢）！夫哀莫大于心死，而人死亦次之。（人生在世，不明真道，心灰意冷，混时待死，甚是悲哀！）日出东方而入于西极（西方），万物莫不比方（都依日定向），有目有趾者（有灵动物），待是（依靠太阳）而后成功（生存）。是出则存，是入则亡。（日出而作，日落而息。）万物亦然，有待（依凭）也而死，有待也而生。（生死皆由命，寿限全在天。）

"吾一受其成形（禀受天道而成人形），而不化以待尽（人身等待消亡）。效物（跟随事物）而动，日夜无隙（不间断），而不知其（生命）所终。薰然其（自动化生躯体）成形，知命不能规乎其前（不能提前窥探命运，规通窥），丘以是日徂（日往、日渐老迈）。吾终身与汝交一臂而失之（真道），可不哀与！汝殆著（你大概明显看到）乎吾所以著（盲目行为）也。（人不识真道，精神无寄托，行为无意义，寂寞多烦恼。）"

"彼已尽（无谓行迹已消失）矣，而汝求之以为有（有意义），是求马于唐肆（空市场）也。（求之不能得。）吾服（存念），汝也甚忘；汝服，吾也亦甚忘。（你我都静心，忘记过去吧！）虽然（如此），汝奚患（你忧虑什么）焉！虽忘乎故吾（过去之我），吾有不忘者（真道）存。（忘记过去，追求真道。）"（孔子虽博学多才、奔逸绝尘，仍于真道失之交臂！终止于封圣耳。）

〖老子传道〗

孔子见老聃，老聃新沐（方才洗头完毕），方将（正要）被（同披）发而干，慹然（不动状，慹音哲）似非人（木偶人）。孔子便（通屏，隐蔽、回避）而待之。（长者行私事，他人当回避）

少焉见，曰："丘也眩（眼花）与？其信然与（还是确实如此呢）？向者，先生形体掘（通拙，质朴）若槁木，似遗物离人而立于独（遗忘万物、超脱人世而入于化境）也。"

老聃曰："吾游心于物之初（虚无状态）。"（老聃得道，随时随地能够进入虚无化境。）

孔子曰："何谓邪?"

曰："心困（心静）焉而不能知，口辟焉而不能言（口张开不愿言）。尝为汝议（陈述）乎其将（大略）：至阴肃肃（冷静状），至阳赫赫（明亮状）；肃肃出乎天，赫赫发乎地；两者交通成和（阴阳平衡致和）而物生焉，或为之纪（纲纪）而莫见其形。（阴阳演化，玄妙无形。）消息满虚（消长盈亏），一晦一明，日改月化，日有所为（缓慢运化）而莫见其功（功绩、迹象）。生有所乎萌（起始），死有所乎归（终结），始终相反（通返，循环）乎无端，而莫知乎其所穷。（始终循环，无穷无尽。）非是（如果不是大道）也，且孰为之宗（根本主宰）?"（道化阴阳，阴阳和，生万物；万物终始，循环往复。）

孔子曰："请问游是（入化境）?"

老聃曰："夫得是至美至乐也。得至美而游乎至乐，谓之至人。"（至人者神，至美至乐，乃至虚无，虚无同大道！）

孔子曰："愿闻其方。"

曰："草食之兽，不疾易薮（不厌恶改变草泽，薮音叟）；水生之虫，不疾易（更换）水。行小变而不失其大常（自然）也，喜怒哀乐不入于胸次（胸中间）。夫天下也者，万物之所一（混同）也。得其所一而同焉，则四支（通肢）百体将为尘垢，而死生终始将为昼夜，而莫之能滑（通溷，影响），而况得丧（得失）祸福之所介（间隔、更替）乎！弃隶（附属物）者若弃泥涂，知身贵于隶也，贵在于我而不失于变（不迷失万物幻象）。且万化而未始有极（没有穷尽）也，夫孰足以患心（忧心）！已为道者解（明白）乎此。"（老子教丘：喜怒哀乐，不入胸中；祸福生死，视为尘垢；贵在于我，不失于变。）

孔子曰："夫子德配天地，而犹假（凭借）至言以修心。古之君子，孰能脱（超脱）焉！"

老聃曰："不然。夫水之于汋（音酌，涌流）也，无为而才（本性）自然矣；至人之于德也，不修而物不能离（物自归附）焉。若天之自高，地之自厚，日月之自明，夫何修焉！"（至人天生，非修而成。常人诚修行，可以通自然。）

孔子出，以告颜回曰："丘之于道也，其犹醯（音西）鸡（大概就像醋瓮中飞虫）与！微（无）夫子（老子）之发吾覆（揭盖、启示）也，吾不知天地之大全也。"（丘之于道，孔犹醯鸡，老子点化，醍醐灌顶，拨云见日，致豁然开朗，而终成圣人。）

〖儒服非儒〗

庄子见鲁哀公（公元前494年—前468年在位），哀公曰："鲁多儒士，少为先生方（道学）者。"

庄子曰："鲁少儒。"

哀公曰："举（全部）鲁国而儒服，何谓少乎？（鲁国既如此，其时儒服或已经遍布天下。）"

庄子曰："周闻之，儒者冠圜冠（顶戴圆冠，圜音圆）者知天时，履方屦（音巨，鞋）者知地形，缓（当为绶，丝带牵连）佩玦（半环形玉佩）者事至而断（决断）。君子有其道者，未必为（穿戴）其服也；为其服者，未必知其道也。公固（一定）以为不然，何不号（发布号令）于国中曰：'无此道而为此服者，其罪死！'"（真儒者，当知天时、地利、人和，应待万方。）

于是，哀公号之五日，而鲁国无敢儒服者。（彼时儒者，多是滥竽充数。）独有一丈夫（有作为之男子），儒服而立乎公门。公即召而问以国事，千转万变而不穷。（此儒者一人，岂非孔丘后人？）

庄子曰："以鲁国而儒者（在于鲁国能为儒者，而同能）一人耳，可谓多乎？"（孔门弟子，亦非真儒。）

百里奚（先为虞国大夫，后为秦国大夫）爵禄不入于心，故饭牛（喂牛）而牛肥，使秦穆公（公元前659年—前621年在位）忘其贱，与之政也。有虞氏（舜帝）死生不入于心，故足以动人（感化人心）。

〖宋元君画图〗

宋元君（公元前531年—前517年在位）将画图（作图画），众史（画工）皆至，受揖而立（受拱手礼后就位），舐（音试，舔）笔和墨，在外者半（外行过半）。

有一史（画亦出于史）后至者，僴僴然（安闲状，僴音坦）不趋，受揖不立（不应酬），因之舍（随即入房间）。公使人视之，则解衣槃礴（亦作磐礴，交腿巍然而坐），裸（光膀）。

君曰："可矣，是真画者也！"（形壮内虚，徒有其表；形虚内实，得意忘形。）

〖假梦济政〗

文王（周文王）观于臧（在渭水流域），见一丈夫（老者）钓，而其钓莫钓（不用心钓）；非持其钓，有钓者（别有用心）也，常钓也。（其钓莫钓而常钓，似姜太公之钓也。）

文王欲举（拔举）而授之政，而恐（担心）大臣、父兄之弗安（不放心）也；欲终而释（放弃）之，而不忍百姓之无天（无师教导）也。

于是，旦而属（归类会集）之大夫曰："昔者，寡人梦见良人，黑色而髯（同鬓，黑胡须），乘驳（斑驳）马而偏朱蹄（四蹄红色，偏通遍），号（号令）曰：'寓（托付）而（通尔）政于臧丈人，庶几（差不多）乎民有瘳（音抽，病愈、脱离苦难）乎！'"

诸大夫蹴然曰："先君王（季历）也！"

文王曰："然则，卜之（卜此事吉凶）。"（殷商善占卜，文王精通八卦。）

诸大夫曰："先君之命，王其无他，（授政臧丈人，毋庸置疑！）又何卜焉！"（文王怀柔，假借梦境，解决政事。）

遂迎臧丈人而授之政。典法无更（典章法规依旧），偏令（特殊政令）无出。三年，文王观（巡察）于国，则列士（各类士人）坏植（通志，志向）散群，长官者不成德，颛斛（谷物容器；颛同斞，音雨）不敢入于四境。列士坏植（去志）散群，则尚同（服从国家）也；长官者不成德，则同务（齐心协力）也；颛斛不敢入于四境，则诸侯无二心也。（臧丈人有道，行不言之教，处无为之事，举国政风大变。）

文王于是焉以为太师，北面（谦虚处下位）而问曰："政可以及（推行）天下乎？（文王有灭殷商之心。）"

臧丈人昧然（无知状）而不应，泛然（若无其事状）而辞，朝令而夜遁（逃跑），终身无闻。（臧丈人并非姜太公。姜太公辅佐武王灭商纣王，封祀齐国。）

颜渊问于仲尼曰："文王其犹未（难道不圣明）邪？又何以梦为（假梦济政）乎？"

仲尼曰："默（别作声），汝无言（不要乱说话，无通毋）！夫文王尽之（达到圣人境界）也，而又何论刺（讥刺）焉！彼直（仅仅）以循斯须（顺势取得顷刻信任）也。"（假梦济政，知伪莫辩；凡用皆灵验，后世常效法。）

〖不射之射〗

列御寇为伯昏无人射（演示射箭），引之盈贯（拉开满弓），措（放置）杯水其肘上，发之，适矢复沓（音踏，连续搭箭），方矢复寓（才发出又瞄准）。当是时，犹象人（好像木偶人）也。（此射之技，已是高手。）

伯昏无人曰："是射之射（有心之射），非不射之射（无心之射）也。尝与汝登高山，履危石，临百仞之渊，若能射乎？"

于是，无人遂登高山，履危石，临百仞之渊，背逡巡（向后退步），足二分垂（悬空）在外，揖御寇而进之（进前射箭）。御寇伏地，汗流至踵。（列子胆识，岂止于此！）

伯昏无人曰："夫至人者，上窥（通跬，步）青天，下潜（深入）黄泉，挥斥（纵横）八极，神气（气色）不变。今汝怵然（恐惧状）有恂目之志（眩晕之表情），尔于中（绝顶射技）也，殆矣夫（差得远）！"（不射之射，忘乎所以，无所不中，几乎神射。）

〔得失非我〕

肩吾（隐士）问于孙叔敖（楚国贤人）曰："子三为令尹（军政长官）而不荣华（不显贵），三去之而无忧色。吾始也疑子，今视子之鼻间栩栩然（洒脱自在状），子之用心独奈何（修养心性有什么特别之处）？"（孙叔敖为令尹，三上三下，励精图治，殚精竭虑，最终成就楚庄王霸业。）

孙叔敖曰："吾何以（怎么能够）过人哉！吾以其来不可却（得富贵来者不拒）也，其去不可止（失去不挽留）也。吾以为得失之非我也，而无忧色而已矣。我何以过人哉！且不知其在彼（富贵在他人）乎？其在我乎？其在彼邪，亡（通无，无关）乎我；在我邪，亡（也无关）乎彼。方将踌躇（悠闲自得），方将四顾（逍遥遨游），何暇至乎（哪有时间在意）人贵、人贱哉！"（富贵不自主，得之而不喜，失之则无忧，何必在心意。）

仲尼闻之曰："古之真人，知（通智）者不得说（说服），美人不得滥（淫乱），盗人不得劫（威逼），伏牺（伏羲）、黄帝不得友（交友）。（黄帝曾以真人广成子为师，得道登真。）死生亦大矣，而无变

439

乎己,（生死虽重大，逍遥常忘却。）况爵禄乎！若然者，其神经（经历）乎大山而无介（无阻隔），入乎渊泉而不濡（不沾湿），处卑细而不惫（处低微不伤感），充满天地，既以与人（奉献他人），己愈有（充实）。"（真人有生无死，逍遥于天地之间，视人间富贵、爵禄如尘垢！）

〖凡侯论亡国〗

楚王与凡（凡国，约在今河南省辉县市地域）君坐，少焉，楚王左右曰"凡亡"者三（三人次）。

凡君曰："凡之亡也，不足以丧吾存（真性）。夫凡之亡不足以丧吾存，则楚之存不足以存存（永恒常存）。"

由是观之，则凡未始亡而楚未始存也。（凡前无凡，今亡如初；楚存终无，无存如始。如凡君者，世间几许！）

知北游

（道化万物，生死相继；有生时机，体悟真道。）

知北游于玄水之上，登隐弅（音奋）之丘，而适遭（恰逢）无为谓焉。

知谓无为谓曰："予欲有问乎若：何思何虑则知道？何处（安处）何服（行事）则安道？何从（途径）何道（方法）则得道？"三问而无为谓不答也。非不答，不知答也。

知不得问（得不到回答），反（同返）于白水之南，登狐阒之上，而睹狂屈焉。知以之言也问乎狂屈。

狂屈曰："唉！予知之，将语若，中（中间）欲言而忘其所欲言。"

知不得问，反（返）于帝宫，见黄帝而问焉。

黄帝曰："无思无虑（无心）始知道，无处无服（无为）始安道，无从无道（无我）始得道。"

知问黄帝曰："我与若知之，彼（无为谓）与彼（狂屈）不知也，其（你们）孰是耶？"

黄帝曰："彼无为谓真是（能体道）也，狂屈似之（近似道），我与汝终不近（不近道）也。夫知者不言，言者不知。故，圣人行不言之教。道不可致（不可以语言得到），德不可至（不可以语言达到）。仁可为也，义可亏（亏于真性）也，礼相伪（伪装对待）也。故曰：'失道而后德，失德而后仁，失仁而后义，失义而后礼。礼者，道之华（表面）而乱之首（开端）也。（《老子·第三十八章》）'故曰：'为道者日损，损之又损之，以至于无为。无为而无不为也。（《老子·第四十八章》）'"

"今已为物（为人）也，欲复归根（回归大道），不亦难乎？其易也（能够合道），其唯大人（大概只有神仙可以）乎！生也死之徒（通途，途径），死也生之始，孰知其纪（生死循环规律）？人之生，气之聚也；聚则为生，散则为死。若死生为徒（同伴），吾又何患！故，万物一（混同一体）也。是其所美者（出生）为神奇，其所恶者（死亡）为臭腐；臭腐复化为神奇，神奇复化为臭腐。（生死相互转化。）故曰：'通天下一气耳！'圣人故贵一。"（气聚而生存，气散则死亡；生死互为途，死生常相伴。）

知谓黄帝曰："吾问无为谓，无为谓不应我，非不我应，不知应我也；吾问狂屈，狂屈中欲告我而不我告，非不我告，中欲告而忘之也。今予问乎若，若知之，奚故不近？"

黄帝曰："彼（无为谓）其真是也，以其不知也；此（狂屈）其似之也，以其忘之也；予与若终不近也，以其知之也。"

狂屈闻之，以黄帝为知（同智）言。（道化万物，万物乃道。我身亦道，言视身识，皆道之生化者也！）

〖万物有道〗

天地有大美（天覆地载）而不言，四时有明法（四季更替）而不议（不评说），万物有成理（生长规律）而不说。圣人者，原（本于）天地之美而达万物之理。是故，至人无为，大圣不作（不造作），观于天地（自然运化）之谓也。今（当为合）彼（天地）神明至精，与彼（万物）百化。物已死生方圆（殊形），莫知其根也。（万物生于道，主宰于神明。）

扁然（亦作翩然，轻快状）而（生化）万物，自古以固存（本来存在）。六合（东西南北上下）为巨，未离其内；秋豪为小，待之成体；天下莫不沈浮（变化），终身不故（不停）；阴阳四时运行，各得其序；惛然（恍惚状）若亡而存，油然（运化状）不形而神，万物畜（被养育）而不知。此之谓本根，可以观于天（感应天帝）矣！（天地生养万物，万物自当顺天应地。）

齧（音啮）缺问道乎被衣，被衣曰："若正（静定）汝形，一（封闭）汝视，天和（寂静）将至；摄汝知（泯灭尔之智慧），一汝度（无思忖），神将来舍（神灵来相应）。德将为汝美，道将为汝居。（有德真自在，奉道常自然。）汝瞳焉（无知状）如新生之犊而无求其故（过去之我）。"

言未卒，齧缺睡寐。被衣大悦，行歌（且行且歌）而去之，曰："形若槁骸（枯枝），心若死灰，真其实知（清静感知），不以故（前我识）自持。媒媒晦晦（混混沌沌），无心而不可与谋。彼何人哉！"（齧缺已体道，随时可入静，无需多言。）

〖人身皆道〗

舜问乎丞曰："道可得而有乎？"

曰："汝身非汝有也，汝何得有夫道！"

舜曰："吾身非吾有也，孰有之哉？"

曰："是天地之委（委托）形也；生非汝有，是天地之委和（阴阳平衡）也；性命非汝有，是天地之委顺（应化）也；孙子非汝有，是天地之委蜕（躯壳）也。（道化天地，天地生万物。）故，行不知所往，处不知所持（依凭），食不知所味。天地之强阳气（阴阳演化）也，（道化有无，此时为有，彼时为无，有无相生，万物相继。）又胡（怎么）可得而有邪！"（人本有道，无心而得大道，有心则求取智故小道。）

〖孔子问道〗

孔子问于老聃曰："今日晏闲（安闲），敢问，至道？"

老聃曰："汝斋戒，疏瀹（音越，疏通）而（通尔）心，澡雪（洗涤）而精神，掊击（打碎、抛弃）而知（尔智）。夫道，窅然（幽深状，窅音杳）难言哉！将为汝言其崖略（大概）。（有欲闻大道者，当先静心斋戒，惟真诚能通灵达道。）

"夫昭昭（明亮）生于冥冥（幽玄），有伦（有道德、人）生于无形，精神（灵性）生于道，形本生于精（精微物质），而万物以形相生。故，九窍者胎生，八窍者卵生。其来无迹，其往无崖，无门无房，（来往无踪迹，无拘无束。）四达之皇皇（广大）也。邀（顺从）于此者，四肢强，思虑恂达（通达），耳目聪明。其用心不劳，其应物无方（不拘执）。天不得（道）不高，地不得不广，日月不得不行，万物不得不昌，此其道（这就是大道）与！

"且夫，博之不必知（通智），辩之不必慧，圣人以断（已绝弃，以通已）之矣！（圣人弃智慧，守静保神。）若夫益之而不加益，损之而不加损者，圣人之所保（倚仗）也。渊渊乎（深远状）其若海，巍巍乎（高大状）其终则复始也。运量（承载）万物而不匮（不败坏，匮通溃），则君子之道，彼其外（皮毛）与！（君子行人间小道。）万物皆往资（取用）焉而不匮（不匮乏）。此其道与！（道化有无，有生于无，有生万物，万物生生不息。）

"中国有人焉，非阴非阳（阴阳平衡），处于天地之间，直且（姑且）为人，将反（同返）于宗。（人之死，魂魄归天，身躯入地。）自本观之，生者，暗醷（阴阳之气凝聚）物也。虽有寿夭，相去几何？（差别不大！）须臾之说也，奚足以为尧、桀之是非！（勿意人间是非，珍惜自己生命。）

"果蓏有理，（枝生、土生果实，各有生长周期。）人伦虽难（人际关系乱杂），所以相齿（依照秩序）。圣人遭之（人伦道德规范）而不违，过之而不守（不留恋）。调（调和人伦）而应之，德也；偶（聚合、归根）而应之，道也。帝之所兴，王之所起也。（帝王必当尊道贵德。否则，难以长久。）

"人生天地之间，若白驹之过郤（通隙），忽然而已！（何必在意！）注然勃然（兴起状），莫不出（出生）焉；油然漻然（消逝状），莫不入（死亡）焉。已化而生，又化而死；生物哀之，人类悲之。解其天弢（弓箭套子），堕（同隳，毁）其天袭（音至，同帙，书罩）；纷乎宛乎（解脱状），魂魄将往，乃身从之，乃大归乎！（修炼成就，白日飞升，登真合道，乃至大归。）

"不形之形（无形之形状），形之不形（形状之无形），（有形化无形，无形生有形。）是人之所同知（共知）也，非将至之所务（非得道者不能追求）也。此众人之所同论（共识）也。彼至（得道）则不论，论（评论）则不至；明见无值（不遇道），辩不若默（守神）；道不可闻，闻不若塞（塞耳不闻）。此之谓大得。（人之生也，忽然而已，如白驹过隙！死后返宗，魂魄归天，身躯入地。明了生死，清静守神，可得真道。）"

〖无所不在〗

东郭子问于庄子曰："所谓道，恶乎在（在哪里）？"

庄子曰："无所不在！"

东郭子曰："期（适当说明）而后可。"

庄子曰："在蝼蚁。"

曰："何其下邪（同耶，下同）？"

曰："在稊稗（音提败，杂草）。"

曰："何其愈下邪？"

曰："在瓦甓（音僻，砖块）。"

曰："何其愈甚（越来越低下）邪？"

曰："在屎溺（同尿）。"东郭子不应（不理解）。

庄子曰："夫子之问也，固不及质（根本不在实质）。正获（射礼官）之问于监市履狶（监市官检查猪）也。每下愈况（越具体越能说明情况）。汝唯莫必（不拘限），无乎逃物（人不离道）。（不要拘限于一物，大道无所不在。）至道若是，大言亦然。周、遍、咸三者（三个字），异名同实，其指（意思）一也。

"尝相与游乎无何有之宫（虚无之境），同合而论，无所终穷乎！尝相与无为乎！澹而静乎！漠而清乎！调（调和）而闲乎！寥已（虚寂）吾志，无往焉而不知其所至，去而来而不知其所止；吾已往来焉而不知其所终，彷徨乎冯闳（虚旷，闳音宏），大知（同智）入焉而不知其所穷。（大道虚无，无穷无尽；大智无为，淡漠静寂。）

"物（制御）物者与物无际（无阻隔），而物有际（界限）者，所谓物际（交接融合）者也。不际之际，际之不际者也。（界限之融合，融合无界限。）谓盈虚衰杀（盛衰消亡），彼为盈虚非盈虚，彼为衰杀非衰杀（此亡彼生），彼为本末非本末，彼为积散非积散也。（大道无限，循环演化，此消彼长，总体平衡。）"

〖有生当体道〗

妸（音婀）荷甘与神农同学于老龙吉（得道者）。神农隐几（靠着几案）、阖户（关门）、昼瞑（同眠）。妸荷甘日中奓户（中午推开门，奓音炸）而入，曰："老龙死矣！"

神农隐几拥杖而起，嚗（音勃）然放杖而笑，曰："天（老龙吉）知予僻陋（鄙陋）、慢訑（漫诞，放纵、荒唐），故弃予而死。已矣，夫子无所发（启发）予之狂言（至言）而死矣夫！"（有生不学道，至死方后悔！）

弇堈（音眼缸）吊闻之，曰："夫体道者，天下之君子（大智慧之人）所系（追求）焉。今于道，秋豪之端万分未得处（拥有）一焉，而犹知藏其狂言而死，（非藏也，该死矣！）又况夫体道者乎！视之无形，听之无声，于人之论者，谓之冥冥（昏昏、糊涂）。所以，论道而非道（不是真道）也。（道有大小、正邪，言论、智识皆小道耳！）"

〖知与不知〗

于是，泰清问乎无穷，曰："子知道乎？"

无穷曰："吾不知！"

又问乎无为，无为曰："吾知道。"

曰："子之知道，亦有数（具体表现）乎？"

曰："有！"

曰："其数若何？"

无为曰："吾知道之可以贵、可以贱、可以约（约束）、可以散，此吾所以知道之数也。"

泰清以之言也问乎无始，曰："若是，则无穷之弗知与无为之知，孰是而孰非乎？"

无始曰："不知深矣，知之浅矣；弗知内（核心）矣，知之外（皮毛）矣！（大道虚无，智不可及；言传乃小道，而可用于世。）"

于是，泰清中（当为仰，同仰）而叹曰："弗知乃知乎，知乃不知乎！孰知不知之知（虚无）？"

无始曰："道不可闻，闻而非（不是大道）也；道不可见，见而非也；道不可言，言而非也！知形（制御）形之不形乎！道不当名（不能完全称述）。"

无始曰："有问道而应之者，不知道也；虽问道者，亦未闻道。道无（通毋）问，问无（毋）应。无问问之，是问穷（空洞）也；无应应之，是无内（无知）也。以无内待（对答）问穷，若是者，外不观乎宇宙，内不知乎太初（根本）。是以，不过乎昆仑（没有高尚境界），不游乎太虚（虚无大道）。"（虚无自然乃真道，言谈智识是人道。）

〖有与无有〗

光曜问乎无有曰："夫子有乎？其（还是）无有乎？"

光曜不得问而孰视（仔细观看，孰同熟）其状貌：窅（音杳）然空然，终日视之而不见，听之而不闻，搏之而不得也。（无有非无，真无妙有。）

光曜曰："至矣，其孰能至此乎！予能有无矣，而未能无无也。及为无有矣，何从（何以）至此哉！"（有形无形，有无相生；无有无无，虚无合道。）

〖老马捶钩〗

大马之捶（锻造）钩者（大马家中工匠），年八十矣，而不失豪（通毫）芒。

大马曰："子巧与！有道与？"

曰："臣有守（有道）也。臣之年二十而好捶钩，于物无视也，非钩无察也。（年轻时专注于捶钩。）"

是用之者（技艺）假（寄托）不用者（精神凝聚）也，以长得其用，而况乎无不用者（大道）乎！物孰不资（凭借）焉！（精神凝聚，方近于道，技艺精湛乃道之表现。）

〖道生万有〗

冉求问于仲尼曰："未有天地（天地之前情况）可知邪？"

仲尼曰："可！古犹今也（过去和现在情况差不多）。"冉求失问而退。（有今既有古，天地之前有大道。）

明日复见，曰："昔者，吾问'未有天地可知乎？'夫子曰：'可！古犹今也。'昔日吾昭然（明晓），今日吾昧然（糊涂）。敢问，何谓（通为）也？"

仲尼曰："昔之昭然也，神者先受（领会）之；今之昧然也，且又为不神（越思虑越迷惑）者求邪！无古无今，无始无终，未有子孙而有孙子，可乎？"冉求未对。

仲尼曰："已矣，未应矣！不以生（生人）生死（死人），不以死（死人）死生（生人）。死生有待（有关联）邪，皆有所一体。有先天地生者物（大道）邪，物（制御）物者非物，物出不得先物（道始生万物）也，犹（通由）其（大道）有物也，犹其有物（化生万物）也无已（无止境）。圣人之爱人也终无已者，亦乃取于是（大道）者也。"

（有生于无，知有不识无，犹古去今存，知今不识古。）

〖毋意生死〗

颜渊问乎仲尼曰："回尝闻诸夫子曰：'无有所将（送），无有所迎。'回敢问其游（处世道理）。"

仲尼曰："古之人外化（外动）而内不化（内静），今之人内化（心动）而外不化（执着于事物）。与物化者（生死），一不化者（道）也。安（怎么）化安不化？安与之（万物）相靡（接触）？必与之莫多（不可胜）。狶韦氏之囿（无栅栏大苑），黄帝之圃（大花园），有虞氏之宫，汤武之室。（活动空间越来越小，而欲望却越来越大。）君子之人，若儒墨者师，故以是非相齑（音机，诋毁）也，而况今之人乎！圣人处物不伤物。不伤物者，物亦不能伤也。唯无所伤者，为能与人相将迎。（圣人清静无为，因循自然。）

"山林与，皋壤（平原）与，使我欣欣然（欢喜状）而乐与！乐未毕也，哀又继之。哀乐之来，吾不能御（抵御），其去弗能止。悲夫，世人直为物逆旅（竟然为哀乐之旅馆）耳！夫知遇（事物）而不知所不遇（大道），知能能（事物变化）而不能所不能（大道演化）。无知无能者（不知道、不能够左右事物），固（本来）人之所不免（不可避免、必须面对）也。夫务（追求）免乎人之所不免者（生死及未知事物），岂不亦悲哉！至言去言，至为去为。齐知（总和智）之所知，则浅（浅陋）矣！"（内动外执，是非相诋；追求物欲，哀乐相继；贪生怕死，更是悲哀！齐智则浅，无为乃灵！）

杂 篇

庚桑楚

（全形保性，祸福不至；明生继死，事物随缘。）

老聃之役（弟子）有庚桑楚（亦名亢仓子）者，偏（大致）得老聃之道，以北居畏垒之山。其臣之画然（家仆精明状）知者去之（与智臣拉开距离，知同智），其妾之絜然仁（推举仁义，絜同挈）者远之。拥肿之与居（呆笨者共同居住），鞅掌（愚朴者）之为使。居（治理、耕耘）三年，畏垒大穰（大丰收）。

畏垒之民相与言曰："庚桑子之始来，吾洒然（无意状）异之。今吾日计之而（德）不足，岁计之而有余。（无为之功，日积月累，潜移默化。）庶几（或许）其圣人乎！子胡（你们怎么）不相与尸（作为偶像）而祝（祝祷）之，社而稷（建立社庙，作为谷神而祭祀）之乎？"（无为而行，不言之教，德及一方，畏垒丰收；百姓感恩，欲立偶像，社稷而祝，昭示功德。）

庚桑子闻之，南面（处主位）而不释（通怿，高兴）然。弟子异之。（庚桑子不居功自傲。）

庚桑子曰："弟子何异于予？夫春气发（萌发）而百草生，正得秋（适当中秋、秋分）而万宝成（草木果实成熟）。夫春与秋，岂无得（通德，春华秋实）而然哉？天道已行（自然运化）矣！吾闻至人，尸居环堵（静处四方一丈）之室，而百姓猖狂（率性而为），不知所如往（去往）。（吉人居凶地，凶地不出凶人，皆得教化。）今以畏垒之细民（小民），而窃窃焉（私议状）欲俎豆（祭祀器具、尊崇）予于贤人之间，我其杓（难道是榜样；其通岂；杓音嫡）之人邪？吾是以不释（不理解）于老聃之言（大道本性自然）。"

（环堵即方丈之室，喻居者无心无欲无为，后世佛、道共同沿袭以方丈代人，方丈或成为世俗职务，而失其本意。）

弟子曰："不然！夫寻常（深八尺、宽十六尺）之沟，巨鱼无所还（旋转）其体，而鲵鳅（小鱼、泥鳅）为之制（通折，回旋）；步仞（六七尺）之丘陵，巨兽无所隐其躯，而孽狐为之祥（妖狐依凭山丘安居）。且夫尊贤授能（任命、推崇能人），先善与利（先推举与民有利之善人），自古尧、舜以然（已经那样，以通已），而况畏垒之民乎？夫子亦听（听命顺从）矣！"（圣贤自尊，民意自愿，随其所奉，久供成神。）

庚桑子曰："小子，来！夫函（口纳）车之兽，介（独自）而离山，则不免于网罟（渔猎网）之患；吞舟之鱼，砀（同荡，冲击上岸）而失水，则蚁能苦（啃食）之。故，鸟兽不厌高，鱼鳖不厌深。夫全其形生（同性）之人，藏其身也，不厌深眇（通渺，远）而已矣！（道人远离世俗，志在精进修行。）

"且夫二子（尧舜）者，又何足以称扬哉！是其于辩（通辨，区别贤、能、善、利）也，将妄凿垣墙（矮墙）而殖（种植）蓬蒿也，简发（挑选头发）而栉（音至，梳理），数米而炊（煮食），窃窃乎（斤斤计较状）又何足以济世哉！举贤则民相轧（相互排挤），任知（同智）则民相盗（欺诈）。

"之数物（几件事）者，不足以厚（多利大益）民。民之于利甚勤（过分追求），子有杀父，臣有杀君；正昼为盗（大白天盗窃），日中穴坯（掏土墙，坯音培）。吾语汝，大乱之本，必生于尧、舜之间，其末（流弊）存乎千世之后。千世之后，其必有人与人相食者也。"

（若贪婪行伪政，遗害千年万里。人与人相食，或有发生！）

〖南荣趎求道〗

南荣趎（音除）蹴然（恭敬状）正坐曰："若趎之年（年龄）者，已长矣！将恶乎托业以及（如何得法勤学来通达）此言邪？"

庚桑子曰："全汝形，抱（保持）汝生（同性），无（通毋）使汝思虑营营（错乱繁杂）。若此三年，则可以及此言也！"（清静身心三年，才能明白其中真意。）

南荣趎曰："目之与形（目所视事物），吾不知其异（区别）也，而盲者不能自见；耳之与形（耳所听，形发声），吾不知其异也，而聋者不能自闻；心之与形（心所想事物），吾不知其异也，而狂者（愚者）不能自得。形之与形亦辟（通譬，相似）矣，而物或间（有人区别）之邪，欲相求而不能相得（不得根本、真谛）。今谓趎曰：'全汝形，抱汝生（保持汝性），勿使汝思虑营营。'趎勉闻道达耳（姑且勉强听音入耳）矣！"（南荣趎口称闻道，因愚痴而不明真谛，却心有不服又不敢明言。）

庚桑子曰："辞尽矣（没话说、教不了）！曰：奔蜂（土蜂）不能化藿蠋（音货烛，豆虫），越鸡不能伏鹄卵（孵化天鹅蛋），鲁鸡固（确实）能矣！鸡之与鸡，其德（它们本性）非不同也。有能与不能者，其才固（当然）有巨小也。今吾才小，不足以化子。子胡不南见老子！"（今吾才小，不能够教化你，另求高明去吧！）

南荣趎赢粮（背负干粮），七日七夜至老子之所。

老子曰："子自楚（庚桑楚）之所来乎？"

南荣趎曰："唯（是）！"

老子曰："子何与人偕来之众（同行众多）也？（疑虑太多！）"南荣趎惧然顾其后。（南荣趎不明其意，以为是无形之物跟随而惧怕。）

老子曰："子不知吾所谓（意思）乎？"

南荣趎俯（低头）而惭，仰而叹，曰："今者吾忘吾答，因失吾问。（南荣趎拜见老子，惊慌不知所措。）"

老子曰："何谓（通为）也？"

南荣趎曰："不知（同智）乎人谓我朱愚（侏愚，愚昧迟钝），知（智）乎反愁我躯（小智者多忧）；不仁则害人，仁则反愁我身；不义则伤彼，义则反愁我己。我安逃此而可（可行）？此三言者，趎之所患也。（有仁义、智慧，知己不足而忧愁。）愿因楚而问（希望因庚桑楚推荐而能够闻道开悟，问通闻）之。"（南荣趎有小智慧，行小仁义，而致忧愁苦恼、连绵不绝。）

老子曰："向，吾见若眉睫之间，吾因以得汝（心事）矣，今汝又言而信（证实）之。若（你）规规然若丧（自失状、好像失去）父母，揭竿（持竹竿）而求诸海（深度）也。汝亡人（你迷失真性）哉！惘惘乎（若有所失），汝欲反（同返）汝情性而无由入（没有方法入手），可怜哉！"（南荣趎迷失真性而不得自我解脱，老子一看便知。）

南荣趎请入就舍（学馆），召其所好（虚静），去其所恶（仁义），十日自愁（滋生无名烦恼），复见老子。（南荣趎层次低，不明理，不能清静。）

老子曰："汝自洒濯（洗涤身心），熟哉郁郁（经常闷闷不乐）乎！然而，中津津（内心微微流露）乎犹有恶（烦乱）也。夫外韄（音货，外物束缚）者不可繁而捉（复杂不可控制），将内揵（音建，堵塞）；内韄（内心烦恼充塞）者不可缪而捉（混乱不可控制），将外揵；外、内韄（顽固不化）者，道德不能持，而况放（通仿）道而行者乎？（无道德者，不能修道。）"

南荣趎曰："里人有病，里人问之，病者能言其病，然其病（诊治）病者犹未病也。若趎之（小智）闻大道，譬犹饮药以加病也。（古今确实如此！）趎愿闻卫生（养生）之经（法则、精髓）而已矣。"（南荣趎才小智浅，难识大道；竟然认为卫生之经是小道，易学可为！）

老子曰："卫生之经，能抱一（守神）乎！能勿失（不失神）乎！能无卜筮而知吉凶（有灵通）乎？能止（止欲）乎！能已（放下）乎！能舍诸人（人事）而求诸己（内心）乎？能翛然（超脱状，翛音消）乎！能侗然（无知状）乎！能儿子（婴儿、纯真）乎？儿子终日嗥（通号，哭叫）而嗌不嗄（咽喉不嘶哑，嗄音煞），和之至也；终日握而手不掜（音异，不拳曲、筋促），共其德（精气足）也；终日视而目不瞚（同瞬，眨眼），偏（独特、注意力）不在外也。行不知所之，居不知所为，与物委蛇（逶迤、随顺）而同其波（上下起伏）。是卫生之经已（通矣）。"（清静守神，形似婴儿；外静内动，景象迭起；无卜筮而灵通吉凶祸福，此乃其一也。）

南荣趎曰："然则，是至人之德已（全部）乎？"

曰："非也！是乃所谓冰解冻释者，能乎？（冻加冰，不能行。）夫至人者，相与交（共同）食乎地而交乐乎天（自然），不以人物利害相撄（扰乱），不相与为怪（怪异），不相与为谋，不相与为事，翛然（自在）而往，侗然（无知）而来。是谓卫生之经已（矣）。（善养生，达至人；不谋事，无利害；常自在，合自然。）"

曰（南荣趎）："然则，是至（顶级）乎？"

曰："未也！吾固（已经）告汝曰：'能儿子乎！'儿子动不知所为，行不知所之，身若槁木之枝而心若死灰（寂静）。若是者，祸亦不至，福亦不来。祸福无有，恶有人灾（伤害）也！"（动不知所为，行不知所之，身如槁木，心若死灰，纯真至和，合于天道，是养生之宗。此非小道。）

〖明理修行〗

宇泰定（内心大定）者，发乎天光（能显露灵性）。发乎天光者，人见其人。人有修（修行）者，乃今有恒（常持真性）。有恒者，人舍（归附）之，天助（天帝护佑）之。人之所舍，谓之天民（德合天道）；天之所助，谓之天子。（上天之子，沟通天神、人鬼，通天达地。）

学者（学道之人），学其所不能学（清静无为）也；行者（奉道之人），行其所不能行（顺应自然）也；辩（讲道）者，辩其所不能辩（不言之教）也；知（通智）止乎其所不能知（虚无），至（至极）矣！若有不即是（不如此）者，天钧败（上天平衡之势、天地造化挫败）之。（奉道修行者，当谨慎且真诚！）

备物以将形（养形），藏不虞以生心（不思虑以养心），敬中以达彼（修心感应外物）。若有（当为是）而万恶（灾祸）至者，皆天也，而非人也！（上天造就，人岂能为！）不足以滑成（影响修行成就，滑通涊），不可内于灵台（灾祸不可纳入心窍，内通纳）。灵台者有持（内心有执念），而不知其所持（清静）而不可持者（妄念、私欲）也。

不见其诚己而发（动妄念），每发而不当（不合适）；业（外相，佛家常用）入而不舍（不制止），每更为失（常变动即伤神）。为不善乎显明之中者，（人能知晓！）人得而诛（惩罚）之；为不善乎幽间之中者，鬼得而诛之。（人虽不知而鬼知，鬼来惩罚！）明乎人、明乎鬼者，然后能独行。（修行者，当明天界、人间、幽冥三界，然后能独特修行。）

券（契合）内者（注重修养），行乎无名（通明，彰显）；券外者（名利之徒），志乎期费（争名逐利）。行乎无名者，唯庸有光（功德潜移默化）；志乎期费者，唯贾人（唯利是图）也，人见其跂（通企，踮脚），犹之魁然（外强中干）。与物穷（融通）者，物入（聚集）焉；与物且（同阻，抵触）者，其身之不能容（舒适），焉能容人（悦人）！不能容（容纳）人者无亲（无亲近之人），无亲者尽人（孤独之人）。兵莫憯（音惨，锋利）于志，镆铘（宝剑）为下（刀剑不如仇恨具有杀伤力）；寇（伤害）莫大于阴阳，无所逃于天地之间。非阴阳贼（侵害）之，心（私欲）则使之也。（修行当先修心性，去私欲，次平和，再清静，阴阳平衡而无咎。）

〚道化鬼神〛

道通（通达万物），其分（分化）也，其成（成形）也，毁（灭失）也。所恶乎分者，其分也以备（全备纷繁）；所以恶乎备者，其有以备（周备循环）。故，出（魂魄出）而不反（同返），见（通现）其鬼；出而得（了却），是谓得死（形体失灵）；灭（死亡）而有实（有魂魄），鬼之一也。以有形者象（人描绘）无形者而定（鬼魂确定存在）矣！

出无本（大道），入无窍（虚无）。有实而无乎处（无所不在），有长而无乎本剽（有始无终；剽，末端），有所出而无窍者（真人）有实（确实存在）。有实而无乎处者，宇（空间）也；有长而无本剽者，宙（时间）也。（宇宙之中，真人常存。）有乎生，有乎死；有乎出，有乎入。入出而无见（通现）其形，是谓天门（造化）。（自然造化，能出能入者真人，有生有死者乃人也。）天门者，无有（虚无）也。万物出乎无有。有不能以有为有，必出乎无有，而无有一（混同）无有。圣人（真人）藏乎是（有无演化之间）。（真人有始无终，现于有无变化之时，常存于宇宙空间。）

〚生死是非〛

古之人，其知（通智）有所至矣。恶乎至？有以为未始有物者

（虚无），至矣，尽矣，弗可以加矣！其次，以为有物矣，将以生为丧（流亡）也，以死为反（同返）也，是以（通已）分已（通矣）。（生死是不同形式的存在，有虚有实。）其次曰，始无有，既而有生，生俄而死。以无有为首（开端），以生为体（体验过程），以死为尻（结尾）。孰知有无、死生之一守（为一体）者，吾与之为友。（虚无生有，有生万物，物有生命，生命是过程，终归虚无。）

是三者虽异，公族（楚国公族）也：昭、景（昭氏、景氏）也，著戴（敬奉祖先著称）也；甲氏也，著封（坟墓高大著称）也。非一（形式不同）也。（生有形，死有灵；生死轮转，有无演化。）

有生，黬（音炎，幽玄）也，披然（离散）曰移是（转化）。尝言移是，非所言（说不清）也。虽然，不可知者也。腊（腊祭）者之有膍胲（音皮该，牛胃、蹄），可散（离散）而不可散也（可与不可，有主观意识）；观室者周于寝庙，又适其偃（如厕；偃，厕所）焉！（偶然，无主观意识。）

为是举（列举）移是。请常（通尝）言移是：是以生（生活）为本，以知（通智）为师，因以乘（追逐）是非。（是非经常相互转化。）果（如果）有名实（生有名，死有位），因以己为质（为主），使人以为己节（有节操），因以死偿节。（身死守节，成就美名。）若然者，以用为知（智），以不用为愚；以彻（显达）为名，以穷（困厄）为辱。移是（智愚、穷达），今之人也，是蜩与鸴鸠同于同（无知）也。（孰是孰非，是非无定；世俗之人，不明是非、智愚、穷达可以相互转化。）

〖人道常随缘〗

蹍（音撵，踩踏）市人之足，则辞以放骜（为不小心道歉，骜通傲），兄则以妪（音玉，抚慰），大亲则已矣！（父母就算了，全然不计较！）故曰：至礼有不人（不分你我），至义不物（不别物我），至知（智）不谋（无心），至仁无亲（一视同仁），至信辟（屏除）金。（至信不用重金为凭证。）

彻志之勃（拆毁、解除内心惑乱，勃通悖），解心之谬（通缪，束缚），去德之累（累赘），达（通达）道之塞。贵富、显严（显赫尊严）、名利六者，勃（悖）志也；容动（仪容举动）、色理（气色面貌）、气意（气概志向）六者，谬（缪）心也；恶欲（厌恶喜爱）、喜怒、哀乐六者，累德也；去就（离开趋近）、取与、知能（智能）六者，塞道也。此四、六者不荡胸中则正，正则静，静则明（透彻），明则虚，虚则无为而无不为也。（有此四六者，是为人道；去彼四六者，乃通于大道。）

道者，德之钦（尊、主）也；生者，德之光（显露）也；性（心性）者，生之质（验证）也。性之动谓之为，为之伪谓之失（失本性）。知者，接（接触、感识）也；知（通智）者，谟（思维、理识）也。知（智）者之所不知，犹睨（斜视、片面）也。动以不得已（顺应）之谓德（教化），动无非我（顺势）之谓治（治理），名（德、治）相反而实（遵道）相顺也。（无为而治，不言之教，异曲同工。）

羿工乎中微（羿擅长射取细小目标），而拙（不擅长）乎使人无己誉（不誉己）；圣人工乎天（自然），而拙乎人（人情）。夫工乎天而俍（音良，善、顺）乎人者，唯全人（得道之人）能之。唯虫能虫（像虫），唯虫能天（自然生活）。全人恶天，恶人（人为）之天，而况吾天乎人（人伪装自然）乎！（俗人常言：宁为真小人，不做伪君子。）

一雀适（恰巧飞过）羿，羿必得（射中）之，威（勇武之势）也。以天下为之笼，则雀无所逃。（何止一雀？万物皆无所逃也！）是故，汤以庖人笼伊尹（为辅佐），秦穆公（公元前659年—前621年在位）

以五羊之皮笼百里奚（为秦国相）。是故，非以其所好，笼之而可得者，无有也。（人性贪，皆可笼；修行无欲，逍遥天地。）

介者拸画（独脚人抛弃装饰、假肢，拸音齿），外（轻视）非誉也；胥靡（刑徒）登高而不惧，遗（忘却）死生也。（本来无肢、将死，既不在意。）夫复謵（反复受恐吓，謵音习）不馈（不回馈、报复）而忘人。忘人，因以为天人矣！（忘记世俗人道，即为融和天道之人。）

故，敬之而不喜，侮之而不怒者，唯同乎天和（自然）者为然。出怒（发怒于）不怒，则怒出于不怒矣；出为（发动于）无为，则为出于无为矣！欲静则平气，欲神（灵炁通畅）则顺心，有为也。欲当（合适）则缘（沿顺）于不得已。不得已之类，圣人之道。（圣人无心，随缘而行。）

徐无鬼

（治国牧马，修诚去害；禽贪名利，天均不亏。）

徐无鬼（隐士）因女商（宠臣）见魏武侯（公元前395年—前370年在位），武侯劳（慰劳、招待）之曰："先生病（贫困）矣，苦于山林之劳（艰辛），故乃肯（愿意）见于寡人。"

徐无鬼曰："我则劳（劳烦、打扰）于君，君有何劳（劳累、教导）于我！君将盈（满足）嗜欲，长（增加）好恶，则性命之情病（损伤）矣；君将黜嗜欲（去除嗜欲），擎（音牵，抛弃）好恶，则耳目病矣。我将劳君，君有何劳于我！"武侯超然（惆怅状）不对。（言语不合意，无话可说。）

少焉，徐无鬼曰："尝语君，吾相狗也。下之质（材质），执饱而止（只求温饱），是狸德也；中之质，若视日（依主傲人）；上之质，若亡其一（好像忘却身躯，亡通忘）。吾相狗又不若吾相马也。吾相马，直者中绳，曲者中钩，方者中矩，圆者中规。是国马也，而未若天下马也。天下马有成材（先天材质），若恤（忧思）若失（失神），若丧其一（奔腾之性）。若是（奔腾）者，超轶（超越前车）绝尘，不知其所。（飞奔绝尘，不见踪影。）"武侯大悦而笑。（武侯兴趣所至，心情舒畅。）

徐无鬼出（出来），女商曰："先生独何（用什么特别方法）以说（同悦）吾君乎？吾所以说（谏言）吾君者，横说之则以《诗》《书》《礼》《乐》，从（通纵）说则以《金板》（商代事记）《六韬》（姜尚兵法），奉事而大有功者（大谋略）不可为数，而吾君未尝启齿（不开口发言）。今先生何以说吾君？使吾君悦若此乎？"

徐无鬼曰："吾直（仅仅）告之吾相狗马耳！（君王非圣人，亦有低级趣味。故，君王身边常有小人投其所好。）"

女商曰："若是乎？"

曰："子不闻夫越之流人（流亡之人）乎？去国数日，见其所知（熟人）而喜；去国旬月，见所尝见于国中者（认识之人）喜；及期年（整年）也，见似人（像国人）者而喜矣！不亦去人滋久（长久），思人滋（更加）深乎？夫逃虚空（逃难荒凉之地）者，藜藿（野菜，音离掉）柱乎鼪鼬（堵塞鼠类）之径，踉（当为良，久）位其空（久空其地），闻人足音跫然（形容脚步声，跫音穷）而喜矣，又况乎昆弟（兄弟）、亲戚之謦欬（音请慨，言笑）其侧者乎！久矣夫，莫（没有）以真人之言（质朴之言）謦欬吾君之侧乎！"（武侯劳心国事，许久未田猎，不见狗马，内心留恋。）

〖武侯受教〗

徐无鬼见武侯，武侯曰："先生居山林，食芋（音叙）栗，厌葱韭，以宾（通摈，弃）寡人，久矣夫！今老邪？其（岂）欲干（求取）酒肉之味邪？其（或是）寡人亦有（同享受）社稷之福邪？"（先秦隐士，住山修行，不食荤腥，已成常规。）

徐无鬼曰："无鬼生于贫贱，未尝敢饮食君之酒肉，将来劳（劝慰）君也。"

君曰："何哉！奚劳寡人？"

曰："劳（慰劳）君之神与形。"

武侯曰："何谓邪？"

徐无鬼曰："天地之养也一（相同），登高不可以为长（高大），居下不可以为短（矮小）。君独（一人）为万乘之主，以苦（劳苦）一国之民，以养耳目口鼻，夫神者不自许（不舒适）也。夫神者，好和而恶奸（淫乱）。夫奸，病也，故劳之。唯君所病之，何也？（武侯贪求名利，经常以仁义虚名发动战争。）"

武侯曰："欲见先生久矣！吾欲爱民而为义偃兵（息兵），其（这么做）可乎？"

徐无鬼曰："不可！爱民，害民之始（因爱而生怨恨）也；为义偃兵，造兵之本（起兵之因）也。君自此为之，则殆（恐怕）不成。凡成美（美名），恶器（怕有为行迹）也。君虽为仁义，几且伪（将近虚伪）哉！形固造形（形势必然造就虚伪仁义），成固有伐（成功者本来有夸耀），变（义不相同）固外战（所以发动战争，固通故）。君亦必无（通毋，下同）盛鹤列（兵阵）于丽谯（城楼）之间，无徒骥于锱坛之宫（不要令步骑兵列于祭祖之庙），无藏逆于得（不要包藏逆心，得通德），无以巧胜人，无以谋胜人，无以战胜人。（当以德服人。）

461

"夫杀人之士民，兼人之土地，以养吾私（私欲）与吾神者，其战不知孰善（有什么好处）？胜之恶乎在（胜在哪里）？君若勿已矣（停止战争）！修胸中之诚，以应天地之情（自然）而勿撄（不扰乱）。夫民死已脱（脱离）矣，君将恶乎用夫偃兵哉！"（魏武侯早期好战，四方树敌；晚期慕求仁义，轻率偃兵或至亡国。）

〖黄帝问政〗

黄帝将见大隗（至人之名，隗音伟）乎具茨之山（或在今河南省新密市东南，现名大隗山），方明为御（驾车），昌寓骖乘（右坐陪乘），张若、諵朋前马（前导），昆阍、滑稽后车（跟从）。至于襄城之野（或是今河南省襄城县地域），七圣皆迷，无所问涂（同途）。

适（恰巧）遇牧马童子，问涂（途）焉，曰："若知具茨之山乎？"

曰："然！"

"若知大隗之所存（在、居处）乎？"

曰："然！"

黄帝曰："异哉小童！非徒（不仅）知具茨之山，又知大隗之所存。请问为（治理）天下。"

小童曰："夫为天下者，亦若此而已矣，又奚事焉！予少而自游于六合（东西南北上下）之内，予适有瞀（音茂，目眩）病，有长者教予曰：'若乘日（时光）之车而游于襄城之野。'今予病少痊（稍微好转），予又且复游于六合之外。夫为天下亦若此而已。予又奚事焉！"（小童喻七圣，不明治国之道，而闲游于襄城之野。）

黄帝曰："夫为天下者，则诚（固然）非吾子之事，虽然，请问为天下。"小童辞（推辞）。黄帝又问。

小童曰："夫为天下者，亦奚以异乎牧马者哉！亦去其害马者而已矣！"（治国如牧马，去其害马者而已矣！大道至简，小童疑似得道之人！）

黄帝再拜稽首，称天师而退。（黄帝稽首，口称天师。稽首之礼、天师称号，道门沿用至今。）

〖诸士之乐〗

知（同智）士无思虑之变（变通）则不乐，辩士无谈说之序（逻辑）则不乐，察（监察）士无凌谇（责骂，谇音岁）之事则不乐，皆囿于物（局限于自身）者也。

招世之士兴朝，中民之士（中等人）荣官（以官爵为荣），筋力之士矜难（以解难自夸），勇敢之士奋患（除患），兵革之士乐战，枯槁之士（隐士）宿名（守清誉），法律之士广治，礼教之士敬容（注重仪容），仁义之士贵际（交际）。

农夫无草莱（耕耘）之事则不比（不合意），商贾无市井之事（街市买卖）则不比，庶人有旦暮之业（日常活计）则劝（努力），百工有器械之巧则壮（神气旺）。

钱财不积则贪者忧，权势不尤（不大）则夸者悲。势物（趋炎附势）之徒乐变，遭时有所用（有机会即行动），不能无为也。此皆顺比于岁（接连顺从于时令），不物于易者（不能摆脱跟随事物变化）也。驰其形性，潜（沉迷）之万物，终身不反（同返），悲夫！（世俗之人，各有所适，自以为乐；亦常有悲其志之所不适者。此世俗之悲乐也！）

〖庄子质友〗

庄子曰："射者非前期（预定目标）而中，谓之善射，天下皆羿（善射者）也，可乎？"

惠子曰："可！（自以为能。）"

庄子曰："天下非有公是（公理）也，而各是其所是，天下皆尧（明君）也，可乎？"

惠子曰："可！（自以为圣贤。）"

庄子曰："然则，儒、墨、杨（杨朱）、秉（公孙龙）四，与夫子（惠子）为五，果孰是邪（究竟谁行呢）？或者若鲁遽（周人）者邪？其弟子曰：'我得夫子（鲁遽）之道矣！吾能冬爨（烧）鼎（铜制烹煮器物）而夏造冰矣！'鲁遽曰：'是直（仅）以阳召阳，以阴召阴，非吾所谓道也。吾示子（教你）乎吾道。'于是为之调瑟（弦乐器），废（放置）一于堂，废一于室，鼓宫宫动，鼓角角动，音律同矣！夫或改调一弦，于五音无当（不和）也，鼓（弹奏）之，二十五弦皆动，未始异于声而音之君（音准）已！且若是（鲁遽有德，能感化众人）者邪！（惠子或似鲁遽弟子，自以为得道。）"

惠子曰："今夫儒、墨、杨、秉，且方与我以辩，相拂（相互反驳）以辞，相镇（压制）以声，而未始吾非（惠子胜出）也，则奚若矣（将怎么样呢）？"

庄子曰："齐人蹢（音执，逗留）子于宋者，其命阍（守门人）也不以完（不体全），其求（演奏）鈃（音形，小钟）钟也以束缚（包裹），其求唐子（寻找亡失之子）也而未始出域（不出于乡里），有遗类（有违人伦常规）矣！夫楚人寄而蹢（寄宿而踢打）阍者，夜半于无人之时而与舟人斗，未始离于岑（音涔，崖岸）而足以造于怨也。（无事生非，庸人自扰。）"（庄子评论惠子：才华横溢，不循常理，投机取巧，招惹是非。）

庄子送葬，过惠子之墓，顾谓从者曰："郢（楚国都）人垩漫（白灰涂抹）其鼻端，若蝇翼，使匠石斫之。匠石运斤成风（抡斧头呼呼作响），听而（任凭匠人）斫之，尽（削尽）垩而鼻不伤，郢人立不失容。宋元君闻之，召匠石曰：'尝试为寡人为之。'匠石曰：'臣则尝能斫之。虽然，臣之质（斫垩对象）死久矣！'自夫子之死也，吾无以为质（匹敌）矣，吾无与言之矣！"（惠子死，庄子悲；无与言之，无以为友。）

〖管仲遗荐〗

管仲有病，桓公问之曰："仲父之病，病（病危）矣！可不讳（忌讳）云，至于大病（死亡），则寡人恶乎属（同嘱，嘱托）国（国政）而可？"

管仲曰："公谁欲与（公欲托付于谁）？"

公曰："鲍叔牙。"

曰："不可！其为人洁廉，善士也；其于不己若（不如己）者不比（不亲近）之；又一闻人之过，终身不忘。使之治国，上且钩（亦作拘，约束）乎君，下且逆乎民。其得罪于君也将弗久矣！"（管仲谋国无私，不假公报恩，不荐至交。如鲍叔牙之性情，确实不能相国。）

公曰："然则，孰可？"

对曰："勿已（不得已），则隰（音习）朋可。其为人也，上忘（君过）而下不畔（通叛，背离），愧不若黄帝，而哀（怜悯）不己若者。以德分人谓之圣，以财分人谓之贤。以贤临人，未有得人者也；以贤下人，未有不得人者也。其于国有不闻也，其于家有不见也。（明白轻重缓急，能够做到有的放矢。）勿已，则隰朋可。"（隰朋才小，难制奸邪；终致竖刁、易牙作乱，桓公曝尸，齐国衰败。）

〖傲王至殂〗

吴王浮（济渡）于江，登乎狙之山，众狙见之，恂然（惊惧）弃而走，逃于深蓁（通榛，音珍，荆棘林）。有一狙焉，委蛇（逶迤）攫搔（腾跃抓取），见（现）巧乎王。王射之，敏给（迅速）搏捷矢（捕捉快速箭）。王命相者趋（从者抵近）射之，狙执（恃巧傲）死。

王顾谓其友颜不疑曰："之狙也，伐（逞）其巧、恃其便（敏捷）

以敖（同傲）予，以至此殛（暴死）也。戒之哉！嗟乎（哎呀）！无（通毋）以汝色（高傲姿态）骄人哉！"

颜不疑归，而师董梧（吴国贤人），以锄（消除）其色，去乐辞显（谢绝显贵），三年而国人称之。（智巧傲上，自寻死路；知错能改，善莫大焉。）

〖扬名有悔〗

南伯子綦隐几（依靠几案）而坐，仰天而嘘（慢慢吐气）。颜成子入见曰："夫子，物之尤（人间最完美）也。形固（确实）可使若槁骸，心固（通胡，怎么）可使若死灰乎？"（夫子修行有成就，乃人间之尤物。）

曰："吾尝居（隐居）山穴之中矣。当是时也，田禾（田和，齐国君王）一睹（看望）我而齐国之众三贺之。我必先之（欲出名），彼故知之；我必卖（张扬）之，彼故鬻（拜访求教）之。若我而不有之（无出名之心），彼恶得而知之？若我而不卖之，彼恶得而鬻之？嗟乎！我悲人之自丧者（丧失真性），吾又悲夫悲人者（自丧而不自觉者），吾又悲夫悲人之悲者（悲人自丧而不自觉者），其后而日远（远名）矣！"（修行人，居山穴；心不静，欲出名；既出名，又悲悔；能改过，终有成。）

〖仲尼之楚〗

仲尼之楚，楚王觞（音伤，酒席招待）之。孙叔敖（楚令尹）执爵（饮酒器具）而立，市南宜僚（楚公子）受酒而祭（酒对空抛洒），曰："古之人乎！于此言已。"（宴席开始之前，用酒抛空、洒地，以为祭祀，并有祝祷。此仪民间沿袭至今不绝。）

曰："丘也闻不言之言矣，未之尝言，于此乎言之。市南宜僚弄丸（搏球）而两家之难（白公胜与大夫子西两家兵难）解，孙叔敖甘寝（静卧）、秉羽（军舞）而郢人投兵（息兵），丘愿有喙三尺（嘴巴长、颂其功）。"

彼（孙叔敖、宜僚）之谓不道（不言）之道，此（孔丘）之谓不言之辩。故，德总（归根）乎道之所一（清静），而言休（泯灭）乎知（智）之所不知（无心），至矣！道之所一者，德不能同（达不到）也；知（智）之所不能知者，辩不能举（发问）也。名若儒、墨而凶（张扬则遭致是非）矣。故，海不辞东流（不拒绝东流之江河），大之至也。

〖大人之诚〗

圣人并包天地，泽及天下，而不知其谁氏（不居功）。是故，生无爵（爵位），死无谥（封号），实（财物）不聚，名不立，此之谓大人（大德之人）。狗不以善吠为良，人不以善言为贤，而况为大乎！夫为大（有心求大）不足以为大，而况为德乎！夫大备矣，莫若天地。然奚求焉，而大备矣！知大备者，无求，无失（无所失），无弃，不以物易己（改变真性）也。反己（回归本性，反同返）而不穷，循古（顺应规律）而不摩（不揣摩），大人之诚！（持守真性，行不言之教，处无为之事，是为大德人之诚。）

〖因难食禄〗

子綦有八子，陈（列队）诸前，召九方歅（音因）曰："为我相吾子，孰为祥（有福）。"

九方歅（伯乐弟子）曰："梱也为祥。"

子綦瞿然（惊喜状）喜曰："奚若（怎么有福）？"

曰："梱也，将与国君同食以终其身。"（与国君同食，当为内侍宦者，不得全体。）

子綦索然（悲伤状）出涕（眼泪）曰："吾子何为以至于是极（不

全体）也？"

九方歅曰："夫与国君同食，泽及三族（父、母、妻族），而况父母乎！今夫子闻之而泣，是御福（拒福）也。子则祥矣，父则不祥。"（子綦有感应，与国君同食，先有不祥。）

子綦曰："歅，汝何足以识之，而梱祥邪？尽于酒肉，入于鼻口矣，而（尔）何足以知其所自来？（当付出重大代价！）吾未尝为牧而牂（音脏，母羊）生于奥（西南角），未尝好田（狩猎，田同畋）而鹑生于宎（音咬，东南角），若勿怪（你不觉得奇怪），何邪？吾所与吾子游者，游于天地，吾与之邀（求取）乐于天，吾与之邀食于地。吾不与之为事，不与之为谋，不与之为怪（怪异）。吾与之乘天地之诚（自然变化）而不以物与之相撄（相纠缠），吾与之一委蛇（逶迤、自在）而不与之为事所宜。今也然有世俗之偿（报应）焉！凡有怪征者必有怪行。殆乎（危险）！非我与吾子之罪，几（难道）天与之也？吾是以泣也。"（人有灾难，在所难逃，先示征兆。）

无几何（没多久）而使梱之于燕，盗得之于道（路途），全而鬻（出卖）之则难，不若刖（砍断一足）之则易。于是乎刖而鬻之于齐，适当（正好管理）渠公之街，然身食肉而终。（梱受刖刑食肉而终，父不以为祥，相者未识其因而以为祥矣！）

〖禽贪之器〗

齧缺遇许由，曰："子将奚之（你要去往哪里）？"

曰："将逃（逃避）尧。"

曰："奚谓（怎么这么做，谓通为）邪？"

曰："夫尧畜畜然（汲汲营求状）仁，吾恐其为天下笑。后世其（或许）人与人相食与！夫民不难聚也，爱之则亲，利之则至，誉之则劝（努力），致其所恶则散。（人性如此，古今皆然！）爱利出乎仁义，捐（奉献）仁义者寡，利（利用）仁义者众。（虚仁假义，博取名利。）夫仁义之行，唯且（不仅）无诚，且假乎禽贪者器（贪婪者假借名利为工具）。是以一人之断（决断）制天下，譬之犹一觇（同瞥，短暂）也。夫尧知贤人之利天下也，而不知其贼（伤害）天下也。夫唯外乎贤（无心于仁义）者知之矣。"（仁义伪行，百姓无知；禽贪之器，沽名钓誉；代代相传，千古不变。）

〖俗尊仙真〗

有暖姝（音宣殊，自得）者，有濡需（偷安）者，有卷娄（勤恳）者。（此三种人，社会上常见。）

所谓暖姝者，学一先生（一家）之言，则暖暖姝姝而私自悦（自得其乐）也，自以为足矣，而未知未始有物也（不知人世间有大道）。是以谓暖姝者也。（平常之人，得一家之言，自得其乐，未尝不可。）

濡需者，豕虱是也。择疏鬣（疏长鬣毛，鬣音列）自以为广宫大囿（苑囿）；奎蹄曲隈（两腿间折皱），乳间股脚（肚子、屁股之间），自以为安室利处（好居处）。不知屠者之一旦鼓臂、布草、操烟火（屠夫杀猪一套门路），而己与豕俱焦也。此以域进（猪身生存），此以域退（死亡），此其所谓濡需者也。（濡需者或为小国之官吏，屠者或为大国之暴君。）

卷娄者，舜也。羊肉不慕蚁，蚁慕（依恋）羊肉，羊肉膻也。舜有膻行（仁义行为），百姓悦之。故，三徙成都（都市），至邓之墟（或在今河南省）而十有（通又）万家。尧闻舜之贤，举之童土（推选未开垦）之地，曰："冀得其来之泽（希望舜带领百姓来浇灌、开垦）。"舜举（兴起）乎童土之地，年齿（年龄）长矣，聪明衰矣，而不得休归，所谓卷娄者也。

是以，神人恶众至（不希望百姓归附），众至则不比（不能和谐），不比则不利（不合道）也。故，无所甚亲，无所甚疏，抱（保持）德炀（养）和，以顺天下，此谓真人。于蚁弃知（慕肉），于鱼得计（得适意），于羊弃意（膻气）。以目视目，以耳听耳，以心复心。（内视听，归清静。）若然者，其平也绳（平直），其变也循（顺自然）。古之真人，以天待之（自然待人），不以人入天（不以人为改变自然）。古之真人，得之（自然）也生，失之也死；得之也死，失之也生。（仙真无俗情，自然无为，有道不德，有生无死。）

药也，其实堇（音瑾，乌头，大毒）也，桔梗（宣肺、祛痰）也，鸡雍（芡实，益气补肾）也，豕零（猪苓，止消渴）也。是时为帝（主药）者也。（天下万物有主次。）何可胜言！（百姓慕贤，贤又慕圣，圣尊得道之人；帝王调和，大治之道。）

〖心至祸福〗

勾践也以甲楯（军兵，楯同盾）三千栖于会稽（约今浙江省绍兴市地域，会音快），唯种也能知亡之所以存（只有文种大夫知道吴亡而越存），唯种也不知其身之所以愁（越王最终赐文种自尽）。故曰：鸱（音吃，猫头鹰）目有所适（适用夜间），鹤胫有所节（有分寸），解（分解）之也悲。

（范蠡谓文种曰：越王勾践长颈鸟喙，只能共患难，不可同富贵，当早作计较。文种不听而遭大难，范蠡隐退致巨富。）

故曰：风之过（吹过）河也，有损焉；日之过（照射）河也，有损焉。请只风与日相与守河，而河以为未始其撄（不受干扰）也，恃源而往（远流）者也。故，水之守土也审（安定），影之守人也审，物之守物也审。（神通于道，静心守神，身心安定，外邪不侵。）

故，目之于明也殆（危险），耳之于聪也殆，心之于殉（追逐名利）也殆，凡能其于府（心胸）也殆，殆之成也不给（来不及）改。

祸之长也兹萃（繁盛、会聚，兹同滋），其反也缘功（祸去福至由于功德），其果（因果、成效）也待久。而人以（聪明殉物）为己宝，不亦悲乎！故，有亡国、戮民无已（不间断），不知问是（追求根源）也。（聪明招祸，功德致福；祸福无门，惟人自招。而心为之主。）

〖大均不亏〗

故，足之于地也践，虽践（践踏），恃其所不蹍（音撵，踩踏），而后善博（至远大）也；人之于知（通智）也少，虽少，恃其所不知，而后知天之所谓（自然变化）也。知大一（大道），知大阴（混沌氤氲），知大目（阴阳），知大均（平衡），知大方（天地），知大信（万物），知大定（规律），至矣！大一通之（总括万物），大阴解（分化）之，大目视（运化）之，大均缘（顺承）之，大方体（呈现）之，大信稽（考证）之，大定持（保持）之。

尽有天，循有照，冥有枢，始有彼。（空中有天界，运化有规律，冥冥有主宰，初始有尊神。）则其解之也，似不解之者；其知之也，似不知之也，不知而后知之。其问（探究）之也，不可以有崖（有界限），而不可以无崖。（有崖无崖，在于认知；小知有限，灵识无穷。）

颉滑（运化）有实，古今不代（不变换），而不可以亏（亏损），则可不谓有大扬摧（大概轮廓，摧音确）乎！阖不（何不，阖通盍）亦问是已（求取根本、修行合道），奚惑然为（怎么迷惑至此）？以不惑解惑，复于不惑，是尚（差不多）大不惑。（解于不解，惑于不惑；不知解惑，顺其自然。）

则　阳

（性勿鲁莽，政勿灭裂；或使莫为，曲于大方。）

则阳（彭阳，字则阳，鲁国人）游于楚，夷节（楚国大臣）言（推荐）之于王，王未之见，夷节归。（彼时，儒士游历各国，希求进身得富贵。）

彭阳见王果（楚国贤人）曰："夫子何不谭（同谈，引荐）我于王？"

王果曰："我不若公阅休（楚国隐士）。"

彭阳曰："公阅休奚为者邪？"

曰："冬则攨（音绰，刺）鳖于江，夏则休乎山樊（山间林圃）。有过（拜访）而问者，曰：'此予宅也。'（隐士生活，逍遥自在。）

"夫夷节已不能（使彭阳拜见楚王），而况我乎！吾又不若夷节。夫夷节之为人也，无德而有知（同智），不自许（不自夸），以之神其交，（运用智慧，左右逢源。）固（通故）颠冥（沉迷，冥通暝）乎富贵之地。非相助以德，相助消（损德）也。夫冻者假衣于春，暍（音椰，中暑）者反（思求）冬乎冷风。（富贵中求道，似望梅止渴。）夫楚王之为人也，形尊而严（严苛）。其于罪也，无赦如虎。非夫佞人（能人）、正德，其孰能挠（影响改变）焉。（夷节、彭阳贪图富贵，不能谏阻楚王。）

"故，圣人其穷也，使家人忘其贫；其达也，使王公忘爵禄而化卑（谦卑）；其于物也，与之为娱（和悦）矣；其于人也，乐物（人事）之通而保己焉。故，或不言而饮（通隐，暗合）人以和，与人并立（共处）而使人化，（如）父子之宜。彼其乎归居（隐居），而一闲其所施（悠闲无事）。其于人（平常人）心者，若是其远也。故曰：待公阅休。"（公阅休有道行，或可感化楚王。）

〖与世偕行〗

圣人达绸缪（解脱纠葛），周尽（调和）一体矣，而不知其然，性也。复命（清静）摇作（作为）而以天为师，人则从而命（顺应）之也。忧乎知（智）而所行，恒无几时，其有止也（智有所限），若之何！（圣人不用智，以天为师，教化世俗，人则从而顺之。）

生而美者，人与之鉴（评论），不告则不知其美于人也。若知之，若不知之；若闻之，若不闻之。其（自己）可喜也，终无已（无止）；人之好之，亦无已，性也。（爱美之心，人皆有之。）圣人之爱人也，人与之名（称赞），不告则不知其爱人也。若知之，若不知之；若闻之，若不闻之。其（圣人）爱人也，终无已；人之安之，亦无已，性也。（俗人爱美，自得其乐；圣人仁爱，兼济天下。）

旧国旧都，望之畅然。虽使丘陵草木之缗（朦胧），入（遮蔽）之者十九（十分之九），犹之畅然。况见见、闻闻者（身临其境）也，以十仞（七十尺）之台县众间者（突出、重要，县同悬）也。（本性自然，天生具备，事物搅扰，清静少有。）

冉相氏（远古帝王）得其环中（虚无之境）以随成（得道），与物无终无始，无几（无期）无时；日与物化者，一（或有一）不化者也，阖（通盍）尝舍（脱离）之！夫师天而不得师天（效法自然而不能完全遵从），与物皆徇（通殉，消逝），其以为事也，若之何！（人与物尽逝。）夫圣人未始有天，未始有人，未始有始，未始有物，（无心无欲无为。）与世偕行而不替（不间断），所行之备而不洫（不沉溺），其合之也，若之何！（圣人超越事物，因循自然。）

汤得其司御、门尹（官职），登恒为（辅佐）之、傅（教导）之，从师而不囿（无局限），得其随成（自然成就）。为之司其名，之名嬴法（多余之法，嬴同赢），得其两见（君臣、师徒）。仲尼之尽虑，为之傅之（为师教导）。容成氏（黄帝时期开创历法者）曰："除日无岁，（少一日不成年，始终相继。）无内无外（无心无物）。"（圣人在世，忘我随物，与世同行而不间断，所行之备而不沉溺，终能得道。）

〖田侯背约〗

魏莹（魏惠王，公元前369年—前319年在位）与田侯牟约（会盟），田侯牟（或为齐威王，公元前356年—前320年在位，先为侯）背之（负约），魏莹怒，将使人刺（刺杀）之。（失约见杀，古人之性，何其刚烈！）

犀首（军官名）公孙衍闻而耻之，曰："君为万乘之君也，而以匹夫从仇（报仇）。衍请受甲（率领精兵）二十万，为君攻之，虏其人民，系其牛马，使其君内热发于背（焦急），然后拔（夺取）其国。忌（田忌，齐国名将）也出走，然后抶（音赤，鞭打）其背，折其脊。"（武将攻其国，忠于君王，为君分忧，解王之气。）

季子（魏国大臣）闻而耻之，曰："筑十仞之城，城者既七仞矣，则又坏之，此胥靡（囚徒）之所苦也。今兵不起七年矣，此王之基也。衍，乱人，不可听也。（公孙衍不顾国家安危，为国君报私仇，实不可取。）"

华子（魏国贤臣）闻而丑（愤怒）之，曰："善（擅自）言伐齐者，乱人也；善言勿伐者（季子），亦乱人也；谓伐之与不伐，乱人也者，又乱人也。"

君曰："然则，若何？"

曰："君求其道（治国之道）而已矣！"（奋发图强，励精图治，乃为君之正道。）

〖蜗角喻国〗

惠子闻之，而见（引见）戴晋人（魏国贤人）。

戴晋人曰："有所谓蜗者（蜗牛），君（魏王）知之乎？"

曰："然！"

"有国于蜗之左角者，曰触氏；有国于蜗之右角者，曰蛮氏。时（偶尔）相与争地而战，伏尸数万，逐北（败逃）旬有（通又）五日而后返。（蜗角有国，以小喻大。）"

君曰："噫！其虚言与？"

曰："臣请为君实（证实）之。君以意在（审察）四方上下有穷乎？"

君曰："无穷。"

曰："知游心于无穷，而反在（反察）通达之国，若存若亡乎？（以大喻小。）"

君曰："然！"

曰："通达之中有魏，于魏中有梁，于梁中有王，王与蛮氏有辩（通辨，区别）乎？"

君曰："无辩（通辨）。"客出而君惝然若有亡（若有所失）也。（戴晋人喻魏国之危。）

客出，惠子见。君曰："客（戴晋人），大人（伟人）也，圣人不足以当（等同）之。"

惠子曰："夫吹管（管子，乐器）也，犹有嗃（音肖，声大）也；吹剑首（剑环头小孔）者，吷（音穴，声小）而已矣。尧、舜，人之所誉也。道尧、舜于戴晋人之前，譬犹一吷也。"（戴晋人德过尧、舜，乃得道之人也！）

〖宜僚避丘〗

孔子之楚，舍（寄宿）于蚁丘之浆（卖浆人家）。其邻有夫妻臣妾登极（屋顶）者，子路曰："是稷稷（音总，聚集团伙）何为者邪？（邻居听闻孔子大名，伺机观察孔子容颜。)"

仲尼曰："是圣人仆也。是自埋（隐居）于民，自藏于畔（田间陇亩）。其声销（同消，名声消失），其志无穷，其口虽言，其心未尝言。方且与世违（出世），而心不屑与之俱（世俗相处）。是陆沉者（出污泥不染之隐士）也，是其（通岂）市南宜僚邪?"（孔子以市南宜僚为圣人。）

子路请往召（邀请）之。孔子曰："已矣！彼知丘之著于己（显名扬己）也，知丘之适楚也，以丘为必使楚王之召（任用）己也。彼且以丘为佞人（媚俗之人）也。夫若然者，其于佞人也，羞闻其言，而况亲见其身乎！而何以为存（继续隐居）！"

子路往视之，其室虚矣！（宜僚以丘为佞人，不屑见孔子，举家回避。）

〖政同耕种〗

长梧封人问子牢（宋卿，孔门弟子）曰："君为政焉勿卤莽，治民焉勿灭裂（轻率）。昔，予为禾（种庄稼），耕而卤莽之，则其实亦卤莽而报（回报）予；芸（锄草）而灭裂之，其实亦灭裂而报予。予来年变齐（同剂，方法），深其耕而熟耰（音忧，碎土）之，其禾蘩（通繁）以滋（茂盛），予终年厌飧（音孙，饱食）。"（耕种须勤，为政当诚。）

庄子闻之曰："今人之治其形，理其心，多有似封人之所谓：遁其天，离其性，灭其情，亡其神，以众为。（泯灭天性，追逐物欲，乃普通人所为。）故，卤莽其性者，欲恶之孽（萌芽），为性萑苇（芦苇，萑音环）；蒹葭始萌（芦苇发芽），以扶（依附、消耗）吾形，寻擢（长时间消除）吾性；并溃漏发（一齐溃烂外流），不择所出，漂（通瘭）疽疥痈（大小疮），内热溲膏（发炎流脓）是也。"（今之人，遁天离性，灭精亡神。如瘭疽疥癃，并溃漏发，不择所出。）

〖柏矩游齐〗

柏矩（道家人物）学于老聃，曰："请之（往）天下游。"

老聃曰："已矣！天下犹是也。（天下就这样，无需游历学习！）"

又请之，老聃曰："汝将何始？"

曰："始于齐。"（齐鲁大地，孔孟之乡，礼仪之邦，教化风行。）

至齐，见辜（曝尸刑）人焉，推而强（通僵，僵硬）之，解朝服（礼服）而幕（覆盖）之，号天（向天）而哭之，曰："子乎！子乎！天下有大菑（同灾），子独先离（同罹，罹难而死）之。曰：'莫（或是）为盗，莫为杀人？'"（齐国有大盗、重刑，他国更甚，天下已然如此！）

〖古今之君〗

荣辱立，然后睹所病（见祸害）；货财聚，然后睹（显示）所争。今立人（官宦）之所病，聚人（富人）之所争，穷困（束缚）人之身，使无休时。欲无（通毋）至此，得乎？（终无所得！）古之君人者（君王），以得为在民，以失为在己；以正为在民，以枉为在己。故，一形（一个人）有失其形（错受刑，形通刑）者，退而自责。（国家有此君王，天下万民幸甚！）

今则不然，匿为物（隐匿事物实际情况）而愚不识（欺骗不知之人），大为难而罪不敢（惩罚不能之人），重为任而罚不胜（不胜之人），远其涂（同途）而诛不至（赶不到之人）。民知（同智）力竭，则以伪继之；日出多伪，士民安取（安得）不伪！夫力不足则伪，知（智）不足则欺，财不足则盗。盗窃之行，于谁责而可乎？（诈伪贯胸，盗贼横行，责在君王，任在臣下。）

〖静知是非〗

蘧伯玉（卫国大夫）行年六十而六十化（一年一岁一变化），未尝不始于是之，而卒（终）诎（通黜，批判）之以非也！（先自以为是，后又自以为非。）未知今之所谓是之、非五十九非也。万物有乎生而莫见其根，有乎出而莫见其门。（道化天地，天地生万物。）

人皆尊其知（智）之所知，而莫知恃其知（智）之所不知而后知，（清静身心，感悟而知。）可不谓大疑乎！已乎已乎，且无所逃。（生老病死，循环往复。）此所谓然与然乎！（自然而然，然之所然，然之所不然，天下就是这样！）

〖灵公之灵〗

仲尼问于太史大弢、伯常骞、狶韦，曰："夫卫灵公饮酒湛（同耽，沉溺）乐，不听（不处理）国家之政；田猎毕弋（网捕射鸟），不应（不参加）诸侯之际（会盟）。其所以为灵公者，何邪？"

大弢曰："是因是（就是这样无德政）也。"（普通之史官！）

伯常骞曰："夫灵公有妻三人，同滥（音鉴，浴盆）而浴。史鰌（卫大夫）奉御（奉诏）而进所（内室），搏币（取帛）而扶翼（扶助遮掩）。其慢若彼之甚（放纵太过分，比如四人同浴）也，见贤人若此其肃（恭敬）也，是其所以为灵公也。"（史鰌内室见浴，而伯常骞论浴事，史官沦落至此！）

狶韦曰："夫灵公也，死，卜葬于故墓（祖墓地），不吉；卜葬于沙丘而吉。掘之数仞，得石椁焉，洗而视之，有铭（铭文）焉，曰：'不冯（通凭，依靠）其子（子孙不得其继）。'灵公夺而埋（清除后埋葬）之。夫灵公之为灵也，久矣！之二人何足以识之。（狶韦明生死之事，不失史官之职。）"

（巫觋，古代从事祈祷、卜筮、星占，并兼用药物为人求福、却灾、治病的人。男称觋，女称巫。或于商初分化成巫、祝、卜、史，各司其职。后人有庙祝之称，代指宫观庙堂中从事之人。）

〖少知问道〗

少知问于太公调曰："何谓丘里（乡里）之言？"

太公调曰："丘里者，合十姓百名而以为风俗也，合异以为同，散同以为异。今指马之百体而不得马，而马系于前者，立（总合）其百体而谓之马也。是故，丘山积卑而为高，江河合水而为大，大人（有道之人）合并（容和众人）而为公。

"是以，自外入（内心）者，有主（主见）而不执（不执着）；由中（心中）出者，有正而不距（通拒，遭抵制）。四时殊气（气候不同），天不赐（不偏私），故岁成；五官（司徒、司马、司空、司士、司寇）殊职，君不私，故国治；文武（当有殊能），大人（君王）不赐，故德备；万物殊理（异类），道不私，故无名。无名，故无为，无为而无不为。

"时有终始，世有变化。祸福淳淳（循环变化），至有所拂（逆）者而有所宜；自殉（追逐）殊面（不同方向），有所正者有所差（差错）。比于大泽，百材皆度（共生）；观乎大山，木石同坛（同基础）。此之谓丘里之言。"（乡里之言，出于民，成于民，散于民。公正行事，是非对错，自有定论。）

少知曰："然则，谓之道，足乎？"

太公调曰："不然，今计物之数，不止于万，而期（会合）曰万物者，以数之多者，号（号称）而读之也。是故，天地者，形之大者也；阴阳者，气之大者也；道者，为之公（主宰）。因其大以号而读之，则可也，已有之矣，乃将得比（哪能与道相比）哉！则若以斯辩（通辨，区别），譬犹狗马，其不及逮（当为远）矣！（狗马之与天地，差得远！）"（百姓乡间之言，何足论道！）

少知曰："四方之内，六合之里，万物之所生恶起（怎么萌发）？"

太公调曰："阴阳相照（相应）、相盖（通害，侵蚀）、相治（相生），四时相代、相生、相杀（相克）。欲、恶、去、就，于是桥起（上下反复；桥同橰，汲水工具）；雌雄片合（交合），于是庸有（常有）。安危相易（更替），祸福相生，缓急相摩（相影响），聚散以成。此名实之可纪（可识），精之可志（可记）也。随序之相理（调整），桥（橰）运之相使，穷则反（返），终则始，此物之所有。言之所尽，知（智）之所至，极（了解）物而已。睹道（明大道）之人，不随（不探究）其所废（止），不原（不追溯）其所起，此议之所止。"（阴阳生克不止，万物运化终始反复。）

少知曰："季真（齐国稷下道家人物）之莫为（无为），接子（齐国稷下道家人物）之或使（有为）。二家之议，孰正（适合）于其情，孰偏于其理？"

太公调曰："鸡鸣犬吠，是人之所知。虽有大知（智），不能以言读（说明）其所自化，又不能以意（推测）其所将为。斯（分解开）而析之，精至于无伦（无形），大至于不可围。或之使，莫之为，未免（未穷尽）于物而终以为过（偏失）。或使则实，莫为则虚。有名有实，是物之居（存在）；无名无实，在物之虚（演化）。可言可意，言而愈疏（偏离）。未生不可忌（禁止），已死不可徂（不可往、继续生）。（当生则生，该死即死。）死生非远也，理不可睹（明白）。或之使，莫之为，疑之所假（无凭）。

"吾观之本，其往无穷；吾求之末，其来无止。无穷无止，言之无也，与物同理。或使、莫为，言之本也，与物终始。道不可（止于）有，有不可（逆于）无。道之为名，所假（假借道名）而行（施用）。或使、莫为，在物一曲，夫胡为于大方！言而足（周遍），则终日言而尽道（合道）；言而不足，则终日言而尽物（合乎人情）。道，物之极（根本），言、默不足以载（表达）。非言非默，议有所极（局限）。"（或使莫为，在物一曲；事物之本，言有所限。）

外 物

（务意外物，将无所处；得意忘言，勿失其常。）

外物（事物）不可必（绝对）。故，龙逢（夏桀贤臣）诛，比干戮，箕子狂，（箕子为纣王叔，谏不听，佯疯狂，终被诛。）恶来（商纣王之佞臣）死，桀、纣亡。（政治无常，殉身或无名。）

人主莫不欲其臣之忠，而忠未必信。故，伍员（伍子胥）流于江，苌弘（周贤臣，约公元前582年—前492年在世，博学大才，五德楷模，儒家先驱，为孔子师）死于蜀，藏其血，三年而化为碧（精诚所致）。（尽忠致祸，君心难测。）

人亲（父母）莫不欲其子之孝，而孝未必爱。故，孝己（商朝武丁之子）忧，（后母虐待，忧苦而死。）而曾参（孔门弟子）悲。（父亲严厉，小事遭打。）

木与木相摩则然（同燃，起火），金与火相守则流（熔化）。阴阳错行（交替运行），则天地大絯（通骇，惊动），于是乎有雷有霆（闪电），水中有火（雨中有闪电），乃焚大槐。（大槐或成或藏精怪，危害一方。）

有甚忧两陷（阴阳）而无所逃，螴蜳（音陈吨，恐惧）不得成（不能平息），心若县（同悬）于天地之间，慰暋沉屯（苦闷忧难），利害相摩，生火（邪气）甚多，众人焚和（损失和气），月固不胜火（清静姑且不胜欲火），于是乎有僨（音颏）然（衰败状）而道（天性）尽。（追名逐利，欲壑难平；阴阳失调，天性尽失。）

〖庄周贷粟〗

庄周家贫，故往贷（借贷）粟于监河侯（管理河道之官）。

监河侯曰："诺（可以）！我将得邑金（税赋），将贷子三百金，可乎？（推辞之言，实是不贷。）"

庄周忿然作色曰："周昨来，有中道（半路）而呼者，周顾视车辙，中有鲋鱼（鲫鱼）焉。周问之曰：'鲋鱼，来！子何为者邪？'对曰：'我，东海之波臣（水族）也。君岂有（你莫非有）斗升之水而活我哉！'

"周曰：'诺，我且南游吴、越之王（地域），激（引流）西江（或为钱塘江）之水而迎子，可乎？'鲋鱼忿然作色曰：'吾失我常与（江湖），我无所处。我得斗升之水然（则）活耳！君乃言此，曾不如早索我于枯鱼之肆（市场）！'"（庄周圣明，穷困至此，自比辙中鲋鱼，何其无奈！）

〖巨钩大钓〗

任（任国，约在今山东省济宁市地域）公子为大钩、巨缁（音资，黑绳），五十犗（音借，犍牛）以为饵，蹲乎会稽（约在今浙江绍兴地域），投竿东海，旦旦（天天）而钓，期年（整年，期音机）不得鱼。（大智慧，大手笔，更有超常耐心。）

已而（后来），大鱼食之，牵巨钩，錎（通陷）没而下，骛扬（飞跳）而奋鬐（通鳍），白波若山，海水震荡，声侔（等同）鬼神，惮赫（音答贺，震惊）千里。任公子得若鱼（此鱼），离（剖开）而腊（音希，晒干）之，自淛河（浙江，即钱塘江，淛同浙）以东，苍梧（或在浙江省境内，而非在湘桂之间）已（通以）北，莫不厌（饱食）若鱼者。（大人才，钓大鱼，惠及大众。）

已而，后世轻才（粗浅之人）、讽说（道听途说）之徒，皆惊而相告也。夫揭竿累（举竹竿，牵细绳），趋灌渎（奔赴渠沟），守鲵鲋（小鱼），其于得大鱼难矣！饰小说（浅言）以干县令（求取高名，县同悬），其于大达（大通达）亦远矣！是以，未尝闻任氏之风俗（风度），其不可与经于世（治世）亦远矣！（小智难识大智，言论即失当，更不知其状，反自以为他人疯狂。）

〖盗墓得珠宝〗

儒以《诗》《礼》发冢（盗墓），大儒胪传（向下传话）曰："东方作矣（天亮了）！事之（盗墓）何若？"

小儒曰："未解裙襦（亡者下裳及短衣服），口中有珠。（发现珠宝，须用心谨慎！）"

"《诗》固有（所以记载，固通故）之曰：'青青之麦，生于陵陂（山坡）。生不布施（周济穷人，施舍，佛家常用），死何含珠为？（自私自利，死亦难安！）'接其鬓（按住两鬓），压其顪（音慧，颔下须），儒以金椎控其颐（撬开下巴），徐别其颊（慢慢分开两腮），无伤口中珠。"（儒家不肖之徒以虚伪仁义盗取名利，历代不乏成功者。）

〖孔子偶遇〗

老莱子（楚国贤人）之弟子出薪（外出砍柴），遇仲尼，返以告，曰："有人于彼，修上而趋下（上身长，下身短，趋通促），末偻（背微曲）而后耳，视（目光）若营四海（谋划天下），不知其谁氏之子。（孔子思想及行为，志在天下。）"

老莱子曰："是丘也，召而来。"仲尼至。

曰："丘，去汝躬矜（自贤之态）与汝容知（博学之容，知同智），斯为（乃算是）君子矣！（孔子学识，当世大才，无人可及。）"

仲尼揖而退（退步而揖），蹙然（不安状）改容而问曰："业（儒业）可得进（发展）乎？"

老莱子曰："夫不忍（不承受）一世之伤（忧伤），而骜（放纵）万世之患（祸患），抑固窭（或是你心胸狭隘；窭音拒，鄙陋）邪？亡其略（还是智谋）弗及邪？惠以欢为骜（施惠、教导高兴至骄傲，骜通傲），终身之丑，中民之行进（普通人之作为）焉耳！相引以名，相结以隐（私利）。与其誉尧而非桀，不如两忘而闭其所誉。反无非伤（违背常规有损伤）也，动无非邪（妄动易入邪径）也。圣人踌躇（从容自得）以兴事，以每（通谋，谋求）成功。奈何哉，其载（行为）焉终矜（总是自夸）尔！"（孔子博学，自以为贤，不知悔改，多遭穷困。）

〖神龟之神〗

宋元君（公元前531年—前517年在位）夜半而梦人被（同披）发窥阿门（旁门），曰："予自（来自）宰路之渊，予为清江使、河伯之所，渔者余且（音居）得予。"

元君觉，使人占之，曰："此神龟也！"（神龟与宋元君有缘。）

君曰："渔者有余且乎？"

左右曰："有！"

君曰："令余且会朝（来朝拜）。"

明日，余且朝。

君曰："渔（渔者）何得？"

对曰："且之网得（捕获）白龟焉，其圆（周长）五尺。"

君曰："献若之龟。"

龟至，君再欲杀之，再欲活之。

心疑，卜之。曰："杀龟以卜，吉。"

乃刳（掏空）龟，七十二钻（通占）而无遗策（没有失算）。（神龟之神，在于为宋元君占卜解难。）

仲尼曰："神龟能见梦（托梦）于元君，而不能避余且之网；知（同智）能七十二钻（通占）而无遗策，不能避刳肠之患。如是则知（智）有所困，神有所不及也。虽有至知（智），万人谋之。（防不胜防，在所难免。）鱼不畏网而畏鹈鹕（捕鱼水鸟）。（鱼不见网，是以不畏。）去小知（智）而大知（智）明，去善而自善（去行善而自美好）矣。婴儿生，无石（通硕，大）师而能言，与能言者处也。"（仲尼不知神龟之神，而自以为明理能言。）

〖至人游世〗

惠子谓庄子曰："子言无用。"

庄子曰："知无用而始可与言用矣！天（当为夫）地非不广且大也，人之所用，容足耳！然则，厕（通侧）足而垫（当为堑，掘）之，致黄泉（极深之泉），人（人足）尚有用乎？"

惠子曰："无用！"

庄子曰："然则，无用之为用也，亦明矣！（貌似无用之物，实则成就有用。）"

庄子曰："人有能游（游历），且得不游乎！人而不能游，且得游乎！夫流遁（避世）之志，决绝之行（出世），噫，其非至知（智）、厚德之任（作为）与（同欤）！覆坠（沦落）而不及（当为反，同返），火驰（生命速失）而不顾。虽相与为君臣（贵贱），时也，易世（来世）而无以相贱。故曰：至人不留行（行迹）焉。（至智乃出世，世俗不留行。）"

"夫尊古而卑今，学者之流（类别）也。且以狶韦氏之流观（现身）今之世，夫孰能不波（随波逐流）！唯至人乃能游于世而不僻（不偏颇），顺人而不失己（本性）。彼教（世俗）不学，承意不彼（识本即不俗）。（至人游世，顺人而不失本性。）

"目彻（灵通）为明，耳彻为聪，鼻彻为颤（嗅觉灵敏），口彻为甘（味觉灵敏），心彻为知（智），知（智）彻为德。凡道不欲壅（滞塞），壅则哽（梗塞），哽而不止则跈（同践，践踏），跈则众害生。物之有知（智）者恃息（依赖呼吸），其不殷（不得正寿），非天之罪。（不明理，自作孽，不可活。）

"天之穿（覆盖、护佑）之，日夜元降（无止，元当为无），人则顾（反而）塞其窦（心窍）。（心窍不通，不知天机。）胞有重阆（空隙），心有天游（思想）。室无空虚（空间），则妇姑勃谿（争吵）；心无天游，则六凿（六窍，口鼻、双目、双耳）相攘（排斥）。大林丘山之善于人也，亦神者不胜（精神不能承受狭小空间）。（身处丘山之中，心游九天之外。）

"德溢（显露）乎名，名溢乎暴（同曝，张扬）；谋稽（契合）乎誸（音闲，急），知（智）出乎争；柴（闭塞）生乎守（固执），官事果（政事成就）乎众宜。春雨日时，草木怒生，铫耨（锄具）于是乎始修，草木之到植（到通倒，植通置）者过半而不知其然。（人为锄去！）静然可以补病（养病），眦媙（眼眶按摩，媙音威）可以休老，宁（安定）可以止遽（急躁）。（用智有功名，去智得安宁。）

"虽然，若是（人间有为之事）劳者之务也，非佚（通逸）者之所未尝过而问（了解）焉；圣人之所以骇（同骇，引领）天下，神人未尝过而问焉；贤人所以骇（同骇，教导）世，圣人未尝过而问焉；君子所以骇（同骇，治理）国，贤人未尝过而问焉；小人（百姓）所以合时，君子未尝过而问焉。（劳者之务，贤人无意；有为之事，神圣无心。）

"演门（宋城门）有亲死者，以善毁（哀容），爵（封爵）为官师，其党人毁（悲痛）而死者半。（求名至死！）尧与许由天下，许由逃之；汤与务光，务光怒之；纪他（殷商贤人，他音砣）闻之，帅弟子而踆（同蹲）于窾水（溺水自尽），诸侯吊（吊唁）之。三年，申徒狄（殷商贤人）因以蹈（音博，投）河。（仰慕纪他，追随而去。趋、去于名，各尽其极。）

"荃（通筌，捕鱼竹篓）者所以在鱼，得鱼而忘荃；蹄（捕兔工具）者所以在兔，得兔而忘蹄；言者所以在意，得意而忘言。吾安得夫忘言之人（至人）而与之言哉！"（至人无言，灵通感应，庄子欲之为友。）

寓 言

（厄言日出，曼衍穷年；身不由己，和光同尘。）

寓言十九（寄托寓意之言十分之九），重言（长者之言）十七，厄言日出（无心之言天天说），和以天倪（自然）。（三言合出，理明天下，传承久远。）

寓言十九，藉外（借他人之口，藉同借）论之。亲父不为其子媒（做媒）。亲父誉之，不若非其父者也。非吾（亲父）罪也，人之罪也。（他人意为，父为子媒，自夸其子。）与己同则应（赞同），不与己同则反（反对）；同于己为（则）是之，异于己为非之。（非其所是，是其所非，人之常情！寓言可免此是非。）

重言十七，所以已言也，是为耆（音奇，六十岁之长者）艾

（五十岁之长者）。年先（年长）矣，而无经纬、本末（不懂根本道理），以期（会合）年耆者，是非先（不是年长）也。人而无以先人（不能明智胜人），无人道（缺乏为平常人之道）也。人而无人道，是之谓陈人（老朽无用之人）。（长者或非智者，智者亦或非长者！）

卮言日出，和以天倪，因以曼衍（散漫流传），所以穷年（寿终正寝）。不言则齐（齐同），齐与言不齐，言与齐不齐也。（万物本来齐同，而人为主观意识不同。）

故曰："无言！"言无言（无心之言），终身言，未尝言；终身不言，未尝不言。（无言之言，胜于有言。）有自（有根据）也而可，有自也而不可（不确定）；有自也而然，有自也而不然（不是那样）。恶乎然？然于然（是那样就是那样）；恶乎不然？不然于不然。恶乎可？可于可；恶乎不可？不可于不可（不可以就是不可以）。

物固（本来）有所然，物固有所可。（万物有存在之道理，本来可以存在。）无物不然，无物不可。（没有什么不是这样，无物不可以不存在。）非卮言日出，和以天倪，孰得其久？（什么可以长久流传？）万物皆种（各自分类）也，以不同形相禅（相转化），始卒（始终）若环，莫得其伦（头绪），是谓天均（自然运化）。天均者，天倪（自然）也。

（存在自有存在之道理，不存在就应当不存在；存在与不存在，循环转化，无始无终，自然而然。卮言虽日出，却未见其多；共三十三章，仅此而已矣！）

〖孔子志愿〗

庄子谓惠子曰："孔子行年（年龄）六十而六十化（变化）。始时所是，卒而非之（否定），未知今之所谓是之非五十九非也。"

惠子曰："孔子勤志服知（勤奋用智）也。（勤于思虑，常非往识。

是为：苟日新，日日新，又日新。)"

庄子曰："孔子谢（懈怠）之矣，而其未之尝言（不随便发言）。孔子云：'夫受才乎大本（大道），复灵以生（灵气合于形体而生）。鸣而当律，言而当法。（道德完备，金口玉言。）利义陈乎前，而好恶、是非直（正当）服人之口而已矣（不是心甘情愿）！使人乃以心服而不敢蘁（音物，逆）立（自愿服从），定天下之定。（必须具备安定天下之真本领。）'已乎，已乎！吾且不得及彼（达不到孔子那样）乎！"（孔子大愿：鸣而当律，言而当法，定天下之定。虽未如愿，亦成至圣先师，为万世师表。）

〖曾参之仕〗

曾子再仕而心再化（变化），曰："吾及亲（赡养父母）仕，三釜（较低俸禄）而心乐；后仕（父母去逝而仕），三千钟（较高俸禄）而不洎（不足，洎音计），吾心悲（不知足）。（曾参为官，仁义渐失，贪心日重。）"

弟子问于仲尼曰："若参者，可谓无所县（同悬，系）其罪乎？"

曰："既已县（悬）矣！（贪婪已至忧悲。）夫无所县（悬）者，可以有哀乎？（没有！）彼（圣贤）视三釜、三千钟，如观雀、蚊虻相过乎前也！"（视财如云烟，可解哀忧愁。）

〖灵通感应〗

颜成子游谓东郭子綦曰："自吾闻子之言，一年而野（返朴，无拘束），二年而从（顺应事物），三年而通（融通人、物），四年而物（无心无欲），五年而来（精杰具足），六年而鬼入（灵通感应），七年而天成（合于自然），八年而不知死、不知生（超脱生死），九年而大妙（通天达地）。"（修行十年，能够通天达地，当是有大根基之人。）

生有为（妄为），死（自寻死路）也。劝公（观察天道，劝通观）：

以其死也，有自（有原因）也；而生阳（出生）也，无自（不能自主）也。而果然乎？（人之生死，前因后果，上天造就。）恶乎其所适（怎么知道自己去往何方）？恶乎其所不适？天有历数（春夏秋冬），（天有主宰四季者。）地有人据（统治），吾恶乎求之？（生死往来，不求人神，主在自心，顺应自然。）

莫知其所终，若之何其无命也（如何无命而亡）？莫知其所始，若之何其有命也（怎么有命而生）？有以相应（有原因能够感应）也，若之何其无鬼邪？（有应或无应，鬼魂或许有。）无以相应也，若之何其有鬼邪？（生死有命，身不由己，上天掌控；潜心修炼，灵通感应。）

〖影不由己〗

众罔两（影之影）问于影曰：“若向（你方才）也俯而今也仰，向也括（束发，括后当有撮）而今也被（同披）发，向也坐而今也起，向也行而今也止，何也？”

影曰：“叟叟（运动状，叟同搜）也，奚稍问也（怎么值得一问呢）？予有（有运动）而不知其所以。予，蜩甲（蝉蜕）也，蛇蜕也，似之而非也！（似乎我影子连躯壳都不如！）火与日，吾屯（聚成影）也；阴与夜，吾代（代谢消失）也。彼（万物），吾（影子）所以有待（依附）邪，而况乎以无（罔两）有待者（影子）乎！（下者不识中，中者不知上，上者通尊者，尊者无所不知。）彼来则我与之来，彼往则我与之往，彼强阳（活动频繁）则我与之强阳。强阳者（影不离形），又何以有问乎！”（物有主宰，影不由己；随之又待，无可奈何！万事随缘。）

〖汝子可教〗

阳子居（杨朱）南之沛（约在今江苏省沛县地域），老聃西游于秦

（约在今陕西中部、甘肃东南部地域）。邀（迎候）于郊，至于梁（约在今河南省开封市地域）而遇老子。

老子中道（半路）仰天而叹，曰："始以汝为可教，今不可也！"阳子居不答。（杨朱知有深意，待机而问。）

至舍（旅馆），进盥漱巾栉（奉洗漱器具、毛巾、梳子），脱屦（音巨，履）户外，膝行而前，（古人求教，何其谦卑！）曰："向者，弟子欲请（请教）夫子，夫子行不闲，是以不敢；今闲矣，请问其故（不可教之故）。"（名家主要人物杨朱，亦曾以老子为师。）

老子曰："而（通尔）睢睢盱盱（音灰虚，傲慢），而谁与居（相处）！大白若辱（污秽），盛德若不足。"

阳子居蹴然（恭敬状）变容曰："敬闻命矣！"（老子一言点化，顿时即悟！杨朱有智慧。）

其往也，舍者迎将（主人及客人一起迎送），其家公执席（旅馆男主人奉铺席），妻执巾栉；舍者（旅客）避席，炀（烤火取暖）者避灶。（傲慢甚毒，有火不聚！）其反（同返）也，舍者与之争席矣！（博学多识，虚心谦卑；入乡随俗，和光同尘。）

让 王

（真道治身，绪为天下；帝王功迹，圣人余事。）

尧以天下让许由，许由不受。

又让于子州支父（隐士），子州支父曰："以我为天子，犹之可（好像可以）也。虽然，我适有幽忧之病（经常参悟玄机），方且治（调

四子合注

和）之，未暇（没有时间）治天下也。"

夫天下至重（贵重）也，而不以害其生，又况他物乎！唯无（只有无意）以天下为者，可以托天下也。（无意则不贪，清廉而公正，公道行则天下大治。）

〖舜三让天下〗

舜让天下于子州支伯（隐士），子州支伯曰："予适有幽忧之病，方且治之，未暇治天下也。"

故，天下，大器也，而不以易生（同性）。此（重修行，轻天下）有道者之所以异乎俗者也。（天下贵重，世俗力争，有道者重修行而无意于天下。）

舜以天下让善卷（隐士），善卷曰："余立于宇宙之中，冬日衣皮毛，夏日衣葛绤（音吃，细布）。春耕种，形足以劳动；秋收敛（收获储藏），身足以休食（休养生息）。日出而作，日入而息，逍遥于天地之间，而心意自得。吾何以天下为哉！悲夫，子之不知余（不了解隐士胸怀）也。"遂不受。

于是，去而入深山，莫知其处。（俗人俗事，不能苟同；远离世俗，隐居修行。）

舜以天下让其友石户之农（农夫），石户之农曰："卷卷乎（劳碌状），后（舜）之为人，葆力（勤劳）之士也。"（治理天下，劳碌超越农夫。）

以舜之德为未至（德不足）也。（不知无为而治。）于是，夫负（背负）、妻戴（用头顶），携子以入海（海岛），终身不反（同返）也。（石户农夫不俗：道既不同，不相与谋，终身不相往来。）

〖厚德成国〗

大（通太，下同）王亶（音胆）父（周文王祖父）居邠（音宾，约

· 492 ·

在今陕西省旬邑县地域），狄人（西北少数民族）攻之。事（奉献）之以皮帛而不受，事之以犬马而不受，事之以珠玉而不受。狄人之所求者，土地也。（狄人不贪财物，欲广其国。）

大王亶父曰："与人之兄居而杀其弟，与人之父居而杀其子，吾不忍（战争伤民）也。子皆勉居（安居）矣！为吾臣与为狄人臣，奚以异（有什么区别）？且吾闻之，不以所用养（土地）害所养（臣民）。"

因杖策（于是执马鞭）而去之。民相连（连结、依恋）而从之，遂成国于岐山（在今陕西省宝鸡市岐山县地域）之下。（古公亶父厚德，民自愿相从，遂成周国于岐山之下。）

夫大王亶父可谓能尊生矣！能尊生者，虽贵富不以养（地、民）伤身，虽贫贱不以利累形（身躯）。今世之人，居高官尊爵者，皆重失之（养身）。见利轻亡（通忘）其身，岂不惑哉！（明理有道者，尊生重养生，生活舒适；等而下之，追逐名利，失性丧生，至死不悔。）

〖搜拒君位〗

越人三世弑（臣下杀君）其君，王子搜患（惧怕）之，逃乎丹穴，而越国无君。求王子搜不得，从之丹穴。王子搜不肯出，越人薰（同熏）之以艾，（艾熏除邪秽气。）乘以王舆。

王子搜援绥（拉绳）登车，仰天而呼曰："君乎，君乎，独不可以舍我乎！"

王子搜非恶为君也，恶为君之患（常被弑杀）也。若王子搜者，可谓不以国伤生矣！此固（通故，所以）越人之所欲得为君也。（君王虽尊贵，时有性命之忧，不当位者岂知？）

〖华子劝君〗

韩、魏相与争侵地，子华子（道家人物）见昭僖侯（韩昭侯，公元前362年—前333年在位），昭僖侯有忧色。（韩国，约在今山西西南、河南西部地域。魏国，约在今山西南部、河南中北部地域。）

子华子曰："今使天下书铭（记载）于君之前，书之言曰：'左手攫之（夺取天下）则右手废（砍去），右手攫之则左手废。然而，攫之者必有天下。'君能（愿意）攫之乎？"

昭僖侯曰："寡人不攫也！"

子华子曰："甚善！自是观之，两臂重于天下也，身亦重于两臂，韩之轻于天下亦远矣！今之所争者，其轻于韩又远，君固（乃）愁身伤生（通性）以忧戚不得（得不到土地）也。"（失两臂而有天下，世俗多有人愿望。）

僖侯曰："善哉！教寡人者众矣，未尝得闻此言也。"

子华子可谓知轻重矣！（人之性命重于天下，何况其他轻于天下者！人生在世，当知轻重。）

〖颜阖之道〗

鲁君闻颜阖得道之人也，使人以币先（奉宝币先拜访）焉。颜阖守陋闾（穷巷，二十五家为闾），苴布（麻布，苴音居）之衣而自饭牛。鲁君之使者至，颜阖自对（亲自接待）之。

使者曰："此颜阖之家与（通欤）？"

颜阖对曰："此阖之家也。"使者致（奉送）币。

颜阖对曰："恐听者谬而遗（连累）使者罪，不若审（核实）之。"

使者还返，审之，复来求之，则不得已（矣）！（颜阖弃富贵而逃矣！）故，若颜阖者，真恶富贵也。（有道之人，不恋富贵。）

故曰：道之真（根本）以治身，其绪余以为（治理）国家，其土苴（音查，枯草）以治天下。由此观之，帝王之功，圣人之余事（附带之事）也，非所以完身（全身）养生也。今世俗之君子，多危身弃生以殉物（名利），岂不悲哉！

凡圣人之动作也，必察其所以之（目的）与其所以为（原因）。（圣人作为：修心正行，教化万方。）今且有人于此，以随侯之珠，弹千仞之雀，世必笑之。是何也？则其所用者重而所要（同邀，求取）者轻也。夫生者，岂特（仅值）随侯（当有珠字）之重哉！（有道之人，以身为天下，如随珠弹雀。）

〖列子辞粟〗

子列子穷，容貌有饥色。客（谋士）有言之于郑子阳（郑国相）者，曰："列御寇，盖有道之士也，居君之国而穷，君无乃（岂不）为不好士乎？"（明理而穷，成就有道之士。）

郑子阳即令官遗（音位，赠）之粟。子列子见使者，再拜而辞（推辞不受）。使者去，子列子入，其妻望（埋怨）之而拊（拍打）心曰："妾闻为有道者之妻子，皆得佚（通逸）乐。今有饥色，君过（过问），得遗先生食，先生不受，岂不命邪？（修行人，命当逸乐，此暂时穷困而已。）"

子列子笑，谓之曰："君非自知我也，以人之言而遗我粟；至其罪我也，又且以（因）人之言，此吾所以不受也。"其卒（终），民果作难而杀子阳。（辞粟存身，免受牵连。）

〖悦辞王赏〗

楚昭王失国，（公元前506年，吴国伐楚，攻破郢都。）屠羊说（音悦）走（逃难）而从于昭王。昭王反（同返，下同）国，将赏从者，及屠羊说。

屠羊说曰："大王失国，说失屠羊（屠羊之职）。大王反国，说亦反屠羊。臣之爵禄已复矣，又何赏之有？"

王曰："强之（必封赏）！"

屠羊说曰："大王失国，非臣之罪，故不敢伏其诛；大王反国，非臣之功，故不敢当（承担）其赏。"

王曰："见（召见）之。"

屠羊说曰："楚国之法，必有重赏大功而后得见。今臣之知（智）不足以存国（保存国家），而勇不足以死寇（杀死敌人）。吴军入郢（楚国都城，约今湖北荆州西北地域），说畏难而避寇，非故随大王也。（真诚率直，实话实说。）今大王欲废法、毁约（规约）而见说，此非臣之所以闻于天下也。（我不想因此而闻名天下。）"

王谓司马（军官）子綦曰："屠羊说居处卑贱而陈义甚高（道德高尚），子綦为我延（提拔）之以三旌之位（卿之爵位）。"

屠羊说曰："夫三旌之位，吾知其贵于屠羊之肆（职业）也；万钟之禄，吾知其富于屠羊之利也。然岂可以贪爵禄而使吾君有妄施之名乎？说不敢当，愿复反吾屠羊之肆。"遂不受也。（屠羊说，辞富贵，有大义，真君子！古今少见！）

〖原宪居鲁〗

原宪（孔门弟子）居鲁，环堵（方丈）之室，茨（蓬顶）以生草，蓬户不完（不完整），桑以为枢（桑枝为门轴）；而瓮牖（以瓮作窗）二室，褐以为塞（帘子）；上漏下湿，匡坐而弦（正坐弹琴且歌）。（原宪居室，不如今之牛棚，而道德高尚。）

子贡乘大马，中绀而表素（内穿红衣而外罩白衣），轩车（车上有屏障）不容巷，往见原宪。（子贡偶得富贵，即炫耀于原宪。）原宪华（同桦，桦树皮）冠、縰履（无跟之鞋，縰音徙），杖藜（持藜藤拐杖）而应门（门口迎接）。

子贡曰："嘻！先生何病？"（子贡讥讽同门师兄弟，是为不仁义。）

原宪应之曰："宪闻之，无财谓之贫，学而不能行谓之病。今宪贫也，非病也。"（原宪有德有才，而不愿博取名利。）

子贡逡巡（进退不是）而有愧色。

原宪笑曰："夫希世（迎合世俗；希同晞，望）而行，比周（周旋）而友，学以为人（他人夸），教以为己（荣耀），仁义之慝（音特，邪恶），舆马之饰，宪不忍（不愿）为也。"（真正儒士，抱道守贫，淡泊无欲，静心研学。）

〖曾子居卫〗

曾子（孔门弟子）居卫，缊袍无表（麻袍无罩衫），颜色肿哙（面色浮肿），手足胼胝（音骈之，磨出茧），三日不举火，十年不制衣。正冠而缨绝，捉衿而肘见（同现），纳屦而踵决（鞋跟开裂）。

曳縰（拖拉破鞋）而歌《商颂》，声满（散布）天地，若出金石（钟磬之音）。天子不得臣（不臣于天子），诸侯不得友。故，养志者忘形，养形者忘利，致（通达）道者忘心矣！（君子固穷，潜心学道。）

〖知足不仕〗

孔子谓颜回曰："来，家贫居卑，胡不仕乎？"（孔子常怀名利之心，并以此教导弟子。）

颜回对曰："不愿仕。回有郭外之田五十亩，足以给飦粥（供应稠粥，飦音沾）；郭内之田十亩，足以为丝麻；鼓琴足以自娱，所学夫子之道者足以自乐也。回不愿仕。"（复圣颜回，知足者也！）

孔子愀（音巧）然变容，曰："善哉，回之意（意愿）！丘闻之：'知足者，不以利自累也；审（确实）自得者，失之（失势）而不惧；行修于内者，无位而不怍（不愧疚）。'丘诵之久矣，今于回而后见之，是丘之得（收获）也。"（孔子因颜回不仕，而明知足之意，为时岂不晚矣！）

〖贵有道心〗

中山公子牟（魏国公子牟，封于中山。）谓瞻子（道家人物）曰：

497

"身在江海之上，心居乎魏阙（朝廷，魏通巍）之下，奈何？"

瞻子曰："重生，重生则利轻。"

中山公子牟曰："虽知之，未能自胜（自我克制）也。"

瞻子曰："不能自胜则从（顺从），神无恶乎（难道不伤神）？不能自胜而强不从（强行克制）者，此之谓重伤。重伤（矛盾内耗）之人，无寿类矣（不能长寿）！"（心动而形拘，理与欲相矛盾，精神时常内耗，人则多病且短寿。）

魏牟，万乘之公子也，其隐岩穴也，难为于布衣之士，虽未至乎道，可谓有其意矣！（魏公子牟，身处江海、岩穴，而心在朝廷，虽未及道，已然不易，尚可勉励。）

〔孔子遭难〕

孔子穷于陈、蔡之间，七日不火食，藜羹不糁（野菜汤中无米粒，糁音散），颜色甚惫（苍老），而弦歌于室。

颜回择菜，子路、子贡相与言曰："夫子再逐于鲁，削迹于卫，伐树于宋，穷于商（约在今商丘市境）、周，围于陈、蔡。杀夫子者无罪，藉（凌辱）夫子者无禁。弦歌鼓琴，未尝绝音，君子之无耻（无所谓）也若此乎？"（并非无所谓，真正无可奈何！无可奈何而致无所谓。）

颜回无以应，入告孔子。孔子推琴，喟（音愧）然而叹曰："由与赐，细人（见识短浅之人）也。召而来，吾语之（我来开导他们）。"子路、子贡入。

子路曰："如此者，可谓穷矣！"

孔子曰："是何言也！君子通于道之谓通，穷于道之谓穷。今丘抱仁义之道，以遭乱世之患（灾祸），其何穷之为（通谓，称谓）？故，内省（自我检查）而不穷于道，临难而不失其德。天寒既至，霜雪既降，吾是以知松柏之茂也。（身陷绝境，方显圣贤本色。）陈、蔡之隘（困厄），于丘其幸（甚幸）乎！"（孔子历尽磨难，终至大彻大悟。）

孔子削然（滑琴状）反琴（再取琴）而弦歌，子路扢然（威武状，扢音气）执干（持柘树枝）而舞。

子贡曰："吾不知天之高也，地之下也。（子贡学识、阅历欠缺，不知天高地厚，不明大道真意。）"

古之得道者，穷亦乐，通亦乐，所乐非穷通也。（明道达性，顺应自然。）道德于此，则穷通为寒暑、风雨之序（次序）矣！故，许由娱于颍阳，而共伯（周贤人）得乎丘首（故乡，约在今河南省辉县地域）。

〖以死明节〗

舜以天下让其友北人无择，北人无择曰："异哉，后（舜）之为人也，居于畎亩（田间）之中，而游尧之门。不若是而已，（攀附权贵，追名逐利。）又欲以其辱行漫（玷污）我。吾羞见之。"因自投清泠之渊（约在今河南省南阳市西部地域）。（北人无择，清高至极！）

汤将伐桀，因（与）卞随（隐士）而谋，卞随曰："非吾事也。"

汤曰："孰可？"

曰："吾不知也。"

汤又因务光而谋，务光曰："非吾事也。"

汤曰："孰可？"

曰："吾不知也。"

汤曰："伊尹（原为商地庖厨小臣）何如？"

曰："强力忍垢，（重名利，忍屈辱。）吾不知其他也。"

汤遂与伊尹谋伐桀，克（战胜）之，以让卞随。

卞随辞曰："后（商汤）之伐桀也谋乎我，必以我为贼（残忍之人）

也；胜桀而让我，必我为贪（贪婪之人）也。吾生乎乱世，而无道之人再来漫我，以其辱行，吾不忍数闻也！（我不能被他们数次侮辱！）"乃自投椆水而死。

汤又让务光，曰："知（智）者谋之，武者遂（完成）之，仁者居之，古之道也。吾子胡不立（上位）乎？"

务光辞曰："废上（商汤流放夏桀），非义也；杀民，非仁也；人犯其难，我享其利，非廉也。吾闻之曰：'非其义者，不受其禄；无道之世，不践其土。'况尊我（为天子）乎！吾不忍久见也。"乃负石而自沉于庐水。

昔，周之兴，有士二人处于孤竹（约在今河北省秦皇岛市卢龙东南地域），曰伯夷、叔齐（孤竹君二子）。

二人相谓曰："吾闻西方有人，似有道者，试往观（察看）焉。"

至于岐阳，武王闻之，使叔旦（周公旦）往见之。

与盟曰："加富（俸禄）二等，就（授）官一列（第一等）。"血牲而埋之。（古人盟誓后，将刻有誓言之石板埋于土，或投于山，或沉于水，祈求天、地、水神作证。）

二人相视而笑曰："嘻，异哉！此非吾所谓道也。昔者，神农之有天下也，时祀尽敬（虔诚祭祀）而不祈喜（不求福）；其于人也，忠信尽治而无求（不求报答）焉。乐与政为政，乐与治为治。（炎帝行政使治，随民众喜乐。）不以人之坏自成（不以他人败落而成就自己）也，不以人之卑自高也，不以遭时（走背运）自利也。

"今周见殷之乱而遽为政（急忙抢夺政权），上谋而下行货（收买人心），阻（依恃）兵而保威，割（宰杀）牲而盟以为信，扬行以悦众，杀伐以要（同邀，求取）利，是推乱以易暴也。吾闻古之士，遭治世不避其任，遇乱世不为苟存（不苟且偷生）。今天下暗（蒙蔽真性），周德衰，其（通岂）并（共存）乎周以涂（沾污）吾身也？不如避之，以絜（同洁）吾行。”

二子北至于首阳之山（在今山西省永济市境），遂饿而死焉。

若伯夷、叔齐者，其于富贵也，苟（轻易）可得已（矣），则必不赖（坚持不取）。高节戾行（高尚行为），独乐其志，不事于世。此二士之节也。（高节戾行，以死明志！不死不得千古流名！）

盗 跖

（盗跖豪侠，孔丘虚伪；兴名就利，服殃罹难。）

孔子与柳下季（鲁国大夫）为友，柳下季之弟名曰盗跖。盗跖从卒九千人，横行天下，侵暴（侵犯暴掠）诸侯。穴室枢户（解脱门枢），驱人牛马，取（抢夺）人妇女。贪得忘亲，不顾父母、兄弟，不祭先祖。所过之邑，大国守城，小国入保（同堡，小城），万民苦（惧怕）之。（九千人马之强盗，实力堪比小国诸侯。）

孔子谓柳下季曰：“夫为人父者，必能诏（教诲）其子；为人兄者，必能教其弟。若父不能诏其子，兄不能教其弟，则无贵（不贵重）父子、兄弟之亲矣。今先生，世之才士也，弟为盗跖，为天下害（祸害），而弗能教也，丘窃（私下）为先生羞（感到耻辱）之。丘请为先生往说（音税，游说）之。”（孔子毛遂自荐，自以为能说服盗跖。）

柳下季曰：“先生言，为人父者必能诏其子，为人兄者必能教其弟，若子不听父之诏，弟不受兄之教，虽今先生之辩（劝说），将奈之何哉？（终究是无可奈何！）且跖之为人也，心如涌泉，意如飘风，

四子合注

（盗跖心意不可遏制、测定。）强足以距（通拒）敌，辩（口才）足以饰非（掩饰过错）。顺其心则喜，逆其心则怒，易辱人以言。先生必无（通毋）往。"（朋友之谊，我有言在先，你生事毋怨。）

孔子不听，颜回为驭，子贡为右（陪乘），往见盗跖。盗跖乃方休（修整）卒徒太山（泰山）之阳，脍（音快，细切）人肝而铺（音逋，食）之。

孔子下车而前，见谒者（传达人）曰："鲁人孔丘，闻将军高义，敬再拜谒者（恭敬地前来拜谒）。"

谒者入通（通报）。盗跖闻之大怒，目如明星，发上指冠，（头发竖立，顶住冠帽。）曰："此夫鲁国之巧伪（虚伪）人孔丘，非邪？为我告之：'尔作言造语，妄称文、武（周文王、武王之道），冠（顶戴）枝木之冠，带（围系）死牛之胁（皮带），多辞谬说，不耕而食，不织而衣，摇唇鼓舌，擅生是非，以迷天下之主（诸侯），使天下学士（儒生）不反（同返）其本，妄作孝悌（兄弟友爱），而侥幸（希望）于封侯富贵者也。子之罪大极重（该诛，极通殛），疾走归（快滚回去）！不然，我将以子肝益（增加）昼铺之膳。'（跖虽为盗，见识非凡；评论孔丘，真实无误。）"

孔子复通曰："丘得幸于季（认识柳下季），愿望履（见到足下）幕下。"

谒者复通。盗跖曰："使来前！"

孔子趋而进，避席反走（退步），再拜盗跖。（恭敬之至！）

盗跖大怒，两展（双开）其足，按剑瞋（音抻，瞪）目，声如乳虎，曰："丘来前！若所言顺吾意则生，逆吾心则死。（豪侠大盗，言及生死，不怒而威。）"

孔子曰："丘闻之，凡天下有三德。生而长大，美好无双，少长贵贱见而皆悦之，此上德也；知（同智）维（包罗）天地，能辩（通辨，识别）诸物，此中德也；勇悍果敢（有胆识），聚众率兵，此下德也。凡人有此一德者，足以南面称孤（称王）矣！（言过其实！）今将军兼此三者，身长八尺二寸，面目有光，唇如激丹（鲜红明亮之丹砂），齿如齐贝，音中黄钟（发声符合音律），而名曰盗跖，丘窃为将军耻不取（耻而不为盗）焉。

"将军有意听臣，臣请南使吴、越，北使齐、鲁，东使宋、卫，西使晋、楚；使为将军造大城数百里，立数十万户之邑，尊将军为诸侯，（空中楼阁！）与天下更始（共生），罢（遣返）兵休卒，收养昆弟（兄弟），共（通供）祭先祖。此圣人、才士之行，而天下之愿也。（其时，诸国位置当是：东齐、吴、越，南楚，西秦，北晋、燕，中宋、卫、鲁。）"

盗跖大怒曰："丘，来前！夫可规（诱导）以利而可谏（劝说）以言者，皆愚陋恒民（单纯普通人）之谓耳。今长大美好，人见而悦之者，此吾父母之遗德（遗传）也，丘虽不吾誉（不自夸），吾独（难道）不自知邪？且吾闻之，好面誉（当面称颂）人者，亦好背而毁（背后诋毁）之。今丘告我以大城、众民，是欲规（劝告）我以利而恒民畜（约束）我也，安可久长也？城之大者，莫大乎天下矣！尧、舜有天下，子孙无置锥（立足）之地；汤（商汤）、武（周武王）立为天子，而后世绝灭。非以其利大故邪？（当时，东周虽未灭，而已失天子权位。）

"且吾闻之，古者，禽兽多而人少，于是，民皆巢居（架木而居）以避之；昼拾橡栗，暮栖木上，故命（命名）之曰'有巢氏之民'。古者，民不知衣服，夏多积薪，冬则炀之（烤火取暖），故命（命名）之曰'知生之民'。神农之世，卧则居居（安静），起则于于（自得）；

民知其母，不知其父（母系社会）；与麋鹿共处，耕而食，织而衣，无有相害之心。此至德之隆（高厚）也。然而，黄帝不能致德，与蚩尤（古代南方九黎族首领）战于涿鹿之野（约在今河北省涿鹿县地域），流血百里。尧、舜作（继天子位），立群臣；汤放其主（夏桀），武王杀纣。自是之后，以强陵（同凌，欺凌）弱，以众暴（欺压）寡。汤、武以来，皆乱人之徒也。

"今子修文、武（周文王、武王）之道，掌天下之辩（舆论），以教后世。缝衣浅带（阔衣宽带之儒服），矫言（谎话）伪行，以迷惑天下之主，而欲求富贵焉。盗莫大于子，天下何故不谓子为盗丘？而乃（竟然）谓我为盗跖！子以甘辞（甜言蜜语）说子路而使从之，使子路去其危冠（高冠），解其长剑，而受教于子。（子路先为豪侠。）天下皆曰：'孔丘能止暴禁非。'其卒（终）之也，子路欲杀卫君而事不成，身菹（音租，剁）于卫东门之上。子教子路菹此患，上无以为身，下无以为人，是子教之不至也。（前句对原文顺序有调整。）子自谓才士、圣人邪？则再逐于鲁，削迹于卫，穷于齐，围于陈、蔡，不容身于天下。子之道岂足贵邪？（假儒细徒，矫言伪行，流毒后世，至今不绝。）

"世之所高（尊崇），莫若黄帝。黄帝尚不能全德，而战于涿鹿之野，流血百里。尧不慈（斩杀长子丹朱），舜不孝（放逐亲父瞽叟），禹偏枯（将近半身不遂），汤放其主（夏桀），武王伐纣，文王拘羑（音酉）里（约在今河南省汤阴县境）。此六子者，世之所高也。孰（同熟，详细）论之，皆以利惑（迷乱）其真（本性），而强反（违背）其情性，其行乃甚可羞也。

"世之所谓贤士：伯夷、叔齐。伯夷、叔齐辞孤竹之君，（谏武王而不从，不食周粟。）而饿死于首阳之山，骨肉不葬。鲍焦（商末隐士）饰行非世，（故作清高，非誉周世，亦不食周粟。）抱木而死。申徒狄（商臣）谏而不听，负石自投于河，为鱼鳖所食。介子推（晋国忠臣）至忠也，自割其股（大腿肉）以食文公（晋文公）；文公后背（忘恩负义）之，子推怒而去，抱木而燔（烧）死。尾生（鲁国人）与女子期（约会）于梁下，女子不来，水至不去，抱梁柱而死。此六子者，无异于磔犬（肢解之犬，磔音哲）、流豕（漂流于江河之猪）、操瓢而乞者，皆离名（殉名，离通罹）轻死，不念本（不顾生命）、养寿命者也。世之所谓忠臣者，莫若王子比干、伍子胥；子胥沉江，比干剖心。此二子者，世谓忠臣也，然卒为天下笑。（愚忠致死，令人惋惜，垂泪苦笑。）

"自上观之，至于子胥、比干，皆不足贵也。丘之所以说（劝说）我者，若告我以鬼事（丘曾事祭祀），则我不能知也；若告我以人事者，不过此矣，皆吾所闻知也。

"今吾告子以人之情：目欲视色，耳欲听声，口欲察（分辨）味，志气欲盈（旺盛）。人上寿百岁，中寿八十，下寿六十，除病瘐（音雨，病）、死丧、忧患，其中开口而笑者，一月之中不过四五日而已矣！天与地无穷，人死者有时（有时限）。操（操持）有时之具（躯体），而托（寄托）于无穷之间（天地），忽然无异骐骥之驰过隙也。不能悦其志意、养其寿命者，皆非通道者也。丘之所言，皆吾之所弃也。亟（急速）去走归，无复言之！子之道狂狂汲汲（狂荡不定），诈巧虚伪事也，非可以全真（不能够保全真性）也，奚足论哉！"

（全真，全精，全气，全神，保全真性。道门沿用至今。道门与俗有别，下寿六十，中寿九十，上寿一百二十岁。道人不过下寿，中寿之始，五年一过寿。大寿一百八十，非真即圣。）

孔子再拜趋走（小跑），出门上车，执辔三失，目芒（同茫）然无见（惊吓走神），色若死灰，据轼低头（低头趴在车前横木上），不能出气。（失魂落魄，不能正常出气，孔子惊吓至此！）

归到鲁东门外，适遇柳下季。柳下季曰："今者阙然（若有所失状，阙同缺），数日不见，车马有行色，得微（莫非）往见跖邪？"

孔子仰天而叹曰："然！"

柳下季曰："跖得无逆汝意若前乎？（跖莫非不听你劝说，像以前我所说那样？）"

孔子曰："然！丘所谓无病而自灸也。疾走料（同撩，撩拨）虎头，编虎须，几（几乎）不免虎口哉！"（孔子入营劝说盗跖不成，出门则如虎口逃生。先前自以为能、自告奋勇，实是无病自灸，终究自取其辱。）

〖勿执信义〗

子张（孔门弟子）问于满苟得曰："盍不为行（何不修养品行）？无行（无品行）则不信，不信则不任（不堪任用），不任则不利（不获利）。故，观之名，计之利，而义真是（义最可行）也。若弃名利，反之于心，则夫士之为行，不可一日不为（义）乎！"

满苟得曰："无耻者富，多信（夸耀）者显。夫名利之大者，几在无耻而信。（古今确实如此！）故，观之名，计之利，而信真是（信最可行）也。若弃名利，反之于心，则夫士之为行，抱（保持）其天（天性有信）乎！"

子张曰："昔者，桀、纣贵为天子，富有天下。今谓臧聚（奴仆，聚音驺）曰：'汝行如桀、纣。'则有怍色（显怒容），有不服（鄙视）之心者，小人所贱也。仲尼、墨翟，穷为匹夫，今谓宰相曰：'子行如仲尼、墨翟。'则变容易色，称不足者，士诚贵也。故，势为天子，未必贵也；穷为匹夫，未必贱也。贵贱之分，在行之美恶。（行美有美誉，恶行遗恶名。）"

满苟得曰："小盗者拘（拘捕），大盗者为诸侯；诸侯之门，仁义存焉。（古今确实如此！）昔者，桓公小白杀兄入（纳入）嫂，而管仲为臣；田成子常（田常）杀君窃国，而孔子受币。论则贱之，行则下之（顺从），则是言行之情悖战（矛盾）于胸中也，不亦拂（逆乱）乎！故，《书》曰：'孰恶孰美（良善）？成者为首（首领），不成者为尾（贫贱民）。'（成功者为君王，失败者为贼寇；无关仁义廉耻，只论最终结果。古今如此！）"

子张曰："子不为行，即将疏戚无伦（亲戚不亲），贵贱无义，长幼无序；五纪六位，将何以为别乎？"（五纪：仁、义、礼、智、信。六位：君、臣、父、子、夫、妇。）

满苟得曰："尧杀长子，舜流母弟（胞弟），疏戚有伦（亲戚有亲）乎？汤放桀，武王杀纣，贵贱有义乎？王季（文王之父）为適（同嫡，正妻所生之子），（王季原本庶出，因嫡长子让位而得嫡位。）周公杀兄（管叔、蔡叔），长幼有序乎？儒者伪辞（说假话），墨者兼爱，五纪六位，将有别乎？

"且子正（坚持）为名，我正为利。名利之实，不顺于理，不监（同鉴，明）于道。吾日与子讼于无约（假设官名），曰：'小人殉财，君子殉名。'其所以变其情、易其性，则异矣；乃至于弃其所为（养性），而殉其所不为（名利），则一也。（追名逐利，君子小人，有异无别。）

"故曰：无（通毋，下同）为小人，反殉而（通尔，下同）天（顺从尔本性）；无为君子，从天之理。若枉（或曲）若直，相（审视）而天极（天性）；面观（正视）四方，与时消息（生长）。若是若非，执而圆机（中道）；独成（成就）而意（天性），与道徘徊（留恋大道）。

无转而（无通毋，转通专，而通尔）行，无成（毋践行）而义，将失而所为（真性）；无赴（毋求）而富，无殉而成（功绩），将弃（遗失）而天（本性）。（或是或非，若枉若直，执尔圆机，成尔天性。）

"比干剖心（剖胸取心），子胥抉（剜取）眼，忠之祸也；直躬证（告发）父，尾生溺死，信之患也；鲍子立干（抱树而死），申子自理（自埋、投河），廉之害也；孔子不见母（游历在外，母逝未能见），匡子（齐国人）不见父（谏父不从而受逐，终身不相见），义之失也。此上世之所传、下世之所语，以为士者，正其言，必（固执）其行，故服（遭遇）其殃、离（通罹）其患也。"（信与义，必其行，服其殃，罹其患。勿为小人，勿为君子；从天之理，与道徘徊。）

〖名利为患〗

无足问于知和曰："人卒（众人）未有不兴名就利（争名逐利）者。彼富则人归之，归则下（服从）之，下则贵之（显贵于人）。夫见下贵（有人服从而贵）者，所以长生、安体、乐意之道也。今子独无意焉？知（同智）不足邪？意（通抑，或是）知而力不能行邪？故（通固，坚持）推正（推行正道）不忘邪？"

知和曰："今夫此人（兴名就利者），以为与己同时而生，同乡而处者（富贵人），以为夫绝俗过世（超越世俗）之士焉，是专无主正（固执无正见。）（富贵人与俗人相处，则自以为了不起。）所以览古今之时、是非之分也，与俗化世（沉浮）。去至重（本性），弃至尊（道德），以为其所为（兴名就利）也。此其所以论长生、安体、乐意之道，不亦远乎！惨怛（悲痛忧伤）之疾，恬愉之安，不监（同鉴，显现）于体；怵惕（惊惧）之恐，欣欢之喜，不监（不昭示，监同鉴）于心。知为为（争名利）而不知所以为（奉道德）。是以贵为天子，富有天下，而不免于患矣。"

无足曰："夫富之于人，无所不利。穷美究势，至人之所不得逮（达到），贤人之所不能及。侠（通挟）人之勇力而以为威强，秉（秉持）人之知（同智）谋以为明察，因人之德以为贤良，非享国（不为君王）而严（尊崇）若君父。（利用他人，成就自己。）且夫声色、滋味、权势之于人，心不待学而乐之，体不待象（效法）而安之。夫欲、恶、避、就，固（本来）不待师（学习），此人之性也。天下虽非我（非议我争名逐利），孰能辞之！（谁能拒绝名利！）"

知和曰："知（同智）者之为，故动（心意随从）以百姓，不违其度。是以，足而不争，无以为，故不求；不足，故求之，争四处而不自以为贪；有余，故辞之，弃天下而不自以为廉。廉贪之实，非以迫外（迫于外因）也，反监（同鉴，照）之度（反观自我禀性）。

"势为天子，而不以贵骄人；富有天下，而不以财戏人。计其患，虑其反（以贵骄人、以财戏人），以为害于性，故辞而不受也，非以要（同邀，求取）名誉也。尧、舜为帝而雍（和睦），非仁天下也，不以美（富贵）害生（同性）也；善卷、许由得帝而不受，非虚辞让也，不以事（治天下）害己。此皆就其利、辞其害，而天下称贤焉，则可以有之，彼非以兴名誉（沽名钓誉）也。"

无足曰："必持其名（清誉），苦体绝甘（弃美食），约养以持生（简单维持基本生计），则亦久病长厄（困苦）而不死者也。"

知和曰："平为福，有余为害者，物莫不然，而财其甚者也。今富人，耳营（谋求）钟鼓、管籥（管笛）之声，口嗛（音慊，满足）于刍豢（牲畜）、醪醴（甜酒）之味，以感（诱发）其意（惰性），遗忘其业（事业），可谓乱矣！侅溺（陷溺，侅音该）于冯气（气胀，冯音凭），若负重行而上坂（山坡）也，可谓苦矣！贪财而取慰（怨恨），贪权而取竭（灭亡），静居则溺（沉溺嗜欲），体泽则冯（身体肥胖则胀满），可谓疾矣！为欲富就利，故满若堵耳（墙沿）而不知避（隐藏），且冯（殷满）而不舍，可谓辱矣！财积而无用，服膺（劳心费神）而不舍，满心戚醮（通焦，焦虑），求益（求多）而不止，可谓忧矣！内则疑劫请（强求）之贼，外则畏寇盗之害，内周楼疏（严密防范），外不敢独行，可谓畏矣！

"此六者（乱、苦、疾、辱、忧、畏），天下之至害也，皆遗忘而不知察（分析原因）。及其患至，求尽性（畅快）、竭财（散财），单（仅）以反（返）一日之无故（安适）而不可得也。故，观之名则不见，求之利则不得。缭意（心烦意乱）绝体（牺牲性命）而争此，不亦惑乎！"（兴名就利，贵为天子，富有天下，而不免于忧患，难得一日之舒适。如此富贵，何益之有？）

说　剑

（庄子明圣，儒服道心；三剑奉赵，王无所从。）

昔，赵文王（公元前299年—前266年在位）喜剑，剑士夹门（拥门）而客（客居、聚集）三千余人，日夜相击于前，死伤者岁（整年）百余人，好之不厌。如是三年，国衰，诸侯谋之。（周边诸侯国，虎视眈眈，伺机攻伐。）

太子悝（音亏）患（担忧）之，募（征求建议）左右曰："孰能说（说服）王之意（喜好）、止剑士（阻止剑士聚集击剑）者，赐之千金。"

左右曰："庄子当能（应该可以）。"（庄子居中原，声名响誉北方赵国。)

太子乃使人以千金奉(呈送)庄子。庄子弗受,与使者俱往,见太子曰:"太子何以教(请教)周,赐周千金?"

太子曰:"闻夫子明圣,谨奉千金以币从者(犒劳随从),夫子弗受,悝尚何敢言。"(有事相求,奉金先行,而后再言,则事无不成。)

庄子曰:"闻太子所欲用周者,欲绝王之喜好也。使(假使)臣上说(劝说)大王而逆(触犯)王意,下不当(不合意)太子,则身刑而死,周尚安所事(怎么能平安使用)金乎?使臣上说(说服)大王,下当太子,赵国何求而不得也!"(酬重事危,量力而行。)

太子曰:"然!吾王所见,唯剑士也。"

庄子曰:"诺(好吧)!周善为(使用)剑。"

太子曰:"然,吾王所见剑士,皆蓬头(头发蓬乱),突鬓(鬓发翘起),垂冠(帽子低垂),曼胡(粗实)之缨,短后之衣,(上衣短小,便于活动。)瞋目而语难,(瞪大眼睛,激动难语。)王乃悦(喜好)之。今夫子必儒服而见王,事必大逆(遭杀身之祸)。"

庄子曰:"请治(制作)剑服。"治剑服三日,乃见太子。(庄子虽儒服,却内怀道心。)

太子乃与见王,王脱白刃(亮出刀剑)待之。庄子入殿门不趋(稳步而行),见王不拜。(不拜权贵,道人风骨。)

王曰:"子欲何以教(教导)寡人,使太子先(提前引荐)?"

曰:"臣闻大王喜剑,故以剑(剑术)见王。(投其所好。)"

土曰:"子之剑何能禁制(如何能够阻止、制服他人)?"

曰:"臣之剑,十步(斩杀)一人,千里不留行(行迹)。"

王大悦之,曰:"天下无敌矣!"(王听周言,信以为真。)

庄子曰:"夫为(使用)剑者,示之以虚(虚弱),开(引诱)之以利，后之以发，先之以至。愿得试之。"（庄子透露剑术绝招：利诱示虚，后发先至，一招制敌。）

王曰："夫子休（休息），就舍（入住旅馆）待命，令设戏（搭建演武场）请夫子。"（庄子剑术高超，王慎重对待。）

王乃校（比试选拔）剑士七日，死伤者六十余人，（非死即伤，何其残忍！）得（胜出）五六人，使奉（同捧，持）剑于殿下，乃召庄子。

王曰："今日试，使士敦剑（击剑）。"

庄子曰："望之久矣！"（庄子身处险境，时有性命之忧。）

王曰："夫子所御杖（用剑），长短何如？"

曰："臣之所奉（捧）皆可。然，臣有三剑，唯王所用，请先言而后试。"

王曰："愿闻三剑。"（王愿闻剑，险象顿失。）

曰："有天子剑，有诸侯剑，有庶人剑。"（关键时刻，三剑奉王。）

王曰："天子之剑何如？"

曰："天子之剑，以燕溪、石城为锋，齐、岱为锷（剑刃），晋、卫（底本为魏）为脊，周、宋为镡（音形，剑环），韩、魏为铗（剑把）。包以四夷（四方番邦），裹以四时；绕以渤海，带以常山（携带北岳恒山）；制以五行，论以刑德（刑罚教化）；开（运化）以阴阳，持以春夏，行以秋冬。此剑直（直伸）之无前，举之无上，按之无下，运之无旁（无边）。上决（劈开）浮云，下绝（断开）地纪（根基）。此剑一用，匡（匡正）诸侯，天下服矣！此天子之剑也。"（天子之剑，征服九州天下。）

文王芒（同茫）然自失（若有所失），曰："诸侯之剑何如？"

曰："诸侯之剑，以知（同智）勇士为锋，以清廉士为锷，以贤良士为脊，以忠圣士为镡，以豪桀（豪杰，桀同杰）士为铗。此剑直之亦无前，举之亦无上，案（通按）之亦无下，运之亦无旁。上法（效法）圆天，以顺三光；下法方地，以顺四时；中和民意，以安四乡（安定四方，乡同向）。此剑一用，如雷霆之震也，四封（四境）之内，无不宾服（臣服），而听从君命者矣！此诸侯之剑也。"（诸侯之剑，宾服一国，外邦臣服。）

王曰："庶人之剑何如？"

曰："庶人之剑，蓬头，突鬓，垂冠，曼胡之缨，短后之衣，瞋目而语难。相击于前，上斩颈领，下决（刺）肝肺。此庶人之剑，无异于斗鸡，一旦命已绝（尽）矣，无所用于国事。今大王有天子（诸侯）之位，而好庶人之剑，臣窃（私下）为大王薄（鄙视）之。"（庶人之剑，伤害性命，无益于国家。）

王乃牵（引领庄子）而上殿，宰人（掌管膳食之官）上食，王三环（环绕）之。（文王明理，知庄子意，环绕三圈，以示尊崇。）

庄子曰："大王安坐定气，剑事已毕奏矣！"（庄子明圣，化险为夷，全身而退。）

于是，文王不出宫三月，（闭门思过，自我反省。）剑士皆服（通伏）毙（自杀）其处也。

渔 父

（孔子多事，苦心劳形；渔父有道，教丘守真。）

孔子游乎缁帷（繁茂）之林，休坐乎杏坛（讲习之地）之上。弟子读书，孔子弦歌鼓琴（弹琴吟唱）。

奏曲未半，有渔父（打鱼老人）者，下船而来；鬓眉交白，被（同披）发揄袂（音于昧，挥袖），行原（沿岸行走）以上，距陆（至高地）而止；左手据（按住）膝，右手持颐（托腮）以听。（半蹲半跪姿势。）曲终而招子贡、子路，二人俱对。（孔子弹琴吟唱，招引渔父上岸。）

客（渔父）指孔子曰："彼何为者也？"

子路对曰："鲁之君子（仁义之人）也。"

客问其族。子路对曰："族孔氏。"

客曰："孔氏者何治（从事什么职业）也？"子路未应。

子贡对曰："孔氏者，性服（遵从）忠信，身行仁义；饰（修饰）礼乐，选人伦（制定社会秩序、调理人际关系）；上以忠于世主（君王），下以化于齐民（平民），将以利天下。此孔氏之所治也。（此乃儒家之大全也。）"

又问曰："有土（封地）之君与？"

子贡曰："非也！"

"侯王之佐（辅臣）与？"

子贡曰："非也！"

客乃笑而还行（转身往回走），言曰："仁则仁矣，恐不免其身，苦心劳形以危其真（自然本性）。呜呼！远哉，其分（分离）于道也。"（孔儒之事业，执着于人事，而远离真道。）

子贡还，报孔子。

孔子推琴而起，曰："其（通岂，难道）圣人与？"

乃下求之，至于泽畔（湖边），方将杖拏（正准备持船桨；拏通桡，船桨）而引（划开）其船，顾见孔子，还乡（转向，乡同向）而立。孔子反走（后退），再拜而进。

客曰："子将何求？"

孔子曰："曩者，先生有绪言（仅讲开头语）而去，丘不肖（无才智），未知所谓（其中道理），窃（悄悄）待于下风，幸闻咳唾之音（教诲），以卒相丘（以求尽快相助孔丘，卒同猝）也。（尊长在上，愚者闻教诲之音，已是有幸。）"

客曰："嘻！甚矣（真行）！子之好学也！"

孔子再拜而起，曰："丘少而修学（研习儒学），以至于今，六十九岁矣！无所得闻至教（真理），敢不虚心！（必须虚心！）"（孔子六十有九，弟子超过千人，而未闻至道，常虚心求教！）

客曰："同类相从，同声相应，（好学相教。）固（本来）天之理也。吾请释（散尽）吾之所有，而经（解析）子之所以（所求）。（你既然诚心求教，吾亦尽我所能。）

"子之所以（作为）者，人事也。天子、诸侯、大夫、庶人，此四者自正（各守本分），治之美（政治之完美）也；四者离位（失本分）而乱莫大焉！官治（用心履行）其职，人忧其事，乃无所陵（同凌，凌乱）。故，田荒室露（破坏），衣食不足，征赋不属（交不上），妻妾不和，长少无序，庶人（老百姓）之忧也。能（能力）不胜任，官事不治（不通顺），行不清白（行为混乱），群下荒怠，功美不有（不在乎荣誉），爵禄不持（不能保持），大夫之忧也。廷无忠臣，国家昏乱，工技不巧，贡职（贡品）不美，春秋后伦（两次朝觐列后），不顺天子，诸侯之忧也。阴阳不和，寒暑不时（错乱颠倒），以伤庶物（万物）；诸侯暴乱，擅相攘伐（相互攻击），以残民人；礼乐不节（不合规矩、制度），财用穷匮，人伦不饬（不整齐），百姓淫乱，天子、有司（三公九卿）之忧也。

"今子既上无君侯、有司之势，而下无大臣、职事之官，而擅饰礼乐，选人伦，以化齐民（平民），不泰（同太）多事乎！（孔子大志向，白丁忧天下；甚是多事，自寻烦恼！）

"且人有八疵（毛病），事有四患，不可不察（在意）也。非其事而事之，谓之总（总揽）；莫之顾而进之（别人不在意自己而进身投靠），谓之佞；希意导言（揣测他人心意说话），谓之谄；不择是非而言，谓之谀；好言人之恶，谓之谗；析交离亲（离间亲友），谓之贼；称誉诈伪，以败恶（当为德，善）人，谓之慝（音特，隐邪念）；不择善否（好坏），两容颜适（多面投合），偷拔（暗图）其所欲，谓之险。（具备）此八疵者，外以乱人，内以伤身，君子不友，明君不臣。

"所谓四患者：好经（营谋）大事，变更易常，以挂（谋取）功名，谓之叨（同饕，贪婪）；专知（同智）擅事，侵人自用，谓之贪；见过不更，闻谏愈甚，谓之狠；人同于己则可，不同于己，虽善不善，谓之矜（自负）。此四患也。能去八疵，无（通毋）行四患，而始可教已（矣）！"（孔子好经大事，变更易常，以谋取功名。似乎仅有此一患，姑且可教。）

孔子愀（音巧）然（变容状）而叹，再拜而起，曰："丘再逐于鲁，削迹于卫，伐树于宋，围于陈、蔡。丘不知所失（过失），而离（同罹，遭受）此四谤（四难）者何也？"

客凄然（怜悯状）变容曰："甚矣，子之难悟也！人有畏影恶迹（脚印）而去之走者，举足愈数（通速）而迹愈多，走愈疾（急速）而影不离身，自以为尚迟，疾走不休，绝力而死。不知处阴以休影，处静以息迹，愚亦甚矣！子审仁义之间，察同异之际（界限），观动静之变，适（调和）受与之度，理好恶之情，和喜怒之节（节度），而（通尔）几于不免矣！（被人报复，频繁遭难。）谨修而（尔）身，慎守其真（精神），还以物（本性）与人，（静心修行，与世无争。）则无所累矣！今不修之身而求之人，不亦外（远离真性）乎！"（孔子者，修学问，求功名，谋治世。所为与己本性，确实外行无用。）

孔子愀然曰："请问，何谓真？"

客曰："真者，精诚之至也。不精不诚，不能动（感化）人。故，强哭者，虽悲不哀；强怒者，虽严不威；强亲者，虽笑不和。真悲无声而哀，真怒未发而威，真亲未笑而和。真在内者，神动于外，是所以贵真也。（真在于内，无所不适。）

"其用于人理也，事亲则慈孝，事君则忠贞，饮酒则欢乐，处丧则悲哀。忠贞以功为主，饮酒以乐为主，处丧以哀为主，事亲以适为主。功成之（则）美，无（通毋）一其迹（途径）矣；事亲以适，不论所以（方式）矣；饮酒以乐，不选其具矣；处丧以哀，无问（不顾忌）其礼矣。礼者，世俗之所为也；真者，所以受于天也，自然不可易也。（真受于天，无所不可。）

"故，圣人法天贵真，不拘于俗。愚者反此（从俗失真）。不能法天而恤（忧患）于人，不知贵真，禄禄（通逯，盲从）而受变于俗，故不足（精神不足且贪得无厌）。惜哉，子之早湛（音丹，沉溺）于人伪（仁义礼忠信），而晚闻大道也！（孔子六十九岁，将不久于人世，确实太晚了！）"

孔子再拜而起，曰："今者丘得遇（渔父）也，若天幸然（上天眷顾）。先生不羞（不嫌弃）而比之服役（列为弟子）而身教之。敢问舍（住处）所在，请因（沿袭）受业而卒学（学完）大道。"（孔子好学，欲拜渔父为师，传承大道。）

客曰："吾闻之，可与往者（同道）与之，至于妙道；不可与往者（不同道），不知其道。慎勿与之，身乃无咎。（传道之教规，为师者谨记！）子勉之，吾去子矣，吾去子矣！"乃刺船（撑船）而去，延缘

（缓慢移行，缘通沿）苇间。（渔父或嫌孔子老迈，随性教导而已，不告其居处。）

颜渊还（音旋，调转）车，子路授绥（递拉绳），孔子不顾，待水波定，不闻栧（船桨划水）音，而后敢乘。（孔子真心慕道，诚意可佳。）

子路旁（通傍）车而问曰："由得为役（为弟子）久矣，未尝见夫子遇人如此其威（肃敬）也。万乘之主，千乘之君，见夫子未尝不分庭伉礼（平等对待），夫子犹有倨傲之容。（诸侯尊贤人，则能王天下。）今渔父杖拏逆立（对面站立，不拘礼节），而夫子曲腰磬折（弯腰一百二十度），言拜而应，（渔父说话，孔子先拜而后应。）得无太甚（难道不太过分）乎！门人皆怪（抱怨）夫子矣，渔人何以得此（受恭敬）乎！"（贤人尊道人，方可成圣人。）

孔子伏轼（趴在车前横木上）而叹曰："甚矣（真行啊）！由之难化也！湛（沉湎）于礼义有间（时间长久）矣，而朴鄙（粗俗）之心至今未去。进（近前来），吾语汝！夫遇长不敬，失礼也；见贤不尊，不仁也。彼非至人，不能下人（使人谦卑）；下人不精，不得其真，故长伤身（失真性导致伤身）。惜哉！不仁之于人也，祸莫大焉，而由独擅之（子路特别擅长不尊道人）。（孔子而后之儒家弟子，自以为能而鄙视道人。）

"且道者，万物之所由（根本）也。庶物（万物）失之者死，得之者生；为事逆之则败，顺之则成（成就）。故，道之所在，圣人尊之。今渔父之于道，可谓有矣，吾敢不敬乎！"（圣人修行奉道，则能成大焉。孔子闻道未修，后世封圣而可矣！）

列御寇

（华辞事伪，内外受刑；人各有志，谁与遨游。）

列御寇之齐，中道而反（同返），遇伯昏瞀人。

伯昏瞀人曰："奚方而反（怎么才出去就返回）？"

曰："吾惊焉！"

曰："恶乎惊？"

曰："吾尝食于十浆（卖稀粥店铺），而五浆先馈。"

伯昏瞀人曰："若是，则汝何为惊已（矣）？"

曰："夫内诚不解（内心不明了，诚通情），形谍成光（外表显示荣耀），以外镇（镇服）人心，使人轻乎贵老（不尊重传统），而鳌（音机，招致）其所患。夫浆人特为食羹之货（买卖），（无）多余之赢（资财），其为利也薄（少），其为权也轻，而犹若是，而况于万乘之主乎！身劳于国而知（同智）尽于事。彼将任我以事，而效（效力表现）我以功（功绩）。吾是以惊。"（齐人内失精诚，而外重虚名；丧身又失性，列子不愿为。）

伯昏瞀人曰："善哉，观（认知、感悟）乎！汝处已（安处），人将保汝（归附汝）矣！"（列子具备教导他人之思想学识。）

无几何而往，则户外之屦（音巨，麻鞋）满矣！（从列子者众。）伯昏瞀人北面而立，敦杖蹙之乎颐（皱着眉、用杖支撑腮颊）。立有间，不言而出。（伯昏瞀人发现列子有问题。）

宾（接待宾客）者以告列子。列子提屦，跣（赤脚）而走，暨（及）乎门，曰："先生既来，曾不发药（救人、教诲）乎？"

曰："已矣，吾固（曾经）告汝曰：'人将保汝。'果保汝矣！非汝能使人保汝，而汝不能使人无（通毋）保汝也，而（尔）焉用之感豫出异（你何必这样引人欢心而表现与从不同）也。必且有感（必定动摇心思，感通撼），摇而（尔）本性，又无谓（无益）也。与汝游者，又莫汝告也。彼所小言，尽人毒（迷惑人）也。莫觉莫悟，何相孰（同熟，明察）也。（列子因有人相从，亦慕虚名而不自知。）巧者劳而知（同智）者忧，无能者（得道人）无所求，饱食而遨游，泛若不系之舟，虚而遨游者也！"（列子一时迷惑，其师登门点化。）

〖成就墨业〗

郑人缓也，呻吟（吟咏学习）裘氏之地（约在今河南省开封市地域），只三年而缓为儒（成就儒业）。河润九里，泽及三族（父、母、妻族）。（其时，身为儒者，乃光宗耀祖之事。）

使其弟墨（学墨）。儒、墨相与辩，其父助翟（墨翟）。十年而缓自杀。（成就其弟，怨恨其父。）

其父梦之，（缓）曰："使而（通尔）子为墨者，予也！阖（通盍，何）胡尝视其良（通埌，坟墓）？（父子忘记缓之功劳。）既为秋柏之实矣！（缓以成就翟为荣。）"

夫造物者之报（成就）人也，不报其人（身体）而报其人之天（天性），彼（造物者）故使彼（翟成墨宗）。夫人（缓）以己为有（有功），以异于人，以贱其亲（以怨其父）。齐人之井（挖井人）、饮者相捽（音昨，扭打）也。（挖井人怨恨饮水者忘恩负义。）故曰：今之世皆缓也。（自以为功，居功自傲，令人不适。）

自是，有德者以不知（同智）也，而况有道者乎！古者谓之遁天（违背自然）之刑。圣人安其所安（顺自然），不安其所不安（人妄为）；众人安其所不安（人为），不安其所安（自然）。（世俗之人，不明道理，逆于自然，自以为是，放纵私欲，谓之违背自然之刑。）

〖人各有智〗

庄子曰："知道易，勿言难。（真知大智，行而不言。）知而不言，所以之天（合乎自然）也；知而言之，所以之人（合乎人道）也。古之人，天而不人（合于自然而不从世俗）。"

朱泙漫学屠龙（经天纬地之术）于支离益（隐士），单（通殚，尽）千金之家，三年技成而无所用其巧。（德才兼备，不逢其时，宁隐勿用。）

圣人以必不必（随缘），故无兵（无争）；众人以不必必之（妄执），故多兵。顺于兵（争斗），故行有求（贪求）。兵（武力），恃之则亡。（坚强易折，盛极而衰，物极必反。）

小夫之知（智），不离苞苴（包裹馈赠物品，苴音居）竿牍（学习交流，竿通简），敝精神乎蹇浅（消耗精神于浅陋杂事），而欲兼济导物，太一形虚。（读书求教仅能得小智，不能通达虚无玄妙之境。）若是者，迷惑于宇宙（空间、天界），形累不知太初（根本）。彼至人者，归精神乎无始（虚无），而甘瞑乎无何有之乡。水流乎无形，发泄乎太清。（大道玄无流泄为人之精神，精神通天道。）悲哉乎！汝为知在毫毛（智慧在于世俗小事）而不知大宁（大道）。（众人感识得小智，圣贤理识获中智；至人清静虚无，静极生慧，而得大智，通天彻地，合于大道。）

〖曹商使秦〗

宋人有曹商者，为宋王使（出使）秦。其往也，得车数乘；王悦之，益（增加）车百乘。（春秋战国时期，君王求强国之道，何惜百乘之车。）

反（返）于宋，见（拜访）庄子，曰："夫处穷闾（二十五家共居住）厄（同隘，小）巷，困窘织屦（编织麻草鞋），槁项（脖子细）黄戲（音序，脸）者，（穷困乏食，面黄肌瘦。）商之所短也；一悟（瞬间开示）万乘之主而从车百乘者，商之所长也。"（曹商岂知：穷困积道，富贵丧身。）

庄子曰："秦王有病召医，破痈（脓疮）、溃痤（毒痈疮）者得车一乘，舐痔（舐痔疮）者得车五乘；所治愈下（低贱），得车愈多。子岂治其痔邪？何得车之多也？子行矣！"（庄子视曹商为秦王破痈、舐痔之人，曹商不知羞耻，反而自以为荣。）

〖儒徒华辞〗

鲁哀公（公元前494年—前468年在位）问乎颜阖曰："吾以仲尼为贞干（栋梁重臣；贞通桢，桢干，筑墙时两端所立木桩），国其（或许）有瘳（音抽，好转）乎？"

曰："殆（危险）哉圾（同岌，危险）乎！仲尼方且饰羽而画（羽毛上作装饰画，指言行多余虚伪），从事华辞，以支为旨，忍性（压抑天性）以视（通示，显示）民，而不知（同智）不信。受乎心（执着于妄心），宰乎神（妄心主导思想意识），夫何足以上民（统治人民）！彼（孔子）宜汝与（欤）？予颐与（让他教养人民）？误而可矣（误国可以）！今使民离实（纯朴）学伪，非所以视（示，教化）民也。为后世虑，不若休之，难治也！（孔子从事华辞，以分支为本，不足以上民，而实足以误国。）

"施于人而不忘，非天布（无心施舍）也，商贾不齿（鄙视，不愿提及）；虽以事齿（提及、相交）之，神者弗齿（内心则不与相提并论）。为外刑者，金与木（斧钺与桎梏）也；为内刑者，动与过（使心计、常追悔）也。宵人（小人，宵通小）之离（同罹，遭受）外刑者，金木讯（刑具克制）之；离（罹）内刑者，阴阳食（同蚀，侵蚀）之。夫免乎外内之刑者，唯真人能之。"（施德不忘，小人行为，商贾不齿；心机深重，事事计量，内外受刑。真人无我，顺应自然，无所克制。）

孔子曰："凡人（俗人）心险于山川，难于知天；天犹有春秋冬夏、旦暮之期，人者厚貌深情。（伪装掩饰，难识真心。）故，有貌愿（装诚实）而益（同溢，过分），有畏（当为长，尊长）若不肖（年长者却心术不正），有顺懁（音轩，急躁）而达，有坚而缦（外表坚强而内心绵弱），有缓而焊（外表软弱而内在强悍，焊通悍）。故，其就义若渴（渴求行仁义）者，其去义若热（探热汤、急分离）。

"故，君子远使之而观其忠，近使之而观其敬，烦（烦劳）使之而观其能，卒（同猝）然问焉而观其知（同智），急（急事）与之期（约期）而观其信，委之以财而观其仁，告之以危而观其节（气节），醉之以酒而观其则（仪度），杂之（美女）以处而观其色（淫心、定力）。九征（验证）至，不肖人得矣！"（儒徒虚伪，孔子定准，九征得识，小人自现。）

〖两类官相〗

正考父（孔子七世先祖）一命（为士）而伛（音雨，曲身、恭敬），再命而偻（升为大夫而弯背，更加恭敬），三命而俯（身为卿而弯腰，极度恭敬）。循墙而走，孰敢不轨！（官守规矩，民何敢违！）

如而夫（尔等凡夫）者，一命而吕钜（自视高大），再命而于车上儛（得意忘形，儛通舞），三命而名诸父（直接称呼尊长者名字）。孰协（比合）唐、许（尧、许由）？（德与不德，两类为官，上下有别，古今皆同，世世不绝。）

贼（祸害）莫大乎德有心（内存私心），而心有眼（心怀私欲），及其有眼也而内视（用私心横量），内视而败矣！凶德有五（眼耳口鼻心之欲望），中德为首（心为之主）。何谓中德？中德也者，有以（以为）自好也，而吡（音比，诋毁）其所不为（品行不如人而又不为）者也。（自以为能，诋毁能人，贬低老百姓。）

〖三达八穷〗

穷有八极（高标准），达有三必（必要条件），形（通刑，克制）有六府。美、髯、长、大、壮、丽、勇、敢，八者俱过人也，因以是穷。（自以为美好超群，他人敬而远之。）缘循（顺应）、偃佒（同仰，随和）、困畏不若人（谦虚），三者俱（都遵从），通达。

知（同智）、慧外通（多虑而至忧愁），勇、动多怨（多怨望而招怨恨），仁、义多责（多责任而招责备），六者所以相形也（底本无此句）。达（通达）生之情者傀（守道德者高大），达于知者肖（世俗之智渺小），达大命者随（通天理者顺自然），达小命者遭（通世俗人情者安于现状）。（穷有因，达有天下；遭受伤害，怨自己不通大命。）

〖不求富贵〗

人有见宋王者，锡（通赐）车十乘，以其十乘骄稚（傲慢）庄子。

庄子曰：“河上有家贫，恃纬萧（编织芦苇）而食者，其子没（潜水）于渊，得千金之珠。其父谓其子曰：‘取石来锻（锤碎）之！夫千金之珠，必在九重（极深）之渊而骊龙颔下。子能得珠者，必遭（恰逢）其睡也。使（假使）骊龙而寤（睡醒），子尚奚微之有哉（一点都没有）！’

“今宋国之深（危险），非直（同值，相当）九重之渊也；宋王之猛，非直（值）骊龙也。子能得车者，必遭其睡也；使宋王而寤，子为鳖粉（碎粉末）夫。（多金重酬，当付出代价，或以命相抵。）”

或（某国）聘于庄子，庄子应其使曰：“子见夫牺牛（祭祀拟用牛）乎？衣以文绣，食以刍菽（嫩草大豆）。及其牵而入于太庙（王侯祖庙），虽欲为孤犊，其（通岂，怎么）可得乎？（世俗贪求名利，宁为牺牲而尊，不图自在而活。）

〖庄子天葬〗

庄子将死，弟子欲厚葬之（厚葬长者，表达孝心。古今如此。）。

庄子曰："吾以天地为棺椁（内棺外椁），以日月为连璧，星辰为珠玑，万物为赍送（陪葬品，赍音机）。吾葬具岂不备邪？何以加此！"（庄子大器，无人能及。）

弟子曰："吾恐乌鸢（乌鸦老鹰）之食夫子也！"

庄子曰："在上为乌鸢食，在下为蝼蚁食，夺彼与此，何其偏也。"（庄子主张简单露天葬。露天葬为乌鸢食，青藏高原居民或以此为俗，并沿袭至今。）

以不平（而）平，其平也不平；以不征（而）征（验证），其征也不征（不可信）。明者唯为之使（自以为明并以为主导），神者征（天道验证）之。夫明之不胜神也久矣（智慧从来都不如天道神性），而愚者恃其所见入于人（依持个人短浅见识参与人事），其功外（功效表面、华而不实）也，不亦悲乎！（世俗追名求利，贪有多占，人以为公平。非也，待天道验证。）

天　下

（百家道术，自以为方；往而不返，千载承袭。）

天下之治方术（研究专业学问）者多矣，皆以其有为，不可加（都自以为有成就而不可超越）矣！

古之所谓道术（通道学问）者，果恶乎在（究竟在哪儿）？

曰："无乎不在！"

曰："神何由降？明何由出？圣有所生，王有所成，皆原于一（大道）。"（道术原于道，能通达天道者，成就圣人、王侯、将相。）

不离于宗（合于大道），谓之天人（至高至尊）；不离于精（玄妙之道），谓之神人；不离于真（至诚），谓之至人。以天（天道）为宗，以德为本，以道为门（标准），兆（预示）于变化，谓之圣人；以仁为恩，以义为理（区别），以礼为行，以乐为和，薰然（温和状）慈仁，谓之君子；以法为分（职守），以名为表，以操（品行）为验，以稽为决（以考核为决断），其数一二三四（诸侯、卿、大夫、士）是也，百官以此相齿（相序）；以事（耕种）为常，以衣食为主，蓄息（生长）畜（通蓄）藏，老弱孤寡为意，皆有以养，民之理（料理生活）也。

（天人，神人，至人，圣人，贤人，君子，百官，民众，古之人其备矣。今则仅官人与民众，而君子少有，圣贤更无。至人隐居，神人在上，不尊则无现。）

古之人其备（完备）乎！配（通达）神明，醇（厚、尊崇效法）天地，育万物，和天下，泽及百姓，明于本数（本分），系于末度（礼法制度），六通四辟（上下四方、四季），小大精粗（各个方面），其运（运化）无乎不在。其明（智慧）而在数度（礼仪法度）者，旧法、世传之史，尚多有之；其在于《诗》《书》《礼》《乐》者，邹鲁之士（孔孟之后、儒士）、搢绅先生（官宦人士）多能明（通达）之。

《诗》以道（表述）志，《书》以道事，《礼》以道行，《乐》以道和，《易》以道阴阳（阴阳变化），《春秋》以道名分。其数散（前者六经散布）于天下而设（施行）于中国者，百家之学时或称而道（谈论）之。（儒术于后世汉武帝时期，方行于中国而散于天下，成为社会主流。）

天下大乱，贤圣不明（不显露），道德不一（标准不统一）。天下多得一察（各执一端）焉以自好。譬如耳目鼻口，皆有所明（功用），不能相通。犹百家众技也，皆有所长，时有所用。虽然，不该（同赅，完备）不遍，一曲之士也。判（分辨）天地之美，析（剖析）万物之理，察（探究）古人之全。寡能备（很少有周备）于天地之美、称神明之容（赞颂、尊崇神明之玄妙、高尚）。

是故，内圣外王之道，暗而不明（模糊而不昭示），郁而不发（闭而不能发扬），天下之人各为其所欲焉以自为方（自以为大全）。悲夫！百家往而不反（不返），必不合（不综合统一）矣！后世之学者不幸，不见天地之纯（纯朴自然），古人之大体（根本）。（古人因循自然，尊道贵德。）道术将为天下裂（分裂天下人思想）。（百家众技，自以为方；后世学者，各不相同。）

〖墨家风骨〗

不侈（不奢侈）于后世，不靡（不浪费）于万物，不晖于数度（不炫耀于等级差别），以绳墨自矫（以规矩自我匡正），而备世之急（劳累于世间急难，备通惫）。古之道术有在于是者，墨翟（宋国人，曾为大夫，后为平民）、禽滑釐闻其风（传说）而悦之。（禽滑釐乃墨翟弟子，师徒相从，推行墨道。）

为之大过（行为太过分，大通太），已之大循（限制太严苛）。作（著作）为《非乐》，命（名）之曰《节用》。生不歌（不娱乐），死无服（简葬，不服丧）。墨子泛爱（博爱）、兼利而非斗（主张同利益、均贫富而反对攻伐战争），其道不怒（温和）。又好学而博，不异（不立异），不与先王同，毁（废弃）古之礼乐。黄帝有《咸池》，尧有《大章》，舜有《大韶》，禹有《大夏》，汤有《大濩》，文王有《辟雍》之乐，武王、周公作《武》。

古之丧礼，贵贱有仪（准则），上下有等（等级）。天子棺椁七重，诸侯五重，大夫三重，士再重（两重）。（庶人则有棺无椁。）今墨子独生不歌，死不服，桐棺三寸而无椁，以为法式。（简葬，行百姓葬礼。）以此教人，恐不爱人；以此自行，固（乃）不爱己。未败（不诋毁）墨子道，虽然，歌而非歌，哭而非哭，乐而非乐，是果类（此确实合人情）乎？（不合世俗人情，而适合明道之人。）

其生也勤（劳苦），其死也薄（简单埋葬），其道大觳（太苛薄，觳音确）。使人忧，使人悲，其行难为（难以做到）也。恐其不可以为（不符合）圣人之道，反（违反）天下之心，天下不堪（不能忍受）。墨子虽独能任（奉行），奈天下何！离于天下（人心），其去王（王道）也远矣！（墨子思想、行为不符合统治阶级利益，而适用于普通百姓生活。）

墨子称道（称赞）曰："昔，禹之湮（音淹，堵塞）洪水，决（疏导）江河而通四夷九州（冀、兖、青、徐、扬、荆、豫、梁、雍州）也。名川三百，支川三千，小者无数。禹亲自操橐耜（音砣巳，箩筐及挖具）而九杂（多次汇合）天下之川。腓无胈（大腿肚无肉），胫（小腿）无毛，沐甚雨（淋暴雨），栉（头顶）疾风，置（安置）万国。（大禹治水，艰难困苦，置生死于度外。）禹大圣也，而形劳天下也如此！"

使后世之墨者，多以裘（毛皮）褐（粗麻布）为衣，以跂蹻（音岐嘬）为服（以木屐、麻鞋为用），日夜不休，以自苦为极（高目标），曰："不能如此，非禹之道也，不足（没有资格）谓墨。"（禹能力超群，善于治水，又为墨家之祖，亦道家之分支也！）

相里勤（南方墨家主要人物）之弟子，五侯之徒，南方之墨者：苦获、已齿、邓陵子之属（之类墨家弟子），俱诵《墨经》，而倍谲（音诀，理解）不同，相谓别墨（墨家分支）；以坚白、同异之辩相訾

（诋毁），以觭（通奇）偶、不仵（不对等）之辞相应（对答、争辩）。以巨子（首领称谓）为圣人（领袖），皆愿为之尸（效死命），冀（希望）得为其后世，至今不决（通绝）。（南方墨家弟子博识善辩，更有侠客风骨。）

墨翟、禽滑釐（或是中原墨家之领袖）之意则是（宗旨好），其行则非（不可行）也。将使后世之墨者，必自苦，以腓无胈、胫无毛，相进（相互促进）而已矣！（实际未必能行！）乱之上（乱世之良方）也，治之下（治世之下策）也。虽然，墨子真（诚心为）天下之好也，将求之（治世）不得也，虽枯槁不舍（枯瘦清苦而不放弃）也，才士也夫！（墨家之泛爱、博学、非斗、不怒、自苦、简葬，或为后世道门所吸纳。）

〖救世之士〗

不累（不妨碍）于俗，不饰于物（不掩饰于人）；不苟（不贪求）于人，不忮（不逆）于众；愿天下之安宁，以活民命；人我之养，毕足（满足）而止，以此白心（表白心愿）。古之道术有在于是者，宋钘、尹文（齐国人）闻其风而悦之。

作（品行）为华山之冠（高尚）以自表（显独特），接万物以别宥（去除偏见，宥通囿）为始。语心之容（表现内心意识），命（名）之曰：心之行。以聏（音而，柔和）合欢，以调海内，请欲置之（和平）以为主。见侮不辱，救民之斗，禁攻寝兵（息兵），救世之战。以此周行（通行）天下，上说下教（劝说君王、教化民众）。虽天下不取（不予接受），强聒（喧嚣）而不舍者也。故曰：上下见厌（被君王、百姓讨厌）而强见（极力宣扬，见同现）也。（君王百姓有私欲，而常发生争执。禁攻以武，而能用语言阻止战争，真正是非常之人。）

虽然，其为人太多，其自为（为自己）太少，曰：“请欲固（通姑，姑且）置五升之饭，足矣！"

先生恐（或许）不得饱，弟子虽饥，不忘天下，日夜不休。

曰："我必得活哉！"（精神甚是可嘉！）图傲（高大）乎救世之士哉！

曰："君子不为苛察（不挑剔），不以身假（矫饰）物。"

以为无益于天下者，明之（行不通），不如已（放弃）也。以禁攻寝兵为外（外务），以情欲寡浅为内（内修）。其大小精粗（各个方面），其行适至是（追求达到目标）而止。（救世之士，道术高深者，方可为之。今之慈善人士、组织，似乎有些许相同之处。）

〖稷门道家〗

公而不党（不偏），易（平易）而无私；决然无主（无欲而不主见，决通缺），趣物而不两（随物并与万物相融合，趣同趋）；不顾于虑，不谋于知（同智）；于物无择，与之俱往（随缘）。古之道术有在于是者，彭蒙、田骈（齐国人）、慎到（赵国人）闻其风而悦之。

齐（齐同）万物以为首（首要思想），曰："天能覆之而不能载之，地能载之而不能覆之，大道能包之而不能辩之。（大道无言，化生天地万物。）"知万物皆有所可，有所不可。（万物各有其性质。）

故曰："选则不遍（比较取舍则不周遍），教则不至（有为教化则达不到实效），道则无遗者（大道周遍万物）矣！"

是故，慎到弃知（同智）去己（去除主观意识），而缘（沿顺）不得已；泠汰（因任）于物，以为道理。

曰："知不知，将薄知（薄通迫，知同智）而后邻伤（毁伤，邻通燐）之者也。"

謑髁（音习苛，不正、玩世不恭）无任，而笑天下之尚贤也；纵脱无行（放纵不拘常规），而非（轻视）天下之大圣；椎拍輐断（捶打致无棱角、随方就圆，輐音万），与物宛转；舍是与非，苟可以免（姑且避免是非）。

不师知虑（不用智虑），不知前后（不顾忌生死），魏然（独立，魏通巍）而已矣！推而后行，曳（拉扯）而后往。若飘风之还（回旋），若羽之旋，若磨石之隧（来回转动），全而无非（完美无过错），动静无过，未尝有罪。是何故？夫无知（智）之物，无违己（标榜自我，违当为建）之患，无用知（智）之累，动静不离于理（顺自然），是以终身无誉（不出名）。

故曰："至于若无知之物而已，无（通毋）用贤圣，夫块不失道。（何况无知无用之人？）"

豪桀（同杰）相与笑之曰："慎到之道，非（不是）生人之行，而至死人之理。（乃活死人之行为也！）"适得怪（好奇怪）焉！

田骈亦然，学于彭蒙，得不教（不言之教）焉。

彭蒙之师曰："古之道人（得道之人），至于莫之是、莫之非（似是而非）而已矣！其风窢然（风呼啸声，窢音叙），恶可而言。（是非之风迅猛，不可言谈。）"

常反人（不同常人），不聚观（不被关注），而不免于魭断（伤无痕，魭音晚）。其所谓道非道（不是大道），而所言之韙不免于非（混淆是非；韙音伟，是）。彭蒙、田骈、慎到不知道（不精通大道）。虽然，概乎皆尝有闻（大道）者也。

（齐都临淄，稷门学宫，黄老道家研习之所。齐宣王时，公元前319年—前301年间鼎盛，适当庄子晚年，或著书其间。）

〔博大真人〕

以本为精（以大道为玄妙），以物为粗（以万物为粗劣），以有积（贪欲）为不足，澹然独与神明居（淡泊与神仙相处）。古之道术有在于是者，关尹（函谷关关令尹喜）、老聃（道祖老子）闻其风而悦之。（博大真人，尊道贵德，无欲无求，虚无自然。）

建（树立、存在）之以常无、有，主之以太一（尊神）。以濡（同软，软弱）弱、谦下为表，以空虚、不毁（顺应）万物为实。

关尹曰："在己无居（无私念），形物自著（万物即显著）。其动若水，其静若镜，其应若响（回声）。芴（通忽）乎若亡（通无），寂乎若清（清虚）。同焉者和，得焉者失。（混同万物则合道，贪得无厌即失和。）未尝先人（不与人争先），而常随人（顺从他人）。"

（尹喜乃老聃之嫡传弟子，《道德经》传承者，后世尊称文始真人。春秋晚期，尹喜曾于武当山尹仙岩修炼，而今岩庙尚存，地方俗称隐仙岩。）

老聃曰："知其雄（强壮），守其雌（柔弱），为天下溪；知其白（荣），守其辱，为天下谷。（溪谷深广能容纳水土。）"

人皆取先（争先），己独取后（处后），曰："受天下之垢（能承受屈辱）。"

人皆取实（名利），己独取虚（清静）；无藏也，故有余，岿然（独立貌，岿音愧）而有余。其行身（立身行事）也，徐而不费（舒缓而不耗费精神），无为也而笑巧（智能人士）；人皆求福，己独曲全（委曲求全），曰："苟免于咎（姑且免于祸患）。"

以深（幽玄大道）为根，以约为纪（以自然规律为纲纪），曰："坚则毁矣，锐则挫（折损）矣！"

常宽容于物，不削（不损伤）于人。可谓至极（最高境界），关尹、老聃乎，古之博大真人哉！（道祖老子，古之博大真人，今之玄门尊神。）

〖庄周自言〗

寂漠（虚空、寂静）无形，变化无常；死与（和）生与（同欤，语气助词），天地并与（与天地并存），神明往与（与神仙交往）；芒（同茫）乎何之（何来），忽乎何适（何往）；万物毕罗（总括），莫足以归。（万物纷纷归根于大道。）古之道术有在于是者，庄周闻其风而悦之。（庄周之道，超越生死，融通万物，逍遥自在。）

以谬悠（荒远）之说，荒唐（虚幻）之言，无端崖（不着边际）之辞，时恣纵而不傥（不失意），不以觭见（不显奇异，觭见通奇现）之也。以天下为沉浊（混杂不清），不可与庄语（认真论道）；以卮言为曼衍（信口开河而连绵不绝），以重言为真，以寓言为广。

独与天地精神往来（沟通天地），而不敖倪（轻视；敖通傲，倪通睨）于万物；不谴（不谴责）是非，以与世俗处。其书虽瑰玮（奇特），而连犿（婉转，犿音帆）无伤也；其辞虽参差（起伏多变），而诚诡（奇异，诚音触）可观。彼其（精神）充实，不可以已（停止）；上与造物者游，而下与外死生、无终始（超脱生死）者为友。

其于本也，弘大而辟（透彻），深闳而肆（深邃宏大而恣意，闳通宏）；其于宗也，可谓调适（畅通）而上遂（上达天道）矣！虽然，其应于化而解（调合）于物也，其理不竭，其来不蜕（将来不会离道失传），芒（茫）乎昧乎，未之尽者。（庄子已然通神达道，自我评述，荒唐恣纵，奇特婉转，自成一家。前者数家及巫祝、数易等或在东汉末期融入道门。）

〖名家惠施〗

惠施多方（博学多识），其书五车，其道舛驳（学识、思想怪杂，舛音喘），其言也不中（不合道）。（惠施多才，虽学富五车，而不通大道。）

历物之意（度量、分析万物之理），（名家历物十题）曰："至大无外，谓之大一；至小无内，谓之小一。（空间大小，各无穷尽。）无厚，不可积也，其大千里。（平面无限延伸。）天与地卑，山与泽平。（大空间，小差别。）日方中方睨（倾斜），物方生方死。（长时间，短生命。）大同而与小同异，此之谓小同异；万物毕同毕异，此之谓大同异。（万物本质属性，大同小异。）南方无穷而有穷。（大地混圆，循环可至原点。）今日适越而昔来。（时光流逝，今去为昔。）连环可解也。（成时不可解，毁后自解。）我知天下之中央，燕之北、越之南是也。（大小不等，中央有别。）泛爱万物，天地一体也。（道化天地，天地生万物，万物皆同原。）"

惠施以此为大（高尚），观（游历）于天下而晓（启示）辩者，天下之辩者相与乐之（名家辩者之二十一论）：卵有毛。鸡三足。郢有天下。犬可以为羊。马有卵。丁子有尾。火不热。山出口。轮不蹍地。目不见。指不至，至不绝。龟长于蛇。矩不方，规不可以为圆。凿不围枘。飞鸟之景未尝动也。镞矢之疾，而有不行、不止之时。狗非犬。黄马骊牛三。白狗黑。孤驹未尝有母。一尺之棰，日取其半，万世不竭。辩者以此与惠施相应，终身无穷。（二十一论：闲暇之余，空谈取乐；实际义理，少有功用。）

桓团、公孙龙（赵国人）辩者之徒，饰（蒙蔽）人之心，易（转移）人之意，能胜人之口，不能服人之心，辩者之囿（拘限）也。惠施日以其知（智）与人之辩，特（独）与天下之辩者为怪（奇谈怪论），此其柢（大略）也。（某些佛家弟子有辩经之课，其根源或与此有关。）

然，惠施之口谈（辩论），自以为最贤（有才），曰："天地其壮（伟大）乎，施存雄而无术（辩论称雄而无他术）。"

南方有倚人（奇异之人，倚通奇）焉，曰黄缭（楚国人），问天地所以不坠不陷，风雨雷霆之故。惠施不辞而应，不虑而对，遍（周遍）为万物说（论述）。说而不休，多而无已（不停止），犹以为寡，益之以怪（增加奇谈怪论）。以反人（不同于寻常人认知）为实，而欲以胜人为名，是以与众不适（不和谐）也。弱于德（谦虚），强（善辩）于物，其涂（同途）隩（音玉，偏狭）矣。

由天地之道，观惠施之能，其犹一蚊一虻之劳（劳苦奔波）者也。其于物也何庸（用）！夫充一（一家之言）尚可，曰愈贵道（更加推崇辩术），几矣（危险啊）！惠施不能以此（历物辩论）自宁，散（丧心神）于万物而不厌（不满足），卒（终）以善辩为名。（惠施多才，善辩丧神，至六十而终！）

惜乎！惠施之才，骀溢（放荡，骀音待，溢当为荡）而不得（不得正道），逐万物而不反（返），是穷响以声，形与影竞走也，（追逐虚名，精疲力竭。）悲夫！（庄周与惠施为友，借惠施之名，而判诸名家辩士。）

后　续

襄州秀才，游历名山；登临顶峰，感应玄天；
楼阁缥缈，梦境重返；形影恍惚，青衣黄冠。
丰祖立宗派，道总继清代；吴师苦两朝，暮年续根脉。

前辈教授，传承武当；积功累德，炼度阴阳；
邪魔作祟，真身涤荡；电闪雷鸣，寒来暑往。
修行三十年，奉道意志坚；狂风掀不动，正气通灵官。

居处圣地，沐浴道光；保守精神，解析老庄；
虔诚诵读，觉悟思想；超凡脱俗，逍遥八荒。
三年成一叶，须发耗斑白；有为见多余，无欲存法财。

春花开，秋实黄，内外兼济纳天粮，了却尘务静修养；
寻宝地，建玄房，吃饭睡觉息绵长，风云相伴游仙乡。

来有形，去无踪，来去匆匆；非来非去，万物尽虚空。
无生有，有在中，有无重重；真无妙有，变化为常功。

清静生灵识，智慧超贤人；天下诸事物，至诚皆通神。

吾愿：天下有缘人超脱得自在！

武当山·有无道人·刘智杰

二〇二三年九月于玄真精舍

信道不坚，当面无言；与道有缘，真诚探玄

似有若无，微弱信息：wdsdjxhlzj

图书在版编目（CIP）数据

四子合注 / 刘智杰注释 . -- 武汉 ： 崇文书局，
2023.10
    ISBN 978-7-5403-7422-8

Ⅰ．①四… Ⅱ．①刘… Ⅲ．①《道德经》－注释②《
文子》－注释③《列子》－注释④《庄子》－注释 Ⅳ．
①B223

中国国家版本馆 CIP 数据核字（2023）第 167329 号

责任编辑：黄振华　何　丹　杨晨宇
封面设计：杨　艳
责任校对：董　颖
责任印制：李佳超

四子合注
SIZI HEZHU

出版发行：　长江出版传媒　崇文书局
地　　址：武汉市雄楚大街 268 号 C 座 11 层
电　　话：(027)87677133　　邮政编码：430070
印　　刷：中印南方印刷有限公司
开　　本：710 mm×1000 mm　　1/16
印　　张：34.5
字　　数：386 千字
版　　次：2023 年 10 月第 1 版
印　　次：2023 年 10 月第 1 次印刷
定　　价：96.00 元

（如发现印装质量问题，影响阅读，由本社负责调换）

　　本作品之出版权（含电子版权）、发行权、改编权、翻译权等著作权以及本作品装
帧设计的著作权均受我国著作权法及有关国际版权公约保护。任何非经我社许可的仿制、
改编、转载、印刷、销售、传播之行为，我社将追究其法律责任。